国家示范性高职院校重点规划教材

21 世纪高职高专经管类核心课程规划教材

经济学概论

刘新华　修　晶　主　编

上海财经大学出版社

图书在版编目(CIP)数据

经济学概论/刘新华,修晶主编 . —上海:上海财经大学出版社,
2015.2
国家示范性高职院校重点规划教材
21世纪高职高专经管类核心课程规划教材
ISBN 978-7-5642-2107-2/F・2107

Ⅰ.①经… Ⅱ.①刘… ②修… Ⅲ.①经济学-高等职业教育-教材
Ⅳ.①F0

中国版本图书馆 CIP 数据核字(2015)第 019444 号

□ 责任编辑 顾晨溪
□ 封面设计 张克瑶
□ 责任校对 廖沛昕 卓 妍

JINGJIXUE GAILUN
经 济 学 概 论

刘新华 修 晶 主 编

上海财经大学出版社出版发行
(上海市中山北一路 369 号 邮编 200083)
网   址:http://www.sufep.com
电子邮箱:webmaster @ sufep.com
全国新华书店经销
上海崇明裕安印刷厂印刷装订
2015 年 2 月第 1 版 2018 年 5 月第 3 次印刷

787mm×1092mm 1/16 17.75 印张 454 千字
印数:6 501—8 000 定价:39.00 元

前　言

  《经济学概论》是我国高等院校财经类专业的专业基础课程之一,学好该课程对学生继续进行其他专业基础课和专业核心课的学习具有非常重要的作用。在我国经济快速发展、改革开放不断深入、全球经济进一步融合的时代背景下,学生应该掌握一些经济学的基本原理和方法,帮助其分析、理解和适应当前的经济社会环境。

  2012 年,编者所在学校北京电子科技职业学院在完成国家示范性高等职业院校建设后,又被教育部确定为 20 个职业教育综合改革试验区之一。在此背景下,学校推动了新一轮的人才培养方案改革,其中专业技术平台课程的改革成为新人才培养方案的核心内容之一。《经济学概论》作为财经类专业群的专业技术平台课程,其改革势在必行。编者作为学校该门课程的负责人,在几轮授课的基础上,探索、总结出一些平台课程改革和建设的经验,并融入该门课程的授课和教材中。因此,本教材着重构建以下几个特点来支持财经类专业群的人才培养工作:

  (1)体系简洁明了,突出课程的"基础性和适用性"。高职高专的学生来源多样、学制不同,且基础薄弱,而经济学的基本概念复杂多样、入门较难,因此,本书在参阅大量同类型教材的基础上,结合多轮授课和改革的经验,尽量做到兼收并蓄,并为学生搭建一个既严谨又简单明了的经济学理论体系,使学生尽早了解、熟悉经济学的基本概念、原理和方法,从而激发兴趣并尽快让他们进入经济学这个有意义的领域中。

  (2)强化实践教学,注重学生"知识、能力和素质"的全方位培养。根据高职高专学生的特点,本教材构建了一条系统的"教、学、训、做、评"一体化的教学链条,在传授知识的同时,充分培养学生的能力和素质。书中的每节都通过"导入案例"以引起学生的学习兴趣,并引发学生思考;每节在适当时候,增加"课堂活动""案例分析"或"阅读材料",帮助学生理解和掌握相关知识、锻炼相关能力;在每节结束的时候,通过"课内实训"和"课外实训"两个实践教学环节锻炼和培养学生的实践技能,提高学生的综合素质,并据此进行检验和评价;最后,每章都设有"本章小结",以更好地帮助学生梳理和掌握相关知识。

  (3)内容尽量与国际上该学科的前沿研究相融合,强调"前沿性和时效性"。经济学的研究是前瞻性的,每年都会有很多新的概念、原理和分析方法被发展,学生需要掌握,以便跟上迅速发展的时代要求。

  本书编者从事多年高职高专学生的经济学课程教学,但在实际教学过程中,很难找到一本能拿来就用的教材。本书的价值在于能结合国家对职业教育未来发展的指导思想,针对我国现阶段高职高专教育的特点和高职高专学生的特点,编写出一本能拿来就用的教材,从而更好地服务于我国财经类高职高专层次专业平台课程的建设和教学。

　　本书由北京电子科技职业学院经济管理学院副教授刘新华和中国青年政治学院经济管理学院副教授修晶共同编写。其中,刘新华撰写第一至八章,修晶撰写第九至十四章。由于编者的知识水平和能力有限,不当或者疏漏之处在所难免,恳请专家学者、教学单位和广大读者批评指正。

编　者

2015 年 1 月

目　录

第一章 引 论

　　通过本章的学习,使学生掌握稀缺性的含义,并理解经济学与稀缺性的关系;掌握资源配置与资源利用的概念,并理解稀缺性问题的解决思路;掌握经济制度的概念,并理解不同经济制度的差异;掌握经济学的实证与规范分析方法,并理解经济分析中图形的运用;了解微观经济学和宏观经济学的内容。

　　稀缺性、资源配置和资源利用的概念;经济学和稀缺性的关系;经济制度的概念;实证分析和规范分析的概念;经济分析中图形的运用。

　　自古以来,人类就为经济问题所困扰,生存和发展始终是各个社会所关心的也是经济学所必须面对的问题。而这些问题归根结底来源于人类社会资源的稀缺性,经济学正是为解决这个问题而产生的。也正因为经济学所要解决的问题如此重要,所以被称为"社会科学的皇后"。那么,什么是经济学? 它的研究对象是什么? 它包括哪些主要内容? 它研究的具体方法是什么? 这些就是本章所要回答的问题。

第一节　经济学的研究对象

【导入案例】

　　有一个故事说,从前,有一个幸运的人被上帝带去参观天堂和地狱。

　　他们首先来到地狱,只见一群人围着一大锅肉汤,但这些人看来都营养不良、绝望又饥饿。仔细一看,每个人都拿着一只可以够得到锅子的汤匙,但汤匙的柄比他们的手臂长,所以没法把东西送进嘴里。他们看起来非常痛苦。

　　紧接着,上帝带他进入另一个地方。这个地方和先前的地方完全一样:一锅汤、一群人、一样的长柄汤匙。但每个人都很快乐,吃得也很愉快。上帝告诉他,这就是天堂。

　　这位参观者很迷惑:为什么情况相同的两个地方,结果却大不相同? 最后,经过仔细观察,他终于得到了答案:原来,在地狱里的每个人都想着自己舀肉汤;而在天堂里的每一个人都在用汤匙喂对面的另一个人。结果,在地狱里的人都挨饿而且可怜,而在天堂的人却吃得很好。

　　资料来源:茅于轼:《大家的经济学》,南方日报出版社 2005 年版。

　　案例评析:上述寓言有助于说明什么是经济学。人类要生存就离不开物质财富的生产。但是不同的社会组织方式、不同的人际关系安排,生产财富的效率是非常不同的。经济学就是研究人类社会如何进行组织、配置和利用资源从而实现高效地生产财富的一门学问。

一、经济问题的提出:资源的稀缺性

　　从亚当·斯密开始,经济学作为一门独立的科学,已经诞生 200 多年。为什么会产生经济学？西方经济学家普遍认为,是由于客观存在的稀缺性。

　　人类进行生产活动是为了满足自己的消费欲望,假如人们的消费欲望以及由这些欲望所引起的对物品和劳务的需求是有限的,并且,满足需要的资源又是取之不尽、用之不竭的,那就不会产生稀缺性问题,经济学也就不会产生。事实上,在人类社会发展的一定时期或阶段,资源是既定的,从而用它们来生产的产品也是既定的,而人类的欲望却是无限的,由此便产生了稀缺性问题。经济学就是为了解决人类经济活动中经常面临的欲望的无限性与资源的稀缺性之间的矛盾而产生的。

　　经济学家把满足人类欲望的物品分为"自由物品"和"经济物品"两大类。前者是指人类不费任何代价就能自由取用的物品,如阳光、空气等,它的数量是无限的;后者是指人类必须付出代价方可得到的物品,即必须借助生产工具、通过人类劳动加工生产出来的物品,它在人类社会生活中占有相当重要的地位,但它的数量却是有限的、稀缺的。

　　按照马斯诺关于欲望或需要层次的解释,人的欲望或人的需要可分为以下五个层次:基本生理的需要;安全的需要;社会的需要,即情感的需要;尊重感的需要;价值自我实现的需要,即出于对人生的看法,需要实现自己的理想,实现自己的价值。这五种欲望或需要中,第一种是最基本的需要,第五种是最高层次的需要。这些欲望或需要一个接一个地产生,当前一种欲望或需要得到满足或部分满足时,紧接着就会产生后一种欲望或需要,所以,欲望或需要是无穷无尽的。

　　因此,所谓资源的稀缺性,是指相对于人类欲望的无限性而言,经济物品或者说生产这些物品的资源总是不足的。对稀缺性的理解要注意:

　　第一,稀缺性产生于人类欲望的无限性与资源的有限性这一矛盾,稀缺性强调的不是资源绝对数量的多少,而是相对于欲望无限性的有限性,是相对的稀缺性。

　　第二,稀缺性是人类社会永远存在的问题。任何人、任何社会都永远无法摆脱稀缺性。从纵向看,人类社会的任何一个时期都存在稀缺性;从横向看,当今各个社会与国家都存在稀缺性。可以说,稀缺性与人类并存,只不过不同时期、不同国家稀缺性的表现形式不同。这就是绝对的稀缺性。

　　第三,经济学正是由于稀缺性的存在而产生的。没有稀缺性,就没有经济学存在的必要性。整个经济学就是为了解决稀缺性问题而存在的。经济学的内容也是围绕稀缺性问题的解决而展开的。

【材料阅读】

地球上有丰富的水,分布很广泛,全球约有 3/4 的面积覆盖着水,因而地球有"水的行星"之称。地球上水的储量也很大,约 140 亿立方米,但其中 94% 分布在海洋中,不可能直接为人类生活与生产所利用。据统计,全球的淡水储量仅 3.5 亿立方米,其中 99.66% 分布在南北两极与高山冰川积雪、永冻土底冰层及深层地下等,难以利用,因此,只有占淡水总量 0.34% 的淡水才是人类可以利用的淡水资源。它们只占全球总储水量的 0.007%。这表明,能被人类利用的淡水资源确是有限的,不是取之不尽、用之不竭的。

目前全世界大约有 20 亿人处于缺水状态。水资源的稀缺已成为制约世界经济发展的主要因素和实现人权的先决条件。

资料来源:张绪乐:《新科学十万个为什么》,浙江科学技术出版社 1997 年版。

材料评析:即便是有"水的行星"之称的地球也面临着水资源稀缺的困扰,可见,资源的稀缺性问题存在于经济生活的各个方面。

【课内活动设计】

活动题目:进入大学课堂,我们可能面临什么稀缺性问题?

活动要求:

(1)分小组进行讨论,总结出小组认知的所有稀缺性问题,并讨论能否都解决。

(2)如果不能都解决,分析面临哪些约束条件。

(3)区别所有稀缺性问题中最重要的 2～3 个问题,并讨论在现有资源下是不是应该优先解决。

(4)选择 2～3 组分享讨论结论。

二、经济问题的解决:选择与资源配置

由于人的欲望的无止境和经济资源的稀缺性,使得如何使用有限的物品和劳务,在有限的时间内满足最重要、最迫切的欲望,成为人类经济生活的首要问题。要解决这个问题,就要进行选择。所谓选择,就是研究如何利用既定的资源去生产"经济物品"来更有效地满足人类的欲望。具体来说,它所要解决的问题是:

(一)生产什么与生产多少

社会资源是有限的,人们不能用来生产所有想要的东西,而且不管什么东西也不能无限度地生产,所以也要对生产什么、生产多少做出认真的选择,以求能最大限度地满足全社会人们的欲望。一堆钢铁,是生产机器好?还是自行车好?还是大炮好?这取决于哪一样能最大限度地满足人们的欲望。但欲望是很难具体衡量的,怎样对这个问题做出判断呢?从价格的高低可以看出哪一种东西需要的人多。显然,一种东西需要的人多,它的价格就会比较高;需要的人少,价格就会比较低。厂商选择生产价格比较高的东西以获得更多的利润,但是如果厂商都去生产价格高的东西,结果这种东西的供给就会过多,从而使得其价格下降,一部分厂商就会转而生产别的东西。价格就这样调节着生产者与消费者的平衡,使"生产什么?生产多少?"这个问题得以解决。这是一个合理配置资源的问题。

（二）如何生产

同一种商品可以用不同的方式生产。同样是小麦，在我国北方农村通常是每个农户耕作10～20亩耕地，密集地投入化肥、劳动等生产要素来生产，大型机械运用主要限于耕翻土地、收获和运输等生产环节。北美、澳大利亚家庭农场则通常耕作上万亩耕地，采用高度机械化生产方式，单位面积耕地上的劳动投入则比较少。

厂商经常面临的选择是：是多雇用工人，少用机器？还是多用机器，少雇用工人？一台机器应该和几个工人相配合？所有这些问题都是选择什么样的技术和方法进行生产的问题。

（三）为谁生产

由于资源是有限的，因此不可能使全社会中每一个人的欲望同时获得满足。因此，厂商生产出来的产品就必然涉及如何分配的问题，即谁来消费；谁消费得多，谁消费得少。

上述三个问题被认为是人类社会共有的基本经济问题，也被称为资源配置问题。所谓资源配置，就是把资源分配到各种可供选择的用途中，以生产出能够满足人们不同需要的不同物品。经济学正是为了解决稀缺性问题而产生的，经济学的研究对象就是由稀缺性而引起的选择问题。从这个意义上讲，经济学包含了三个方面的内容：无限的欲望、稀缺的资源以及产生的选择。因此，经济学就是研究稀缺资源在各种可供选择的用途之间进行分配的科学。

三、资源利用：如何生产更多的产品

由于资源是稀缺性的，所以就必须考虑资源的使用效率问题。因此，资源利用就是人类社会如何更好地利用现有的稀缺性资源，使之生产出更多的产品。

资源使用效率的问题主要涉及三个方面：

第一，稀缺性资源是否得到充分利用的问题。即一般所说的充分就业问题。

第二，在资源既定的情况下为什么产量会有变动的问题。即产量不能始终保持在生产可能线上的问题，也就是一般所说的经济波动与经济增长问题。

第三，货币稳定性的问题。即一般所说的通货膨胀与通货紧缩问题。

资源稀缺性不仅引起资源配置问题，而且还引起关于资源利用效率的问题。所以，经济学就是研究稀缺性资源在各种可供选择的用途之间进行配置和利用的科学。

从这层意义上来看，所谓的资源最优配置是合理的选择与高效率的利用的结合。

四、资源配置与经济制度

在不同的社会制度下，解决资源配置与利用问题的方法也各不相同。就目前来看，主要存在着三种经济制度：

（一）自由放任的市场经济制度

自由放任的市场经济制度是指完全没有政府干预，而由企业和个人自主决策和自主行动的市场经济，即完全由市场经济机制安排和决定企业和个人经济行为的一种经济制度。

这一经济制度的基本特征是：（1）从决策结构上看，自由放任的市场经济制度是分散决策；（2）在自由放任的市场经济中，每个人或者经济单位被赋予追逐个人利益的动机；（3）自由放任的市场经济中的信息是通过价格涨落而传递的；（4）政府不干预企业和个人的经济行为。

在自由放任的市场经济中，家庭或个人以自身的满足为动机，以市场价格为信息，自主决定每种产品的购买量；生产者以利润为动机，根据市场价格决定生产的方式以及购买投入的数量；

家庭和生产者的相互作用决定商品的价格和生产数量。

（二）中央集权的计划经济制度

中央集权的计划经济制度是指中央政府或机构决定生产什么的计划,确定生产目标和生产方式,并指定分配规则。

这一经济制度的基本特征是:

(1)决策集中化;

(2)集中决策建立在公共产权基础上。

中央集权的计划经济制度通过计划调节,中央集权的计划经济决定了社会资源的配置。

（三）混合经济制度

混合经济制度是指政府和私人部门按照一定的原则制定决策的经济制度。混合经济制度的基本特征是分散决策和集中决策相结合。

决策单位的动力既可以是自身的经济利益,也可以是社会目标;信息传递既有价格自发的波动,又有计划指令的反馈。

混合经济制度通过市场机制的自发作用,解决生产什么和生产多少、如何生产和为谁生产的基本问题;在市场机制出现错误时,则通过政府干预以促进资源使用的效率、增进社会平等、维持经济稳定和增长。

【材料阅读】

对于经济学研究的这几个基本问题,计划经济与市场经济的做法显然是不同的。

问题一:生产什么和生产多少。

在美国这个典型的以市场经济为主导的国家里,生产什么和生产多少主要取决于厂商和消费者之间的相互作用,其中价格在决定生产什么和生产多少上是关键。而在苏联这个中央集权的计划经济国家中,企业生产什么和生产多少则是由政府计划部门确定的,企业只能执行国家的计划,消费者也只能作为价格与产量的接受者,没有发言权。

问题二:怎样生产这些产品,或者说怎样安排产品的生产过程。

在美国,这主要由厂商来决定,当然需要政府的参与,不过政府是通过制定法规来规范厂商的组织形式、厂商与雇员以及消费者之间的相互作用方式等。但是在苏联,既然政府是生产计划的制定者,掌握着所有企业的生产资源,他们也就可以安排和控制整个生产过程。

问题三:为谁生产,即产品如何分配的问题。

在美国,消费者的消费水平主要由其收入水平决定,而收入的高低主要取决于厂商与家庭两者之间的相互作用,当然政府可以通过税收和收入重新分配计划来参与这一过程,不过一切都是按照市场机制来进行的。但在苏联,由于政府直接决定各个职位的薪金水平,实际上国民的消费水平是由国家确定的。名义上,消费者可以在国营商店里按照国家公布的价格购买各种物品,但是实际情况却完全不同,很多紧缺商品在国营商店里根本买不到,只有身居要职的人才能买到这些商品,普通公民不得不承受商品短缺之苦。另外,国家也直接控制着包括住房、汽车之类的大多数消费品,有权决定哪些人可以享用。

问题四:一国的经济资源是否被充分利用,以及如何被充分利用,即资源的配置效率问题,如何通过某种机制将资源分配到更能充分利用资源的经济单位上。

在美国,这个问题主要依靠市场机制来解决,企业以利润最大化为目标来进行有关决策,政府通过法规来规范企业的行为。但在苏联,政府的计划部门按照自己对国民经济的理解来进行决策。至于两者资源的配置效率孰高孰低就不言而喻了。

资料来源:武汉工程大学经济管理学院经济教研室,《西方经济学》案例库。

😊【课内活动设计】

活动内容:辩论赛——是计划经济好?还是市场经济好?

活动要求:

(1)分小组采用各种渠道收集相关资料,并进行分析和整理,从而总结出小组认为的最重要的论据,在纸上列示出来。

(2)选择2组观点不同者进行课堂辩论。

(3)时间控制在10分钟内。

五、微观经济学与宏观经济学

(一)微观经济学

1. 微观经济学的含义

微观经济学是以单个经济单位为研究对象,通过研究单个经济单位的经济行为和相应的经济变量单项数值的决定,来说明如何解决社会资源的配置问题。微观经济学的研究对象包括:

(1)单个经济单位:居民户(消费者)、厂商(企业生产者)。

(2)经济行为:居民户的经济行为是指研究居民户如何把有限的收入用于各种物品的消费,以实现满足程度最大化。厂商的经济行为是指研究如何把有限的资源用于各种物品的生产,以实现利润最大化。

(3)解决资源配置问题:即从研究单个经济单位的最大化行为入手,来解决社会资源的最优配置问题。

(4)价格理论是中心理论:在市场经济中,单个经济单位的一切经济行为都受价格的支配,价格就像一只"看不见的手",调节着社会的经济活动和每个经济单位的经济行为,即通过价格的调节,使社会资源配置达到最优化。

(5)研究方法是个量分析:即研究经济变量的单项数值是如何决定的。

2. 微观经济学的基本假设

(1)市场出清:即假设在资源充分利用的常态下,通过价格可以自由、充分地波动,自发调节社会资源配置,使市场实现充分就业的供求均衡状态。

(2)完全理性:假设每个经济单位都是以利己为目的的经济人,能够自觉地按利益最大化的原则行事。

(3)完全信息:每个经济单位可以迅速和免费获取各种市场信息,并依次作出相应的经济决策。

3. 微观经济学的基本内容

(1)均衡价格理论:主要研究商品的价格是如何决定的,以及价格如何调节整个经济的运行。

(2)消费者行为理论:主要研究消费者的消费行为如何实现效用最优化。

(3)生产理论:主要研究生产者的生产行为如何实现利润最优化。

(4)分配理论:研究产品按什么原则分配给社会各个成员。

(5)一般均衡理论与福利经济学:研究社会资源配置最优化的实现,以及社会经济福利的实现问题。

(6)市场失灵与微观经济政策:主要针对市场机制失灵而导致社会资源达不到最优配置,所应采取的经济调节政策。

(二)宏观经济学

1. 宏观经济学的含义

宏观经济学以整个经济的总体行为为研究对象,通过研究经济中各种有关经济总量的决定及其变化,来说明社会的资源如何才能达到充分利用。宏观经济学的研究对象包括:

(1)研究的是经济总量和经济整体状况。

(2)重点解决资源利用的问题。

(3)中心理论是国民收入决定理论。

(4)采取的是总量分析方法。

2. 宏观经济学的基本假设

宏观经济学的前提就是:政府应该调节经济,政府可以调解经济,并且有能力调节经济。因而假设:

(1)市场机制失灵,无法使社会资源达到最优配置。

(2)政府有能力、有条件来调节整个经济运行,纠正市场机制的缺陷,使社会资源达到最优配置和充分利用。

3. 宏观经济学的基本内容

(1)国民收入核算理论。

(2)国民收入决定理论:即从总供给和总需求的角度,分析国民收入决定及其变动的规律。

(3)失业与通货膨胀理论:把失业问题与通货膨胀问题联系起来,分析其原因及其相互关系,以便从中找出解决这两个问题的方法和途径。

(4)经济周期理论:从动态角度分析国民收入是如何决定的问题,即通过研究分析影响经济周期变动的各种原因,进而提出实现经济长期稳定发展的一般方法和手段,确定国家干预经济的必要性。

(5)经济增长理论:通过对国民收入决定理论长期化和动态化的分析研究,提出实现经济长期增长的各种具体模型,确立以期实现经济长期增长的一般方法和途径。

(6)宏观经济政策:基于宏观经济学的任务是要说明国家为什么必须干预经济,以及应该如何干预经济,分析研究宏观经济政策制定的理论依据,以及宏观经济政策的目标、种类、作用及其效应等问题。

(7)开放经济理论:从开放性经济的角度出发,把国内经济与国外经济作为一个整体来进行分析,即分析一国国民收入的决定与变动如何影响他国经济、如何受他国经济的影响,以及如何在国际经济范围内进行各国之间的调节等相关问题。

(三)微观经济学与宏观经济学的联系

(1)微观经济学与宏观经济学的研究对象、研究方法、研究目的等均不相同。

(2)微观经济学与宏观经济学互为补充。经济学的目的是要实现社会经济福利的最大化。

为了到达这一目的,既要实现资源的最优配置,又要实现资源的充分利用。所以,微观经济学在假定资源已实现充分利用的前提下分析如何达到最优配置的问题;而宏观经济学则是在假定资源已实现最优配置的前提下分析如何达到充分利用的问题。

（3）微观经济学是宏观经济学的基础。

（4）微观经济学与宏观经济学都是实证分析。微观经济学与宏观经济学都把社会经济制度作为既定的基础前提条件,分析在这一既定制度下如何实现资源最优配置和充分利用的问题,即只分析具体经济问题,而不涉及经济制度的分析。

（5）微观经济学与宏观经济学共同构成西方经济学的整体。

实训项目

一、课内实训

（一）知识题训练

1. 单项选择题

（1）"资源是稀缺的"是指（　　）。

A. 世界上大多数人生活在贫困中　　　　B. 相对于资源的需求而言,资源总是不足的

C. 资源必须保留给下一代　　　　　　　D. 世界上的资源最终要被消耗光

（2）经济物品是指（　　）。

A. 有用的物品　　　　　　　　　　　　B. 稀缺的物品

C. 市场上贩卖的物品　　　　　　　　　D. 有用且稀缺的物品

（3）经济学主要研究（　　）。

A. 与稀缺性和选择有关的问题　　　　　B. 如何在证券市场上盈利

C. 何时无法作出选择　　　　　　　　　D. 用数学方法建立模型

（4）经济学研究的基本问题是（　　）。

A. 怎样生产　　　　　　　　　　　　　B. 生产什么,生产多少

C. 为谁生产　　　　　　　　　　　　　D. 以上都包括

2. 判断题

（1）稀缺性仅仅是市场经济中存在的问题。（　　）

（2）自由放任的市场经济制度是指完全没有政府干预,而由企业和个人自主决策和自主行动的市场经济。（　　）

（3）宏观经济学以单个经济单位为研究对象。（　　）

（4）微观经济学要解决的问题是资源利用,宏观经济学要解决的问题是资源配置。（　　）

3. 简答题

（1）解释稀缺性、选择、资源配置、资源利用、经济学和经济制度的概念。

（2）试举例说明资源稀缺性的相对性与绝对性。

（3）试举例说明微观经济学与宏观经济学的区别与联系。

（二）技能题训练

1. 讨论分析:假设世界上打字最快的打字员恰好是脑外科医生,他应该自己打字还是雇用

一个秘书?

2. 案例分析:

"虽然今天到人才市场来找工作的人不少,但我们还是没有招到合适的人才。"昨天上午,在德州三八路的人力资源市场上,一名企业招聘主管无奈地说,他所在的企业需要招收几名数控机床调试员和数控折弯机操作员,然而几天的人才市场之旅却让他一无所获。

同样,一家招聘电气自动化人员、PIC编程人员的企业,在熙熙攘攘的人才市场中,其门庭显得格外冷清。"没办法,现在技术型人才是抢手货,很少会有落单的技术人员来人才市场找工作,"负责招聘的张女士说,"可是企业需要这样的人才,不到人才市场来招聘也没有更合适的办法,这几天来咨询的人寥寥无几,更别提洽谈了!"

机械设计师、注册会计师、机械维修工程师、电气智能工程师……在人才市场上招聘类似高端技术型人才的企业不在少数,然而达成合作意向的却屈指可数。高端技术型人才招工难,成为德州人才市场上的一个突出焦点,这与德州企业处于转型阶段造成的结构性矛盾有关。作为低碳、节能的"太阳城",德州许多产业园区纷纷向高端化发展,使得劳动力的供求关系出现了变化,然而德州地区的劳动力供应仍处在较低技术层面,因此人才所具备的技能和企业的需求之间出现了错位。

"我在人才市场招聘的这一段时间,发现能够达成合作意向的大部分是文员、保安、司机等技术含量比较低的工种,相比之下,工程师、技术员等工种的招聘成功率显得十分低迷。"一位招聘主管说,"但无论如何,我还是会在这里继续招聘,希望能够找到合适的人才。"

资料来源:《高端技术型人才稀缺》,《德州晚报》(网络版),2011年2月16日。

请问:

(1)上述案例是否说明中国目前存在高端技术型人才的稀缺性问题?

(2)你认为应该怎样解决上述问题?

(3)作为一名高职学生,如何使自己成为这种稀缺性的人才?

二、课外实训

(一)思考讨论题

根据本节所学,思考如何能更快地进入本课程的学习?拟采取什么学习方法?

(二)调查研究题

(1)通过上网,了解当前我国面临的主要资源稀缺性问题,并整理成文档。

(2)通过各种渠道收集资料,了解我国经济制度的变迁历程,以增加知识的广度和深度。

第二节 经济学的研究方法

【导入案例】

近年来,随着人民生活水平的提高,越来越多的小汽车进入人们的家庭生活。但是由此也产生了很多的问题,如环境污染和交通堵塞。因而,引起了对小轿车进入家庭的争论。这一争论实际上包含两个方面的问题：一是轿车能否进入家庭，轿车进入家庭对经济有什么影响？这需要对居民收入、交通、能源及其他影响轿车进入家庭的因素进行分析，并对轿车给整个国民经济的带动作用进行分析。二是轿车是否应该进入家庭。支持者认为，轿车的发展对国民经济有推动作用，而且享用轿车是消费者的权利；反对者则批判西方的轿车文明，认为应该支持公共交通。

　　资料来源：根据网络资料整理而成。

互动提问：上述争论的两个方面有什么不同？

一、实证经济学与规范经济学

人们在对稀缺的经济资源选择不同的用途时，往往要先解决一个选择的原则问题，这便涉及经济活动的规范问题。由此，西方经济学家把经济学区分为实证经济学和规范经济学两类。

实证经济学是在做出与经济行为有关的假定前提下，来分析和预测人们的经济行为。它力求说明和回答这样的问题：经济现象"是什么"？即经济现象的现状如何？有几种可供选择的方案，后果如何？至于是不是应该做出这样的选择，则不予讨论。实证经济学具有客观性，其目的在于对经济是如何运行的进行分析。

规范经济学是以一定的价值判断作为出发点，提出行为的标准，并研究如何才能符合这些标准。它力求回答"应该是什么"的问题，即为什么要做出这样的选择，而不做另外的选择？它涉及是非善恶、应该与否、合理与否的问题。由于人们的立场、观点、伦理道德标准不同，对同一经济事物，就会有截然不同的看法。所以，规范经济学不具有客观性，即规范命题没有正误之分，不同的经济学家会得出不同结论；其目的在于对政策行动的福利后果进行分析。

微观经济学中，在涉及消费者的偏好和收入再分配的研究中，都具有较强的规范色彩。宏观经济学中，关于充分就业的含义、经济增长的后果等，就是一种规范分析。至于制度经济学和福利经济学，则主要是一种规范经济学。

实际上，无论是实证经济学还是规范经济学，都与经济目标相关。经济目标是分层次的，目标层次越低，与经济运行的联系越密切，其研究就越具有实证性；目标层次越高，越需要对经济运行进行评价，其研究就越具有规范性。从这个意义上来说，就像微观经济学和宏观经济学是从不同角度来研究经济问题并不矛盾一样，实证经济学和规范经济学是在经济目标不同层次上的研究，功效各异、互相补充、构成不可分离的整体。例如，对于5%的年经济增长率目标，实证经济学研究在多大的储蓄比例和加速系数下，可以达到这个目标，并且可以检验这个结论是否正确；规范经济学研究5%的年增长目标假定本身是否正确，它能不能成为目标，实现这样一个目标对社会产生的后果是好是坏等。所以，在对任何一个经济现象进行研究时，不仅要对经济过程本身进行研究，而且要对经济过程做出判断，方能说明经济过程的全貌，不至于走向片面。

二、实证分析方法

实证分析是一种根据事实加以验证的陈述，而这种实证性的陈述则可以简化为某种能根据经验数据加以证明的形式。运用实证分析方法研究经济问题的目的是最终建立起能够用于解释经济现象的理论，并以此为依据做出预测。

（一）理论的组成

一个完整的理论包括定义、假设、假说、预测四个部分。

定义是对经济学所研究的各种经济变量所规定的明确含义，如什么是供给、什么是需求等。

变量是一些可以取不同数值的量。通常的经济变量有：内生变量，是内在作用于经济现象和问题本身的变量；外生变量，是外在作用于该经济现象和问题以外的变量。例如，假设要建立一个经济模型来解释某一农作物的价格，农作物的价格受多种因素影响，如供给量、需求量、气候状况等。在这里，供给量、需求量和价格就是内生变量，它们是这个模型要分析的变量。但是气候状况则是外生变量，它虽然可以通过影响农作物的供给而影响价格，但它本身属于经济模型所研究的气象方面的因素。

流量，是指一定时期内存在的变量的数值，其数值的大小与时间维度相关。存量，是指一定时点上存在的变量的数值，其数值的大小与时间维度无关。例如，一个家庭现有人口或家用电器拥有量是存量；而今年新添的人口或新购买的家用电器则是流量。

假设，是指某一理论研究所适用的条件。现实的世界过分复杂，一个经济现象往往直接或间接地受到许多因素的影响。而经济模型不可能对它们逐一进行分析，所以有必要提出假设，以对讨论的范围进行限定和简化。例如，一种商品的需求量是受许多因素影响的，但在建立需求分析的经济模型时，一般就要假设其他因素不变，仅分析价格是如何影响需求量的。

假说是对两个或两个以上的经济变量之间关系的描述和阐述，也就是未经证明的理论，它是对某些现象的经验性概括和总结。例如，在其他因素不变的条件下，一种商品的价格由商品的供给和需求决定。这就是现代经济学价格原理的重要假说。

预测是根据假说对未来进行的预期。例如，如果需求量增加，那么可以预测，在其他因素不变的条件下，价格会上升。

（二）实证分析工具

1. 均衡分析与非均衡分析

均衡是从物理学借用的一个概念。均衡分析是指分析各种经济变量之间的关系，说明均衡实现及其变动。均衡分析侧重于数量分析。均衡分析可以分为局部均衡分析与一般均衡分析。局部均衡分析考察在其他条件不变的情况下，单个市场均衡的建立与变动。一般均衡分析考察各个市场之间的建立与变动，它是在各个市场的相互关系中来考察一个市场的均衡问题。

非均衡分析侧重于从历史、制度、社会因素等多方面和多角度来分析社会经济现象的变化。

微观经济学与宏观经济学主要运用的是均衡分析工具。

2. 静态均衡分析、比较静态均衡分析、动态均衡分析

静态均衡分析主要说明各种经济变量达到均衡时所应具备的条件。例如，考察市场价格时，它研究的是价格随供求关系上下波动的趋向点或者是供求决定的均衡价格。

比较静态均衡分析主要分析说明当原有条件发生变化后，一种均衡状态变动到另一种均衡状态的过程，并以此对比新旧两种均衡状态的差异。例如，已知某种商品的供求状况，可以考察其供求达到均衡时的价格和产量。现在，由于消费者的收入增加而导致对该商品的需求增加，从而产生新的均衡，使价格和产量都有所提高。这里把新均衡所达到的价格和产量与原均衡的价格和产量进行比较，这便是比较静态均衡分析。

动态均衡分析则是在充分考虑时间因素影响的基础上，来说明在某一时点上经济变量的变动如何影响原有均衡状态的变化。动态分析在微观经济学中进展不大，只是在蛛网理论的研究

中,在局部均衡的基础上采用了动态分析方法。在宏观经济学中,主要采用的是比较静态和动态分析方法。

3. 定性分析与定量分析

定性分析是说明经济现象的性质及其内在规定性与规律性。

定量分析是分析经济现象之间量的相互关系。

4. 经济理论与经济政策

经济理论是通过对各种经济现象和经济问题加以分析研究后,反映经济现象本身客观规律的理论总结和概括。它是制定经济政策的理论基础和理论依据。

经济政策是依据经济规律结合客观实际情况制定的旨在指导和影响人们经济活动和经济行为的措施和行为规范的准则。它是经济理论的应用。

在实践中,经济理论可能产生于经济政策之前,也可能产生于经济政策之后,在学习经济学时,要将两者有机地结合起来。

三、经济分析中的图形应用

经济学研究的许多概念可以用数字来表示,如价格、需求量、供给量和成本等。这些经济变量通常是相互关联的,如价格上升会导致需求量减少。因此,使用图形就成为表述经济变量之间关系的一种重要方法。使用图形进行经济分析的目的有:一是,构建经济理论时,用方程式或文字可能表述不清,而图形提供了一种直观表述思想的方法;二是,分析经济数据时,图形提供了一种发现和解释数据变动模式的有效方法。

经济分析中使用图形来形象表述各种经济现象,也就是各种经济变量之间的关系,这种分析方法已经得到广泛应用。但是,经济学中的图形仅仅是用以分析经济现象的工具,而不是经济学本身。我们在学习经济学的过程中要注意一种图形所表示的特定经济含义——其只是一种示意图,并不等同于数学或工程中的精确图形。然而不可否认的是,无论是构建理论还是分析数据,图形都为我们提供了一个可以从大量树木中辨认出森林的透镜。

(一)一个变量的图形

当变量为一个时,常见的图形有三种:圆形图(如图 1—1 所示)、柱形图(如图 1—2 所示)和时间序列图(如图 1—3 所示)。

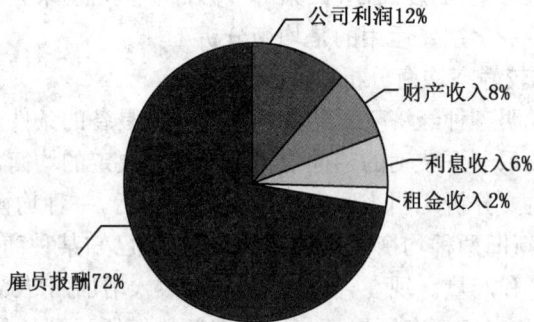

图 1—1　圆形图(某经济体的收入构成)

GDP/美元

25 000
20 000
15 000
10 000
5 000
0

A国　B国　C国　D国　E国　(国家)

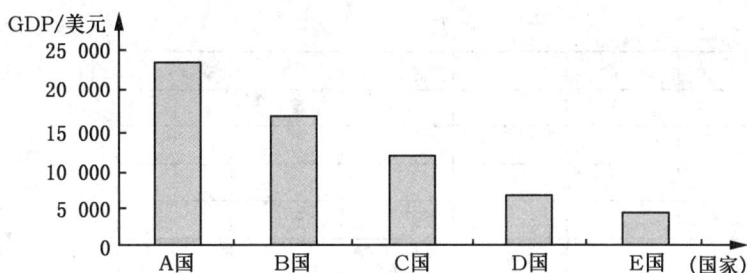

图 1-2　柱形图(某年各国人均 GDP)

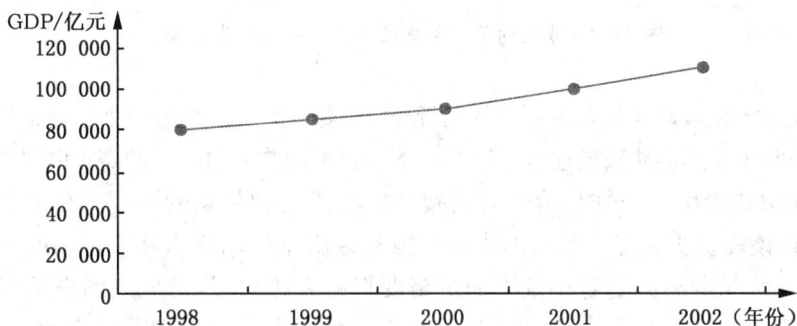

GDP/亿元

120 000
100 000
80 000
60 000
40 000
20 000
0

1998　1999　2000　2001　2002 (年份)

图 1-3　时间序列图(某国历年 GDP 总额)

以上三种图形在表明变量如何随时间推移或在个人之间变动上是有用的,但这类图形只能表示一个变量的信息,能承载的信息量有限。

(二)两个或两个以上变量的图形:坐标系

经济学家通常更关注变量之间的关系。因此,他们需要能在一个图形上表示两个变量。坐标系使这种需要成为可能。

假设你想考察学习时间和平均绩点之间的关系。你可以对全班每个学生记录一对数字——每周用在学习上的小时数(学习时间)和平均成绩点(平均绩点),然后把这些数字作为一种有序数对放在括号中,并用图形上的一点来表示。例如,用有序数对(每周 25 小时,3.5 张三)来代表张三,用有序数对(每周 5 小时,2.0 李四)来代表李四。我们可以把这些有序数对画在一个二维坐标方格图上。每个有序数对的第一个数字称为 x 坐标,告诉我们该点的横向位置;第二个数字称为 y 坐标,告诉我们该点的纵向位置。x 坐标和 y 坐标为零的点称为原点。有序数对的两个坐标告诉我们该点相对于原点的位置:x 在原点右边的单位,y 点在原点上面的单位。

图 1-4 画出了某班同学的平均绩点与学习时间的关系。从图形中可以看出,越是向右的点(表示学习时间更多),成绩越高(表示平均绩点越好)。由于学习时间多与成绩高一般是同方向变动的,我们说,这两个变量有一种正相关关系。

图 1-4 这种类型的图我们称为离散图,因为它描述了不连续的各点。

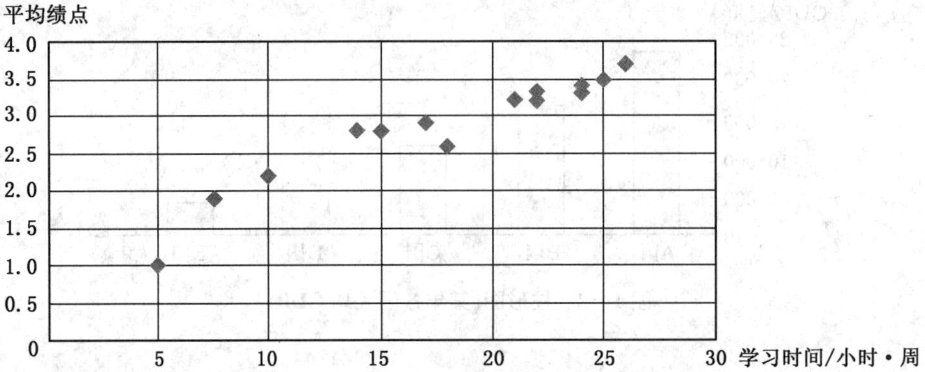

图1-4　学习时间与平均绩点之间关系的坐标图

经济学家通常还在假设其他条件不变的情况下,考察一个变量对另一个变量的影响。我们可以通过坐标中的曲线及其变动来描述这种情况。下面以不同收入情况下的需求曲线为例。

需求曲线可以描绘出一种物品价格对消费者想购买的物品量的影响。在说明需求曲线之前,先看表1-1,该表说明了艾玛购买的小说书数量取决于她的收入和小说书的价格。当小说书便宜时,艾玛就大量购买。随着小说书的价格变得越来越昂贵,她就从图书馆借书而不是买书,或者选择去看电影而不是读小说。同样,在任何一种既定价格,艾玛收入越高,买书越多。这就是说,当她的收入增加时,她把部分增加的收入用于购买小说书,部分用于购买其他物品。

表1-1　　　　　　　　　　　　　　收入、价格与需求量的关系

价　格	收　入		
	2万美元	3万美元	4万美元
10美元	2本小说	5本小说	8本小说
9美元	6本小说	9本小说	12本小说
8美元	10本小说	13本小说	16本小说
7美元	14本小说	17本小说	20本小说
6美元	18本小说	21本小说	24本小说
5美元	22本小说	25本小说	28本小说

我们现在有三个变量——小说书的价格、艾玛的收入和购买小说书的数量——大于我们能用二维空间表示的数量。为了把表1-1的信息画成图形,我们需要使三个变量中的一个变量保持不变,并描述其他两个变量之间的关系。由于需求曲线代表价格和需求量之间的关系,所以我们使艾玛的收入保持不变,并说明她所购买的小说书数量如何随小说书的价格变动而变动。

假设艾玛的年收入为3万美元。如果用 x 轴表示艾玛购买的小说书数量,y 轴表示小说书的价格,就可以用图形来代表表1-1的中间一栏。当把代表表1-1中各项的点——(5本小说,10美元),(9本小说,9美元)连接起来时,它们就成为一条直线。图1-5中画出的这条直线称为艾玛的小说书需求曲线;它告诉我们在任何一种既定价格下,艾玛买多少本小说。需求曲线向右下方倾斜,表示较高的价格,减少了小说书需求量。由于小说书需求量与价格反方向变动,

因此,我们说这两个变量是负相关的;相反,当两个变量同方向变动时,把它们联系起来的曲线向右上方倾斜,我们说这两个变量是正相关的。

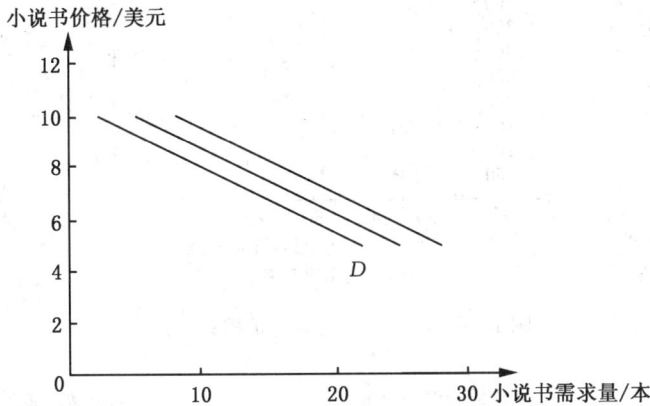

图1-5 不同收入情况下的需求曲线

现在假设艾玛的收入增加到每年4万美元。在任何一种既定价格,艾玛购买的小说书比她在以前的收入水平时多了。正如我们以前用表1-1中间一栏的全部数据画出了艾玛的小说书需求曲线一样,现在我们可以用该表右边一栏的全部数据画出一条新需求曲线。在图1-5中所画出的这条新需求曲线(最右边的需求曲线)与旧需求曲线(中间的需求曲线)平行;新需求曲线是向右移动画出的一条类似的线。因此我们说,当艾玛收入增加时,她的小说书需求曲线向右移动。同样,如果艾玛的收入减少为每年2万美元,在任何一种既定价格水平下她购买的小说书少了,她的需求曲线向左移动(最左边的需求曲线)。

因此,我们通过需求曲线的移动说明了不同收入情况下的需求曲线的变化,并得出结论:收入增加,需求曲线向右上方移动;收入减少,需求曲线向左下方移动。

(三)经济分析中图形的运用

两个经济变量之间的关系主要有四种情况:同方向变动、反方向变动、最大化与最小化、相互无关。

1. 两个变量同方向变动的图形

两个变量同方向变动的关系称为正相关。变量的正相关关系可以用图1-6来描述。图1-6(a)、图1-6(b)、图1-6(c)都表明了变量之间的正相关关系,只不过图1-6(a)表示两个变量之间不变的正相关关系;图1-6(b)表示两个变量之间递增的正相关关系;而图1-6(c)则表示两个变量之间递减的正相关关系。

值得注意的是,在经济分析中,无论图形是直线的(表示线性关系)还是曲线的(表示非线性关系),一般都称为曲线。

2. 两个变量反方向变动的图形

两个变量反方向变动的关系称为负相关。变量的负相关关系可以用图1-7来描述。图1-7(a)、图1-7(b)、图1-7(c)都表明了变量之间的负相关关系,只不过图1-7(a)表示两个变量之间不变的负相关关系;图1-7(b)表示两个变量之间递减的负相关关系;而图1-7(c)则表示两个变量之间递增的负相关关系。

(a)正的不变斜率　　　　(b)正的递增斜率　　　　(c)正的递减斜率

图 1-6　两个变量之间的正相关关系

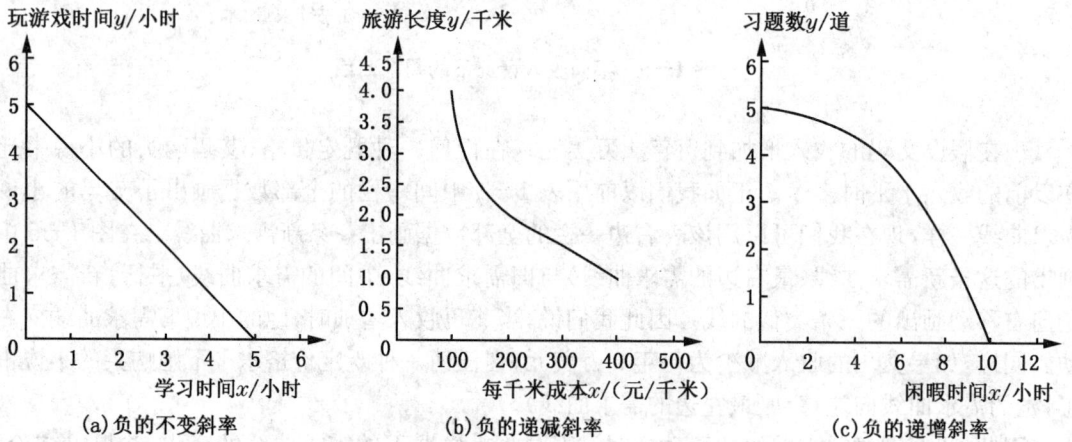

(a)负的不变斜率　　　　(b)负的递减斜率　　　　(c)负的递增斜率

图 1-7　两个变量之间的负相关关系

3. 最大化与最小化图形

经济学是研究最优化问题的,最优化的例子包括实现可能的最高利润和达到可能的最低成本。为此,常用最大化或最小化图形来说明具有最优化关系的变量(如图 1-8 所示)。图 1-8(a)表明降雨量和产量之间存在着最大化关系,图 1-8(b)表明每千米油耗与速度之间存在着最小化关系。

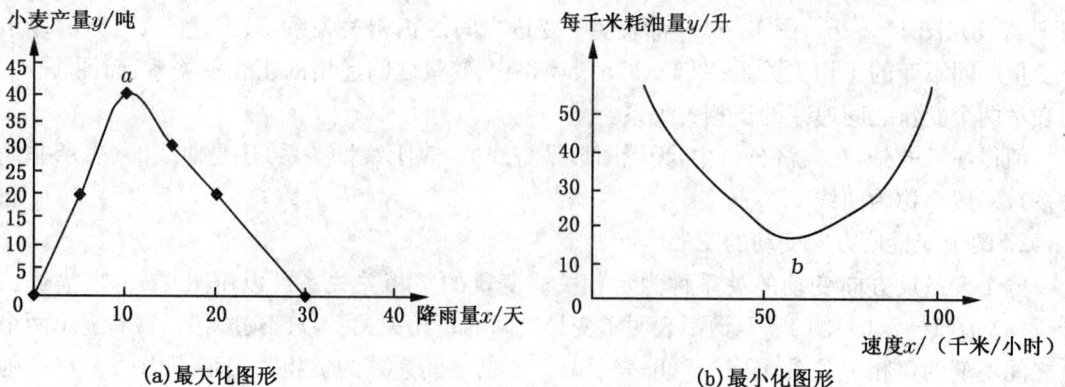

(a)最大化图形　　　　　　　(b)最小化图形

图 1-8　最大化与最小化图形

4. 两个变量无关时的图形

在许多情况下,一个变量和另一个变量无关,即无论一个变量如何变动,另一个变量都保持不变(如图1-9所示)。图1-9(a)表明经济学知识与苹果的价格没有关系,即无论你的经济学知识有多丰富,学位有多高,苹果的价格都是3元/500克;图1-9(b)表明日本电视机的产量与美国的降雨量没有关系,即无论美国的降雨量为多少,日本的电视机产量都是一个固定不变的值。

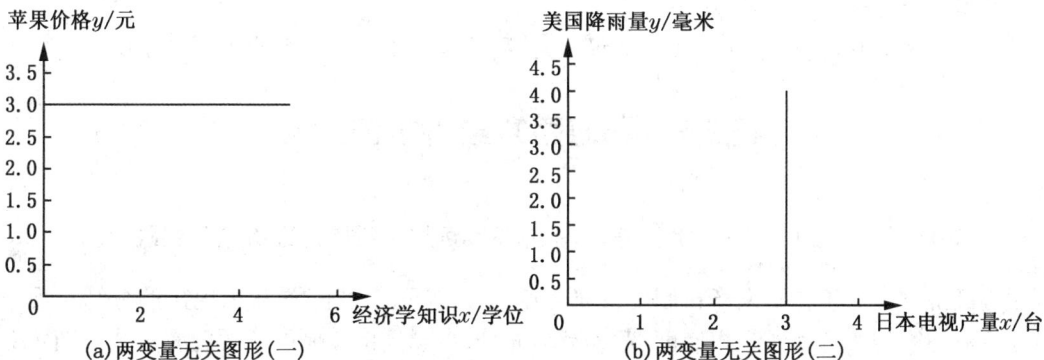

(a)两变量无关图形(一) (b)两变量无关图形(二)

图1-9 两个变量无关时的图形

实训项目

一、课内实训

(一)知识题训练

1. 单项选择题

(1)下列属于规范分析表述的是( )。

A. 鼓励私人购买汽车有利于促进我国汽车工业的发展

B. 随着收入水平的提高,拥有汽车的人会越来越多

C. 由于我国居民收入水平低,大多数人还买不起汽车

D. 个人汽车拥有量的增多,给我国居民的出行带来交通隐患

(2)下列属于实证分析表述的是( )。

A. 治理通货膨胀比减少失业更重要   B. 通货膨胀对经济发展有利

C. 通货膨胀对经济发展不利   D. 只有控制货币量才能抑制通货膨胀

2. 简答题

(1)举例说明实证经济学与规范经济学的区别和联系。

(2)画图说明经济变量之间的关系。

(二)技能题训练

判别下面的命题属于规范经济学还是实证经济学?

(1)2013年我国财政收入达到12.9万亿元,有利于经济改革的进一步深化。

(2)城市化水平每提高一个百分点,就意味着有1 000万人口转移到城市。

(3)1998~2002 年,我国一共解决了 2 700 万名国企下岗职工的就业问题。

(4)由于贫富差距,政府的税收应该采用累进税制,穷人少纳税,富人多纳税。

二、课外实训

(一)思考讨论题

结合本章所学,谈谈你对经济学的理解,并完成一篇 500 字左右的感想。

(二)调查研究题

通过各种渠道收集资料,补充相关知识,以扩展了解当前经济学研究的新方法。

第三节　学习西方经济学的意义

一、更好地了解与认识西方经济问题,借鉴并将其运用到我国的经济改革实践中

西方经济学是对于在私人产权制度及充分竞争环境下,市场配置资源规律的总结。现今西方绝大多数国家均实行私人产权制度、竞争环境充分、市场经济体制的资源配置方式。随着对外开放的扩大,我们需了解西方的国情,特别是经济方面的情况,而西方的有关经济论著和报道会有大量的西方经济学术语和理论观点,并且理论本身也是现实的反映;同时了解西方政府的政策,包括对外政策,也需要研究其经济理论,因为正是这些理论为政策提供了依据,因此学习西方经济学,能更好地了解与认识西方经济问题。

我国目前正在向私人产权制度、充分竞争环境、市场配置资源方向改革。在体制改革的过程中,学习西方国家当年曾经有过的经验与教训,对于我国的改革开放具有十分重要的意义。

二、培养经济学家似的思维方式

在实际生活中,我们经常接触到各式各样的经济信息,遇到层出不穷的经济问题,面临纷繁复杂的经济决策。例如,如何把自己一生有限的时间在学习、工作和闲暇之间合理配置以求得人生最大的满足? 如何根据自己的资源禀赋选择最有利于自身发展的职业? 如果自己是一个学生,如何在各门课程的学习中分配时间以求得期末考试(或入学考试)的总分最高? 如果自己是一个消费者,如何在衣食住行等各种消费中做出预算决策? 如果自己是一个企业的管理者,应该采取什么样的定产或定价策略? 为什么市场上的商品价格各有不同? 为什么有些商品时而滞销,时而畅销? 作为一个纳税人和选民,开征利息税会对自己产生什么影响? 政府即将推行的农村税费改革会有什么样的影响? 等等。对于这些经济信息、经济问题、经济决策,经济学虽然不能提供具体答案,但却能为我们提供看待经济信息、分析经济问题、解决经济决策的思路和工具。

毫无疑问,当我们能够用一个经济学家的头脑去分析我们周围发生的事情时,我们会有一种耳目一新的感觉。经济学家理性的、边际的、实证的思维方式能够帮助我们观察和分析人类行为,理解各种社会制度和组织的性质,对我们生活在其中的各种社会现象做出科学的解释,从而可以使我们从不同的角度认识复杂的现实世界。

三、为学习专业类课程打下基础

作为基本理论,微观经济学和宏观经济学是各经济专业学科及各应用学科的基础课程,要进一步学习专业与应用学科,如会计、统计、部门经济、管理等,都要研究基础理论。

作为本章的结束,我们要引用萨缪尔森《经济学》序言中的一句话:"我真心羡慕你,首次远航去经济学的世界从事激动人心的探险。这种惊心动魄的经历你一生中只有一次。因此,当你开始之时,我要说,祝你一帆风顺,满载而归。"

📖【材料阅读】

在日常生活中,每个人其实都在自觉或不自觉地运用着经济学知识。比如在自由市场里买东西,我们喜欢与小商小贩讨价还价;到银行存钱,我们要想好是存定期还是存活期。

人们普遍以为,经济学的主题内容是货币。其实,这是一种误解。经济学真正的主题内容是理性,其隐而不彰的深刻内涵就是人们理性地采取行动的事实。经济学关于理性的假设是针对个人而不是团体。经济学是理解人们行为的方法,它源自这样的假设:每个人不仅有自己的目标,而且还会主动地选择正确的方式来实现这些目标。这样的假设虽然未必总是正确的,但很实用。在这样的假设下发展出来的经济学,不仅有实用价值,能够指导我们的日常生活,而且这样的学问本身也由于充满了理性而足以娱人心智,令人乐而忘返。

在日常生活中,我们常常烦扰于别人为什么挣得比我多,总是觉得自己得到的比应得的少,而经济学却告诉我们这样的感觉是庸人自扰,是错误的。经济学认为别人比自己挣得多是正常的,自己得到的就是应得的,是市场资源配置及定价的结果。如果自己不能理性地坦然面对,只会给自己的生活带来不必要的烦扰和忧愁。

我们之所以在日常生活中遇到这样或那样的烦扰,主要还是因为对经济学有一些误解,这可能是经济学说起来比较简单的缘故。"供给与需求""价格""效率""竞争"等都是大家耳熟能详的经济学词汇,而且这些词汇的意思也是显而易见的,因此,很多时候,似乎人人都是经济学家。人们不敢随便在一个物理学家或数学家面前班门弄斧,但在一个经济学家面前,谁都可以就车价跌了该高兴还是该郁闷等实际问题随意发表自己的见解。其实,经济学中有许多并非显而易见的内容,并不是每个人想象得那么简单。在经济学领域,要想从"我听说过"进入到"我懂得"的境界并不是一件轻而易举的事情。

资料来源:梁小民:《微观经济学纵横谈》,上海三联书店 2002 年版。

材料评析:掌握正确的经济学知识,将经济学思考问题的方法运用到日常生活中来,使我们能够更加理性、科学地面对生活中的各种琐事,小到油盐酱醋,大到谈婚论嫁,就会减少生活中的诸多郁闷和不快,多一些开心,多一些欢笑。

本章小结

(1)资源的稀缺性,是指相对于人类欲望的无限性而言,经济物品或者说生产这些物品的资源总是不足的。而选择,就是研究如何利用既定的资源去生产经济物品来更有效地满足人类的欲望。

(2)资源配置,就是把资源分配到各种可供选择的用途中,以生产出能够满足人们不同需要的不同物品。而资源利用就是人类社会如何更好地利用现有的稀缺性资源,使之生产出更多的物品。

(3)经济学就是研究稀缺性资源在各种可供选择的用途之间进行配置和利用的科学。

(4)在不同的社会制度下,解决资源配置与利用问题的方法也各不相同。就目前来看,主要存在着三种经济制度:自由放任的市场经济制度、中央集权的计划经济制度、混合经济制度。

(5)西方经济学分为微观经济学和宏观经济学。微观经济学是以单个经济单位为研究对象,通过研究单个经济单位的经济行为和相应的经济变量单项数值的决定,来说明如何解决社会资源的配置问题。宏观经济学以整个经济的总体行为为研究对象,通过研究经济中各种有关经济总量的决定及其变化,来说明社会的资源如何才能达到充分利用。微观经济学和宏观经济学既有联系又有区别。

(6)实证经济学解决"是什么"的问题,而规范经济学解决"应该是什么"的问题。

(7)西方经济学发展到今天,可划分为五个阶段:重商主义、古典政治经济学、传统经济学、凯恩斯主义和当代西方经济学。其间经历了三次革命、三次综合、两次危机。

(8)学习西方经济学不仅为我们将来学习专业课程打下基础;同时培养经济学家似的思维,帮助我们理解经济现象、分析经济问题、作出经济决策。

补充阅读

经济学从重商主义算起,发展到今天,可划分为五个阶段,经历了三次革命、三次综合、两次危机。

一、重商主义

重商主义产生于西欧,流行于15～17世纪初。这一时期,在经济史上,处于封建主义崩溃、资本主义诞生时期。当时,由于商业和海外贸易的发展,商业资本在社会经济生活中起着重要的作用,商业资本家成为新兴资产阶级的代表人物。作为商业资本家思想和要求体现的重商主义,对现代生产方式最早进行了理论探讨,从而成为资产阶级经济学说的第一个学派。重商主义的经济理论冲破了自然经济的束缚,开始从宏观上考察社会经济现象,并提出一些经济政策。英国、法国等老牌资本主义国家实行重商主义政策,促进了资本主义生产关系的发展,为资本主义生产方式的成长和确立创造了重要前提,也为资产阶级政治经济学的形成准备了条件。尽管重商主义者最先使用"政治经济学"一词,并对现代生产方式进行了最早的理论探讨,但他们的研究范围仅局限于流通领域,并且只是对一些经济现象做一些肤浅的解释,未能揭示社会经济关系的本质,所以,重商主义理论体系只是资产阶级政治经济学的"前史"。

重商主义经济学的基本观点可概括为:财富是货币,货币就是金银,其来源于贸易,特别是对外贸易。因此,在政策取向上,采用国家干预的方式,以确保贸易出超,目的是尽力从国外获取金银。重商主义是西方经济学的最早形态。

二、古典政治经济学

古典政治经济学是第一个完整的经济学体系,标志着资产阶级政治经济学的创立。因此,古典政治经济学被称作经济学史上的第一次革命,即革重商主义的命,把经济理论研究从流通领域转向生产领域。

古典政治经济学产生于17世纪中叶,到19世纪30年代终结。这一时期是资本主义制度确立时期。古典政治经济学在英国从配第开始,到斯密发展为完整的体系,李加图将其推向最高峰;古典政治经济学在法国从布阿吉尔贝尔开始,经魁奈和杜尔阁的进一步发展,到西斯蒙第终结。

古典政治经济学把研究对象从流通领域转向生产领域,开创了生产关系研究的先河,提出了劳动创造价值、剩余价值来源于生产领域等理论,倡导经济自由,反对国家干预。特别是斯密著名的"看不见的手"的理论,为数百年来大多数经济学家所推崇,长盛不衰。该理论认为,人是自私自利的,在自由竞争的条件下,每个人都必然把资源投向最有利于自己的领域,通过价值规律的作用,其结果必然增进整个社会的财富。

斯密在《国民财富的性质和原因的研究》(1776年)一书中创立的经济理论,是第一个完整的政治经济学体系,标志着资产阶级政治经济学的创立。

三、传统经济学

传统经济学从19世纪中叶开始,到20世纪30年代凯恩斯经济学取而代之为止。这一时期是资本主义制度巩固和发展时期。这一时期的经济理论学派林立,理论纷繁,丰富多彩。但大致共同的特点有:

其一,主张自由放任、自由竞争和自行调节的经济原则。认为在自由竞争的条件下,资本主义市场经济中的价格体系通过自行调节,能够实现社会资源的有效配置,保证资本主义经济在充分就业的条件下得到均衡的发展。因此,政府不必干预经济,应恪守自由放任的原则。

其二,都放弃了劳动价值论和剩余价值论。所以马克思称它们为庸俗经济学,即为资本主义辩护的经济学。

古典经济学家李加图虽然把古典政治经济学推向了高峰,但由于没有生产价格理论,不能解释不同的有机构成和不同的周转速度的同量资本为什么能得到同量利润,于是平均利润规律与价值规律便发生了矛盾,从而导致了古典政治经济学的危机。这是经济学史上的第一次危机,标志着古典政治经济学的终结。

(一)萨伊和马尔萨斯

萨伊提出了效用价值论、三位一体的分配论公式和著名的萨伊定律。供给能创造它自己的需求的市场理论,就是著名的萨伊定律。

马尔萨斯抛弃了劳动价值论,认为利润来自商品交换中的加价,即商品所能交换到的劳动量必然大于其在生产中耗费的劳动量,这个加价只能由地主、牧师等只购买不出卖的人付给。如果这些不生产的消费者的收入得不到保障,就会产生有效需求不足,形成商品的普遍过剩。

(二)约翰·斯图亚特·穆勒

约翰·斯图亚特·穆勒是19世纪中叶影响最大的经济学家。在《政治经济学原理》(1844年)一书中,他把此前的有关经济理论与古典政治经济学综合为一个体系,这便是经济学史上的第一次综合。在这个体系中,他提出了供求论和生产费用论等理论。

从19世纪40年代到90年代初,占统治地位的经济理论就是约翰·斯图亚特·穆勒的学说,《政治经济学原理》成为大学的教科书。

(三)边际效用价值论

1871年,奥地利的门格尔出版《国民经济学原理》、英国的杰文斯出版《政治经济学理论》,1874年,瑞士的瓦尔拉斯出版《纯粹经济学要义》,各自独立地提出了边际效用价值论,经济学史上称之为边际革命。有些人又把它称为经济学史上的第二次革命。其特点是注重主观心理因素，采用数量分析方法。

门格尔的理论经庞巴维克和维塞尔的发展，形成了奥地利学派，亦称维也纳学派。杰文斯的理论被称为数理学派。瓦尔拉斯的理论后经帕累托的发展，形成了完整的一般均衡理论体系，被称为洛桑学派。在美国则出现了克拉克的边际生产力理论，被称为美国学派。以上这些学派又被统称为边际学派。

(四)马歇尔的新古典学派

1890年，英国剑桥大学的马歇尔出版了《经济学原理》，把当时的边际效用论，以及以前的一些经济学说，如供求论、节欲论、生产费用论等综合起来，形成了一个完整的经济学体系。可以说，马歇尔是一个集大成者，被称为经济学史上的第二次综合。后经其学生庇古的继承和发展，形成了剑桥学派，亦称新古典学派。剑桥学派最大的理论贡献是均衡价格论。庇古还是福利经济学的创始人。

自此，约翰·斯图亚特·穆勒的理论让位于新古典经济学，其统治时间长达40多年，到1936年寿终正寝。约翰·斯图亚特·穆勒与马歇尔各领风骚40年。

新古典经济学后经过两大补充，变得更加完善。先是1933年英国的张伯伦和罗宾逊夫人把垄断理论补充进去；后是1939年英国的希克斯在《价值与资本》一书中提出了序数效用论，并对一般均衡理论加以发展。

四、凯恩斯主义

凯恩斯主义诞生于20世纪30年代，其稳固的统治地位一直持续到70年代。这一时期是资本主义发展时期，私人和国有混合经济，自由竞争和国家干预并存。

1929～1933年，资本主义世界出现了前所未有的经济大危机。传统经济学的资本主义自动调节理论根本不能解释这种现象，当然也就提不出医治的妙方，传统经济学陷入危机，这是经济学史上的第二次危机。罗斯福当选总统后，以国家干预手段，挽救了美国的经济危机。1936年凯恩斯《就业、利息和货币一般理论》一书的出版，推翻了萨伊定律，提出了资本主义危机的根源是有效需求不足。要解决这一问题，必须通过国家干预的方式，刺激消费和投资，来保证足够的有效需求，以实现充分就业和潜在的国民收入。

凯恩斯的有效需求理论抛弃了传统经济学的个量分析方法，而采用总量分析的方法，在推翻萨伊定律的基础上，证明资本主义不是一架自动调节的机器，自由竞争必然使经济处于小于充分就业的均衡，从而出现经济危机。因此，必须放弃自由放任的原则，而采用国家干预，使资本主义经济均衡地发展。这一理论，无论是在方法上还是在内容上，均与传统经济学相悖，因而被称为凯恩斯革命，这就是经济学史上的第三次革命。

第二次世界大战后，凯恩斯经济学逐渐形成了两个流派：一个是以美国经济学家萨缪尔森、托宾和索洛为代表的新古典综合派，或称美国凯恩斯学派；另一个是以英国经济学家罗宾逊夫人、卡尔多和斯拉法为代表的新剑桥学派，或称英国凯恩斯学派。这两个学派长期论战，但都从凯恩斯经济学中寻找"武器"。

其中新古典综合派的理论影响最大。该学派认为，经过政府的干预，战后西方国家的国民收入水平和充分就业的国民收入水平已经接近，传统经济学关于充分就业的理论前提已基本得到满足，因此可以把凯恩斯以收入为中心的宏观经济学与以价格分析为中心的微观经济学结合起来,新古典综合派由此得名。其基本观点反映在萨缪尔森1948年出版的《经济学》一书中。所以在经济学史上,这是第三次综合。

从20世纪30年代凯恩斯主义的诞生,到新古典综合派的继承和发展,直到70年代初,凯恩斯主义取代新古典经济学一直居于统治地位。

20世纪60年代末70年代初,西方国家普遍发生了"滞胀"的现象,按照新古典综合派的理论,这种情况是不可能出现的。面对这种情况,凯恩斯学派在理论上不能解释,在措施上束手无策,从而陷入了困境。这时,货币学派、理性预期学派、供应学派等自由主义流派迅速崛起并向凯恩斯主义发出强力挑战。在70年代末80年代初,它们在英、美等国成为政府制定经济政策的理论依据,凯恩斯主义的统治差不多失去了半壁江山。

五、当代西方经济学

20世纪80年代以来是各个经济学流派的调整时期。货币学派强调货币供应量对经济的重要影响,已为西方学界所广泛接受,他们提出稳定货币供应量的增长率以稳定经济的建议已得到西方国家政府的高度重视。但货币学派没有对失业和经济衰退现象提出令人信服的分析。供应学派强调增加供给对于摆脱"滞胀"的重要作用,也得到了西方学界的认可,他们提出的降低税率以刺激供给也受到了西方国家政府的重视。但供应学派没有完整的理论体系。

与此同时,凯恩斯学派注意吸收别的经济学派的见解,不断修正和完善自己的理论,以适应经济形势的变化。在这个阶段,凯恩斯学派集中探讨劳动市场持续偏离均衡的可能性,即在实际工资水平下劳动供给持续大于劳动需求的可能性,进而解释工资、价格失灵的原因,逐渐演变出新凯恩斯主义学派。

在这种形势下,货币学派未能取代凯恩斯主义官方经济学的地位,而供应学派昙花一现,甚至不能称为重要的流派。在西方国家的大学经济学教科书中,仍然大量是新凯恩斯主义学派的经济学。西方国家在制定经济政策时,在很大程度上仍参考新凯恩斯主义经济学。新凯恩斯主义学派在经济学界仍然是最有影响的经济学流派之一。

在货币学派与供应学派向凯恩斯学派发出挑战的时候,在经济学界又产生了一个新的经济学流派——理性预期学派。在更广的意义上,又把它称为新古典主义宏观经济学派,或称为新古典主义。它是从货币学派分离出来而成为一个独立的经济学流派的,并且在西方经济学界产生越来越大的影响。该学派的代表人物是美国经济学家卢卡斯、萨金特和巴罗等。该学派在理论上坚持价格机制能够实现供求平衡的思想,认为在自由竞争的条件下,通过市场的调节可以实现社会资源的有效配置;在方法上提出凯恩斯学派的宏观经济理论与微观经济理论脱节。他们认为,应该从微观经济学的概念出发,直接构造宏观经济理论;在政策上强调公众能够根据信息对政府的经济政策做出合理的反应,因而政府应减少对经济的干预,并实行前后连贯的经济政策。

由此到20世纪90年代,在西方经济学界形成了新凯恩斯主义和新古典主义两足鼎立的主流经济学格局。两派都认为,应该把宏观经济学和微观经济学结合起来,利用微观分析方法去理解宏观经济问题。今天,世界经济"战车"已驶入21世纪,这一主流经济学格局如何变化,当拭目以待。

第二章　均衡价格理论

培养目标

通过本章的学习，使学生掌握和理解需求、供给和弹性的含义，并理解和运用需求定理、供给定理和弹性理论；掌握需求、供给和弹性的影响因素，并理解需求量的变动和需求的变动、供给量的变动和供给的变动；掌握均衡价格的概念，并理解和运用价格的决定和变动；掌握需求价格弹性的计算，并理解需求价格弹性与总收益的关系；了解支持价格和限制价格的概念及其影响。

重点难点

需求、供给、均衡价格和需求的价格弹性的含义；需求定理、供给定理和均衡价格的决定理论；均衡价格的变动；需求价格弹性和总收益的关系。

章节导读

在市场经济制度中，生产资源的配置和利用是依靠价格通过市场进行的。一方面，需求与供给决定着商品的价格；另一方面，价格又反过来影响供求。正是这种价格和供求的相互作用，使生产资源得到合理的配置，同时也影响着人们正常的生活水平。本章教学就是要提供给大家一个重要的经济学工具，即需求与供给理论，帮助大家分析了解价格及市场变动的根本原因。

第一节　需求与需求曲线

【导入案例】

鸦片战争以后，英国商人为打开了中国这个广阔的市场而欣喜若狂。当时英国棉纺织业中心曼彻斯特的商人估计，中国有4亿人，假如有1亿人晚上戴睡帽，每人每年用两顶，整个曼彻斯特的棉纺厂日夜加班也不够。于是他们把大量的洋布运到中国。结果与他们的梦想相反，中国人没有戴睡帽的习惯，衣服也用自产的丝绸或土布，洋布根本卖不出去。

按当时中国人的收入，并不是没有购买洋布的能力，起码许多上层社会人士的购买力还是相当强的。英国人的洋布为什么卖不出去呢？关键在于中国人没有购买洋布的欲望。

购买意愿或欲望在很大程度上是由当时的消费时尚所决定的。鸦片战争以后，中国仍然处于一种自给自足的封建经济，并在此基础上形成保守、封闭甚至排外的社会习俗。鸦片战争打开了中国的大门，但并没有从根本上动摇中国自给自足的经济基础和保守封闭的意识形态，也没有改变在此基础上形成的消费时尚。当时，上层人士以穿丝绸为荣，一般群众以穿家织的土布为主，如果有人标新立异要穿洋布，反而会受到众人指责。

经济学认为构成需求的是购买意愿和购买能力,两者缺一都不能称其为需求。所以,需求预测既要考虑购买能力,又要考虑购买意愿。英国人仅考虑到购买能力,而没有考虑到购买意愿,这正是他们的洋布在中国没有市场的原因。

资料来源:根据网络资料整理而成。

互动提问:从案例中分析什么是需求? 影响需求的因素有哪些?

一、需求及需求函数

(一)需求的含义

一种商品的需求是指在一个特定的时期内,消费者在每一价格水平下愿意而且能够购买的商品和劳务的数量。作为需求要具备两个条件:一是消费者要有购买欲望;二是消费者要有购买能力。两者缺一不可。

需求分为个人需求和市场需求。在一定时期内,单个消费者或家庭对某种商品或劳务的购买数量称为个别需求。在一定时期内的某一市场上,对某种商品的所有个别需求的总和称为市场需求。市场需求是以个别需求为基础,经数量加总而得到的每一价格水平下某种商品的市场需求总量。

(二)需求的影响因素

一种商品的需求数量是由许多因素共同决定的。其中主要的因素有商品本身的价格、消费者的收入水平、相关商品的价格、消费者的偏好、消费者对商品的价格预期以及时间等。它们各自对商品的需求数量的影响如下:

1. 商品本身的价格

一般来说,一种商品的价格越高,该商品的需求量就会越小;相反,价格越低,需求量就会越大。

2. 消费者的收入水平

消费者的收入水平与商品的需求量的变化分为两种情况:对于一般商品来说,当消费者的收入水平提高时,就会增加对商品的需求量;相反,当消费者的收入水平下降时,就会减少对商品的需求量。即消费者的收入水平与商品的需求量呈同方向变化。对于低档商品而言,消费者的收入水平与商品的需求量呈反方向变化。

3. 相关商品的价格

当一种商品本身的价格保持不变,而和它相关的其他商品的价格发生变化时,这种商品本身的需求量也会发生变化。商品之间的关系有两种:一种是互补关系,另一种是替代关系。相关关系不同,对商品本身需求量变化的影响也不同。

互补关系是指两种商品共同满足一种欲望,它们之间是互相补充的。例如录音机与磁带。这种有互补关系的商品,当一种商品(如录音机)的价格上升时,对另一种商品(如磁带)的需求就减少;反之,当一种商品的价格下降时,对另一种商品的需求就增加。互补商品价格变化引起该商品需求量反方向变动。

替代关系是指两种商品可以相互代替来满足同一种欲望,它们之间是可以相互替代的。例如,羊肉和牛肉就是这种替代关系。这种有替代关系的商品,当一种商品(如羊肉)的价格上升时,对另一种商品(如牛肉)的需求就增加。因为羊肉价格上升,人们少吃羊肉,必然多吃牛肉。

反之,当一种商品的价格下降时,对另一种商品的需求就减少。替代商品价格变化引起该商品需求量同方向变动。

4. 消费者的偏好

当消费者对某种商品的偏好程度增强时,该商品的需求量就会增加;相反,偏好程度减弱,需求量就会减少。消费者的偏好是心理因素,但更多地受人们生活于其中的社会环境特别是受当时当地的社会风俗习惯影响(如攀比心理等)。

5. 消费者对商品的价格预期

当消费者预期某种商品的价格在将来某一时期会上升时,就会增加对该商品的现期需求量;当消费者预期某种商品的价格在将来某一时期会下降时,就会减少对该商品的现期需求量。这也是一个心理因素,不过对消费者需求量影响的预期因素,不仅是价格预期,还有对未来收入和支出的预期、对政府政策倾向的预期等。

6. 时间

一种商品的需求量会因年份、季节、昼夜等时间因素而不同。例如,酷暑和严冬两季,由于冷暖耗电设备的使用,城市居民用电量会剧增。

总之,影响需求的因素多种多样,如果将影响需求的各种要素作为自变量,则可以用函数关系表示影响需求的因素和需求之间的关系,这种函数关系称为需求函数。以 Q_d 表示需求,$a,b,c,d,e,\cdots,n$ 表示影响需求的因素,则需求函数可表示为:

$$Q_d = f(a,b,c,d,e,\cdots,n)$$

在经济分析中,一般不可能对所有因素进行分析。假定影响需求的其他因素不变,我们只考察影响需求的最重要因素——商品自身的价格(以 P 表示)对需求的影响,则需求函数可表示为:

$$Q_d = f(P)$$

二、需求表和需求曲线

需求函数 $Q_d = f(P)$ 表示一种商品的需求量和价格之间存在着一一对应的关系。这种函数关系可以分别用商品的需求表和需求曲线来加以表示。

(一)需求表

商品的需求表是一张表示某种商品的各种价格水平和与各种价格水平相对应的该商品的需求数量之间关系的数字序列表。表 2—1 是一张某商品的需求表。

表 2—1　　　　　　　　　　　　某商品的需求表

价格—数量组合	A	B	C	D	E	F	G
价格(元)	1	2	3	4	5	6	7
需求量(单位数)	700	600	500	400	300	200	100

从表 2—1 可以清楚地看到商品价格与需求量之间的函数关系。譬如,当商品价格为 1 元时,商品的需求量为 700 单位;当价格上升为 2 元时,需求量下降为 600 单位;当价格进一步上升为 3 元时,需求量下降为更少的 500 单位;如此等等。需求表实际上是用数字表格的形式来表示商品的价格和需求量之间的函数关系。

（二）需求曲线

需求曲线是以几何图形来表示商品的价格和需求量之间的函数关系。商品的需求曲线是根据需求表中商品不同的价格—需求量的组合在平面坐标图上所绘制的一条曲线。图 2—1 是根据表 2—1 绘制的一条需求曲线。

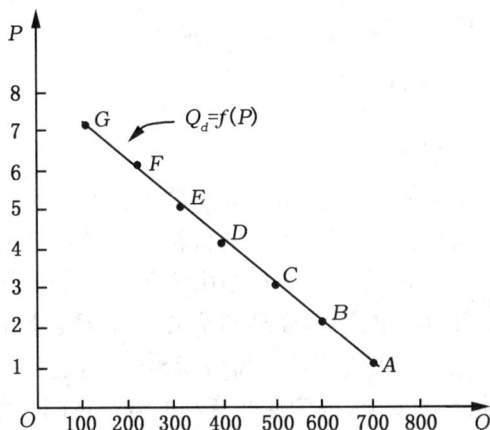

图 2—1　某商品的需求曲线

在图 2—1 中，横轴 OQ 表示商品的数量，纵轴 OP 表示商品的价格。应该指出的是，与数学上的习惯相反，在微观经济学中分析需求曲线和供给曲线时，通常以纵轴表示自变量 P，以横轴表示因变量 Q。

图中的需求曲线是这样得到的：根据表 2—1 中每一个商品的价格—需求量的组合，在平面坐标图中描绘相应的各点 A、B、C、D、E、F、G，然后顺次连接这些点，便得到需求曲线 $Q_d = f(P)$。它表示在不同的价格水平下消费者愿意而且能够购买的商品数量。

微观经济学在论述需求函数时，一般都假定商品的价格和相应的需求量的变化具有无限分割性。正是由于这一假定，在图 2—1 中才可以将商品的各个价格—需求量的组合点 A、B、C……连接起来，从而构成一条光滑的、连续的需求曲线。

图 2—1 中的需求曲线是一条直线，实际上，需求曲线可以是直线型的，也可以是曲线型的。当需求函数为线性函数时，相应的需求曲线是一条直线。当需求函数为非线性函数时，相应的需求曲线是一条曲线。

三、需求定理

建立在需求函数基础上的需求表和需求曲线都反映了商品自身的价格变动和需求量变动两者之间的关系。它们都反映出商品的价格和需求量之间呈反方向变动的关系，这种现象普遍存在，被称为需求定理。在理解价格的决定时，需求定理是很重要的。

需求定理的基本内容是：在其他条件不变的情况下，某商品的需求量与价格呈反方向变动，即需求量随商品本身价格的上升而减少，随商品本身价格的下降而增加。

需求定理作为一种经济理论也是以一定的假设条件为前提的。这个假设条件就是"其他条件不变"。所谓"其他条件不变"，是指除了商品本身的价格之外，其他影响需求的因素都是不变的。离开了这一前提,需求定理就无法成立。

需求定理指的是一般商品的规律,但也有例外,如炫耀性商品和吉芬商品。炫耀性商品,如豪华别墅、汽车、珠宝等,是用来显示人的身份地位的,价格越高,越能显示人的身份地位。因此,价格上升时,需求量上升;价格下降时,需求量下降。吉芬商品是英国经济学家吉芬发现的。在1845年爱尔兰大灾荒时,马铃薯的价格上升,但需求量反而增加。这种情况被称为"吉芬之谜"。具备这种特点的商品也就被称为吉芬商品。

四、需求量的变动与需求的变动

(一)需求量的变动及点的移动

需求量的变动是指在其他条件不变时,由某商品的价格变动所引起的该商品的需求数量的变动。在几何图形中,需求量的变动表现为商品的价格—需求数量组合点沿着同一条既定的需求曲线的运动。例如,在图2-1中,当商品的价格由2元逐步上升为5元,它所引起的商品需求数量由600单位逐步地减少为300单位时,商品的价格—需求数量组合由B点沿着既定的需求曲线$Q_d = f(P)$,经过C、D点,运动到E点。需要指出的是,这种变动虽然表示需求数量的变化,但是并不表示整个需求状态的变化,因为这些变动的点都在同一条需求曲线上。

(二)需求的变动及曲线的移动

需求的变动是指在某商品价格不变的条件下,由于其他因素变动所引起的该商品的需求数量的变动。这里的其他因素变动是指消费者的收入水平变动、相关商品的价格变动、消费者偏好的变化和消费者对商品的价格预期的变动等。在几何图形中,需求的变动表现为需求曲线的位置发生移动。以图2-2加以说明。

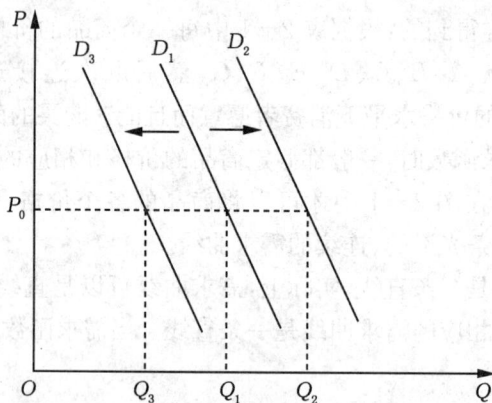

图 2-2　需求的变动和需求曲线的移动

图中原有的曲线为D_1。在商品价格不变的前提下,如果其他因素的变化使得需求增加,则需求曲线向右平移,如由图中的D_1曲线向右平移到D_2曲线的位置;如果其他因素的变化使得需求减少,则需求曲线向左平移。由需求变动所引起的这种需求曲线位置的移动,表示在每一个既定的价格水平下,需求数量都增加或减少了。例如,在既定的价格水平P_0,原来的需求数量为D_1曲线上的Q_1,需求增加后的需求数量为D_2曲线上的Q_2,需求减少后的需求数量为D_3曲线上的Q_3。而且,这种在原有价格水平上所发生的需求增加量Q_1Q_2和需求减少量Q_3Q_1都是由其他因素的变动所引起的。譬如,它们分别是由消费者收入水平的提高和下降所引起的。显然,需求的变动所引起的需求曲线的位置的移动,表示整个需求状态的变化。

【课内活动设计】

活动内容:请分析"需求量的变动"和"需求的变动"之间的区别。

活动要求:

(1)分小组结合基本概念和图形进行分析,并总结归纳出来。

(2)选择 2 组进行课程汇报和讲解。

【案例阅读】

20 世纪 70 年代,美国的汽油价格上升,这一变化马上对小型汽车的需求产生了影响。

回顾 70 年代,美国市场的汽油价格两次上升:第一次是在 1973 年,当时石油输出国组织切断了对美国的石油输出;第二次是在 1979 年,由于伊朗国王被推翻而导致该国石油供应瘫痪。经过这两次事件,美国的汽油价格从 1973 年的每加仑 0.27 美元急剧猛增到 1981 年的每加仑 1.40 美元。作为"轮子上的国家",石油价格急剧上升当然不是一件小事,美国人面临一个严峻的节省汽油的问题。

既然公司和住宅的距离不可能缩短,人们只好继续奔波于两地之间。美国司机找到的解决办法之一就是当他们需要放弃自己的旧车、购置新车的时候,选择较小型的汽车,这样每加仑汽油就可以多跑一段距离。

分析家们根据汽车的大小来分类确定其销售额。就在第一次汽油价格上升之后,每年大约出售 250 万辆大型汽车、280 万辆中型汽车以及 230 万辆小型汽车。到了 1985 年,这三类汽车的销售比例出现明显变化,当年售出 150 万辆大型汽车、220 万辆中型汽车以及 370 万辆小型汽车。由此可见,大型汽车的销售自 70 年代以来迅速下降;反过来,小型汽车的销售却持续攀升,只有中型汽车勉强保持了原有水平。

对于任何产品的需求曲线,均假设其互补品的价格保持恒定。以汽车为例,它的互补品之一就是汽油。汽油价格上升导致小型汽车的需求曲线向右移动,与此同时大型汽车的需求曲线向左移动。

造成这种变化的理由是显而易见的。假设你每年需要驾驶汽车行驶15 000英里,每加仑汽油可供一辆大型汽车行驶 15 英里,如果是一辆小型汽车就可以行驶 30 英里(0.621 4 英里＝ 1 000米)。这就是说,如果你坚持选择大型汽车,每年你必须购买1 000加仑汽油;如果你可以满足于小型汽车,那么你只需购买一半的汽油,也就是 500 加仑就足够了。当汽油价格处于 1981 年的最高点,即每加仑 1.40 美元的时候,选择小型汽车意味着每年你可以节省 700 美元。即便你曾经是大型汽车的拥有者,在这种情况下,在每年 700 美元的数字面前,难道你就不觉得有必要重新考虑一下小型汽车的好处吗?

资料来源:武汉工程大学经济管理学院经济教研室,《西方经济学》案例库。

实训项目

一、课内实训

(一)知识题训练

1. 单项选择题

(1)在得出某种商品的个人需求曲线时,下列因素除(　　)外均保持常量。

A. 个人收入 　　　　　　　　　　　　B. 其余商品的价格

C. 个人偏好 　　　　　　　　　　　　D. 所考虑商品的价格

(2)某商品个人需求曲线表明了(　　)。

A. 个人愿望的最大限度

B. 个人愿望的最小限度

C. 既是个人愿望的最大限度,又是个人愿望的最小限度

D. 既不是个人愿望的最大限度,又不是个人愿望的最小限度

(3)消费者预期某物品价格要上升,则对该物品的当前需求会(　　)。

A. 减少 　　　　　　　　　　　　　　B. 增加

C. 不变 　　　　　　　　　　　　　　D. 上述三种情况都可能

(4)如果商品 A 和商品 B 是可以相互替代的,则 A 的价格下降将造成(　　)。

A. A 的需求曲线向右移动 　　　　　　B. A 的需求曲线向左移动

C. B 的需求曲线向右移动 　　　　　　D. B 的需求曲线向左移动

(5)一个商品价格下降对其互补品最直接的影响是(　　)。

A. 互补品的需求曲线向右移动 　　　　B. 互补品的需求曲线向左移动

C. 互补品的供给曲线向右移动 　　　　D. 互补品的供给曲线向左移动

2. 多项选择题

(1)当出租车租金下调后,对公共汽车服务的(　　)。

A. 需求量减少 　　　　　　　　　　　B. 需求量增加

C. 需求曲线左移 　　　　　　　　　　D. 需求无法确定

(2)需求量的变动是指(　　)。

A. 由于价格变动引起的需求量的变动 　B. 非价格因素引起的需求量的变动

C. 同一条需求曲线上点的移动 　　　　D. 需求曲线的移动

(3)某一时期彩电的需求曲线向左平行移动的原因可以是(　　)。

A. 彩电价格下降 　　　　　　　　　　B. 消费者对彩电的预期价格上升

C. 消费者的收入水平下降 　　　　　　D. 消费者对彩电的预期价格下降

(4)下列因素中,会使需求曲线移动的是(　　)。

A. 消费者收入变化 　　　　　　　　　B. 商品价格变化

C. 消费者偏好变化 　　　　　　　　　D. 其他相关商品价格变化

3. 判断题

(1)需求量的变动是指商品本身价格变动所引起的该商品的需求数量的变动。　　　　(　　)

(2)在其他条件不变的情况下,当消费者的收入发生变化时,会引起需求曲线的移动。　　（　　）

(3)任何情况下,商品的需求量与价格都是反方向变化的。　　（　　）

(4)正常物品的需求量与消费者的收入水平呈同方向变动。　　（　　）

4. 简答题

(1)举例说明需求的概念。

(2)举例说明影响需求的因素有哪些?

(3)画图说明需求量的变动和需求的变动的区别。

(二)技能题训练

1. 确定下列事件涉及的是需求曲线的移动还是需求曲线上点的位置的改变,用图形加以说明。

(1)收入增加导致旅游消费上升;

(2)减肥时尚导致动物肉销量下降;

(3)汽油税减少了汽油消费;

(4)病虫害使面包销量减少;

(5)战争使石油减产;

(6)汽车降价使汽车销量增加。

2. 某城市的一位市场分析者得到了四年以来对软饮料的价格和需求量的数据:

年　数	价格(元)	销售量(瓶)
1	10	20
2	15	30
3	20	40
4	25	50

他从而得出一个结论:需求法则失灵了!

请分析:他是对的吗? 你的判断依据是什么?

二、课外实训

(一)思考讨论题

在股票市场上有一句话叫"买涨不买跌",即股票价格越涨,股民越买;股票价格越跌,股民越卖。请思考这种行为违背了需求定理吗?

(二)调查研究题

通过各种资讯渠道,收集能用需求定理解释的经济现象,并整理成文档。

第二节　供给与供给曲线

【导入案例】

2014 年 8 月 29 日,国际谷物理事会称,巴西、欧洲和乌克兰玉米产量再度预估提升,全球玉米库存有望创下 27 年以来最高历史纪录。该协会将全球玉米库存预估值再度提升 300 万吨,称 2014～2015 年总库存将达到 1.9 亿吨,创 1987～1988 年以来的最大峰值。该预估值较 2013 年增加 1 700 万吨。

2014 年 8 月,北半球玉米收割前景持续向好,包括美国。玉米产量前景明显走高,美国的玉米产量将创纪录,而巴西、欧洲和乌克兰的玉米产量也向上修正。美国是全球玉米出口量最高的国家,该国良好的天气状况非常适宜农作物生长。美国国内已经不再讨论玉米会不会丰产,而是究竟有多么丰产。业内对每亩产量情况非常关注。

不仅美国,全球第二大玉米生产国中国的玉米丰产也可能创历年最高。美国农业部首席经济学家约瑟夫·格劳伯(Joseph Glauber)对英国《金融时报》表示:"现在,看起来全球丰收状况都非常良好。"

资料来源:根据网络报道整理而成。

互动提问:什么是供给? 你认为影响全球玉米供给的因素有哪些?

一、供给及供给函数

(一)供给的含义

一种商品的供给是指在一个特定的时期内,生产者在每一价格水平下愿意而且能够提供的商品和劳务的数量。作为供给要具备两个条件:一是生产者愿意供给;二是有供给能力。两者缺一不可。

供给分为个别供给和市场供给。在一定时期内,单个生产者对某种商品或劳务的供给数量称为个别供给。在一定时期内的某一市场上,对某种商品的所有个别供给的总和称为市场供给。市场供给是以个别供给为基础,经数量加总而得到的每一价格水平下某种商品的市场供给总量。

(二)供给的影响因素

一种商品的供给数量取决于多种因素的影响,其中主要的因素有商品本身的价格、生产的成本、生产的技术水平、相关商品的价格、生产者对未来的预期,以及政府税收政策等。它们各自对商品的供给量的影响如下:

1. 商品本身的价格

一般来说,一种商品的价格越高,生产者提供的产量就越大;相反,商品的价格越低,生产者提供的产量就越小。

2. 生产的成本

在商品自身价格不变的条件下,生产成本上升会减少利润,从而使得商品的供给量减少;相反,生产成本下降会增加利润,从而使得商品的供给量增加。

3. 生产的技术水平

一般情况下,生产技术水平的提高可以提高劳动生产率,降低生产成本,增加生产者的利润,生产者会提供更多的产量。

4. 相关商品的价格

当一种商品的价格保持不变,而和它相关的其他商品的价格发生变化时,该商品的供给量会发生变化。例如,对某个生产小麦和玉米的农户来说,在玉米价格不变和小麦价格上升时,该农户就可能增加小麦的耕种面积而减少玉米的耕种面积。

5. 生产者对未来的预期

如果生产者对未来的预期是乐观的,如预期商品的价格会上涨,生产者在制订生产计划时就会增加产量供给。如果生产者对未来的预期是悲观的,如预期商品的价格会下降,生产者在制订生产计划时就会减少产量供给。

6. 政府税收政策

政府鼓励,供给增加;反之则减少。

总之,影响供给的因素多种多样,如果将影响供给的各种要素作为自变量,则可以用函数关系表示影响供给的因素和供给之间的关系,这种函数关系称为供给函数。以 Q_s 表示供给,a,b,c,d,e,…,n 表示影响供给的因素,则供给函数可表示为:

$$Q_s = f(a,b,c,d,e,…,n)$$

在经济分析中,一般不可能对所有因素进行分析。假定影响供给的其他因素不变,我们只考察影响供给的最重要因素——商品自身的价格(以 P 表示)对需求的影响,则供给函数可表示为:

$$Q_s = f(P)$$

二、供给表与供给曲线

供给函数 $Q_s = f(P)$ 表示一种商品的供给量和商品价格之间存在着一一对应的关系。这种函数关系可以分别用供给表和供给曲线来表示。

(一)供给表

商品的供给表是一张表示某种商品的各种价格和与各种价格相对应的该商品的供给数量之间关系的数字序列表。表 2—2 是一张某商品的供给表。

表 2—2　　　　　　　　　　　　某商品的供给表

价格—数量组合	A	B	C	D	E
价格(元)	2	3	4	5	6
供给量(单位数)	0	200	400	600	800

表 2—2 清楚地表示了商品的价格和供给量之间的函数关系。例如,当价格为 6 元时,商品的供给量为 800 单位;当价格下降为 4 元时,商品的供给量减少为 400 单位;当价格进一步下降为 2 元时,商品的供给量减少为 0。供给表实际上是用数字表格的形式来表示商品的价格和供给量之间的函数关系。

(二)供给曲线

商品的供给曲线是以几何图形表示商品的价格和供给量之间的函数关系,供给曲线是根据供给表中的商品的价格—供给量组合在平面坐标图上所绘制的一条曲线。图 2—3 便是根据表 2—2 所绘制的一条供给曲线。图中的横轴 OQ 表示商品数量,纵轴 OP 表示商品价格。在平面坐标图上,把根据供给表中商品的价格—供给量组合所得到的相应的坐标点 A、B、C、D、E 连接起来的线,就是该商品的供给曲线。它表示在不同的价格水平下生产者愿意而且能够提供出售的商品数量。和需求曲线一样,供给曲线也是一条光滑的和连续的曲线,它是建立在商品的价格和相应的供给量的变化具有无限分割性的假设基础上的。

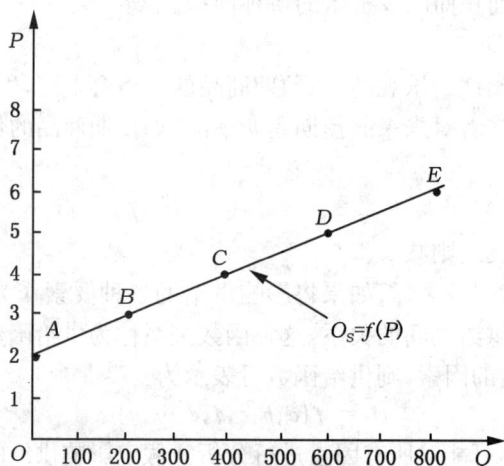

图 2—3　某商品的供给曲线

如同需求曲线一样,供给曲线可以是直线型,也可以是曲线型。如果供给函数是一元一次的线性函数,则相应的供给曲线为直线型,如图 2—3 中的供给曲线。如果供给函数是非线性函数,则相应的供给曲线就是曲线型的。

三、供给定理

以供给函数为基础的供给表和供给曲线都反映了商品的价格变动和供给量变动两者之间的规律。它们都反映出商品的价格和供给量呈同方向变动的关系,这种现象被称为供给定理。

供给定理的基本内容是:在其他条件不变的情况下,某商品的供给量与价格呈同方向变动,即供给量随商品本身价格的上升而上升,随商品本身价格的下降而减少。

供给定理作为一种经济理论也是以一定的假设条件为前提的。这个假设条件就是"其他条件不变"。所谓"其他条件不变",是指除了商品本身的价格之外,其他影响供给的因素都是不变的。离开了这一前提,供给定理就无法成立。

供给定理指的是一般商品的规律,但也有例外。比如,典型的劳动市场,供给曲线不规则,工资提高到一定水平,随着工资进一步提高,工人劳动的供给反而减少;特殊商品市场如古董字画等,价格上升,供给量也不会增加。

四、供给量的变动与供给的变动

(一)供给量的变动及点的移动

供给量的变动是指在其他条件不变时,由某商品的价格变动所引起的该商品供给数量的变动。在几何图形中,这种变动表现为商品的价格——供给数量组合点沿着同一条既定的供给曲线的运动。

图 2—3 表示的是供给量的变动:随着价格上升所引起的供给数量的逐步增加,A 点沿着同一条供给曲线逐步运动到 E 点。

(二)供给的变动及曲线的移动

供给量的变动和供给的变动都是供给数量的变动,它们的区别在于引起这两种变动的因素是不相同的,而且,这两种变动在几何图形中的表示也是不相同的。

供给的变动是指在商品价格不变的条件下,由于其他因素变动所引起的该商品供给数量的变动。这里的其他因素变动可以指生产成本的变动、生产技术水平的变动、相关商品价格的变动和生产者对未来预期的变化等。在几何图形中,供给的变动表现为供给曲线的位置发生移动。

图 2—4 表示的是供给的变动。在图中原来的供给曲线为 S_1。在除商品价格以外的其他因素变动的影响下,供给增加,则使供给曲线由 S_1 曲线向右平移到 S_2 曲线的位置;供给减少,则使供给曲线由 S_1 曲线向左平移到 S_3 曲线的位置。由供给的变化所引起的供给曲线位置的移动,表示在每一个既定的价格水平下,供给数量都增加或减少了。例如,在既定的价格水平 P_0,供给增加,使供给数量由 S_1 曲线上的 Q_1 上升到 S_2 曲线上的 Q_2;相反,供给减少,使供给数量由 S_1 曲线上的 Q_1 下降到 S_3 曲线上的 Q_3。这种在原有价格水平上所发生的供给增加量 Q_1Q_2 和减少量 Q_3Q_1,都是由其他因素变化所带来的。譬如,它们分别是由生产成本下降或上升所引起的。很清楚,供给的变动所引起的供给曲线位置的移动,表示整个供给状态的变化。

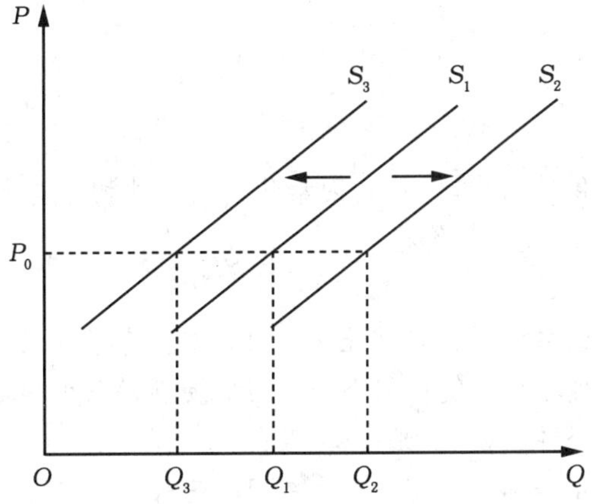

图 2—4　供给的变动和供给曲线的移动

【课内活动设计】

活动内容:请分析并总结"供给量的变动"和"供给的变动"两者之间的区别。

活动要求:

(1)分小组结合基本概念和图形进行分析,并总结归纳出来。

(2)选择 2 组进行课程汇报和讲解。

📖 【案例阅读】

在供给理论中,我们的分析以供给量和价格的关系为中心。但应该看到,在今天,决定供给的关键因素是技术。电脑的供给说明了这一点。

20世纪80年代,个人电脑的价格按运算次数、速度和储存能力折算,每台为100万美元。尽管价格如此高昂,但供给量极少,只有少数工程师和科学家使用。如今,同样能力的个人电脑已降至1 000美元左右,价格只是当初的1‰,但供给量增加了不止1万倍。现在个人电脑的普及程度是许多未来学家所未预见到的。

电脑供给的这种增加不是由于价格变动引起的,而是由于技术进步变动引起的。从20世纪80年代末开始,电脑行业的生产技术发生了根本性变化。集成电路技术的发展、硬件与软件技术标准的统一、规模经济的实现与高度专业化分工使电脑的生产成本迅速下降,而质量日益提高。这种技术变化引起电脑供给曲线向右移动,而且移动幅度相当大。这样,尽管价格下降,供给还是大大增加了。技术是决定某种商品供给的决定性因素。正因为如此,经济学家越来越关注技术进步。

资料来源:吴冰:《经济学基础教程》,北京大学出版社2005年版。

实训项目

一、课内实训

(一)知识题训练

1. 单项选择题

(1)在得出某种商品的供给曲线时,下列因素除(　　)外均保持常量。

A. 技术水平　　　　　B. 投入品价格　　　　C. 气候　　　　　　　D. 该商品价格

(2)建筑工人工资提高将(　　)。

A. 使新房子的供给曲线右移并使价格上升　　　B. 使新房子的供给曲线左移并使价格上升

C. 使新房子的供给曲线右移并使价格下降　　　D. 使新房子的供给曲线左移并使价格下降

(3)玉米价格下降一般会导致(　　)。

A. 玉米的供给量沿着供给曲线下降　　　　　　B. 玉米的供给曲线左移

C. 玉米的供给量沿着供给曲线增加　　　　　　D. 玉米的供给曲线右移

(4)假定生产某种产品的原材料价格上升,则这种产品的(　　)。

A. 需求曲线向左移动　　　　　　　　　　　　B. 需求曲线向右移动

C. 供给曲线向左移动　　　　　　　　　　　　D. 供给曲线向右移动

(5)(　　)导致小麦的供给曲线向左移动。

A. 小麦的价格下降　　　　　　　　　　　　　B. 小麦的种植技术提高

C. 种植小麦的成本上升　　　　　　　　　　　D. 小麦的价格上升

2. 多项选择题

(1)使供给曲线移动的因素有(　　)。

A. 要素价格　　　　　B. 技术水平　　　　　C. 相关商品价格　　　D. 价格预期

E. 自然条件

(2)在一般情况下,供给曲线( )。

A. 向右上方倾斜 B. 向右下方倾斜 C. 斜率为正 D. 斜率为负

3. 判断题

(1)在几何图形上,供给量的变动表现为商品的价格—供给量组合点沿着同一条既定的供给曲线运动。 ( )

(2)对任何商品而言,价格上升,供给量都会增加。 ( )

4. 简答题

(1)举例说明供给的概念。

(2)举例说明影响供给的因素有哪些?

(3)画图说明供给量的变动和供给的变动的区别。

(二)技能题训练

1. 试分析"苹果的价格上升,会使苹果的供给曲线向左移动"这句话对吗?试用图说明你的答案。

2. 在木材市场中发生了几件事,但每一次只发生一件,解释每一件事对木材的供给量和供给的影响。用图表示每一件事的影响,它或者沿着供给曲线移动,或者导致供给曲线的位置移动。指出哪一件事解释了供给法则。这些事件分别是:

(1)锯木工人的工资上升;

(2)木屑的价格上升;

(3)木材的价格上升;

(4)预期明年木材的价格上升;

(5)环境保护论者说服政府通过一项新法案,该法案将会减少树木用于木材加工的数量;

(6)一种新技术降低了生产木材的成本。

二、课外实训

(一)思考讨论题

在投机市场上,有一个说法叫"囤积居奇",即当投机的商品价格越往上涨时,囤积的人越不卖出该商品。在实践中也常有"囤地""囤房""囤菜""囤粮"的现象发生。请思考:这种"囤积居奇"行为违背供给定理吗?

(二)调查研究题

通过各种资讯渠道,收集能用供给定理解释的经济现象,并整理成文档。

第三节 均衡价格及其应用

【导入案例】

1988 年,美国中西部出现了有史以来最严重的旱灾。当年的玉米产量比原来雨季下降35%,黄豆产量下降超过 20%,小麦产量下降超过 10%,有必要对其后果作出预测,以便供政府参考,制定有关应变措施。而他们的预测依据并不是什么特别高深的手段和理论,而是有关供求关系的基本法则。

我们首先确定一件事,即这场旱灾已经大幅度减少了谷物的产量,供不应求的局面已经不可避免。因此,这场旱灾可以看作是将谷物的供给曲线向左移动,我们由此得出结论:在需求曲线一定的前提下,供给曲线大幅度左移应该导致农产品价格大幅度上升。具体而言就是当年夏末时节玉米价格已经迅速上升80%,黄豆价格也上升近70%,而小麦价格则上升50%。

由于谷物是许多其他产品(尤其是畜牧产品)的基础,经济学家同时运用供求关系模型预测这场旱灾对其他产品的供求状况的影响。例如,谷物是牲畜的主要食粮,随着谷物价格的上升,养殖牛羊等各种牲畜的利润便相应下降,农民的积极性难免受到负面影响。因为牲畜每天都需要喂养,多留一天无疑意味着耗费更多的谷物,成本也相应提高,于是农场里出现了农民纷纷提前宰杀牲畜出售的现象。结果在1988年,市场上可供选择的肉类供应量稍稍上升,虽然只是短期现象,却引起了肉类价格的轻微下降。

另外一个就是谷物作为养鸡场的主要饲料来源,其价格大幅度上升必然导致鸡的数量下降,鸡肉和鸡蛋的供给曲线向左移动,价格因此略上升。与此同时,农产品的价格上升引起相关替代产品的需求曲线向左移动,即需求上升。结果证明这样的分析相当准确,仅在当年7月间,不受中西部旱灾影响的其他农产品(包括蔬菜和水果)的价格已经上升5%,而且继续看涨。

资料来源:茅于轼:《大家的经济学》,南方日报出版社2005年版。

互动提问:根据上述案例,请问商品的价格是怎样决定的? 商品的供求变动是如何影响其价格的?

一、均衡价格的决定

均衡的最一般意义是指经济事物中有关的变量在一定条件下相互作用所达到的一种相对静止的状态,如矛与盾、供给与需求、作用力与反作用力等。

一种商品的均衡价格是指该种商品的市场需求量与市场供给量相等时的价格。

对均衡价格的理解应注意三点:

(1)均衡价格是需求与供给这两种力量相互作用而使价格处于一种相对静止、不再变动的结果。

(2)需求与供给对于均衡价格的形成作用不分主次。

(3)市场上的均衡价格是最后的结果,其形成过程是在市场背后进行的。因此,在完全竞争的市场环境下,均衡价格其实是在市场供求力量的自发调节下形成的。

由于一种商品的均衡价格是指该种商品的市场需求量和市场供给量相等时的同一价格,因此,在均衡价格水平下相等的供求数量被称为均衡数量。从几何意义上说,一种商品市场的均衡出现在该商品的市场需求曲线和市场供给曲线相交的交点上,该交点被称为均衡点。均衡点上的价格和相等的供求量分别被称为均衡价格和均衡数量。

现在把图2—1中的需求曲线和图2—3中的供给曲线结合在一起,用图2—5说明一种商品的均衡价格的决定。

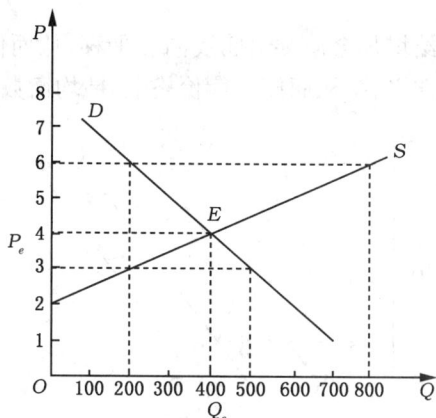

图 2—5 均衡价格的决定

商品的均衡价格是如何形成的呢？

在不存在任何外力干预（政府或垄断企业）的条件下，商品的均衡价格是通过商品市场上需求和供给这两种相反的力量相互作用及其价格波动自发形成的。这可以从两个方面来解释：当市场价格高于均衡价格时，市场出现供大于求的商品过剩或超额供给的状况，在市场自发调节下，一方面会使需求者压低价格来得到他要购买的商品量，另一方面又会使供给者减少商品的供给量。这样，该商品的价格必然下降，一直下降到均衡价格的水平。当市场价格低于均衡价格时，市场出现供不应求的商品短缺或超额需求的状况，在市场自发调节下，一方面会使需求者提高价格来得到他要购买的商品量，另一方面又会使供给者增加商品的供给量。这样，该商品的价格必然上升，一直上升到均衡价格的水平。由此可见，当实际价格偏离时，市场上总存在着变化的力量，最终达到市场的均衡或市场出清。

二、均衡价格的变动

需求的变动和供给的变动均会引起均衡价格和均衡数量的变动。

（一）需求变动

在供给不变的情况下，需求增加会使需求曲线向右平移，从而使均衡价格和均衡数量都增加；需求减少会使需求曲线向左平移，从而使均衡价格和均衡数量都减少（如图 2—6 所示）。

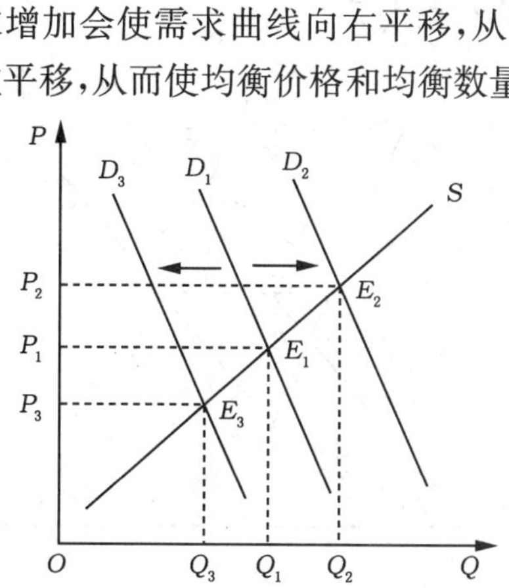

图 2—6 需求的变动和均衡价格的变动

（二）供给变动

在需求不变的情况下,供给增加会使供给曲线向右平移,从而使均衡价格下降,均衡数量增加;供给减少会使供给曲线向左平移,从而使均衡价格上升,均衡数量减少(如图 2—7 所示)。

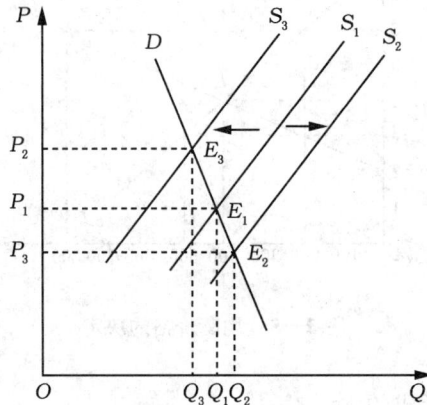

图 2—7　供给的变动和均衡价格的变动

综上所述,可得出以下结论:在完全竞争市场上,在其他条件不变的情况下,需求变动分别引起均衡价格和均衡数量的同方向变动;供给变动分别引起均衡价格的反方向变动和均衡数量的同方向变动。竞争市场上实际价格趋向于供求相等的均衡价格的状况称为供求定理。

（三）需求和供给同时变动

假定需求和供给都变动,商品的均衡价格和均衡数量的变化是难以肯定的。这要结合需求和供给变化的具体情况来决定。以图 2—8 为例进行分析。假定消费者收入水平上升引起的需求增加,使得需求曲线向右平移;同时,厂商的技术进步引起供给增加,使得供给曲线向右平移。比较 S_1 曲线分别与 D_1 曲线和 D_2 曲线的交点 E_1 和 E_2 可见,收入水平上升引起的需求增加,使得均衡价格上升。再比较 D_1 曲线分别与 S_1 曲线和 S_2 曲线的交点 E_1 和 E_3 可见,技术进步引起的供给增加,又使得均衡价格下降。最后,这两种因素同时作用下的均衡价格,将取决于需求和供给各自增长的幅度。由 D_2 曲线和 S_2 曲线的交点 E_4 可得:由于需求增长的幅度大于供给增加的幅度,所以,最终的均衡价格上升。

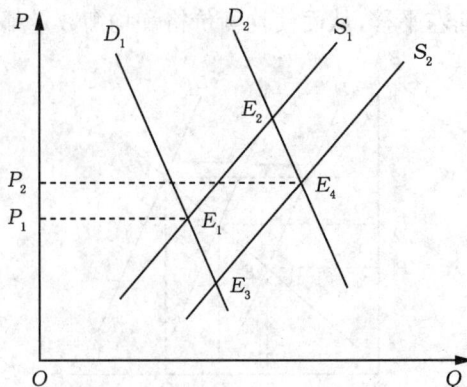

图 2—8　需求和供给的同时变动

三、均衡价格的应用

在市场自由竞争的条件下,需求、供给两种力量的对比决定了市场的均衡价格,而均衡价格又影响着供求的变化。因此,在现实的经济生活中,运用均衡价格理论来调整社会的供求关系,将对经济生活起着积极的作用。

（一）价格对经济的调节作用

在市场经济中,经济的运行、资源的配置都是由价格这只"看不见的手"来调节的。

美国经济学家 M.弗里德曼把价格在经济中的作用归纳为:一是传递情报;二是提供一种刺激,促使人们采用最节省成本的生产方法,把可得到的资源用于最有价值的目的;三是决定谁可以得到多少产品,即收入的分配。

这三种作用实际上解决了资源配置所包括的四个基本问题:生产什么和生产多少、如何生产及为谁生产。从价格调节经济,即"生产什么和生产多少"来看,价格的作用又可以具体化为:

第一,价格作为指示器反映市场的供求状况。市场的供求受各种因素影响,每时每刻都在变化。这种难以直观察觉到的变化都可以在价格的变化上反映出来,人们可以通过价格的变动及时、准确地了解供求的变化。某商品价格上升,表示此商品供不应求;反之,价格下降,表示供过于求。价格作为供求状况指示器的作用是任何东西都不能代替的。

第二,价格变动可以调节需求。消费者依市场价格的变动决定自己的购买与消费,以实现效用或满足程度的最大化。由于在市场经济中,消费者享有完全的消费自由,购买消费决策只受价格的影响。当商品价格下降时,消费者会增加购买;当商品价格上升时,消费者会减少购买。价格对需求的调节作用也是其他任何东西都不能代替的。

第三,价格变动可以调节供给。厂商同样也要按市场价格的变动来进行生产、销售的决策,以实现利润的最大化。在市场经济中,生产者也是享有完全的生产自由,生产、销售行为只受价格影响。当商品的价格上升时,生产者会增加产量;当商品的价格下降时,生产者会减少产量。价格对供给的调节作用也是其他任何东西都不能代替的。

第四,价格的调节可以使资源配置达到最优。通过价格对需求和供给的调节,最终使需求等于供给。此时,消费者的欲望得到满足,生产者的资源得到充分利用。社会资源通过价格分配于各种用途上,这种分配使消费者的效用最大化和生产者的利润最大化得以实现,从而实现资源配置的最大化状态。

从理论上讲,价格在经济运行中可以自发地调节需求和供给,最终使供求相等,资源实现最优配置。但是在现实中,由于种种条件的限制,价格调节并不一定能达到理论上的这种完善境地。而且,从经济的角度看,也许价格的调节能达到理论上完善的境地,但从社会或其他角度看,不一定是最好的。例如,当农产品过剩时,农产品的价格会大幅度下降,这种下降会抑制农业生产。从短期看,这种抑制作用有利于供求平衡。但农业生产周期较长,农产品的低价格对农业产生抑制作用后,将会对农业生产的长期发展产生不利影响,当农产品的需求增加后,农产品供给并不能迅速增加,这样就会影响经济的稳定。再如,某些生活必需品严重短缺时,价格会很高。在这种价格下,收入水平低的人无法维持最低生活水平,必然产生社会动乱。这就是经济学家所说的"市场失灵",因此,通过一定的经济政策来纠正这种失灵是必要的。

（二）价格管制政策

支持价格和限制价格就是政府干预均衡价格的典型事例。

1. 支持价格

支持价格是政府为了支持某一行业的生产而规定的该行业产品最低必须达到的价格。如图 2—9 所示,商品由需求和供给决定的均衡价格为 P_0,均衡数量为 Q_0,但政府认为这一价格不合理,规定了一个高于均衡价格的最低限价 P_1,按照这一价格,需求量为 Q_1,供给量为 Q_2,$Q_2 > Q_1$,实行这一价格的结果就是供过于求,必然产生部分剩余产品。为了维持支持价格,政府可采取的措施有:一是政府购买过剩商品,用于国家储备或用于出口,但政府收购过剩商品会增加财政开支;二是给予消费者补贴,如减免税收等,从而降低产品的销售价格,或者由政府按照 P_1 价格收购,却用 P_0 的价格出售,差额由政府补贴;三是给予厂商补贴,为了销售产品,厂商按低于其成本价出售,政府为了支持该行业的生产,给予差额补贴,从而促进生产。支持价格一旦取消,市场价格将会迅速下降,恢复到原有的均衡价格水平。许多国家实行的农产品最低限价和最低工资都属于支持价格政策。就农产品支持价格而言,其目的是稳定农业生产和农民的收入,这有其积极意义,但也增加了农产品过剩,不利于市场调节下的农业结构调整,同时收购过剩的农产品也增加了财政负担。就最低工资而言,它有利于维护低收入者的利益,但增加了劳动供给,减少了劳动需求,有增加失业的副作用。

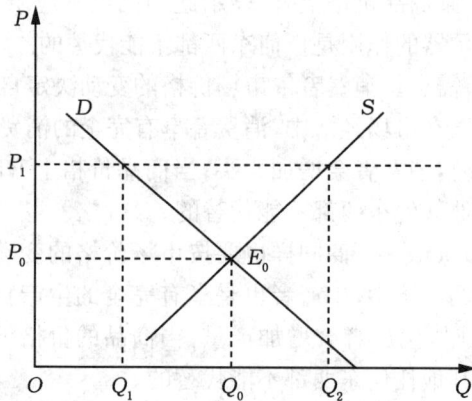

图 2—9　支持价格

2. 限制价格

限制价格是指政府为了限制某些生活必需品价格的上涨而规定这类商品的最高价格。其目的是为了稳定人们生活必需品的价格,保护消费者的利益,以利于安定民心。图 2—10 表示限制价格对市场的影响。

从图 2—10 中可以看到,该行业产品的供求所决定的均衡价格为 P_0,均衡数量为 Q_0,但在这种价格时,穷人无法得到必需的生活品。政府为了制止过高的价格,规定了限制价格为 P_1,$P_1 < P_0$,即限制价格低于均衡价格。这时需求量为 Q_2,而供给量为 Q_1,$Q_1 < Q_2$,即供给量小于需求量,该商品将出现短缺。这样,市场就可能出现抢购现象或是黑市交易。为了解决商品短缺,政府可采取的措施是控制需求量,一般采取配给制,发放购物券。但配给制只能适用于短时期内的特殊情况,否则,一方面可能使购物券货币化,还会出现黑市交易,另一方面会挫伤厂商的生产积极性,使短缺变得更加严重。

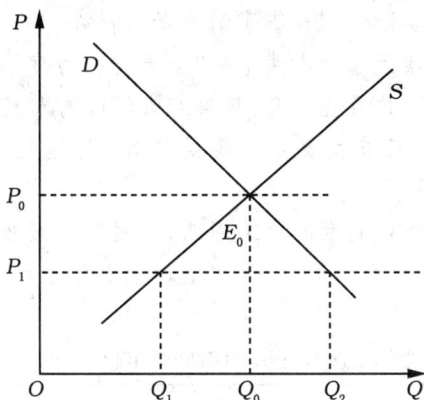

图 2—10　限制价格

　　所以,限制价格的实行虽然有利于社会平等的实现,有利于社会的安定,但也有不利作用:第一,低价格水平不利于刺激生产,从而会使产品长期存在短缺现象;第二,低价格水平不利于抑制需求,从而会在资源缺乏的同时造成严重的浪费;第三,价格水平不合理是社会风气败坏、官员腐败等不良风气的经济根源之一。限制价格一般在战争或自然灾害等特殊时期使用。

【课内活动设计】

　　活动题目:我国在什么行业、什么商品上采用了上述价格管制措施?

　　活动要求:

　　(1)分小组结合实际生活经验进行讨论和分析,并加以归纳总结。

　　(2)选择 2 组进行课堂汇报和讲解。

【案例阅读】

　　看过病的人都知道,在一些名牌医院挂专家门诊号有多难。价钱倒不贵,北京协和医院治疗门诊的最高价格为 14 元。这是政府规定的专家门诊的最高价格。这种政策的目的是为了保证穷人也能找专家看病,但它却引起了什么后果呢? 由于价格低,无论大病、小病,人人都想看专家门诊,但专家看病的积极性并不高。这样,供给量小于需求量,存在短缺。在存在短缺但价格又不能上升的情况下,解决供给小于需求的方法有三种:配给(由医院决定给谁)、排队和黑市。黑市交易是票贩子和病人之间的交易。票贩子是一批以倒号为业的人,他们或拉帮结伙装作病人挂号,或者与医院有关人员勾结把号弄到手,然后以黑市的均衡价格(如 100 元)卖给病人。尽管公安部门屡次打击票贩子,但由于丰厚的利润,票贩子屡禁不止。医院为了对付票贩子,实行了持身份证的挂号实名制看病,但仍没有解决问题,变化的只是票贩子由卖号变为卖排队的位置。可见,只要存在限制价格,短缺就无法消除,票贩子难以消失。

　　票贩子的存在既损害了病人的利益,又损害了专家的利益。病人不得不付出高价,这种高价又不由专家所得。在我们的例子中,限制价格 14 元是医院得到的价格,病人却付出了 100元,其间的差额 86 元就归票贩子及提供号的人所得。政府有关部门制定限制价格的意图也许是为了维护消费者的利益,但实际上却损害了消费者的利益。

从经济学的角度看,消除票贩子的办法不是"加大打击力度"等,而是取消对专家挂号费的限制价格政策。一旦价格放开,挂号费上升,想看专家门诊的人减少(小病不找专家,大病、疑难病症才找专家),愿意看病的专家增加,最终实现供求相等。这时,票贩子无利可图,自然也就消失了。

当然,放开专家门诊涉及医疗制度的改革问题,如医院分级收费、医药分开、完善社会保障体系等。但要解决专家门诊的供求矛盾,从根本上铲除票贩子,还是要放开价格。这是医疗市场化改革的重要内容。

资料来源:梁小民:《微观经济学纵横谈》,三联书店 2000 年版。

实训项目

一、课内实训

(一)知识题训练

1. 单项选择题

(1)如果糖果的价格上升,糖果的供给曲线向(　　)移动,均衡交易量(　　),均衡价格(　　)。

A. 左,减少,上升　　　B. 左,减少,下降　　　C. 左,增加,下降　　　D. 右,减少,上升

E. 右,增加,下降

(2)如果糖果的替代品价格上升,糖果的需求曲线向(　　)移动,均衡交易量(　　),均衡价格(　　)。

A. 左,减少,上升　　　B. 右,增加,上升　　　C. 左,增加,下降　　　D. 右,减少,上升

E. 左,减少,下降

(3)在炎热的天气中,小鸡的死亡率会上升,从而新鲜家禽的价格也会上升。这种价格上升是家禽(鸡)的(　　)曲线向(　　)移动造成的,它同样会导致均衡数量(　　)。

A. 供给,左,增加　　　B. 需求,左,减少　　　C. 供给,右,减少　　　D. 供给,左,减少

E. 供给,右,增加

(4)最近一项规定要求捕捞金枪鱼的公司使用不伤害海豚的网。这种网也会令一部分原本被捕获的金枪鱼逃走。这个规定会(　　)每个价格水平上的金枪鱼供给量。这会导致在原均衡价格水平出现超额(　　),结果令均衡价格(　　)。

A. 减少,供给,下降　　B. 增加,需求,上升　　C. 减少,需求,下降　　D. 增加,供给,上升

E. 减少,需求,上升

(5)如果市场价格处于均衡价格,那么(　　)。

A. 消费者愿意购买的数量等于生产者愿意出售的数量

B. 存在超额需求

C. 存在超额供给

D. 不存在改变价格的力量

（6）假定某耐用消费品的需求函数 $Q_d=400-5P$ 时的均衡价格为 50，当需求函数变为 $Q_d=600-5P$ 时（供给不变）的均衡价格将(　　)。

A. 低于 50　　　　　B. 高于 50　　　　　C. 等于 50　　　　　D. 不能确定

2. 判断题

（1）均衡价格就是供给量等于需求量时的价格。　　　　　　　　　　　　　　　　（　　）

（2）如果一般性商品的价格高于均衡价格，那么该价格一定会下跌并向均衡价格靠拢。　（　　）

3. 简答题

（1）什么是均衡价格？均衡价格是如何形成的？

（2）当需求和供给发生变动的时候，均衡价格是怎么变动的？

（二）技能题训练

1. 某商品的需求函数为 $Q_d=1\,000-P$，供给函数为 $Q_s=200+P$。

请问：

（1）画出该商品的需求曲线和供给曲线，并在图中标出该商品的均衡价格和均衡数量。

（2）当价格为 500 时，需求量是多少？供给量是多少？

（3）求解该商品的均衡价格与均衡产量。

2. 下表显示了 2012 年中国明星艺人收入排行榜官方统计前 10 名。

综合排名	姓名	职　业	收入（万元）	收入排名	曝光率排名（网络）	曝光率排名（报纸）
1	周杰伦	歌手、演员	16 130	2	2	5
2	刘德华	演员、歌手	9 650	10	6	7
3	范冰冰	演员	10 090	7	7	8
4	王菲	歌手	13 610	3	10	6
5	李娜	运动员	11 550	5	17	2
6	赵本山	演员	11 470	6	12	10
7	蔡依林	歌手	8 320	16	20	39
8	姚明	运动员	9 690	9	40	1
9	成龙	演员	9 600	11	18	17
10	林志玲	演员、模特	5 830	21	23	30.

请问：

（1）你认为上述明星的高收入合理吗？

（2）请用均衡价格理论分析你的结论。

3. 下图是北京市朝阳区 2000～2012 年以来的房价走势图。从图中可以看出，房价从 2000 年的 3 800 元/平方米上涨至 2012 年的 33 151 元/平方米，涨幅约为 10 倍。

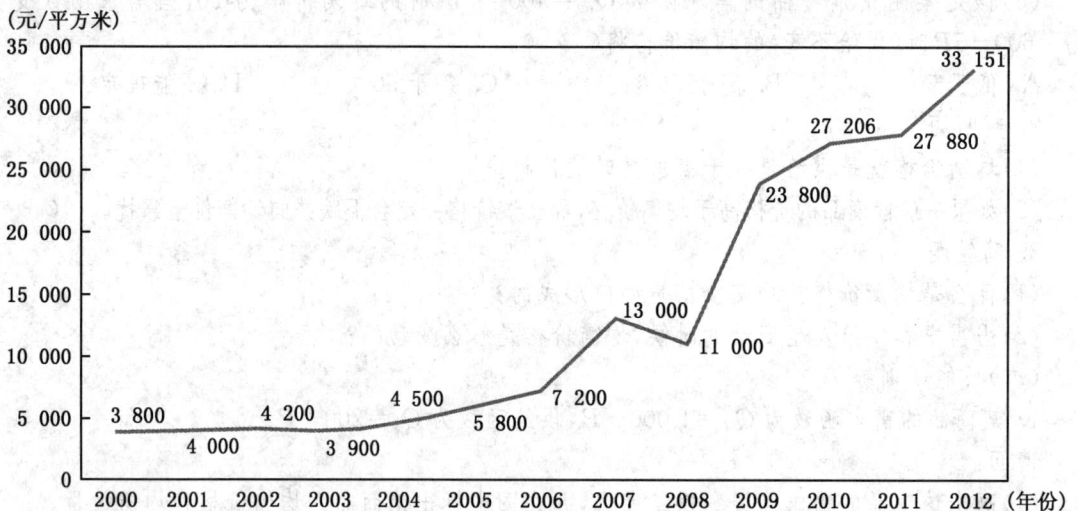

北京房价走势图(以朝阳区为例)

请讨论并分析:

(1)北京房价上涨的主要因素。

(2)将(1)中分析的因素进行归类,并说明哪些是影响供给的因素,哪些是影响需求的因素。

(3)利用均衡价格理论对北京房价上涨的现象进行分析。

二、课外实训

(一)思考讨论题

在我国西晋,有一位著名的文学家叫左思,他钦慕汉朝赋家班固、张衡的成就,可是对他们的名作《两都赋》《二京赋》又有一点不服气,于是花了10年的功夫写了一篇叫《三都赋》的大赋。写成之后,人们都惊叹它不亚于班、张之作,一时竞相传抄,蔚为盛事。但由于那时纸张的生产量比较小,所以当人们都需要用纸张抄写《三都赋》的时候,纸张就供不应求,纸价飞涨。这就是著名的"洛阳纸贵"的故事。请用均衡价格理论思考并分析"洛阳纸贵"的故事。

(二)调查研究题

1. 调查题目:

选定某种商品,就其在黄金周前后及黄金周期间的需求、供给和价格状况作出调查。

2. 调查要求:

(1)分组调查。

(2)可采用多种调查方法:如实地调查、电话采访、问卷调查、网上搜索等。

(3)汇集收集的资料,结合经济学原理分析选定商品的需求、供给和价格变动状况,并分析引起这种变动的原因。

第四节　弹性理论及其应用

【导入案例】

　　改革开放伊始,我国香烟的价格曾大幅度涨价。某市商业局估计,提价30%后,可新增收入500万元。各部门闻讯,纷纷前来商议,要求"利益均沾",虽经数月的讨价还价,但仍未能达成一致意见。正在议而不决之际,下面来报:由于香烟大幅度涨价,许多"烟民"决心戒烟,香烟销量大减,造成数万箱香烟积压,不巧又正遇雨季,仅香烟霉变损失就达500万元。商业局长决定继续召开会议,主题不是"利益均沾",而是"有难同当"。

　　而某电表厂在国民经济调整时期,因产品销售发生严重困难,库存大量上升,工厂领导反复研究,决定忍痛将各种产品平均降价19%,估计损失100万元。但年底结算,销售收入反而增加50万元,利润也比上年同期增加25%,连下年度的订货都已饱满。降价不仅使这个工厂渡过了难关,而且开拓了市场,成为建厂以来销售形势最好的时期。

　　互动提问:香烟的提价策略为什么失败了? 电表的降价策略为什么成功了?

　　商品的需求和供给随着影响它们的各种因素的变化而变化。前面我们讨论了它们之间变化的一般规律,那么这些因素一定幅度的变动所引起的需求和供给变动的程度有多大呢? 本节所学的弹性理论将帮助你理解上述现象和问题。

一、弹性的一般定义与表达式

　　不同性质的商品,如香烟、项链,其需求量对于价格变动的敏感程度不相同;即使同一商品,在不同的价格下,需求量对于价格变动的敏感程度也不相同。具体来说,有些商品其价格变动的幅度小,而需求量或供给量变动的幅度大;另有些商品其价格变动的幅度大,而需求量或供给量变动的幅度小。因此,需要选择一种较好的方法比较商品需求量对于价格变动的反应敏感性,于是弹性理论被提出。

（一）一般定义

　　弹性(Elasticity)表示作为因变量的变量的相对变动对于作为自变量的变量的相对变动的反应程度。或者说,是因变量变动的百分比和自变量变动的百分比之比。

　　弹性是相对数之间的相互关系。它的具体含义是:自变量每变动1个百分点,因变量要变动几个百分点。对于任何存在函数关系的经济变量之间,都可以建立两者之间的弹性关系或进行弹性分析。例如,能源消耗与 GDP 增长存在依存关系、人口增长与人均财富增长存在依存关系、价格变化与居民需求量变化存在依存关系等。弹性分析是数量分析,对于难以数量化的因素便无法进行计算和精确考察。

$$弹性系数 = \frac{因变量的变动比例}{自变量的变动比例}$$

（二）一般表达式

$$E_d = -\frac{\frac{\Delta Y}{Y}}{\frac{\Delta X}{X}} = -\frac{\Delta Y}{\Delta X} \cdot \frac{X}{Y}$$

弹性有很多种类,一般分为需求弹性和供给弹性。需求弹性又可分为需求的价格弹性、需求的交叉弹性、需求的收入弹性。

二、需求的价格弹性

(一)定义

$$需求的价格弹性系数 = -\frac{需求量变动率}{价格变动率}$$

需求的价格弹性是指一种商品的需求量的变动对于该商品的价格变动的反应程度。

在理解需求价格弹性的含义时要注意以下几点:

(1)在需求量与价格这两个经济变量中,价格是自变量,需求是因变量。所以,需求价格弹性就是指价格变动所引起的需求量变动的程度,或者说是需求量变动对于价格变动的反应程度。

(2)需求的价格弹性系数是需求量变动的比率与价格变动的比率的比率,而不是需求量变动的绝对量与价格变动的绝对量的比率。

(3)弹性系数的数值可以为正值,也可以为负值。如果两个变量为同方向变化,则为正值;反之,如果两个变量为反方向变化,则为负值。但在实际运用时,为了方便起见,一般都取其绝对值。

(二)计算公式

假定需求函数为 $Q_d = f(P)$,以 E_d 表示需求的价格弹性系数,则需求的价格弹性的公式为:

$$E_d = -\frac{\frac{\Delta Q}{Q}}{\frac{\Delta P}{P}} = -\frac{\Delta Q}{\Delta P} \cdot \frac{P}{Q}$$

式中,ΔQ 和 ΔP 分别表示需求量和价格的变动量,P 和 Q 分别表示价格和需求量的基量。

需要指出的是,在通常情况下,由于商品的需求量和价格是呈反方向变动的,$\frac{\Delta Q}{\Delta P}$ 为负值,所以,为了使需求的价格弹性系数 E_d 取正值以便于比较,便在公式中加了一个负号。

[例2—1] 假设某种商品的需求函数为 $Q_d = 2\,400 - 400P$,几何图形如图2—11所示。

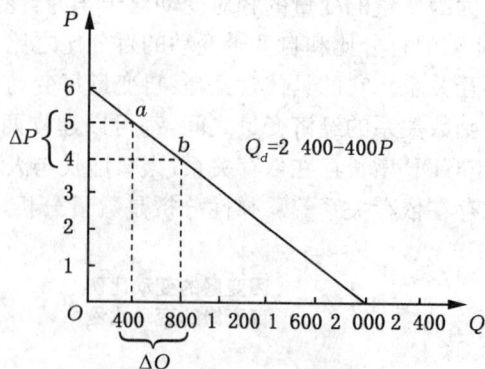

图2—11 需求的价格弹性

图中需求曲线上 a、b 两点的价格分别为 5 和 4,相应的需求量分别为 400 和 800。当商品的价格由 5 下降为 4 时,或者当商品的价格由 4 上升为 5 时,应该如何计算相应的弹性值呢?

根据公式,相应的需求的价格弹性分别计算如下:

由 a 点到 b 点(即降价时):

$$E_d = -\frac{\Delta Q}{\Delta P} \cdot \frac{P}{Q} = -E_d = -\frac{Q_b - Q_a}{P_b - P_a} \cdot \frac{P_a}{Q_a} = -\frac{800 - 400}{4 - 5} \times \frac{5}{400} = 5$$

由 b 点到 a 点(即涨价时):

$$E_d = -\frac{\Delta Q}{\Delta P} \cdot \frac{P}{Q} = -\frac{Q_a - Q_b}{P_a - P_b} \cdot \frac{P_b}{Q_b} = -\frac{400 - 800}{5 - 4} \times \frac{4}{800} = 2$$

显然,由 a 点到 b 点与由 b 点到 a 点的弹性数值是不相同的。其原因在于:尽管在上面两个计算中,ΔQ 和 ΔP 的绝对值都相等,但由于 P 和 Q 所取的基数值不相同,所以,两种计算结果便不相同。这样一来,在需求曲线的同一条弧上,涨价和降价产生的需求的价格弹性系数便不相等。

(三)中点弹性的计算公式

以变量变动前后两个数值的算术平均数作为各自的分母来计算。如果仅仅是一般地计算需求曲线上某一段的需求的价格弧弹性,而不是具体地强调这种需求的价格弧弹性是作为涨价还是降价的结果,则为了避免不同的计算结果,一般通常取两点价格的平均值 $\frac{P_1 + P_2}{2}$ 和两点需求量的平均值 $\frac{Q_1 + Q_2}{2}$ 来分别代替公式中的 P 值和 Q 值,因此,需求的价格弧弹性计算公式又可以写为:

$$E_d = -\frac{\Delta Q}{\Delta P} \cdot \frac{\frac{P_1 + P_2}{2}}{\frac{Q_1 + Q_2}{2}}$$

该公式也被称为需求的价格弧弹性的中点公式。

根据公式,【例 2-1】中 a、b 两点间的需求的价格弧弹性为:

$$E_d = -\frac{400}{1} \cdot \frac{\frac{5 + 4}{2}}{\frac{400 + 800}{2}} = 3$$

(四)需求的价格弹性的五种类型(见图 2-12)

1. 需求的价格弹性大于 1 小于无穷大:$1 < E_d < \infty$

需求量的变化率大于价格的变化率,或者说,价格发生一定程度的变化,引起需求量较大幅度的变动,$\Delta Q/Q > \Delta P/P$,称为富有弹性,或充足弹性。在图形上可用一条较为平缓的需求曲线来反映[见图 2-12(a)]。

2. 需求的价格弹性大于 0 小于 1:$0 < E_d < 1$

需求量的变化率小于价格的变化率,或者说,价格发生一定程度的变化,引起需求量较小幅度的变动,$\Delta Q/Q < \Delta P/P$,称为缺乏弹性。在图形上可用一条较为陡直的需求曲线来反映[见图 2-12(b)]。

3. 需求的价格弹性等于1:$E_d=1$

需求量的变化率等于价格的变化率,或者说,价格变动后引起需求量相同幅度变动,$\Delta Q/Q=\Delta P/P$,称为单位弹性或恒常弹性。在图形上,反映为正双曲线[见图2-12(c)]。

4. 需求的价格弹性无穷大:$E_d=\infty$

表明相对于无穷小的价格变化率,需求量的变化率是无穷大的,即价格趋近于0的上升,就会使无穷大的需求量一下子减少为0;价格趋近于0的下降,需求量从0增至无穷大,称为完全弹性。在图形上为一条平行于横轴的直线[见图2-12(d)]。

5. 需求的价格弹性等于0:$E_d=0$

表明需求量对价格的任何变动都无反应,或者说,无论价格怎样变动(比率如何),需求量均不发生变化,称为完全无弹性。在图形上,需求曲线表现为垂直于横轴的一条直线[见图2-12(e)]。在现实中,一般不存在这种典型的情况,但一些生存必需品在消费量达到一定量后,接近这种特性。

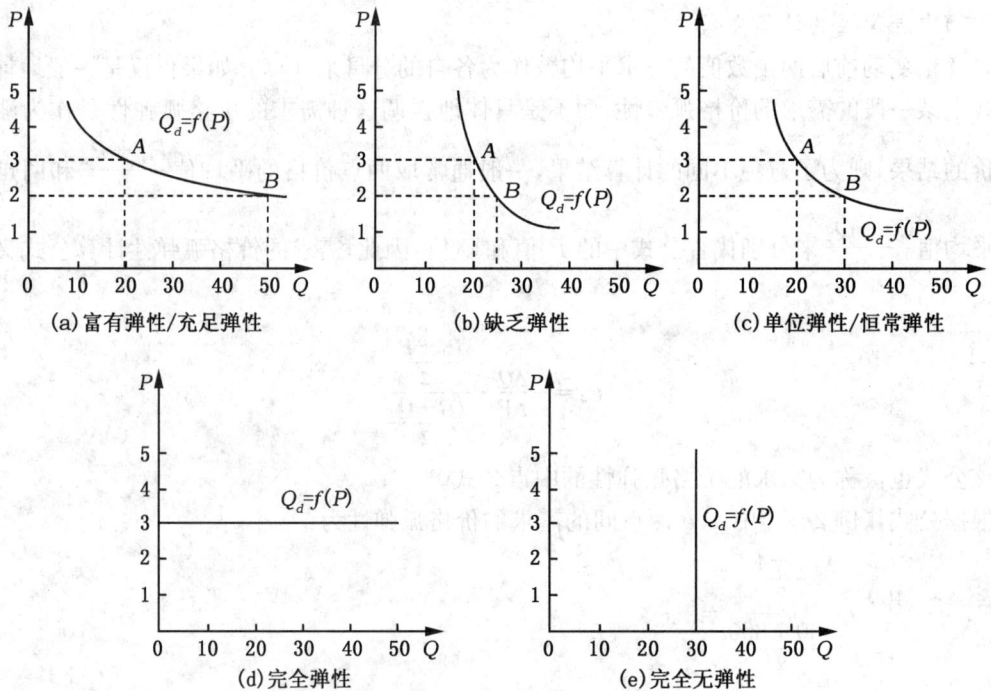

图2-12 需求的价格弹性的五种类型

(五)需求的价格弹性与厂商的销售收入的关系

由于不同商品的需求弹性不一样,对总收益的影响势必不会相同。下面主要讨论对于需求缺乏弹性的商品及需求富有弹性的商品,价格变动与总收益之间的关系。

(1)$E_d>1$的商品,降价会增加厂商的销售收入,提价会减少厂商的销售收入。因为降价造成的销售收入 $TR=P\cdot Q$ 值的减少量小于需求量增加带来的销售收入 $TR=P\cdot Q$ 值的增加量。

以电视机(耐用消费品)为例,分析如下:

假设电视机的需求弹性系数 $E_d=2$,每台电视机的价格为1 000元,销售量为100 台,这时总收益为：$1\ 000 \times 100 = 100\ 000$（元）。

如果每台电视机的价格从 $1\ 000$ 元下降到 950 元，下降幅度为 5%。由于 $E_d = 2$，销售量便会增加 10%，为 110 台。这时，总收益为：$950 \times 110 = 104\ 500$（元）。比较前后的总收益，每台电视机的价格虽然下降了，但总收益却增加了 $4\ 500$ 元。

如果每台电视机的价格提高 5%，即 $1\ 050$ 元，那么，销售量会下降 10%，为 90 台。这时，总收益为：$1\ 050 \times 90 = 94\ 500$（元）。再比较涨价前后的总收益，虽然每台电视机的价格提高了，但是总收益并未增加，反而减少了 $5\ 500$ 元。

通过计算，可以得出这样的结论：需求富有弹性的商品，它的价格与总收益呈反方向变动。价格上升，总收益减少；价格下降，总收益增加。日常生活中经常提到的"薄利多销"指的就是需求富有弹性的商品，通过降价促使企业增加收益。

（2）$E_d < 1$ 的商品，降价会使厂商的销售收入减少，提价会使厂商的销售收入增加。因为降价导致的需求量增加带来的销售收入 $TR = P \cdot Q$ 值的增加量小于降价造成的销售收入 $TR = P \cdot Q$ 值的减少量。

以面粉（生活必需品）为例，分析如下：

假设面粉的需求弹性系数 $E_d = 0.5$，每千克面粉的价格是 4 元，销售量为 50 千克，这时总收益为：$4 \times 50 = 200$（元）。

如果面粉降价 10%，由于 $E_d = 0.5$，销售量则上升 5%。这时总收益为：$3.6 \times 52.5 = 189$（元）。比较前后的总收益，面粉的价格下降了，但是总收益并未增加，反而减少了 11 元。

如果面粉涨价 10%，则销售量下降 5%。这时总收益为：$4.4 \times 47.5 = 209$（元）。再比较涨价前后的总收益，虽然面粉价格上升了，但总收益并未减少，反而增加了 9 元。

通过计算，可以得出这样的结论：需求缺乏弹性的商品，它的价格与总收益呈同方向变动。价格上升，总收益增加；价格下降，总收益减少。

卖者总收益的增加，就是买者总支出的增加。所以，对于粮、油、菜等百姓必需品应谨慎涨价，否则会增加人们的生活支出，造成实际收入的下降，影响社会安定。

由于大部分农产品都缺乏弹性，丰收将使农产品的价格和农民的总收入减少。"谷贱伤农"，农民将因福得祸。同理，遭到荒年，粮食价格将飞涨。17 世纪末，英国人 G.King 曾就价格进行过统计（见表 $2-3$）。

表 2—3　　　　　　　　　　　　　　价格统计

小麦减产	10%	20%	30%	40%	50%
麦价上涨	30%	80%	160%	280%	450%

（3）$E_d = 1$ 的商品，降价或提价对厂商的销售收入都没有影响。因为价格变动造成的销售收入 $TR = P \cdot Q$ 值的增加量或减少量等于需求量变动带来的销售收入 $TR = P \cdot Q$ 值的减少量或增加量。

为便于比较，我们把价格变化、弹性大小与销售收入变化的关系归纳如表 $2-4$ 所示。

表2—4   价格变化、弹性大小与销售收入变化的关系

需求弹性的值	种　类	对销售收入的影响
$E_d > 1$	富有弹性	价格上升,销售收入减少 价格下降,销售收入增加
$E_d = 1$	单一弹性	价格上升,销售收入不变 价格下降,销售收入不变
$E_d < 1$	缺乏弹性	价格上升,销售收入增加 价格下降,销售收入减少

综上分析可知,在需求弹性大时,厂商宜采用薄利多销的方式来增加销售收入;当需求弹性小时,则可考虑以提高价格的方式来达到增加销售收入的目的。

(六)影响需求价格弹性的因素

影响需求价格弹性的因素主要有:

第一,商品的可替代性。一般来说,一种商品的可替代品越多,相近程度越高,则该商品的需求价格弹性往往就越大;相反,该商品的需求价格弹性往往就越小。例如,水果市场上相近的替代品较多,这样,某水果的需求弹性就比较大。又如,对于食盐来说,没有很好的替代品,所以,食盐价格的变化所引起的需求量变化几乎为零,它的需求价格弹性是极其小的。

对一种商品所下的定义越明确、越狭窄,这种商品相近的替代品往往就越多,需求价格弹性也就越大。比如,某种特定商标的豆沙甜馅面包的需求要比一般的甜馅面包的需求更有弹性,甜馅面包的需求又比一般面包的需求更有弹性,而面包的需求价格弹性比一般的面粉制品的需求价格弹性又要大得多。

第二,商品用途的广泛性。一般来说,一种商品的用途越是广泛,它的需求价格弹性就可能越大;相反,用途越是狭窄,它的需求价格弹性就可能越小。这是因为,如果一种商品具有多种用途,当它的价格较高时,消费者只购买较少的数量用于最重要的用途上;当它的价格逐步下降时,消费者的购买量就会逐渐增加,将商品越来越多地用于其他各种用途上。

第三,商品对消费者生活的重要程度。一般来说,生活必需品的需求价格弹性较小,非必需品的需求价格弹性较大。例如,馒头的需求价格弹性较小,电影票的需求价格弹性较大。

第四,商品的消费支出在消费者预算总支出中所占的比重。消费者在某种商品上的消费支出在预算总支出中所占的比重越大,该商品的需求价格弹性可能越大;反之,则越小。例如,火柴、盐、铅笔、肥皂等商品的需求价格弹性较小,因为消费者每月在这些商品上的支出很少,消费者往往不太重视这类商品价格的变化。

第五,所考察的消费者调节需求量的时间。一般来说,所考察的调节时间越长,则需求的价格弹性就可能越大,因为当消费者决定减少或停止对价格上升的某种商品的购买之前,他一般需要花费时间去寻找和了解该商品的可替代品。例如,当石油价格上升时,消费者在短期内不会较大幅度地减少需求量。但设想在长期内,消费者可能找到替代品,于是,石油价格上升会导致石油的需求量较大幅度地下降。

【课内活动设计】

活动内容:如何为博物馆的门票定价?

活动要求:如果你是一个大型私立艺术博物馆的馆长,你的财务总监告诉你,博物馆最近经营不好,收不抵支,并建议你考虑改变门票价格来增加总收益。你该怎么办?

(1)分小组进行讨论,并提出解决馆长问题的思路,为馆长建议正确的价格策略。

(2)选择2组进行课程汇报和讲解。

【案例阅读】

1987年,福建省某机械厂进口一套设备。据调查,当时有6个国家能够生产这种设备,价格在800万~1 200万美元。该厂首先找日本一家企业谈判,开价800万美元,争取1 000万美元成交。岂知,第一次谈判,日商就满口答应,并表示可以立即签订合同。厂长心里直打鼓:"日本人这么好说话?其中必定有'鬼'!"但想来想去,货真价实,无可挑剔,便拍板敲定。设备到货使用一年以后,许多易损零部件需要更换,厂长便请日商按合同供货。日商表示可以,但价格提高一倍(合同并未规定日后供应零部件价格)。厂长心想这是"敲竹杠",便设法向其他生产同类设备的国家购买,但由于不配套,最后被迫以高价向日商购买这些专用零部件。几年下来,这比当初花1 200万美元买还贵。厂长气愤地骂道:"日本人就是'鬼'!"

最近,这位厂长有机会学到需求价格弹性,方才恍然大悟:由于国际市场竞争激烈,成套设备的主机极富弹性,而专用零配件几乎完全无弹性。因此,日商的销售策略是先在主机上让价,把你套住以后再在零配件上提价,这叫"堤内损失堤外补"。厂长深有感慨地说:"这本是经销ABC,不能说日本人'鬼',只能怪自己笨——无知!"因此,在购买外国产品、引进成套设备时,由于它们富有价格弹性,在谈判中应力争主动,以最有利的价格购进。对一些必需的附件等,尽量与主机同时一次购入,并在合同中详细写明销后服务项目。在销售产品时,也可以适当降低主机和成套设备的利润率,以扩大需求,占领市场,而与这些主机有关联的附件等,则可适当提高利润等,以求较好的综合经济效益。

资料来源:黎诣远:《微观经济分析》,清华大学出版社2003年版。

三、需求的交叉弹性

(一)定义

需求的交叉价格弹性简称需求的交叉弹性。它表示在一定时期内一种商品的需求量的相对变动对于它的相关商品价格的相对变动的反应程度。它是该商品的需求量的变动率和它的相关商品价格的变动率的比值。

(二)表达式

需求的交叉弹性公式为:

$$E_{XY} = \frac{\frac{\Delta Q_X}{Q_X}}{\frac{\Delta P_Y}{P_Y}} = \frac{\Delta Q_X}{\Delta P_Y} \cdot \frac{P_Y}{Q_X}$$

(三)符号决定

需求的交叉价格弹性系数的符号取决于所考察的两种商品的相关关系。若两种商品之间存在着替代关系,则一种商品的价格与它的替代品的需求量之间呈同方向变动,相应的需求的交叉价格弹性系数为正值。例如,当苹果的价格上升时,人们自然会在减少对苹果的消费量的同时,增加对苹果的替代品梨的购买量。若两种商品之间存在着互补关系,则一种商品的价格与它的互补品的需求量之间呈反方向的变动,相应的需求的交叉价格弹性系数为负值。例如,当录音机的价格上升时,人们会减少对录音机的消费量,这样作为录音机的互补品的磁带的需求量也会因此而下降。若两种商品之间不存在相关关系,则意味着其中任何一种商品的需求量都不会对另一种商品的价格变动作出反应,相应的需求的交叉价格弹性系数为零。

同样的道理,反过来,可以根据两种商品之间的需求的交叉价格弹性系数的符号,来判断两种商品之间的相关关系。若两种商品的需求的交叉价格弹性系数为正值,则这两种商品之间为替代关系;若为负值,则这两种商品之间为互补关系;若为零,则这两种商品之间无相关关系。

【案例阅读】

懂得需求的交叉弹性为企业决策和个人投资有很大的帮助。比如,你看人家经营一种商品十分赚钱,你也做起同样的生意来,这就是经营别人产品的替代品,这样势必加剧了市场竞争,恐怕竞争中被淘汰的就是你。其实,经营畅销产品的互补产品不失为一种很好的思路,有的中小企业,靠着与汽车配套的思路,生产车用地毯、车灯、反光镜配件,结果取得了良好的经营业绩。珠海中富集团一开始是由十几个农民建立的一家小企业,最初为可口可乐提供饮料吸管,后来生产塑料瓶和瓶盖。可口可乐在哪里建厂,中富就在哪里建配套厂。靠这种积极合作的策略,中富如今已发展成为年销量超过 10 亿元人民币的大公司。

懂得需求的交叉弹性为企业制定合理价格有很大帮助。大维西服和衫衫西服都是国内的知名品牌。对消费者来说,大维西服与衫衫西服提供的效用是相同的,它们是互相替代的产品。众所周知,为了提高市场占有率,它们都不惜投入大量的金钱做广告,进行非价格的竞争。但如果只注意非价格竞争而忽视价格竞争,也会失去市场。如大维西服坚持高价格政策,衫衫西服采取"薄利多销"的低价格政策,西服属于富有弹性的商品,因此消费者就会由于衫衫西服价格下降增加对衫衫西服的购买,大维西服就会失去一部分市场份额。因此,大维西服应根据交叉弹性的特点正确判断自己的市场定位,制定合适的市场价格,预防不利于自己生存和发展的情况发生。

如果互补产品为一家生产,如彩色喷墨打印机和墨盒的定价。彩色喷墨打印机是基本品,墨盒是配套品,基本品应定价低,配套品应定价高。事实也就是这样,彩色喷墨打印机一台售价仅为 400~500 元,低价很诱人,但买下后才发现更换一个墨盒的价格是 200 元,一种色彩的油墨用完,不换墨盒就不能保证画面质量,而换四个墨盒的价格比一台彩色喷墨打印机还贵。根据交叉弹性的定价原理,面对基本品——打印机,定价过高,则消费者处于主动位置,需求弹性较大,只有定低价才能吸引消费者购买,一旦基本品买下,配套品的选择余地就小了,消费者往往处于缺乏替代的被动地位,此时定高价能够获取较高利润。如果反过来,基本品定价高,结果导致需求者寥寥无几,那么配套品定价再低也没有意义。

总之,企业在制定产品价格时,应考虑到替代品与互补品之间的相互影响;否则,价格变动可能会对销路和利润产生不良后果。

资料来源:根据网络资料整理而成。

四、需求的收入弹性

(一)定义

某商品的需求的收入弹性,是指在一定时期内消费者对某种商品的需求量的相对变动对于消费者收入量相对变动的反应程度。它是商品的需求量的变动率和消费者的收入量的变动率的比值。

(二)表达式

需求的收入弹性公式为:

$$E_M = \frac{\frac{\Delta Q}{Q}}{\frac{\Delta M}{M}} = \frac{\Delta Q}{\Delta M} \cdot \frac{M}{Q}$$

需求的价格弹性取绝对值,而需求的收入弹性不能取绝对值。因为对于某种商品而言,收入的增加可能引起其需求量的增加;对于另一种商品而言,收入的增加可能引起其需求量的减少。因此,需求的收入弹性可能是正值,也可能是负值。

在经济学中,根据商品的需求的收入弹性系数值,可以将所有商品分为几大类:收入弹性为负值的产品称为低档货,收入弹性为0~1之间的产品称为正常货,收入弹性大于1的产品称为高档货。当然,将商品划分为高、中、低三档次是有时间性的。随着时间的推移、收入的增加,高档品可能变为中档品,中档品可能变为低档品。

19世纪德国统计学家恩格尔根据统计资料,对消费结构的变化得出一个规律:一个家庭收入越少,家庭收入中(或总支出中)用来购买食物的支出所占的比例就越大,随着家庭收入的增加,家庭收入中(或总支出中)用来购买食物的支出则会下降。推而广之,一个国家越穷,每个国民的平均收入中(或平均支出中)用于购买食物的支出所占比例就越大,随着国家的富裕,这个比例呈下降趋势。显然,恩格尔定律可以通过需求的收入弹性来解释。

$$恩格尔系数 = \frac{食物支出}{全部支出}$$

联合国根据恩格尔系数的大小,对世界各国的生活水平有一个划分标准,即一个国家平均家庭恩格尔系数大于60%为贫穷;50%~60%为温饱;40%~50%为小康;30%~40%属于相对富裕;20%~30%为富足;20%以下为极其富裕。

【课内活动设计】

活动内容:以家庭和自己为例,利用恩格尔系数评价一下家庭和自己的富裕程度。

活动要求:

(1)每组选择一个组员,分析其个人和家庭的总支出及食物支出的数额,并计算出恩格尔系数。

(2)选择2组进行课程汇报和讲解。

【材料阅读】

对于生活在相对贫困的国家的许多人来说，赚取足够食品维持生计是每天最重要的工作。但是在富裕国家，维持生计绝对不是什么问题。下表运用弹性的估计描绘了这样一种区别。左边第一栏按照从最贫困到最富裕的顺序列出了一些经过选择的国家，第二栏是其他国家的人均收入占美国人均收入的百分比，第三栏是该国用于食品方面的收入弹性，第四栏列出了食品的价格弹性。

国　　家	人均收入与美国相比	食品的收入弹性	食品的价格弹性
印度	5.2	0.76	−0.32
尼日利亚	6.7	0.74	−0.33
印度尼西亚	7.2	0.72	−0.34
玻利维亚	14.4	0.68	−0.35
菲律宾	16.8	0.67	−0.35
韩国	20.4	0.64	−0.35
波兰	34.6	0.55	−0.33
巴西	36.8	0.54	−0.33
以色列	45.6	0.49	−0.31
西班牙	55.9	0.43	−0.36
日本	61.6	0.39	−0.35
意大利	69.7	0.34	−0.30
英国	71.7	0.33	−0.22
法国	81.1	0.27	−0.19
德国	85	0.25	−0.17
加拿大	99.2	0.15	−0.10
美国	100	0.14	−0.10

请注意，食品需求的收入弹性随着收入的提高而下降，从而引出一个直观解释：如果贫困人口的收入提高，他们会比富裕国家的人民更加愿意将增加的那部分收入的较大部分用于购买食品。以印度为例，如果人均收入增加10％，食品需求就会增加7.6％。我们从第四栏可以看到，在像美国和加拿大这样的富裕国家，如果人均收入增加10％，食品的需求只会增加1％。

在比较富裕的国家，人们在食品方面的花费多半用于享受奢侈品、上餐厅吃饭、享用龙虾和牛排。你可能因此觉得价格弹性在富裕国家比在贫困国家要大一些。但是，其中还有一个重要因素需要考虑：在贫困国家，人们已经将收入的较大部分用于购买食品，如果食品的价格上升，他们可能别无选择，只能被迫减少食品消耗量。这样的情况不会发生在富裕国家。在贫困国家，由于食品支出占据了收入的较大部分，食品价格上升对收入效应的影响也比较大。

资料来源：武汉工程大学经济管理学院经济教研室，《西方经济学》案例库。

五、供给的价格弹性

（一）定义

某商品的供给的价格弹性，是指在一定时期内某一商品的供给量的相对变动对该商品价格相对变动的反应程度，即商品供给量变动率与价格变动率之比。

（二）表达式

假定供给函数为 $Q_s = f(P)$，以 E_s 表示供给的价格弹性系数，则供给的价格弧弹性的公式为：

$$E_s = \frac{\frac{\Delta Q}{Q}}{\frac{\Delta P}{P}} = \frac{\Delta Q}{\Delta P} \cdot \frac{P}{Q}$$

在通常情况下，商品的供给量和商品的价格呈同方向变动，供给的变动量和价格的变动量的符号相同。

供给价格弹性的中点公式为：

$$E_s = \frac{\Delta Q}{\Delta P} \cdot \frac{\frac{P_1 + P_2}{2}}{\frac{Q_1 + Q_2}{2}}$$

（三）供给的价格弹性的五种类型（见图 2—13）

供给的价格弹性根据 E_s 值的大小也分为五种类型。$E_s > 1$ 表示富有弹性；$E_s < 1$ 表示缺乏弹性；$E_s = 1$ 表示单一弹性或单位弹性；$E_s = \infty$ 表示完全弹性；$E_s = 0$ 表示完全无弹性。

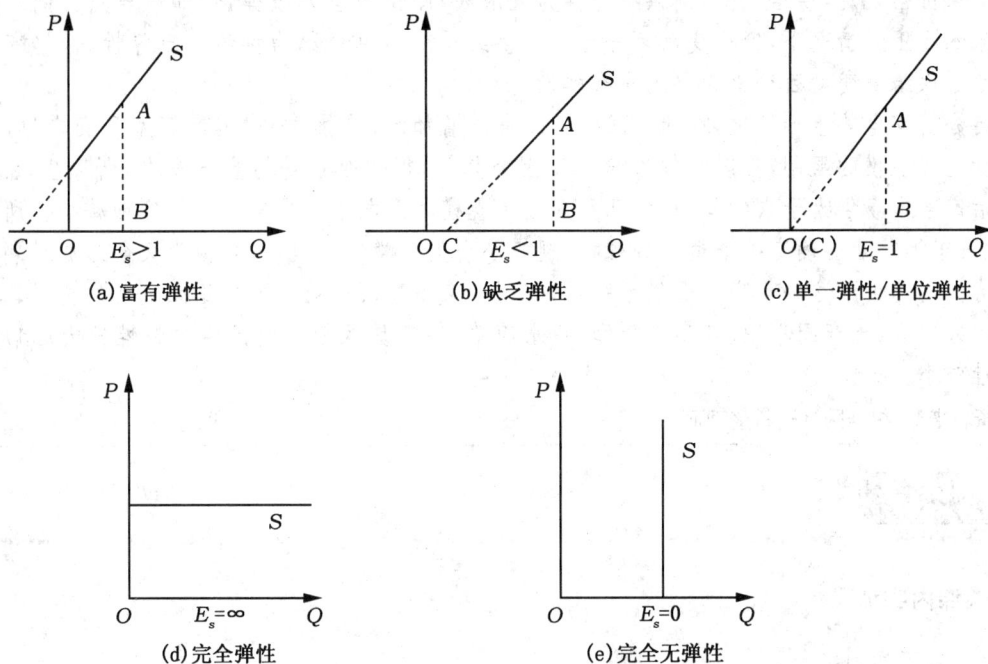

(a) 富有弹性　　　　　(b) 缺乏弹性　　　　　(c) 单一弹性/单位弹性

(d) 完全弹性　　　　　(e) 完全无弹性

图 2—13　供给的价格弹性的五种类型

（四）影响供给价格弹性的因素

1. 时间因素

当商品的价格发生变化时，厂商对产量的调整需要一定的时间。在很短的时间内，厂商若要根据商品的涨价及时地增加产量，或者根据商品的降价及时地缩减产量，都存在不同程度的困难，相应地，供给价格弹性是比较小的。但是，在长期内，生产规模的扩大与缩小甚至转产，都是可以实现的，供给量可以对价格变动作出较充分的反应，供给的价格弹性也就比较大了。

2. 生产成本

随产量变化而变化的情况和产品的生产周期的长短，也是影响供给价格弹性的另外两个重要因素。就生产成本来说，如果产量增加只引起边际成本轻微提高，则意味着厂商的供给曲线比较平坦，供给价格弹性可能较大；相反，如果产量增加引起边际成本较大提高，则意味着厂商的供给曲线比较陡峭，供给价格弹性可能较小。

3. 产品的生产周期

在一定的时期内，对于生产周期较短的产品，厂商可以根据市场价格的变化较及时地调整产量，供给价格弹性相应就比较大；相反，生产周期较长的产品的供给价格弹性往往较小。

【案例阅读】

在供求规律中讲到，由于家电市场长期供小于求，厂商的利润可观，因此有越来越多的厂家投身于家电产品的生产，供求平衡随之改变，由原来的供小于求逐步转变为供大于求。在这个过程中，需求增加、价格上升后，供给的变动是与时间长短相关的。可以用价格弹性的概念来说明。如果无论价格如何，供给量都不变，则供给弹性为 0，即供给无弹性，如某些已故画家的作品。如果价格既定，供给无限，则供给弹性为无限大，即供给有无限弹性，如用自然山间清泉生产矿泉水。正常情况下，价格变动百分比大于供给量变动百分比为供给缺乏弹性，价格变动百分比小于供给量变动百分比为供给富有弹性。

再分析家电的生产情况，20 世纪 80 年代需求增加时，价格很高，生产厂家利润丰厚，但家电厂受生产规模的限制，难以很快增量。正因为如此，很多企业纷纷生产家电，所以出现了 90 年代后家电市场供大于求的局面，但已形成一定规模的家电生产也难以大幅度地减少。所以像家电、汽车等行业要确定一个适度的规模，规模小会失去赚钱的机会，规模大又会形成过剩的生产能力。这是由于这些生产缺乏供给弹性，有的专家提醒汽车业不要重蹈家电业的覆辙。

一般来说，生产周期短、劳动密集型、技术简单、不容易保管的商品供给弹性较大；相反，供给弹性较小。

资料来源：根据网络资料整理而成。

实训项目

一、课内实训

（一）知识题训练

1. 单项选择题

（1）当菠菜价格上升时，以其他蔬菜代替菠菜会比在所有蔬菜价格上升时，以其他食品代替蔬菜(　　),我们因此预期(　　)的需求对价格的敏感性会比(　　)的需求(　　)。

A. 容易,蔬菜,菠菜,大

B. 容易,菠菜,蔬菜,小

C. 困难,蔬菜,菠菜,小

D. 困难,菠菜,蔬菜,大

E. 容易,菠菜,蔬菜,大

(2)如果一种商品的需求价格弹性是2,价格由1元上升至1.02元会导致需求量(　　)。

A. 上升4%　　　　B. 上升2%　　　　C. 下降4%　　　　D. 下降2%

(3)如果一个厂商降低其商品价格后,发现收入下降,这意味着(　　)。

A. 商品需求缺乏价格弹性

B. 商品需求富有价格弹性

C. 商品需求具有单位价格弹性

D. 商品需求价格弹性大于1

(4)如果商品的需求价格弹性等于2,价格(　　)会导致总收入(　　)。

A. 下降,增加　　　B. 下降,减少　　　C. 上升,增加　　　D. 上升,不变

(5)如果一种商品的供给价格弹性等于1,价格由1.00元上升至1.04元会致供给量(　　)。

A. 增加4%　　　　B. 减少1%　　　　C. 减少4%　　　　D. 增加1%

E. 增加0.04元

(6)机器和建筑的存量在短期而言是(　　),但长期而言是(　　),结果供给的价格弹性在长期而言就可能(　　)。

A. 固定的,变量,较低

B. 变量,固定的,较低

C. 固定的,变量,较高

D. 变量,固定的,较高

E. 固定的,固定的,较高

2. 多项选择题

(1)下列几组商品的交叉价格弹性为负向的有(　　)。

A. 面粉和大米　　　B. 汽油和汽车　　　C. 羊肉和牛肉　　　D. 录音机和磁带

(2)下列几组商品的交叉价格弹性为正向的有(　　)。

A. 汽油和汽车　　　B. 面粉和大米　　　C. 苹果和自行车　　　D. 猪肉和牛肉

3. 判断题

(1)如果两种商品之间存在着替代关系,相应的需求交叉弹性系数为负值。　　　(　　)

(2)一般来说,一种商品用途越广泛,该商品的需求价格弹性就越小;反之,就越大。　　　(　　)

(3)如果两种商品的需求交叉弹性系数为正值,则这两种商品之间为互补关系。　　　(　　)

(4)已知某商品的收入弹性小于1,则这种商品是奢侈品。　　　(　　)

4. 简答题

(1)何为需求价格弹性? 需求价格弹性的大小与销售收入变动有何关系?

(2)何为需求交叉弹性和需求收入弹性?

(二)技能题训练

1. 商品原先的价格为10元,需求量为150件,后降至8元,降价后的需求量为180件,该商品的需求价格弹性系数为多少? 属于哪一类需求价格弹性?

2. 香烟的需求价格弹性是0.4,如果现在每盒香烟为12元,政府想减少20%的吸烟量,价格应提高多少?

3. 某商品原先价格为10元/千克,销量为1 000千克,该商品的需求价格弹性系数为2.4,如果该商品降价至8元/千克,此时的销售量为多少? 降价后总收益是增加了还是减少了?

4. 某位科学家培育出一种小麦新杂交品种,该品种可以使每亩小麦增产30%。如果你是一个农场主,你会用这种新杂交品种吗?这个发现会使你比以前的状况好还是坏呢?

5. 案例分析:

报纸上曾有一则报道:西南乳业老大——成都市华西乳业公司工人把成吨的鲜牛奶倒入下水道,以避免巨额的损失;很快,与其有合同关系的奶牛养殖户也不得不把部分牛奶倒入下水道。这使人联想起20世纪30年代美国经济萧条时的一幕:工人把成吨的鲜牛奶倒入下水道,以避免巨额的损失。3年前,成都地区乳业发展看好,所以很多企业(在政府的鼓励下)纷纷从事乳业生产,这样奶源偏紧,曾经出现鲜奶短缺。牛奶价格上升,从而增加了奶牛养殖量和华西乳业公司的收入和利润。因此,市场调节(加上政府鼓励)的结果是,奶牛养殖量增大,大大小小的奶牛饲养户加起来,1天的产奶量便达1 000吨。其中,80吨鲜奶潮水般涌进了四川乳业三强之一的华西乳业公司。3年后,在大大小小各家乳业公司的参与下,市场这块"蛋糕"在目前的技术水平已经被挖到极致,换句话说,市场供给量增加而消费者的需求根本就没有消化这么多牛奶的能力。反映在华西乳业公司,只能按照每天处理60吨鲜奶的规模运作,过剩了整整20吨。这20吨怎么处理?和奶农签订的合同是长期合同,不能随便毁约,否则就会丧失奶源,无论是降价收购还是拒绝收购都会断掉未来的业务联系。在如今乳业诸强以规模优势争夺市场和资源的时候,如此做法,就是把自己的货源拱手相让,最后的损失不是倒掉这些牛奶能比拟的。即便目前倒了部分牛奶,市场也有了反应:300毫升的华西奶售价已从2.20元骤降至1.50元;每箱华西奶也由50多元降至39元,比可乐、中档纯净水还要便宜。

请用本节所学解释上面的现象。

二、课外实训

(一)思考讨论题

在一场关于学费费率的讨论中,一位大学官员争辩说,入学的需求完全缺乏弹性。他所提出的证据是,在过去的15年里,大学学费(实际值)已翻了一番,而申请入学学生的数量和质量都没有下降。你是否接受这一观点?请用弹性理论思考并分析这一现象。

(二)调查研究题

通过各种资讯渠道调查生活中出现的"谷贱伤农"和"薄利多销"事件,并整理成文档。

本章小结

(1)需求是消费者在一定时期内,在各种可能的价格水平上,愿意而且能够购买的该商品的数量。需求理论说明了在现实经济社会中,价格、收入、分配、偏好、预期是如何影响需求的。

(2)经济学用需求表、需求函数、需求曲线、需求的价格弹性等概念,分析需求与价格的关系。即价格变化引起需求量反方向变动,价格的变动引起需求量变动的程度大小是用需求的价格弹性来表示的。

(3)影响需求的因素有商品本身的价格、消费者的收入水平、相关商品的价格、消费者的偏好、消费者对商品的价格预期、时间等。在这些因素中,商品本身的价格影响着该商品需求量的变动,而其他因素则影响着需求的变动,即需求曲线的移动。

(4)供给是生产者在一定时期内,在各种可能的价格水平上,愿意而且能够出售的该商品的数量。供给理论说明价格因素和非价格因素是如何影响供给的。

(5)经济学用供给表、供给函数、供给曲线、供给的价格弹性等概念来分析供给与价格的关系,价格变动引起供给量同方向变动。

(6)影响供给的因素有商品本身的价格、生产的成本、生产的技术水平、相关商品的价格、生产者对未来的预期、政府税收政策等。在这些因素中,商品本身的价格影响着该商品供给量的变化,而其他因素的变化则引起供给的变动,即供给曲线的移动。

(7)市场均衡点是由需求曲线与供给曲线的交叉点决定的,即供给等于需求时,市场达到均衡。当市场供不应求或供过于求时,价格就会发生波动,直至供求两种力量达到均衡状态。均衡时的价格和产量称为均衡价格和均衡产量。

(8)弹性有很多种类,一般分为需求弹性和供给弹性。需求弹性又可分为需求的价格弹性、需求的交叉弹性、需求的收入弹性。

第三章　消费者行为理论

通过本章的学习,使学生掌握效用、基数效用、序数效用、总效用、边际效用的概念;掌握和理解边际效用递减规律,并能用边际分析方法进行消费者均衡的分析;了解边际替代率递减规律,并能用无差异曲线的分析方法进行消费者均衡的分析。

重点难点

效用、基数效用、边际效用的概念;边际效用递减规律;基数效用论下的消费者均衡条件。

章节导读

通过本章的学习,了解西方经济学是如何研究消费者行为的,消费者根据哪些因素和什么原则来决定其购买的商品种类和数量,以及消费者达到均衡状态(效用最大化)的条件,具体说明收入、价格、收入效应、替代效应与需求的关系,并能较客观地分析、评价西方经济学关于消费者行为的理论。

第一节　效用理论概述

【导入案例】

20 世纪 80 年代中期,日本电视连续剧《血疑》曾风靡神州大地。精明的商家从中看出了市场机遇。上海一家服装厂推出了信子裙,北京一家服装厂推出了大岛茂风衣。但结果并不一样,上海的厂家大获其利,北京的厂家却亏了。个中原因就在于不同消费者的不同行为。

消费者购买物品是为了获得效用。消费者愿意支付的价格取决于他对该物品的评价,即他感觉到的效用大小。这种效用大小又取决于不同消费者的偏好。

信子裙的消费者是少女。这个消费群体的特点是追逐时尚,她们对时尚的追求要体现在消费上。她们极为崇尚信子,穿信子裙就是她们表现自己这种偏好的方式。穿信子裙使她们崇尚信子的心态得以表现,从而得到了效用。而且,在她们看来,穿信子裙所带来的效用也不是其他裙子所能替代的。已有许多裙子再多买一条信子裙并不会发生边际效用递减,甚至她们对时尚的信子裙的评价还高于其他裙子,因此,愿意出高价买,企业就成功了。

大岛茂风衣的消费者是中年男子。这个消费群体偏好较为稳定,受时尚影响较小。他们认为穿大岛茂风衣会让人觉得傻,不符合中年男子成熟的风度。大岛茂风衣不会给他们带来更多的效用。他们不会认为大岛茂风衣与其他风衣有什么差别。如果已经有风衣,就不会再买一件,因为这会引起边际效用递减。于是,他们不会买大岛茂风衣,更不会为这种风衣出高价。北京的企业就只有失败了。

资料来源:根据网络资料整理而成。

互动提问:消费者进行消费是为了得到什么? 消费者应该怎样进行消费?

一、效用的概念

效用是指商品满足人的欲望的能力,或者说,效用是指消费者在消费商品时所感受到的满足程度。从消费的主体来讲,效用是某人从自己所从事的行为中得到的满足;从消费的客体来讲,效用是商品满足人的欲望或需要的能力。不管是从主体分析还是从客体分析,效用均是一种心理感觉,不同于商品的使用价值。

效用具有以下几个特点:

(1)效用是一个相对概念,只有在个人的欲望得到满足之前,不同物品之间效用的相互比较才有意义。

(2)效用有无或效用大小取决于个人主观心理评价。效用实际是个主观判断,同一物品有无效用或效用大小对不同的人来说是不同的。

(3)效用本身不具有伦理学的意义。一种商品是否具有效用要看它是否能满足人的欲望或需要,而不涉及这一欲望或需要的好坏。例如,吸毒从伦理上讲是坏欲望,但毒品能满足这种欲望,因此它具有这种效用。

(4)与效用概念意义相反的一个概念是负效用,是指某种东西所具有的引起人的不舒适感或痛苦的能力。例如,垃圾一类的物品,失恋一类的打击等。

(5)同一物品对于不同的人的效用是不同的。因此,除非给出特殊的假定,否则,效用是不能在不同的人之间进行比较的。例如,辣椒对于南方人来说其效用是很大的,而对于北方人来说就未必。

二、效用的两种表示方法

(一)基数效用理论

基数是可以加总求和的数。基数效用论者认为,效用如同长度、重量等概念一样,可以具体衡量并加总求和,具体的效用量之间的比较是有意义的。效用的大小可以用基数(1、2、3……)表示,计量效用大小的单位被称作效用单位。例如,对某一个人来说,吃一盘土豆和一份牛排的效用分别为 5 效用单位和 10 效用单位,则可以说这两种消费的效用之和为 15 效用单位,且后者的效用是前者的效用的 2 倍。根据这种理论,可以用具体的数字来研究消费者效用最大化问题。具体来说,基数效用理论:

(1)可以具体衡量;

(2)可以加总求和;

(3)可以进行有效用量的比较。

(二)序数效用理论

序数是不可以加总求和的数。序数效用论是为了弥补基数效用论的缺点而提出来的另一种研究消费者行为的理论。序数效用论者认为,效用的大小是无法具体衡量的,效用之间的比较只能通过顺序或等级即用序数(第一、第二、第三……)表示。仍然用上面的例子来说,消费者要回答的是偏好哪一种消费,即哪一种消费的效用是第一,哪一种是第二。或者说,要回答的是宁愿吃一盘土豆,还是吃一份牛排。进一步地,序数效用论者还认为,就分析消费者行为来说,以序数来度量效用的假定比以基数来度量效用的假定所受到的限制要少,它可以减少一些被认为是值得怀疑的心理假设。具体来说,序数效用理论:

(1)不可以具体衡量;

(2)不可以加总求和;

(3)不可以进行有效用量的比较;

(4)只能根据偏好的程度排列出第一、第二……的顺序。

(三)两种表示方法的比较

基数效用理论和序数效用理论的分析思路、方法均不同,但两者的结论是完全相同的,在19世纪和20世纪初,西方经济学家普遍使用基数效用的概念,在现代微观经济学里,通常使用的是序数效用的概念。

实训项目

一、课内实训

1. 简答题

(1)举例说明效用的概念。

(2)比较基数效用理论和序数效用理论的异同点。

二、课外实训

在去食堂用餐的时候或者进行日常购物的时候,思考这些消费的目的,进而理解效用的概念。

第二节　基数效用理论

【导入案例】

美国总统罗斯福连任三届后,曾有记者问他有何感想。总统一言不发,只是拿出一块三明治面包让记者吃。这位记者不明白总统的用意,又不便问,只好吃了。接着总统拿出第二块,记者还是勉强吃了。紧接着总统拿出第三块,记者为了不撑破肚皮,赶紧婉言谢绝。这时罗斯福总统微微一笑:"现在你知道我连任三届总统的滋味了吧。"

互动提问:记者连吃三块面包和罗斯福连任三届总统是什么感觉? 人们为什么会产生这样的感觉?

一、基数效用理论的几个基本概念

总效用是指消费者在一定时间内从一定数量的商品消费中所得到的效用量的总和;或者说,是指消费者从某一消费行为或消费某一定量的某种物品中所获得的总满足程度。总效用函数为:

$$TU=f(Q)$$

边际效用,是指每增加一单位某种商品的消费所增加的满足程度。相应的边际效用函数为:

$$MU=\frac{\Delta TU(Q)}{\Delta Q}$$

表 3-1 可说明边际效用递减规律,并理解总效用和边际效用之间的关系。

表 3-1　　　　　　　　　　　　　某商品的效用表

商品数量	总效用	边际效用	价　格
0	0	0	0
1	10	10	5
2	18	8	4
3	24	6	3
4	28	4	2
5	30	2	1
6	30	0	0
7	28	—2	

根据表 3-1 所绘制的总效用曲线和边际效用曲线如图 3-1 所示。

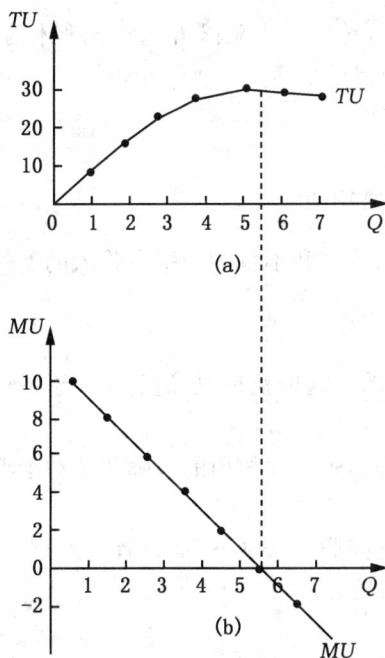

图 3-1　某商品的效用曲线

图 3-1 中的横轴表示商品的数量,纵轴表示效用量,TU 曲线和 MU 曲线分别为总效用曲

线和边际效用曲线。在图中,MU 曲线因边际效用递减规律而向右下方倾斜,相应地,TU 曲线则随着 MU 的变动而呈现先上升后下降的变动特点。总结 MU 与 TU 的关系:

当 $MU>0$ 时,TU 上升;

当 $MU<0$ 时,TU 下降;

当 $MU=0$ 时,TU 到达最高点。

二、边际效用递减规律

在一定时间内,在其他商品的消费数量保持不变的情况下,随着消费者对某种商品所消费的数量的增加,总效用是增加的,但是消费者从该商品连续增加的每一消费单位中所得到的效用增量,即边际效用是递减的。这一特征被称为边际效用递减规律。

出现边际效用递减规律的原因有两点:一是生理或心理的原因。由于相同消费品的连续增加,从人的生理和心理的角度讲,从每一单位消费品中所感受到的满足程度和对重复刺激的反应程度是递减的。二是经济合理性原则。在一种商品具有几种用途时,消费者总是将第一单位的消费品用在最重要的用途上,将第二单位的消费品用在次重要的用途上,这样,消费品的边际效用便随着消费品的用途重要性的递减而递减。

☺ **【课内活动设计】**

活动内容:如何分配有限的水资源?

活动要求:假设你生活在一个相对封闭的空间里,每天只供给 1 升水,你会如何使用呢? 如果水供给量增加到 2 升,你又会如何使用呢? 如果再增加到 3 升,你又会如何使用呢?

(1)分小组进行讨论,并分别提出 1 升水、2 升水和 3 升水的使用方案。观察使用方案的差异性,并说明为什么会有这样的使用方案。

(2)选择 2 组进行课程汇报和讲解。

三、基数效用条件下的消费者均衡

消费者均衡是指在商品现行价格和不变的消费者收入的条件下,消费者获得了最大的效用,不愿再变动购买量。

消费者均衡的前提假设是:

第一,消费者的嗜好是既定的。这也就是说,消费者对于各种物品效用与边际效用的评价是既定的,不会发生变动。

第二,消费者的收入是既定的,每 1 元货币的边际效用对于消费者是相同的。

第三,物品的价格是既定的。

消费者均衡就是要说明在这些假设条件下,消费者如何把有限的收入分配于各种物品的购买上,以获得总效用最大(TU 值最大)。

(一)消费者均衡的条件

$$P_1X_1+P_2X_2+\cdots=I$$

它表示收入全部花光。

$$\frac{MU_1}{P_1}=\frac{MU_2}{P_2}=\cdots=\lambda$$

它表示消费者对于任何一种商品的最优购买量应该是使最后一次购买该商品所带来的边际效用与为购买该商品所支付 1 元钱的边际效用相等。

如果能够满足上述两个条件,消费者把有限的收入分配于各种物品的购买上时,其总效用（TU 值）就会最大。

(二)实现消费者均衡的分析

从 $\dfrac{MU_1}{P_1} = \dfrac{MU_2}{P_2}$ 的关系分析:

当 $\dfrac{MU_1}{P_1} < \dfrac{MU_2}{P_2}$ 时,对于消费者来说,同样的 1 元钱购买商品 1 所得到的边际效用小于购买商品 2 所得到的边际效用。这样,理性的消费者就会调整这两种商品的购买数量:减少对商品 1 的购买量,增加对商品 2 的购买量。在这样的调整过程中,一方面,在消费者用减少 1 元钱的商品 1 的购买来相应地增加 1 元钱的商品 2 的购买时,由此带来的商品 1 的边际效用的减少量是小于商品 2 的边际效用的增加量的,这意味着消费者的总效用是增加的。另一方面,在边际效用递减规律的作用下,商品 1 的边际效用会随其购买量的不断减少而递增,商品 2 的边际效用会随其购买量的不断增加而递减。当消费者一旦将其购买组合调整到同样 1 元钱购买这两种商品所得到的边际效用相等时,即达到 $\dfrac{MU_1}{P_1} = \dfrac{MU_2}{P_2}$ 时,他便得到了由减少商品 1 购买和增加商品 2 购买所带来的总效用增加的全部好处,即消费者此时获得了最大的效用。

相反,当 $\dfrac{MU_1}{P_1} > \dfrac{MU_2}{P_2}$ 时,对于消费者来说,同样的 1 元钱购买商品 1 所得到的边际效用大于购买商品 2 所得到的边际效用。根据同样的道理,理性的消费者会进行与前面相反的调整过程,即增加对商品 1 的购买量,减少对商品 2 的购买量,直至 $\dfrac{MU_1}{P_1} = \dfrac{MU_2}{P_2}$,从而获得最大的效用。

【案例阅读】

某汽车配件厂厂长胡宇光:我于 7 月 11 日回到厂里,设备科就告诉我:突然接到通知,省设备动力检查组要在 7 月 16 日到我厂进行检查,可是资料整理、图纸描绘和报表工作尚未完成,仅一个备品备件明细表就得集中全科人员干一天半,不管怎么安排也难以在 5 天内完成检查的准备工作。

我听了以后,想起刚刚学过的"边际效用均等法则",就根据检查标准与设备科逐项研究现有设备管理、动力管理、润滑管理所能获得的分数,并粗估集中全科力量突击三项管理所能增加的分数,列出下列边际分数表:

天　数	设备管理		动力管理		润滑管理	
	分数	边际分数	分数	边际分数	分数	边际分数
0	40	3	20	6	1	3
1	43	2	26	4	4	2
2	45	1	30	3	6	1
3	46	1	33	1	7	1
4	47	0	34	1	8	0
5	47		35		8	

根据上表,运用边际效用均等法则,选择边际分数均为 3 分作为安排工作依据,就能获得最高检查分数。于是,我们决定用 3 天准备动力管理,各用 1 天准备设备管理和润滑管理,并给每人规定了工作量和进度。我们原来预计:如果什么准备工作也不做,仅凭原来的工作基础,可得 61 分;运用边际效用均等法则进行突击准备,可得 80 分。实际检查结果,我们得到 76 分,比预计少 4 分,但比不准备增加 15 分。

资料来源:黎诣远:《微观经济分析》,清华大学出版社 2003 年版。

四、消费者剩余

消费者剩余是消费者愿意对某商品支付的价格与实际支付的价格之间的差额,或者说,是消费者消费某种一定量商品所获得的总效用与为此花费的货币的总效用的差额。例如,某种汉堡包的市场价格为 3 元,某消费者在购买第一个汉堡包时,根据这个汉堡包的边际效用,他认为值得付 5 元去购买这个汉堡包,即他愿意支付的价格为 5 元。于是当这个消费者以市场价格 3 元购买这个汉堡包时,就创造了额外的 2 元的剩余。在以后的购买过程中,随着汉堡包的边际效用递减,他为购买第二个、第三个、第四个汉堡包所愿意支付的价格分别递减为 4.50 元、4.00 元和 3.50 元。这样,他为购买 4 个汉堡包所愿意支付的总数量为 17 元(5.00+4.50+4.00+3.50),但他实际按市场价格支付的总数量为 12 元(3.00×4),两者的差额为 5 元(17-12)。这个差额就是消费者剩余。也正是从这种感觉上,他认为购买 4 个汉堡包是值得的,是能使自己的状况得到改善的。

消费者剩余可以用几何图形来表示。简单地说,消费者剩余可以用消费者需求曲线以下、市场价格线之上的面积来表示,如图 3-2 中的阴影部分面积所示。具体来看,在图 3-2 中,需求曲线表示消费者对每一单位商品所愿意支付的价格。假定该商品的市场价格为 P_0,消费者的购买量为 Q_0。那么,根据消费者剩余的定义,我们可以推断,在产量 O 到 Q_0 区间需求曲线以下的面积表示消费者为购买 Q_0 数量的商品所愿意支付的总数量,即相当于图中的面积 $OABQ_0$;而实际支付的总数量等于市场价格 P_0 乘以购买量 Q_0,即相当于图中的矩形面积 OP_0BQ_0。这两块面积的差额即图中的阴影部分面积,就是消费者剩余。

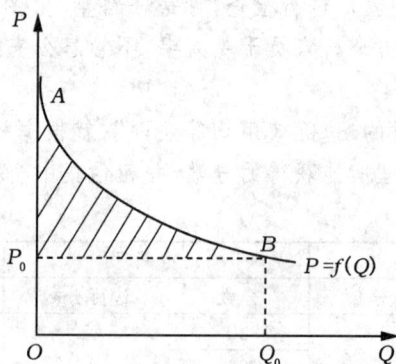

图 3-2　消费者剩余

在理解这一概念时要注意两点:

第一,消费者剩余并不是实际收入的增加,只是一种心理感觉。这一概念是分析某些问题时的一种工具。例如,在分析垄断存在所引起的社会福利损失时就运用了这个概念。

第二,生活必需品的消费者剩余空间大。因为消费者对这类物品的效用评价高,愿意付出的价格也高,但这类物品的市场价格一般并不高。

五、边际效用递减规律与需求定理

根据边际效用递减规律,消费者为购买一定量某物品所愿意付出的货币价格取决于他从这一定量物品中所获得的效用。效用大,愿意付出的价格高;效用小,愿意付出的价格低。随着消费者购买的某物品数量的增加,该物品给消费者所带来的边际效用是递减的。这样,随着物品的增加,消费者所愿付出的价格也在下降。因此,需求量与价格必然呈反方向变动,如表3—2所示。

表3—2　　　　　　　　　　　消费者行为与需求定理表

边际效用	某物品数量	价格/元
20	1	10
10	2	5
5	3	2.5
2	4	1
1	5	0.5

实训项目

一、课内实训

(一)知识题训练

1. 单项选择题

(1)当总效用曲线达到顶点时,(　　　)。

A. 边际效用曲线达到最大点　　　　　　B. 边际效用为零

C. 边际效用为正　　　　　　　　　　　D. 边际效用为负

(2)消费者剩余是消费者(　　　)。

A. 消费过剩的商品

B. 得到的总效用

C. 购买商品所得的总效用减去支出的货币的总效用

D. 支出的货币的总效用

(3)消费者剩余是消费者的(　　　)。

A. 实际所得　　　　　B. 主观感受　　　　　C. 未购买部分　　　　　D. 消费剩余部分

(4)商品的需求价格由(　　　)决定。

A. 消费者的收入　　　　　　　　　　　B. 消费偏好

C. 该商品对消费者的边际效用　　　　　D. 该商品的生产成本

2. 多项选择题

(1)一种物品的数量增加时,总效用的变化可能是(　　　)。

A. 随物品的边际效用增加而增加　　　B. 随物品的边际效用下降而增加

C. 随物品的边际效用增加而下降　　　D. 随物品的边际效用下降而下降

(2)边际效用呈递减规律,但也有边际效用不递减的特殊情形,如( )。

A. 嗜酒成性的酒徒在饮酒时酒的边际效用

B. 一个口渴的人在饮水时水的边际效用

C. 一个集邮爱好者收集邮票时邮票的边际效用

D. 人们吃饭时每碗饭的边际效用

3. 判断题

(1)消费者均衡就是指消费者所获得的边际效用最大。　　　　　　　　( )

(2)因为商品的边际效用递减,所以商品的需求曲线向右下方倾斜。　　( )

4. 简答题

(1)什么是总效用和边际效用? 它们之间的关系如何?

(2)什么是边际效用递减规律?

(二)技能题训练

1. 根据下表计算:

面包的消费量	总效用	边际效用
1	20	20
2	30	
3		5

(1)消费第二个面包时的边际效用是多少?

(2)消费三个面包的总效用是多少?

2. 如果你有一辆需要四个轮子才能开动的车子有了三个轮子,那么当你有第四个轮子时,第四个轮子的边际效用似乎超过第三个轮子的边际效用。这是不是违反了边际效用递减规律?

3. 一名大学生即将参加三门功课的期中考试,他能够用来复习功课的时间只有 6 个小时,又设每门功课占用的复习时间和相应会取得的成绩如下表所示:

小时数	0	1	2	3	4	5	6
经济学分数	30	44	65	75	83	88	90
数学分数	40	52	62	70	77	83	88
统计学分数	70	80	88	90	91	92	93

请问:为使这三门课的成绩总分最高,他应该怎样分配复习时间? 说明你的理由。

4. 研究者发现,人们的工作效率随着时间的延续而递减,即也存在边际效用递减。下面是一位研究人员在 8 小时工作制中的创造力指数。

时间/小时	1	2	3	4	5	6	7	8
创造力指数	10	9	8	7	6	5	4	3

请问:

(1)如果你是管理者,应该怎样安排你的员工的工作时间呢?

(2)你认为是 8 小时坐班制好,还是弹性工作制好呢?

5. 某出国留学生上学之余,每周打工 3 天,可得周工资 100 美元。每周他必须购买食物和日用品,假设衣物平均单价为 20 美元,食品平均单价为 10 美元。消费两种商品的边际效用如下表所示:

购买数量 Q	1	2	3	4	5
衣物 MU	6	5	4	3	2
食品 MU	5	4	3	2	1

请问:这位理性的留学生为了实现最大效用,哪一种购买比例是他的最佳消费组合?请说明消费者均衡的实现过程和实现条件。

二、课外实训

(一)思考讨论题

怎样看待穷人的 1 元钱与富人的 1 元钱?通过本节所学思考该问题。

(二)调查研究题

请详细记录某一次成功的消费活动,试用所学概念分析在消费过程中遇到的约束和选择问题。

第三节　序数效用理论

【导入案例】

班级计划周末组织一次郊游,在采购物品的过程中,小张和小李对购买零食和 CD 碟片产生了不同看法。喜欢吃零食的小张认为应该多带些吃的,边走边吃,一边欣赏着美丽的郊外风景,一边吃着美味佳肴。若买 CD 碟片又要带上 CD 播放机,太麻烦了。而喜欢音乐的小李则提出另外看法:郊外比较安静,带一些流行音乐(或歌曲)的 CD 碟片,可以打破寂寞,并且法国流行歌曲和郊外的风景融在一起,那效果真是无与伦比。况且,带上一大堆水果等零食又很重,还是 CD 碟片的效用较大。到底零食和 CD 碟片,哪个效用更大呢? 对于小张来说,零食的效用更大,而对于小李来说,CD 碟片的效用更大。谁对谁错,很难评判。

资料来源:陆芳:《经济学原理》,北京大学出版社 2005 年版。

案例评析:面对这一现象,20 世纪 30 年代开始,大多数经济学家认为,效用是一种心理感觉,反映消费者的个人偏好,不同的消费者会有不同的偏好。同样的一个商品对不同的消费者会有不同的效用,没有客观标准,也很难用具体的数字来衡量与表示。因此,他们认为基数效用理论难以成立,提出了代替基数效用论的序数效用理论。

一、消费者偏好假定

序数效用理论认为,效用只能根据偏好的程度排列出顺序。为此,序数效用论者提出了消费者偏好的概念。所谓偏好,就是消费者根据自己的意愿,对可能消费的商品组合进行的排列。序数效用论者认为:对于各种不同的商品组合,消费者的偏好程度是有差别的,正是这种偏好程度的差别,反映了消费者对这些不同的商品组合的效用水平的评价。具体来说,有三个假定:

（一）偏好的完整性

对于任何两个商品组合 A 和 B,消费者总是可以作出,而且也只能作出以下三种判断中的一种:对 A 的偏好大于对 B 的偏好;对 B 的偏好大于对 A 的偏好;对 A 和 B 的偏好相同。即消费者总是可以比较和排列所给出的不同商品的组合。

（二）偏好的可传递性

如果消费者对 A 的偏好大于对 B 的偏好,对 B 的偏好大于对 C 的偏好,那么,在 A、C 这两个组合中,必有对 A 的偏好大于对 C 的偏好。

（三）偏好的非饱和性

如果两个商品组合的区别仅在于其中一种商品的数量不相同,那么,消费者总是偏好含有这种商品数量较多的那个商品组合。

要注意的是,偏好不取决于商品的价格,也不取决于收入,只取决于消费者对商品的喜爱与不喜爱的程度。例如,消费者购买了一辆桑塔纳轿车,但在他心目中仍然觉得奔驰比桑塔纳强。这并不矛盾。因为最后的购买决策不光决定于偏好,还决定于消费可能性曲线。

二、无差异曲线

（一）概念和表达

无差异曲线用来表示在一定价格和收入水平下,两种商品的不同数量的组合给消费者所带来的效用完全相同的一条曲线。或者说,它是表示对于消费者来说能产生同等满足程度的各种不同组合点的轨迹。无差异曲线也称等效用线。

与无差异曲线相对应的效用函数为:

$$U = f(X_1, X_2) = U_0$$

下面用表 3—3 和图 3—3 具体说明无差异曲线。

表 3—3　　　　　　　　　　　　某消费者的无差异表

商品组合	表 a		表 b		表 c	
	X_1	X_2	X_1	X_2	X_1	X_2
A	20	130	30	120	50	120
B	30	60	40	80	55	90
C	40	45	50	63	60	83
D	50	35	60	50	70	70
E	60	30	70	44	80	60
F	70	27	80	40	90	54

表3-3是某消费者关于商品1和商品2的无差异表列,表中列出了关于这两种商品各种不同的组合。该表有三个子表,每一个子表中都包含六种商品组合,且假定每一个子表中六种商品组合的效用水平是相等的。而且,消费者对这六个组合的偏好程度是无差异的。同样地,消费者对表b中的所有六个商品组合的偏好程度也都是相同的,表c中六个商品组合给消费者带来的满足程度也都是相同的。

表a、表b和表c三者各自所代表的效用水平的大小是不一样的,表a所代表的效用水平低于表b,表b所代表的效用水平又低于表c。

根据表3-3绘制的无差异曲线如图3-3所示。图中的横轴和纵轴分别表示商品 X_1 和商品 X_2 的数量,曲线 U_1、U_2、U_3 依次代表与表a、表b和表c相对应的三条无差异曲线。

实际上,我们可以假定消费者的偏好程度可以无限多,也就是说,我们可以有无穷个无差异子表,从而得到无数条无差异曲线。表3-3和图3-3只不过是一种分析的简化而已。

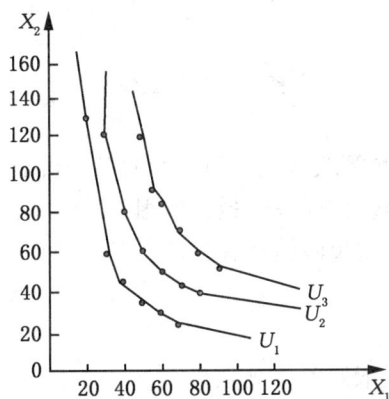

图3-3 某消费者的无差异曲线

(二)特征

(1)同一平面图上可以有无数条无差异曲线,离原点越远的无差异曲线代表的效用水平越高,离原点越近的无差异曲线代表的效用水平越低。

(2)同一坐标平面上的任意两条无差异曲线不会相交。因为每一条无差异曲线代表一致满足水平即效用水平,因此同一无差异曲线图上的任何两条无差异曲线不可能相交。如果可以相交,其交点就具有相同的效用水平。显然,这与第一个特征相违背。

(3)无差异曲线是凸向原点的。这表明,在收入和价格既定的条件下,消费者要得到相同的总效用,在增加一种商品的消费时,必须减少另一种商品的消费,两种商品不能同时增加或减少。

三、预算线

(一)含义

预算线是指在消费者的收入和商品价格既定时,消费者的全部收入所能买到的两种商品的不同数量的各种组合。可以表示为:

$$I = P_1 X_1 + P_2 X_2$$

如图3-4所示,AB 表示消费者的预算线。预算线 AB 以外的区域中的任何一点,如 a 点,是消费者利用全部收入都不可能实现的商品购买的组合点。预算线 AB 以内的区域中的任何一点,如 b 点,表示消费者的全部收入在购买该点的商品组合以后还有剩余。唯有预算线 AB 上的任何一点,才是消费者的全部收入刚好花完所能购买到的商品数量的组合点。

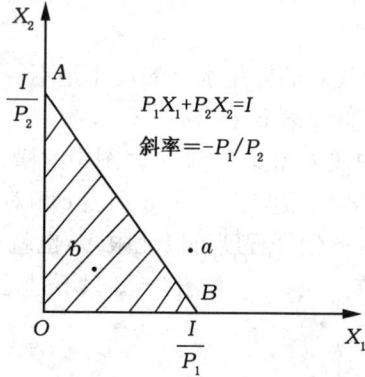

图 3－4　预算线

在既定价格和既定收入下,预算线代表了消费者的各种可能的消费机会,但这条线上可以有无数组组合,究竟哪一组合为最优,即能提供最大效用,该线本身是无法说明的。

另外,要注意的是,无差异曲线反映消费者主观上对不同产品组合的偏好,即他愿意买什么;预算线则反映消费者能够买什么。

(二)预算线的变动

预算线的变动可以归纳为以下四种情况:

(1)当两种商品的价格不变,消费者的收入发生变化时,预算线的位置会发生平移[如图3－5(a)所示]。

(2)当消费者的收入不变,两种商品的价格同比例同方向变化时,预算线的位置也会发生平移[如图 3－5(a)所示]。

(3)当消费者的收入不变,一种商品的价格不变而另一种商品的价格发生变化时,预算线会发生偏移,但不是平行移动[如图 3－5(b)、图 3－5(c)所示]。

(4)当消费者的收入和两种商品的价格都同比例同方向变化时,预算线的位置不会发生变化。

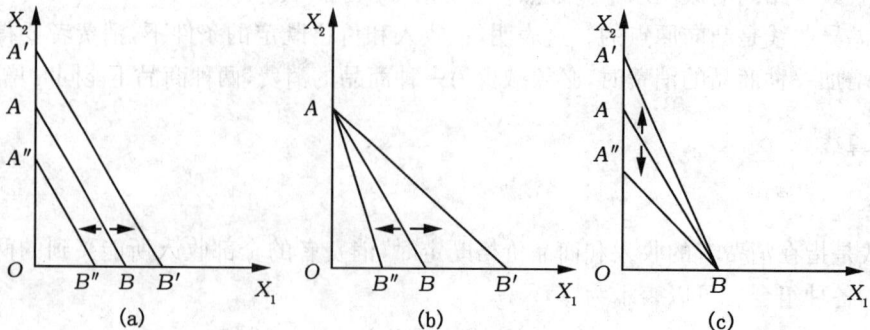

图 3－5　预算线的变动

四、序数效用条件下的消费者均衡

在序数效用条件下,消费者如何才能实现既定收入下的效用最大化?

序数效用论者指出,假定消费者的偏好不变、收入不变、商品的市场价格不变,则只有在既定的预算线与其中一条无差异曲线的切点,才是消费者获得最大效用水平或满足程度的均衡点。或者换句话说,在这一均衡点上的购买量会使消费者获得效用的最大化。

如图 3—6 所示,为什么唯有 E 点才是消费者效用最大化的均衡点呢? 这是因为,就无差异曲线 U_3 来说,虽然它代表的效用水平高于无差异曲线 U_2,但它与既定的预算线 AB 既无交点又无切点。这说明消费者在既定的收入水平下无法实现无差异曲线 U_3 上的任何一点的商品组合的购买。就无差异曲线 U_1 来说,虽然它与既定的预算线 AB 相交于 a、b 两点,这表明消费者利用现有收入可以购买 a、b 两点的商品组合。但是,这两点的效用水平低于无差异曲线 U_2,因此,理性的消费者不会用全部收入去购买无差异曲线 U_1 上 a、b 两点的商品组合。事实上,就 a 点和 b 点来说,若消费者能改变购买组合,选择 AB 线段上位于 a 点右边或 b 点左边的任何一点的商品组合,则都可以达到比 U_1 更高的无差异曲线,以获得比 a 点和 b 点更大的效用水平。这种沿着 AB 线段由 a 点往右和由 b 点往左的运动,最后必定在 E 点达到均衡。显然,只有当既定的预算线 AB 和无差异曲线 U_2 相切于 E 点时,消费者才在既定的预算约束条件下获得最大的满足。故 E 点就是消费者实现效用最大化的均衡点。

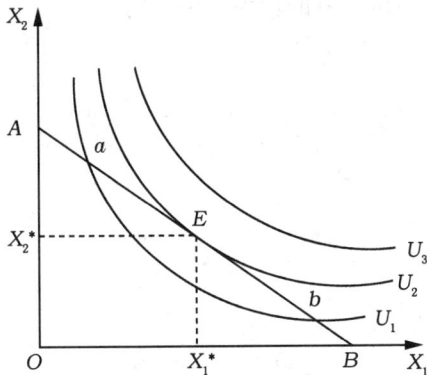

图 3—6 消费者的均衡

五、无差异曲线和需求曲线

基数效用论通过边际效用递减规律来说明需求定理,而序数效用论通过无差异曲线来说明需求定理。

前面我们介绍了如何用边际效用递减规律说明需求定理。现在再用无差异曲线和消费可能线分析来解释需求定理。

假定消费者的偏好和收入一定,那么其消费可能线及无差异曲线也随之确定,消费者为获得最大的满足而购买的商品数量也随之确定,即消费者达到了均衡。如商品 X 的价格发生变化,或上升或下降,此时消费可能线将绕着它与纵轴的交点向内或向外转动,消费可能线与无差异曲线的各个切点也将变动,这表示商品 X 的购买量也随价格的变化而变化。

根据上述分析,我们分别做出图 3-7(a)和图 3-7(b)。在图 3-7(a)中,由于商品 X 价格的变化,就有不同的购买量 X_0、X_1 和 X_2,此时它们的相应价格分别为 P_0、P_1 和 P_2,我们把商品 X 购买量的变化和价格的变化的关系放在图 3-7(b)中反映出来,则可以找出一条需求曲线 D。把各个消费者的需求曲线加总起来,便可以得到市场上对这种商品的需求曲线。

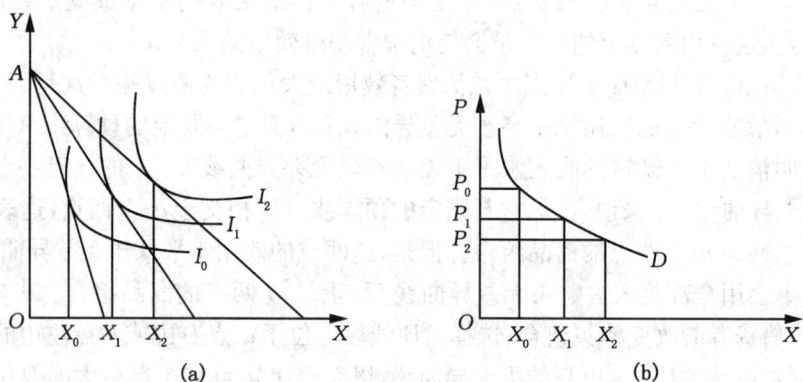

图 3-7　消费者的需求曲线

无差异曲线和消费可能性曲线的分析表明:购买商品的最大效用原则,是导致需求曲线向右下方倾斜的原因。需求定理是由消费者的行为所决定的。

实训项目

一、课内实训

(一)知识题训练

1. 单项选择题

(1)无差异曲线的形状取决于(　　　)。

A. 消费者偏好 　　　　　　　　　　B. 消费者收入

C. 所购商品价格 　　　　　　　　　D. 商品效用水平的大小

(2)在同一条无差异曲线上,各个消费者所达到的效用水平一般是(　　　)。

A. 相等的 　　　　B. 不相等的 　　　　C. 可能相等也可能不相等

(3)预算线的位置和斜率取决于(　　　)。

A. 消费者的收入 　　　　　　　　　B. 消费者的收入和商品的价格

C. 消费者的偏好、收入和商品价格 　　D. 以上三者都不是

(4)商品 X 和商品 Y 的价格按相同的比率上升,而收入不变,预算线(　　　)。

A. 向左下方平行移动 　　　　　　　B. 向右上方平行移动

C. 不变动 　　　　　　　　　　　　D. 向左下方或右上方移动

(5)商品 X 和商品 Y 的价格以及消费者的预算都按同一比例变动,预算线(　　　)。

A. 向左下方平等移动 　　　　　　　B. 向右上方平等移动

C. 不变动 　　　　　　　　　　　　D. 向左上方或右上方移动

(6)预算线绕着它与横轴的交点逆时针方向转动是因为(假定以横轴度量 X 的量,以纵轴度量 Y 的量)(　　)。

A. 商品 X 的价格上升　　　　　　　B. 商品 Y 的价格上升

C. 消费者收入下降　　　　　　　　D. 商品 X 的价格不变,商品 Y 的价格上升

2. 判断题

(1)商品的边际替代率递减规律决定了无差异曲线的形状是凸向原点。　　　　　(　　)

(2)当消费者的收入不变,两种商品的价格都同比例同方向变化时,预算线不发生变化。

(　　)

(3)需求曲线上每一点都是满足消费者效用最大化均衡条件的商品的价格—需求量组合点。

(　　)

3. 简答题

(1)解释无差异曲线和预算线的概念,并说明它们的特征。

(2)结合图形简要说明序数效用论下的消费者均衡。

(二)技能题训练

1. 请画出以下各位消费者对两种商品(咖啡和热茶)的无差异曲线。

(1)消费者 A 喜欢喝咖啡,但对喝热茶无所谓。他总是喜欢有更多杯的咖啡,而从不在意有多少杯的热茶。

(2)消费者 B 喜欢 1 杯咖啡和 1 杯热茶一起喝,他从来不喜欢单独只喝咖啡,或者只喝热茶。

(3)消费者 C 认为,在任何情况下,1 杯咖啡和 2 杯热茶是无差异的。

(4)消费者 D 喜欢喝热茶,但厌恶喝咖啡。

2. 某消费者收入为 120 元,用于购买 X 和 Y 两种商品,X 商品的价格为 20 元,Y 商品的价格为 10 元。

(1)计算出该消费者所购买的 X 和 Y 有多少种数量组合,各种组合的 X 商品和 Y 商品各是多少?

(2)画出一条预算线。

(3)所购买的 X 商品为 4,Y 商品为 6 时,应该是哪一点? 在不在预算线上? 它说明了什么?

(4)所购买的 X 商品为 3,Y 商品为 3 时,应该是哪一点? 在不在预算线上? 它说明了什么?

二、课外实训

(一)思考讨论题

根据本节所学,思考人们在日常消费选择时是否带有偏好性? 偏好怎么影响人们的消费选择?

(二)调查研究题

尝试体验一次有多种选择的套餐消费,并从中体会序数效用的概念及消费选择的达成过程。

本章小结

(1)消费者行为理论就是要研究在收入既定的条件下,消费者如何用有限的收入,购买适当的消费品,使自己的需求得到最大的满足,实现效用的最大化。对消费者行为的分析是以效用理

论为基础的。依据不同历史时期、不同研究角度和不同研究方法,效用理论分为基数效用理论与序数效用理论。

(2)基数效用理论采用边际效用分析法分析消费者行为,认为效用是可以计量的并加总求和。效用分为总效用和边际效用。边际效用递减规律具有普遍性。在收入和价格既定时,消费者实现效用最大化的条件是消费者所消费的各种物品的边际效用与价格之比相等。

(3)序数效用理论认为,效用是消费者个人偏好,是一种心理活动,只能根据偏好程度用序数第一、第二、第三……加以排列说明。序数效用理论采用无差异曲线分析法分析消费者行为,认为无差异曲线和消费可能线相切时,消费者消费两种物品的组合实现了效用最大化。

(4)消费者剩余是指某消费者为购买某种商品而愿意付出的总价格与其实际购买该商品时所花费的总支出的差额。它是边际效用递减规律起作用的直接结果。

(5)消费者行为理论决定了需求定理,即某种物品的需求量取决于价格,并与价格反方向变动是由消费者行为决定的。

第四章　生产理论

通过本章的学习,使学生理解和掌握生产函数、边际产量递减规律等概念;理解和掌握总产量、平均产量和边际产量的概念和关系;理解和运用一种生产要素的最适投入;了解等产量线、等成本线的概念和生产要素最适组合的条件。

重点难点

生产函数的概念;总产量、平均产量和边际产量的概念和关系;边际产量递减规律的概念;一种生产要素的最适投入区间。

章节导读

本章论证追求最大利润的厂商,怎样以最小成本或最大产量的最优要素组合进行生产,论证厂商根据哪些因素和什么原则确定要素投入的合理范围与数量。本章假定:

(1)生产者都是具有完全理性的经济人。

(2)生产者的目的都是实现利润最大化。

在这种假定之下,生产者的市场行为便涉及三个方面的问题:

一是生产要素的投入量与产量的关系。即如何在生产要素的投入量既定时使产量最大,或者反过来说,在产量既定时使生产要素的投入量最少。

二是成本与收益的关系。要使利润最大化,就要考虑如何使成本最小。这个问题与第一个问题是两回事。因为产量最大并不等于利润最大,投入最少并不等于成本最小。

三是市场问题。当厂商处于不同的市场时,应该如何确定自己产品的产量与价格。

第一节　生产与生产函数

【导入案例】

几年前上海一位下岗女工组建了一个净菜公司,从事蔬菜加工与配送,相当成功。但创办者以安排下岗工人为目标,不想赚钱,结果工人工资高、效率低,赔进几十万元贷款后垮台了,下岗工人再次下岗。

资料来源:陆芳:《经济学原理》,北京大学出版社 2005 年版。

互动提问:什么是企业? 企业的目标是什么?

一、企业及生产概述

我们每天需要的产品和服务都是企业生产或提供的。例如,早餐的牛奶和面包是牛奶公司和面包商生产的;送我们上班的公交车或地铁是公交公司和地铁公司为我们提供的;等等。

企业又称厂商,是一种使用生产要素、追求利润、组织生产要素生产并销售、为社会提供产品与劳务的经济组织,是社会分工发展到一定阶段的产物,是现代社会经济的"细胞"和基本的经济单位,是社会商品和劳务的生产者和提供者。在市场经济的运行中,它是最基本、最重要的市场竞争主体,是市场经济的微观基础。

生存与发展是企业的基本问题。在市场经济中,只有盈利的企业才能生存下去并发展壮大,亏损的企业只能被市场无情地淘汰出局。故此,企业的一切长短期目标,无论是资产价值最大化、股票价格上升,还是扩大企业、进行多元化经营,或者是提高市场占有份额,不是以利润最大化为基础,就是实现利润最大化的手段。没有利润就没有一切。企业的一切所作所为,扩张或占领市场,都以利润最大化为最终目的。失去利润目标,这些行为对企业就毫无意义,甚至会把企业送上绝路。一般情况下,经济学假定企业的目标是追求利润的最大化。

生产是指把企业的投入转变为产出的活动。投入指生产中所需的一切生产要素,包括劳动、资本、土地和企业家才能四大类。劳动是人类体力和脑力的支出。土地指所有自然资源,包括空气、水和矿藏等。资本有两种不同却又相互联系的含义:第一种含义是资本品,指由企业生产出来并重新投入到生产中去的一切物品;第二种含义是指用来购买资本品或企业的资金。理论经济学中所使用的资本,通常情况下指第一种含义的资本。企业家才能是指经营和管理企业的能力。

产出既包括物质产品,也包括非物质产品即劳务,产出也可称为产量。

二、生产函数

(一)几个基本概念

1. 固定投入与变动投入

固定投入是指当市场条件的变化要求产出变化时,其投入量不能随之变化的投入。例如,厂房、机器设备、土地等。

变动投入是指当市场条件的变化要求产出变化时,其投入量能立即随之变化的投入。例如,劳动量的投入。固定投入与变动投入的划分是建立在长期与短期划分的基础之上的。

2. 短期与长期

微观经济学一般将企业的生产过程分为短期和长期来考察。

短期是指生产者来不及调整全部生产要素的数量,至少有一种生产要素的数量是固定不变的时期。

长期是指所有投入的生产要素(L,K)等都是可以变动的。

微观经济学常以一种可变生产要素的生产函数考察短期生产理论,以两种可变生产要素的生产函数考察长期生产理论。

3. 技术的效率与经济的效率

技术的效率是指在既定的投入下产出最大,或者生产既定的产出所耗费的投入最小。

经济的效率是指生产既定的产出所耗费的成本最小,或者在既定的成本下所获得的利润最大。技术的效率与经济的效率这两种效率既有联系,又有区别。

(二)生产函数

1. 定义

生产函数表示在一定时间内,在技术水平不变的情况下,生产中所使用的各种生产要素与所能生产的最大产量之间的关系。或者说,一组既定的投入与之所能生产的最大产量之间的依存关系。

假定用 Q 表示所能生产的最大可能产量,用 $X_1,X_2,\cdots,X_n$ 表示某产品生产过程中各种生产要素的投入量,若不考虑可变投入与不变投入的区别,则生产函数可用如下一般表达式表示:

$$Q=f(X_1,X_2,X_3,\cdots,X_n)$$

该生产函数表示在既定的生产技术条件下,生产要素组合 $(X_1,X_2,\cdots,X_n)$ 在某一时期所能生产的最大可能产量为 Q。

在经济学中,为了分析方便,常假定只使用劳动和资本两种生产要素,如果用 L 表示劳动投入量,用 K 表示资本投入量,则生产函数可用下式表示:

$$Q=f(L,K)$$

2. 分类

(1)短期生产函数。短期生产函数又称一种可变生产要素的生产函数。它表示产量 (Q) 随一种可变投入 (L) 的变化而变化。设资本要素不变,劳动要素可变,则有函数:

$$Q=f(L,\overline{K})$$

或简记为:

$$Q=f(L)$$

(2)长期生产函数。长期生产函数又称两种可变生产要素的生产函数。它表示产量 (Q) 随劳动和资本投入的变化而变化。长期生产函数表示为:

$$Q=f(L,K)$$

实训项目

一、课内实训

1. 不定项选择题

(1)经济学分析中所说的短期是指(　　　)。

A. 一年之内　　　　　　　　　　　　B. 全部生产要素都可随产量而调整的时期

C. 只能根据产量调整可变成本的时期

(2)生产要素指生产过程中能帮助生产的各种手段,它包括(　　　)。

A. 资本　　　　　B. 土地　　　　　C. 劳动　　　　　D. 企业家才能

2. 简答题

(1)说明生产函数的概念和分类。

(2)说明短期和长期的区别。

二、课外实训

1. 调查题目:分组调查实践中企业的经营目标。

2. 调查要求：

(1)至少调查 5 个企业。

(2)汇集它们的经营目标。

(3)分析与经济学所假定的利润最大化目标的异同。

第二节　短期生产函数与一种生产要素的最适投入

【导入案例】

在耕种农田时,我们经常看到,当增加劳动后,田地更加精细耕作,产出会明显增加。但是,持续增加的劳动带来的产出却越来越少。一天中的第三次除草和第四次给收割机器上油只能增加很少的产出。最后,当大量劳动力涌向农场,产出几乎不会再增加。甚至,过多的耕作者会毁坏农田。

很多学者认为,边际收益递减规律是解释为什么亚洲许多国家如此贫穷的关键因素之一。在人口拥挤的中国和印度,生活水平之所以低,是因为在每一亩的土地上有如此众多的劳工,而不是因为农民在经济激励面前无动于衷。

我们也可以使用学习中的例子来说明边际收益递减规律。你也许会发现一天中学习经济学的第一个小时的收效最大——你学习新的定律和数据,增长新的见识和体会。第二个小时中你可能会稍微有些失神,学到的东西减少了。而在第三个小时中,边际收益递减规律以报复的形式出现,使你在第二天根本想不起第三个小时中所学的任何东西。边际收益递减规律是否表明考试前的学习时间应该分散而不是挤在一起?

资料来源:陆芳:《经济学原理》,北京大学出版社 2005 年版。

互动提问:你还能举出一些类似的规律吗?

短期生产函数假定只有一种要素的投入是变动的,其余的生产要素的投入是固定的。这种情况在农业生产中最为典型。

一、几个基本概念

(一)总产量、平均产量与边际产量的定义

总产量(TP_L)是在资本投入既定的条件下,与一定可变生产要素劳动的投入量相对应的最大产量总和。其公式为:

$$TP_L = f(L)$$

平均产量(AP_L)是指平均每个单位可变生产要素劳动所能生产的产量。其公式为:

$$AP_L = \frac{TP_L}{L} = \frac{f(L)}{L}$$

边际产量(MP_L)是指每增加一单位可变要素劳动的投入量所引起的总产量的变动量。其公式为:

$$MP_L = \frac{\Delta TP_L}{\Delta L}$$

（二）总产量、平均产量、边际产量相互之间的关系

表4-1表示在资本投入量为20时，随着劳动投入量的增加，总产量、平均产量和边际产量的变化。

表4-1　　　　　　　　　　　总产量、平均产量和边际产量

资本投入量 （K）	劳动投入量 （L）	总产量 （TP_L）	平均产量 （AP_L）	边际产量 （MP_L）
20	0	0	—	—
20	1	6.0	6.00	6.0
20	2	13.5	6.75	7.5
20	3	21.0	7.00	7.5
20	4	28.0	7.00	7.0
20	5	34.0	6.80	6.0
20	6	38.0	6.30	4.0
20	7	38.0	5.40	0.0
20	8	37.0	4.60	—1.0

根据表4-1，我们可以得到总产量、平均产量和边际产量的曲线图（如图4-1所示）。

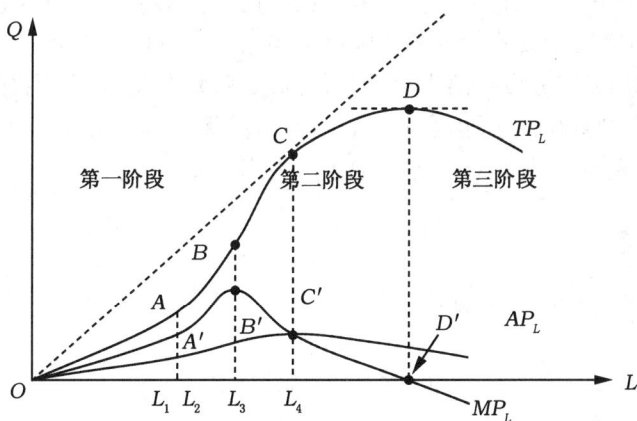

图4-1　短期生产函数的产量曲线

从曲线图上可以看出，总产量、平均产量和边际产量之间具有以下关系：

1. 总产量曲线与边际产量曲线之间的关系

当边际产量上升时，总产量以递增的速率增加；当边际产量为负值时，总产量绝对减少；边际产量为零的点就是总产量最大的点。

2. 总产量曲线与平均产量曲线的关系

连接总产量曲线上任何一点与坐标原点的线段的斜率，就是相应的平均产量值。

3. 平均产量曲线与边际产量曲线的关系

当平均产量上升时，边际产量大于平均产量；当平均产量下降时，边际产量小于平均产量；当

平均产量达到最大值时,边际产量等于平均产量。

平均量与边际量的关系可以通过下面这个例子说明。假设某个球队原有 5 名队员,身高合计 10 米,即平均身高为 2 米。现在新增一名队员的身高高于原来的平均高度,为 2.6 米,这将使该队现有 6 名队员的平均高度提高到 2.1 米。但这个平均高度显然低于新增队员的高度。如果新增一名队员的身高只有 1.4 米,这将引起现在 6 名队员的平均高度降到 1.9 米。但这个平均高度 1.9 米一定高于新增队员的高度 1.4 米。最后,假设新增一名队员的高度同原来 5 名队员的平均高度一样,也是 2 米,则 6 名队员的平均高度不变,仍是 2 米。

二、边际报酬递减规律

对于一种可变生产要素的生产函数来说,边际产量表现出先上升而最终下降的规律,称之为边际报酬递减规律。正如导入案例中所示,持续增加的劳动在使土地精耕细作后,随之带来的产出却越来越少。

在理解这一规律时要注意几点:

第一,这一规律发生作用的前提是技术水平不变。

第二,这一规律是指生产中使用的生产要素分为可变的与不变的两类,即技术系数是可变的。

第三,随着变动要素投入的连续增加,边际报酬的变动要经历递增和递减两个阶段。

这是因为技术系数可变的生产函数在一定的技术条件下,各种要素投入客观上存在一个最优比例关系。当固定要素投入过多而变动要素投入过少时,增加变动投入就能充分发挥固定要素投入的潜在效率,导致变动要素投入的边际报酬递增。一旦固定要素投入的潜在效率随着变动要素投入的连续增加而充分发挥出来以后,再增加变动要素投入,边际报酬就开始递减。

第四,边际报酬递减规律同边际效用递减规律一样,无需提出理论证明,它是人们在生产实践中得到的基本生产规律,在任何社会形式的生产中都普遍适用。

😊【课内活动设计】

活动内容:收集能反映边际报酬递减规律的日常俗语。

活动要求:

(1)结合日常生活经验分小组进行讨论和总结。

(2)选择 2 组进行分享。

📖【材料阅读】

马尔萨斯曾经预言随着世界人口的膨胀,将不可避免地出现大饥荒。因为地球上的土地资源是有限的,随着越来越多的劳动力去耕种土地,最终劳动的边际产出和平均产出将下降,而人口却呈几何级数上升,更多的人需要食物,所以世界性的大饥荒不可避免地将出现。可是,为什么马尔萨斯的人口与大饥荒论没有在世界范围内出现呢?因为他忽视了边际报酬递减规律的约束条件:技术水平不变和其他要素的投入量不变。

资料来源:根据网络资料整理而成。

三、短期生产的三个阶段

根据图 4-1,我们可以将短期生产分成三个阶段:

第Ⅰ阶段($O\sim L_3$ 阶段):收益递增阶段,生产者不应停留的阶段。在这一阶段中,劳动的边际产量始终大于劳动的平均产量,从而劳动的平均产量和总产量都在上升,且劳动的平均产量达到最大值。说明在这一阶段,可变生产要素相对于不变生产要素投入量显得过小,不变生产要素的使用效率不高,因此,生产者增加可变生产要素的投入量就可以增加总产量。因此,生产者将增加生产要素投入量,把生产扩大到第Ⅱ阶段。

第Ⅱ阶段($L_3\sim L_4$ 阶段):收益递减阶段,劳动的边际产量小于劳动的平均产量,从而使平均产量递减。但由于边际产量仍大于零,所以总产量仍然连续增加,但以递减的变化率增加。在这一阶段的起点 L_3,AP_L 达到最大;在终点 L_4,TP_L 达到最大。

第Ⅲ阶段(L_4 之后):负收益阶段,生产者不能进入的阶段。在这一阶段,平均产量继续下降,边际产量变为负值,总产量开始下降。这说明,在这一阶段,生产出现冗余,可变生产要素的投入量相对于不变生产要素来说已经太多,生产者减少可变生产要素的投入量是有利的。因此,理性的生产者将减少可变生产要素的投入量,把生产退回到第Ⅱ阶段。

由此可见,合理的生产阶段在第Ⅱ阶段,理性的厂商将选择在这一阶段进行生产。至于选择在第Ⅱ阶段的哪一点生产,要看生产要素的价格和厂商的收益。如果相对于资本的价格而言,劳动的价格相对较高,则劳动的投入量靠近 L_1 点对于生产者有利;如果相对于资本的价格而言,劳动的价格相对较低,则劳动的投入量靠近 L_4 点对于生产者有利。

实训项目

一、课内实训

(一)知识题训练

1. 单项选择题

(1)根据可变要素的总产量曲线、平均产量曲线和边际产量曲线之间的关系,可将生产划分为三个阶段,任何理性的生产者都会将生产选择在(　　　)。

A. 第Ⅰ阶段　　　　　　B. 第Ⅱ阶段　　　　　　C. 第Ⅲ阶段

(2)当生产函数 $Q=f(L)$ 的平均产量为正且递减时,边际产量可以是(　　　)。

A. 递减且为正　　　B. 递减且为负　　　C. 为零　　　　D. 上述任何一种情况

2. 多项选择题

(1)当其他生产要素不变,而一种生产要素连续增加时,(　　　)。

A. TP 会一直增加　　　　　　　　　B. TP 会一直减少

C. TP 先增加后减少　　　　　　　　D. MP 会有一个最大值

(2)下列说法中正确的是(　　　)。

A. 只要总产量减少,边际产量一定为负　　　B. 只要 MP 减少,总产量一定减少

C. MP 曲线必定交于 AP 曲线的最高点　　　D. 只要 MP 为零,AP 也一定为零

3. 判断题

(1)只要边际产量为正,总产量总是增加的。   (   )

(2)只要边际产量大于平均产量,边际产量就把平均产量拉上。   (   )

4. 简答题

(1)画图说明总产量、平均产量和边际产量之间存在的关系,并根据它们之间的关系来确定一种生产要素的合理投入区间。

(2)试用边际报酬递减规律分析企业为何不能无限制地增加某一种生产要素?

(二)技能题训练

1. 请用本节所学解释中国的谚语:"一个和尚挑水喝,两个和尚抬水喝,三个和尚没水喝"。

2. 请用本节所学的边际收益递减规律,分析下面的资料。

我国是世界上人与地关系最紧张、农业劳动集约度最高的国家之一。务农人数多,农业的产出很低,是我国贫穷的根本原因。改革开放之后,一方面随着人口增加,土地边际收益递减规律仍然发生作用,另一方面经济建设的发展使耕地面积减少,因而有限土地上的就业压力进一步增加。

在20世纪80年代,农业剩余劳动力的转移主要以发展乡镇企业为载体,采取了"离土不离乡,进厂不进城"的内部就地转移方式。据统计,1978~1992年,乡镇企业共吸收7 500多万农村劳动力。然而,进入90年代以后,乡镇企业由于技术进步加快,资本密集程度迅速提高,吸纳剩余劳动力的能力明显下降。

在农村内部就业潜力有限的情况下,农业剩余劳动力必然会离开土地,告别家乡,加入流动大军的行列。可以说,90年代以来"农民工"向城市的大流动,不过是未来相当长的一个时期内,农村劳动力跨地区转移的序曲。有人估计农业剩余劳动力的转移要到2050年才能最终完成。

3. 某街道食品厂,其劳动投入与产出的关系如下表所示:

工人数	总产量	边际产量	平均产量
1	100		
2	220		
3	360		
4	520		
5	650		
6	750		
7	800		
8	800		
9	770		

请:

(1)完整填写表格。

(2)分析该街道食品厂最佳的劳动投入区间。

二、课外实训

根据本节所学,通过收集资料和观察的方式调查边际报酬递减规律在日常生活的哪些领域发生过,并将其记录下来。

第三节　长期生产函数与最适投入组合

一、等产量曲线

(一)定义

等产量曲线是在技术水平不变的条件下,生产同一产量的两种生产要素投入的所有不同组合点的轨迹。与等产量曲线相对应的生产函数是:

$$Q = f(L, K) = Q_0$$

式中,Q_0 为常数,表示既定的产量水平,这一函数是一个两种可变要素的生产函数。

图 4—2 是等产量曲线图形。横轴 L 表示劳动,纵轴 K 表示资本,Q_1、Q_2、Q_3 就是根据同一长期生产函数作出的代表不同产量水平的三条等产量曲线。

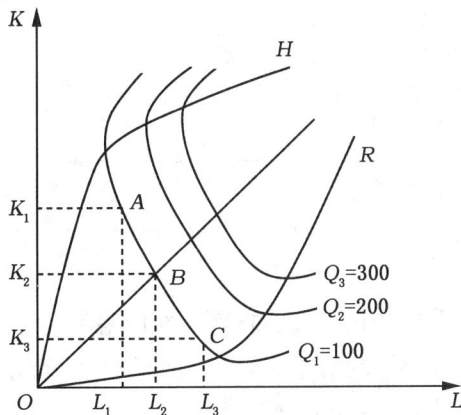

图 4—2　等产量曲线

图中三条等产量曲线分别表示产量为 100、200、300 单位。以代表 100 单位产量的等产量曲线为例,既可以使用 A 点的要素组合(OL_1,OK_1)生产,也可以使用 B 点的要素组合(OL_2,OK_2)或 C 点的要素组合(OL_3,OK_3)生产。

(二)特点

等产量曲线具有三个特点:

第一,距原点越远的等产量曲线表示的产量水平越高;反之,则越低。

第二,同一平面坐标上的任何两条等产量曲线不会相交。因为每一条产量线代表不同的产量水平。

第三,等产量线是一条向右下方倾斜且凸向原点的曲线,斜率为负。

二、等成本线

(一)含义

等成本线是在既定的成本和既定的生产要素价格条件下生产者可以购买到的两种生产要素的各种不同数量组合的轨迹。其表达式称为成本方程,也称为厂商的预算限制线,表示厂商对于两种生产要素的购买不能超出它的总成本支出的限制。

(二)表达式

$$C = w \cdot L + r \cdot K$$

等成本线如图4-3所示。图中在纵轴上的截距 C/r 表示全部成本支出用于购买资本时所能购买的资本数量,在横轴上的截距 C/w 表示全部成本支出用于购买劳动时所能购买的劳动数量。在等成本线以内的区域,其中的任意一点(如 A 点)表示既定的总成本没有用完;等成本线以外的区域,其中的任意一点(如 B 点)表示既定的成本不够购买该点的劳动和资本的组合;等成本线上的任意一点表示既定的全部成本刚好能购买的劳动和资本的组合。

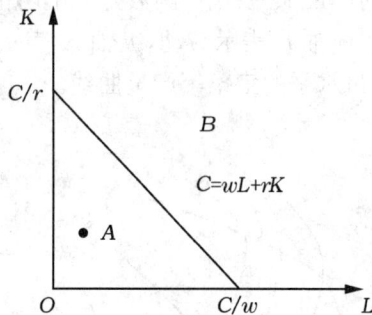

图4-3　等成本线

(三)移动

(1)当某投入的要素价格发生变化时,比如,当资本价格不变,而劳动价格发生变化时,会使等成本线左右旋转。具体分为四种情况:第一,L 变化而 K 不变化;第二,K 变化而 L 不变化;第三,L、K 等比例变化;第四,L、K 不等比例变化。

(2)如果两种生产要素的价格不变,等成本线可因总成本的增加或减少而平行移动,等成本线的斜率就不会发生变化,在同一平面上,距离原点越远的等成本线代表成本水平越高。如果厂商的成本或要素的价格发生变动,都会使等成本线发生变化。其变化情况按两种要素价格变化情况的不同而具体分析。

(3)生产者的投资(本钱 C)发生变化。

三、最优的生产要素组合

在长期生产中,任何一个理性的生产者都会选择最优的生产要素组合进行生产,从而实现利润的最大化。所谓生产要素的最优组合,是指在既定成本条件下的最大产量或既定产量条件下的最小成本。生产要素的最优组合也称为生产者的均衡。下面从两个方面进行分析:

(一)既定成本下最大产量的要素最佳组合

因为成本既定,所以图4-4中只有一条等成本线,但可供厂商选择的产量水平有很多,图中画出了 3 个产量水平 Q_1、Q_2、Q_3。

Q_3 与既定的等成本线 AB 相交，Q_2 与 AB 相切于 E 点，Q_1 位于 AB 的右上方。在既定的成本约束下，厂商不能生产任何大于 Q_2 的产量，如无法生产 Q_1 的产量。厂商能够生产小于 Q_2 的产量水平，但不经济：既定的成本既然能生产 Q_2 的产量，厂商就不会生产任何小于 Q_2 的产量。所以 Q_2 与 AB 的切点 E 所代表的产量 Q_2 是既定成本下的最大产量，因此 E 点代表的要素投入组合 K_1、L_l 就是成本既定下产量最大的要素投入组合。在要素的最优组合点即 E 点上，等产量曲线和等成本曲线相切。

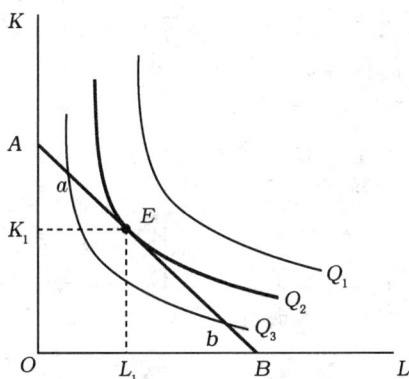

图 4—4 既定成本下最大产量的要素最佳组合

(二)既定产量下最小成本的要素最佳组合

假设厂商的既定产量为 Q，则可用图 4—5 来分析既定产量下的最优生产要素组合。

图 4—5 中有一条等产量线 Q，三条等成本线 AB、A_1B_1、A_2B_2。等产量线 Q 代表既定的产量，三条等成本线斜率相同，但总成本支出不同。

图 4—5 中等成本线 A_2B_2 与等产量线 Q 没有交点，等产量线 Q 在等成本线以外，所以产量 Q 是在 A_2B_2 的成本水平下无法实现的产量水平。等成本线 A_1B_1 与等产量线 Q 有两个交点 a、b，等成本线 AB 与等产量线 Q 相切于 E 点，按照上述相同的分析方法可知：厂商不会在 a、b 点达到均衡，只有在切点 E，才是厂商的最优生产要素组合。

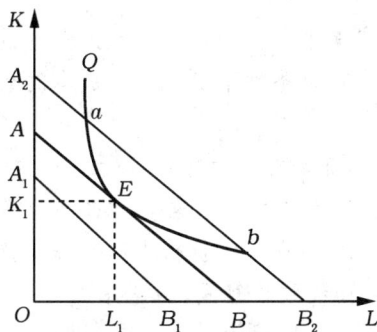

图 4—5 既定产量下最小成本的要素最佳组合

实训项目

一、课内实训

（一）知识题训练

1. 不定项选择题

(1)等产量曲线是指在这条曲线上的各点代表(   )。

A. 生产同等产量投入要素的各种组合比例是不能变化的

B. 生产同等产量投入要素的价格是不变的

C. 投入各种要素量如何，产量总是相等的

D. 投入要素的各种组合所能生产的产量是相等的

(2)等成本线平行往外移动表明(   )。

A. 产量提高了   B. 成本增加了

C. 生产要素的价格按相同比例提高了   D. 生产要素的价格按不同比例提高了

(3)厂商以最小成本生产出既定产量时,(   )。

A. 总收益为零   B. 一定获得最大利润

C. 一定未获得最大利润   D. 无法确定是否获得最大利润

(4)关于等产量曲线,下列说法中正确的是(   )。

A. 同一条等产量曲线代表相同的产量

B. 离原点越近的等产量曲线代表的产量水平越低

C. 同一平面坐标上的任意两条等产量曲线不会相交

D. 等产量曲线凸向原点

2. 判断题

(1)利用等产量线上任意一点所标示的产量组合,可以生产出同一数量的产品。   (   )

(2)等产量线与等成本线相交,说明要保持原有的产出水平不变,应当减少成本开支。   (   )

(3)生产要素的最优组合点为等产量线和等成本线相切的点。   (   )

3. 简答题

(1)结合图形说明厂商在既定成本条件下实现最大产量的最优要素组合原则。

(2)结合图形说明厂商在既定产量条件下实现最小成本的最优要素组合原则。

（二）技能题训练

1. 设某企业有资金 100 万元,资本价格为每单位(如一台机器)10 万元,劳动价格为每单位(每小时劳动)10 元。画出该企业的等成本线。若其他条件不变,企业的资金增加到 200 万元,画出新的等成本线。若其他条件不变,资本的价格下降为每单位 5 万元,画出新的等成本线。

2. 联系上一章所学的无差异曲线和预算线,画图并说明等产量线和等成本线与它们之间的异同。

二、课外实训

根据本节所学,思考和讨论如何实现理性生产者的利润最大化？

第四节　规模报酬

【导入案例】

在决定投资建立一个工厂时,确定规模的标准不是市场需求,而是适度规模要求的平均成本最低。这就是说,如果市场需求达不到适度规模的产量,或者无法开拓潜在需求,或无法从其他企业那里夺取市场份额,这样的企业就先别投资。如果投资的企业实现不了规模经济,最终会由于成本高而被淘汰。台湾台塑的发展就是一个例子。

今天谁都知道台塑是王永庆先生事业的起点。在王永庆之前,曾有人接手过台塑,生产PVC塑胶粉,那时,月产仅100吨,在台湾地区的销售仅20吨。由于成本高,价格降不下来,市场还被日本人抢去了。王永庆认识到,如果按台湾的市场需求来确定规模,成本就降不下来。因此,尽管100吨还卖不出去,但仍要实现平均成本最低的适度规模扩大,以低成本、低价格把产品推向世界,而且,当时生产PVC的氯气十分丰富(台湾当时是世界烧碱生产基地之一,氯气是煤碱无法利用的废品),劳动工资又低,当与世界其他企业都同时达到最低平均成本后,其货币成本就低于其他国家,可以靠低价格占领世界市场。

王永庆抱着"破釜沉舟"的决心,在台湾PVC供大于求的情况下仍然扩大规模。1960年台塑达到了当时PVC生产的适度规模——月产1 200吨。这就实现了世界水平的平均成本最低,加之廉价的原料与劳动,使货币成本低于世界各国,于是台塑的PVC不仅收复了国内市场,而且大量出口,变产品积压为短缺。王永庆成功了。王永庆的成功当然还有其他努力,如降低销售成本、加强内部管理、积极与国外合作等。但最关键的还是把产量扩大到适度规模。而这个决策又是在供大于求、产品积压的情况下做出的。王永庆无愧于华人"经营之神"的称号。

资料来源:梁小民:《微观经济学纵横谈》,上海三联书店2002年版。

互动提问:企业的生产规模是不是越大越好? 企业合适的规模是多大呢?

在长期生产中,厂商对两种要素同时进行调整,引起规模改变。随着规模的变化,产量也相应发生变化,研究其变化规律,涉及规模报酬问题。

一、规模报酬

生产规模变动与所引起的产量变化的关系即为规模报酬问题。企业生产规模的改变,一般来说是通过各种要素投入量的改变实现的,在长期中才能得到调整。

各种要素在调整过程中,可以按不同组合比例同时变动,也可以按固定比例变动。在生产理论中,常以全部生产要素按相同的比例变化来定义企业的生产规模变化,因此,所谓规模报酬是指在其他条件不变的情况下,各种生产要素按相同比例变动所引起的产量的变动。根据产量变动与投入变动之间的关系可以将规模报酬分为三种:规模报酬递增、规模报酬不变和规模报酬递减三种情况。

（一）规模报酬递增

规模报酬递增,是指产量增加的比例大于各种生产要素增加的比例。劳动和资本扩大一个很小的倍数就可以导致产出扩大很大的倍数。如当劳动和资本投入分别为2个单位时,产出为100个单位,但生产200单位产量所需的劳动和资本投入分别小于4个单位,产出是原来的2倍,投入却不到原来的2倍。

（二）规模报酬不变

规模报酬不变，是指产量增加的比例等于各种生产要素增加的比例。生产要素的投入数量扩大某一倍数，产出也增加相应的倍数。如当劳动和资本投入分别为 2 个单位时，产出为 100 个单位；当劳动和资本投入分别为 4 个单位时，产出为 200 个单位，产出与投入增加相同的倍数。

（三）规模报酬递减

规模报酬递减，是指产量增加的比例小于各种生产要素增加的比例。劳动与资本扩大一个很大的倍数，而产出只扩大很小的倍数。如当劳动与资本投入为 2 个单位时，产出为 100 个单位；当劳动与资本投入分别为 4 个单位时，产出低于 200 个单位，投入是原来的 2 倍，但产出却不及原来的 2 倍。

（四）适度规模

西方经济学认为，一般而言，随着企业生产规模的扩大，最初往往规模报酬递增，然后可能有一个规模报酬不变的阶段；如果厂商继续扩大生产规模，就会出现规模报酬递减。在长期中，追求利润最大化的厂商的主要任务是，通过生产规模的调整，尽可能降低长期平均成本。因此，任何一个厂商或者行业都有一个生产的适度规模问题。所谓适度规模，是指企业得到了生产规模扩大所带来的产量或收益递增的全部好处之后，将规模保持在规模报酬不变的阶段，而绝不应将规模扩大到规模报酬递减的阶段。显然，不同厂商或者行业的适度规模大小是不一样的，其影响因素有以下几点：

（1）本行业的技术特点。对那些需要投资量大，所用设备复杂、先进的行业来讲，适度规模也就大。

（2）市场条件。生产市场需求量大、标准化程度高的产品的厂商，一般适度规模较大；反之，则较小。

（3）交通条件、能源供给和政府政策等都会影响到适度规模的大小。

【课内活动设计】

活动内容：举例说明实践中哪些企业是大规模经营的，哪些企业是小规模经营的。

活动要求：

（1）结合生活经验，分小组进行讨论和总结，列表分析并说明原因。

（2）选择 2 组进行分享和讲解。

【案例阅读】

按平均成本最低的产量来确定规模是一个普遍规律。按这一规律办事就容易成功。王永庆是一例，韩国的汽车工业也是一例。20 世纪 60 年代韩国汽车工业起步时，国内基本没有汽车需求，但韩国只要一投资建设汽车厂就是大规模的。这正是韩国汽车工业成功的经验。相反，我国汽车工业起步时，就"以销定产"，按市场需求来确定汽车工业的规模。20 世纪 80 年代初，我国汽车需求很低（汽车没有进入普通大众家庭，就无法产生大量需求），以此确定的产量本来就不高，还分别建了几个厂。没有实现规模经济一直是制约我国汽车工业发展的严重"内伤"，如果不在兼并中实现规模经济，那么汽车工业的前景会继续让人担忧。

资料来源：梁小民：《微观经济学纵横谈》，上海三联书店 2002 年版。

二、规模报酬变动的原因

(一)规模报酬递增的原因

规模报酬递增的原因,主要可以归结为内在经济和外在经济。

1. 内在经济

内在经济是指一个厂商在生产规模扩大的时候,由自身内部所引起的产量增加、效益提高的现象;或者说是厂商规模的扩大所引起的平均成本降低和收益增加的现象。

内在经济产生的原因一般有以下几点:

(1)使用更加先进的设备;

(2)实行专业化分工生产;

(3)提高管理效率;

(4)对副产品进行综合利用;

(5)在生产要素的购买与产品的销售方面更有利。

2. 外在经济

外在经济是指整个行业生产规模的扩大,给个别厂商所带来的产量与收益的增加。由于个别厂商可以从整个行业的扩大中得到更加方便的交通辅助设施、更多的信息与更好的人才,所以使产量与收益增加。

(二)规模报酬递减的原因

规模报酬递减的原因,主要可以归结为内在不经济和外在不经济。

1. 内在不经济

内在不经济是指一个厂商由于本身的规模过大、规模不适度而引起的产量减少、效益递减的现象。

内在不经济产生的原因一般有以下两点:

(1)管理效率的降低;

(2)生产要素价格与销售费用增加。

2. 外在不经济

外在不经济是指整体行业生产规模的扩大,给个别厂商所带来的产量与收益减少的情况。这是因为一个行业过大会使得各个厂商之间的竞争加剧。为了争夺生产要素与产品销售市场,取得竞争优势,各个厂商必须付出更高的代价。同时,整个行业的扩大也会使得环境污染严重、交通紧张,个别厂商也要为此付出代价。所以最终使得产量和收益减少。

实训项目

一、课内实训

(一)知识题训练

1. 单项选择题

(1)如果规模报酬不变,单位时间里增加了205单位的劳动使用量,但保持资本量不变,则产出将(　　)。

A. 增加 20%　　　　B. 减少 20%　　　　C. 增加大于 20%　　　　D. 增加小于 20%

(2)对于下图所示的等产量曲线,下列说法中正确的是(　　)。

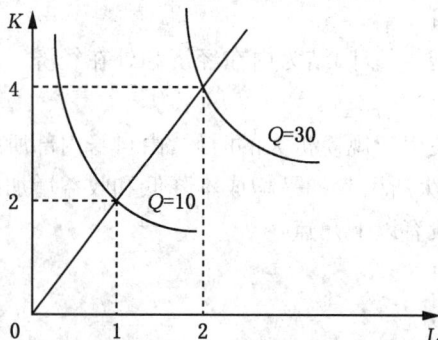

A. 规模报酬不变　　　B. 规模报酬递减　　　　C. 规模报酬递增　　　D. 不能确定

2. 简答题

(1)说明规模报酬及适度规模的概念。

(2)"规模报酬递增的厂商不可能也面临规模报酬递减的现象"这个命题是否正确? 为什么?

(3)一个企业的适度规模是不是一成不变的? 为什么?

(二)技能题训练

在经济繁荣时期,当人们的着眼点放在市场竞争力的比较时,人们认为美国的 IBM、微软、通用、波音、AT&T、可口可乐、摩托罗拉,日本的松下、本田、丰田、索尼、尼桑,韩国的三星和中国的海尔、TCL 等大企业好;在萧条时期,当大企业陷入短期困境时,人们又认为中国台湾、中国温州的中小企业好。

请联系以上案例,解释怎样的企业规模才具有竞争力?

二、课外实训

(一)思考讨论题

请结合本节所学,思考和讨论企业的规模是不是越大越好?

(二)调查研究题

1. 调查题目:分组调查说明实践中哪些行业的经营规模较大,哪些行业的经营规模较小。

2. 调查要求:

(1)至少调查 5 个以上行业。

(2)可以采用实地调查、电话采访、问卷调查及网上搜索等方式。

(3)汇集资料并结合所学作出一定分析。

本章小结

(1)生产是指把投入转变成产出的活动。产出和投入之间存在着一定的依存关系,这种依存关系,就是生产函数。生产函数的一般形式表示为:$Q=f(K,L)$。

(2)短期生产函数表示在资本投入不变的条件下,产量随劳动投入量的变动而变动,其函数表示为:$Q=f(L)$。长期生产函数的形式为:$Q=f(L,K)$,表示产量随所有要素投入量的变动而变动。

（3）总产量是指企业在一定时期生产的全部产量；平均产量是指平均每单位变动投入所生产的产量；边际产量是指每增加一单位变动投入所增加的产量。总产量曲线一般为先上凹后下凹、向右上方倾斜的一条曲线，劳动边际产量和劳动平均产量曲线可以从中推导出来。利用后两条曲线可以将生产区分为三个阶段。生产第一阶段缺乏效率，生产第二阶段有效率，生产第三阶段没有效率。

（4）生产要素边际报酬递减规律，是任何社会形式生产中的一条普遍的客观规律。它表示在多种投入要素相结合生产一种产品时，若技术水平和其他要素投入固定不变，随着一种可变要素投入的增加，其边际产量即每增加一单位可变要素投入所增加的总产量越来越少。

（5）一般情况下，等产量曲线通常凸向原点、斜率为负、互不相交，远离原点的曲线代表着更大的产量。等成本线，就是在要素价格既定的条件下，花费一定成本所能购买的两种要素（K，L）最大数量组合的轨迹。对于理性的厂商来说，最优的要素投入组合就是指成本既定产量最大（或既定产量成本最小）的组合，也就是等产量线与等成本线相切的切点的要素组合。

（6）生产规模报酬分为三种情形：规模报酬不变、递增、递减。

第五章　成本理论

培养目标

通过本章的学习,使学生理解和掌握成本的含义及各类成本的概念;理解和掌握短期成本的概念和分类;理解和掌握各类短期成本的变动规律和关系,并能进行短期成本的分析;掌握收益和利润的关系;理解并运用利润最大化原则;了解各类长期成本的概念。

重点难点

机会成本的概念;短期各类成本的概念、变动规律和关系,短期经营的收支相抵点和停止营业点;利润最大化原则。

章节导读

生产者为了实现利润最大化,不仅要考虑生产要素之间的物质技术关系,还要考虑成本与收益之间的经济关系,分析生产者的成本掌握原则。因为产量最大并不等于利润最大,投入最少并不等于成本最小。成本等于两要素投入再乘以价格再加总。要实现利润最大化,就要进行成本—收益分析,并确定一个利润最大化的原则。

本章的分析假定:

(1)厂商处在完全竞争的生产要素市场。

(2)厂商只能被动地接受生产要素的市场价格。

第一节　成本的概念

【导入案例】

某私营业主小王用自己的20万元资金办了一个服装厂,会计拿来会计报表。他的朋友经济学家小李看了报表后,也列出了一张报表。两张报表的比较如下表所示。

两张报表的比较

会计报表		经济学家的报表	
销售收益	100	销售收益	100
设备折旧	10	设备折旧	10
厂房租金	11	厂房租金	11
原材料	40	原材料	40

续表

会计报表		经济学家的报表	
电力等	6	电力等	6
工人工资	25	工人工资	25
贷款利息	5	贷款利息	5
		业主应得的工资	3
		自有资金利息	1
总成本	97	总成本	101
利润	3	利润	—1

资料来源:陆芳:《经济学原理》,北京大学出版社 2005 年版。

互动提问:为什么两者计算的利润不同呢? 经济学中研究的成本和会计学中的成本有何不同?

一、成本、显性成本与隐性成本

成本是指厂商为提供一定量的某种产品或服务所实际花费的生产要素的价值,等于投入的各种要素量与其价格之乘积的总和。它包括显性成本和隐性成本两个部分。

显性成本是指厂商购买或租用要素所花的费用,如支付给员工的工资、机器设备和原材料的购置费等。这些费用都清清楚楚地记录在企业的会计账簿上,故称为显性成本,又称会计成本。

厂商投入到生产中的要素,除了从要素市场购买得到的以外,还有自身拥有的要素,如企业家才能、土地、房屋和资金等这些要素也参加了生产过程。无论生产要素归谁所有,在生产中所耗费的所有生产要素的价值,无论以何种方式得到补偿,都构成企业的生产成本。它们都是为生产付出的代价。厂商自身拥有并投入到生产中的要素量,与其相应的市场价格的乘积的总和称为隐性成本。例如,厂商投入到生产中去的自己拥有的资金、按市场利率计算的利息、作为企业家才能报酬的"正常利润"等就属于隐性成本的范畴。这部分成本在会计账簿上没有记录,故称为隐性成本。

二、机会成本

机会成本是决策者在资源既定条件下,为获得某种收入所放弃的其他机会的最高收入。由于资源是稀缺的,当人们将稀缺资源用于某种用途时,就必然要放弃将该资源用于其他用途而获取收益的机会。

例如,某人有 10 万元资金,可供选择的投资及收益情况如下:开小卖店,年获利 1 万元;开小餐馆,年获利 1.5 万元;炒股票,年获利 2 万元;存银行,年获利 0.5 万元。如果此人是一个风险规避性的投资者,他会选择将 10 万元资金存入银行,同时放弃了其他几种有一定风险的投资机会。那么,此人利用 10 万元获利 0.5 万元的机会成本就是炒股票的 2 万元。

在理解机会成本时要注意以下几点:

(1)机会成本不是实际需要支付的成本,只是一种观念上的损失,是本来有可能选择的获利机会。

(2)机会成本是做出某种选择时所放弃的其他若干选择中获利最大的一种。

(3)机会成本不仅存在于生产领域,在其他领域同样存在。

【课内活动设计】

活动内容:根据机会成本的概念,分析上大学的显性成本和隐性成本。

活动要求:

(1)分小组进行讨论和分析,列出上大学的所有成本,并分析哪些是显性成本,哪些是隐性成本。

(2)选择2组进行分享。

三、利润

经济学中的利润分为正常利润和经济利润。正常利润是企业家才能的报酬。企业所雇用的管理人员的报酬是显性成本,企业所有者自己提供的企业家才能的报酬是隐性成本。经济利润是超额利润,是企业总收益超过企业总成本的部分,总成本既包括显性成本也包括隐性成本。因此,当厂商的经济利润为零时,他仍然得到了全部的正常利润。

经济学中的利润概念与会计利润也不一样。会计利润是依会计记账原则计算的利润,是企业总收益超过会计成本(即显成本)的部分。因此,经济利润是会计利润减去隐性成本的余额。要注意的是,在经济分析中,只有当经济利润大于零时,经济项目才是有利可图的。会计利润大于零的项目有可能在经济上是不行的。

实训项目

一、课内实训

(一)知识题训练

1. 单项选择题

(1)正常利润是( )的一个组成部分。

A. 显性成本　　　　B. 隐性成本　　　　C. 机会成本　　　　D. 固定成本

(2)某厂商每年从企业的总收入中取出一部分作为自己所提供的生产要素的报酬,这部分资金被视为( )。

A. 显性成本　　　　B. 隐性成本　　　　C. 机会成本　　　　D. 边际成本

2. 判断题

(1)生产一单位某种商品的机会成本是指生产者所放弃的使用相同的生产要素在其他生产用途中所能得到的收入。　　　　　　　　　　　　　　　　　　　　( )

(2)当厂商的经济利润为零时,厂商仍然得到了全部正常利润。　　　　　　( )

3. 简答题

(1)举例说明成本、显性成本、隐性成本和机会成本的概念。

(2)举例说明经济利润和会计利润的联系和区别。

（二）技能题训练

1. 家里有一套临街房。妻子想把它出租出去,月租金为3 000元,丈夫想开个夫妻小餐馆,到底哪个方案更好呢? 经过认真测算,开餐馆估计每月的费用情况如下:丈夫辞掉工作将失掉月薪2 000元;餐馆每月的进货成本近10 000元,水电费约1 000元,雇用两个店员每人最少月工资为500元;租用设备及其他税费800~900元;每月的营业收入约17 000元。

请问:

（1）如果开餐馆,计算小餐馆每月的显性成本和隐性成本。

（2）计算小餐馆每月的会计利润和经济利润。

（3）此临街房是出租合算? 还是开餐馆合算? 如果开餐馆,月营业额至少为多少才不赔钱?

2. 某企业准备投资扩大生产,可选择的筹资方法有二:一是利用银行贷款,利率为10%;二是利用本企业的利润。该企业的领导认为应选后者,理由是不用支付利息。你认为他的选择有道理吗? 为什么?

二、课外实训

（一）思考讨论题

运用本节所学,认真思考专升本和成人本的选择问题。

（二）调查研究题

1. 调查题目:任何一位高中生在毕业的时候都面临至少两种选择:上大学或者直接就业。如果是上大学,则不仅不能赚钱,还要负担学费、住宿费、生活费等一系列支出。而如果直接就业则能获得工资收入。请调查并分析上大学的成本支出,并指出其中哪些是实际成本,哪些是机会成本?

2. 调查要求:

（1）至少调查10名同学,得出成本的平均值。

（2）采用多种调查方法,如实地调查、电话调查、问卷调查或网上搜索等。

（3）结合所学进行归类,并分析上大学值吗?

第二节　短期成本分析

【导入案例】

王女士是某航空公司的股东,她坐本公司的飞机时发现,拥有120个座位的机舱内也就坐了60人左右。这一时期她碰到了好几次这样的情况,她对公司的前途颇为担忧。于是,她去请教了她的一位经济学家朋友。朋友通过调查后发现航空公司在短期内不打算改变经营现状,航空公司平均每架飞机每天运营的总成本为16万元,其中固定成本为10万元(包括飞机、机场的折旧费、员工工资等),变动成本为6万元(包括飞行汽油费、空中餐饮费等),航空公司的平均票价为1 100元。

互动提问:如果你就是王女士的朋友,你会建议她继续让航空公司营业,还是停业大吉呢?

一、短期成本与长期成本

在生产理论中,我们知道经济学将企业的生产过程分为短期与长期来探讨。因此,成本分析也分为短期成本分析和长期成本分析。

短期成本分析是指企业在短期内,为实现利润最大化而进行的成本分析。此时,企业的规模不变,企业只能调整可变生产要素,不能调整固定生产要素。因此,企业的短期成本分为变动成本和固定成本两部分。

长期成本分析是指企业在长期内,为实现利润最大化而进行的成本分析。此时,企业的规模可变,企业既能调整可变生产要素,又能调整固定生产要素。因此,企业的长期成本只有变动成本,没有固定成本。

【课内活动设计】

活动内容:如果福特汽车公司想把汽车的产量由每天1 000辆增加到1 200辆,它应该怎么办?

活动要求:

(1)分小组进行讨论和总结,并分别说明福特汽车公司的短期策略和长期策略。

(2)选择2组进行结论分享。

二、短期成本分析

有一家厂商,在成本为100万元的情况下,其各成本项目随着产量的变化而变化的情况如表5—1所示。

表5—1　　　　　　　　　　短期成本各项目随产量变化而变化情况表　　　　　　　　单位:万元

产出量 (Q)	总固定成本 (TFC)	总变动成本 (TVC)	短期总成本 (STC)	平均固定成本(AFC)	平均变动成本(AVC)	短期平均成本 (SAC)	短期边际成本 (SMC)
1	100	30	130	100	30	130	/
2	100	50	150	50	25	75	20
3	100	60	160	33.3	20	53.3	10
4	100	65	165	25	16.25	41.25	5
5	100	75	175	20	15	35	10
6	100	90	190	16.7	15	31.7	15
7	100	110	210	14.3	15.7	30	20
8	100	140	240	12.5	17.5	30	30
9	100	180	280	11.1	20	31.1	40

由表5—2可以知道,在短期内厂商的成本可以分为以下七种:

（一）总固定成本

总固定成本（TFC）是指那些短期内无法改变的固定投入所带来的成本,这部分成本不随产量的变化而变化。一般包括厂房和资本设备的折旧费、地租、利息、财产税、广告费、保险费等项目支出。即使在企业停产的情况下,也必须支付这些费用。

当产量为0时,也须付出相同数量,产量增加这部分支出仍不变,因此曲线为一条水平线（如图5-1所示）。

（二）总变动成本

总变动成本（TVC）是指短期内可以改变的可变投入的成本,它随产量的变化而变化,如原材料、燃料、动力支出、雇用工人的工资等。当产量为0时,变动成本也为0;产量越多,变动成本也越多。TVC是从原点开始的不断向右上方上升的曲线。其变动规律是初期随着产量增加先递减上升,到一定阶段后转入递增上升（如图5-1所示）。

（三）短期总成本

短期总成本（STC）是指短期内生产一定产量所付出的全部成本,是厂商总固定成本与总变动成本之和。

由于TFC值不变,所以STC与TVC任一点的垂直距离始终等于TFC,且变动规律与TVC的变动规律一致,只是不从原点出发（如图5-1所示）。

短期总成本、总固定成本、总变动成本的曲线形状及相互关系可以用图5-1说明。图中:TFC是一条水平线,表明TFC与产量无关。TVC与STC曲线形状完全相同,都是先以递减的速度上升,再以递增的速度上升。不同的是TVC的起点是原点,而STC的起点是TFC与纵坐标的交点。这是因为总成本是由总固定成本和总变动成本加总而成的,而总固定成本是一个常数,所以任一产量水平的STC与TVC之间的距离均为TFC。

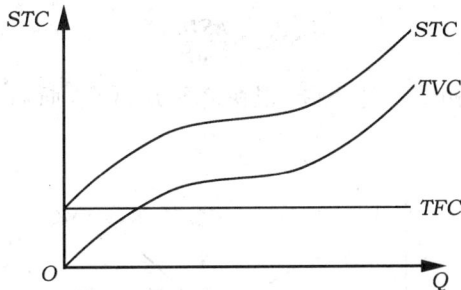

图5-1　总成本、总固定成本和总变动成本曲线

（四）平均固定成本

平均固定成本（AFC）是指厂商短期内平均生产每一单位产品所消耗的固定成本。其计算公式为:

$$AFC = \frac{TFC}{Q}$$

从图5-2中可以看到,AFC曲线随产量的增加一直呈下降趋势,这是因为短期中总固定成本保持不变。由$AFC = \frac{TFC}{Q}$可知,随Q增加,平均固定成本递减,但AFC曲线不会与横坐标相交,因为短期内总固定成本不会为零。

（五）平均可变成本

平均可变成本（AVC）是指厂商短期内平均生产一单位产品所消耗的总变动成本。其计算公式为：

$$AVC = \frac{TVC}{Q}$$

AVC 的变动规律是初期随着产量增加而不断下降，产量增加到一定量时，AVC 达到最低点，而后随着产量继续增加，AVC 开始上升。

（六）短期平均总成本

短期平均总成本（SAC）是指厂商短期内平均生产每一单位产品所消耗的全部成本。其计算公式为：

$$SAC = \frac{STC}{Q}$$

由 $STC = TFC + TVC$ 得：

$$SAC = \frac{STC}{Q} = \frac{TFC + TVC}{Q} = \frac{TFC}{Q} + \frac{TVC}{Q}$$

即：

$$SAC = AFC + AVC$$

即短期平均总成本由平均固定成本和平均变动成本构成。

SAC 的变动规律是，初期随着产量的增加不断下降，产量增加到一定量时，ATC 达到最低点，而后随着产量的继续增加，SAC 开始上升。

（七）短期边际成本

短期边际成本（SMC）是指厂商在短期内增加一单位产量所引起的总成本的增加。其计算公式为：

$$SMC = \frac{\Delta STC}{\Delta Q}$$

SMC 随着产量的增加，初期迅速下降，很快降至最低点，而后迅速上升，上升的速度快于 AVC、SAC。

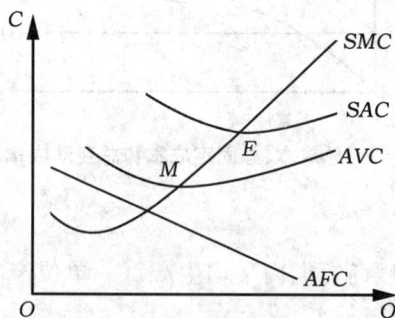

图 5—2　短期平均成本曲线和短期边际成本曲线

以上四个成本概念的曲线以及它们之间的关系如图 5—2 所示。SAC、AVC、SMC 曲线都是"U"形。SAC 曲线在 AVC 曲线的上方，它们之间的距离相当于 AFC，而且 SMC 曲线在 AVC 曲线、SAC 曲线的最低点分别与之相交，即 M、E 点。

三、短期成本分析的收支点和停止营业点

如图 5-2 所示,短期平均成本曲线的最低点 E 是企业的收支相抵点。只要产品的价格等于短期平均成本曲线的最低点,厂商按照短期平均成本曲线的最低点所表示的产量进行生产就能做到收支相抵。而如果产品价格低于 E 点,则厂商无论怎么调整产量都会亏损;反之,如果产品价格高于 E 点,则厂商就能获得经济利润。

平均变动成本曲线的最低点 M 点是企业的停止营业点。由于在短期内,厂商要负担固定成本,如果此时产品价格虽低于平均成本,但高于平均变动成本,则厂商生产比停产有利。因为,这时的产品价格不但能弥补全部变动成本,还能减少部分固定成本的损失,而停产则要亏损全部固定成本。因此,M 点是短期生产厂商的停止营业点。如果产品的价格不仅低于平均水平,还低于平均变动成本,即位于 M 点以下,则厂商必须立即停产。

收支相抵点和停止营业点的出现,意味着在短期生产中,企业即便有可能出现亏损,继续生产却仍可能是占优策略。不能以是否出现经济利润来判断短期生产的进行与否,因为,对企业来说,允许短期中的某些亏损可能比直接停止生产来制止亏损来得更划算。

实训项目

一、课内实训

(一)知识题训练

1. 单项选择题

(1)SAC 曲线呈"U"形特征是(　　)作用的结果。

A. 边际技术替代率递减规律　　　　　　　B. 边际报酬递减规律

C. 边际生产率递减规律

(2)总成本曲线与可变成本曲线之间的垂直距离(　　)。

A. 随产量减少而减少　　　　　　　　　　B. 等于平均固定成本

C. 等于固定成本　　　　　　　　　　　　D. 等于边际成本

(3)随着产量的增加,短期固定成本(　　)。

A. 增加　　　　　　B. 减少　　　　　　C. 不变　　　　　　D. 先增后减

(4)已知产量为 8 个单位时,总成本为 80 元,当产量增加到 9 个单位时,平均成本为 11 元,那么,此时的边际成本为(　　)元。

A. 1　　　　　　　　B. 19　　　　　　　C. 88　　　　　　　D. 20

(5)对应于边际报酬的递增阶段,STC 曲线(　　)。

A. 以递增的速率上升　　　　　　　　　　B. 以递增的速率下降

C. 以递减的速率上升　　　　　　　　　　D. 以递减的速率下降

2. 多项选择题

(1)厂商的短期成本中有(　　)。

A. 固定成本　　　　B. 可变成本　　　　C. 平均成本　　　　D. 边际成本

(2)在短期内,各种成本的变化规律是(　　)。

A. 平均固定成本随产量的增加而保持不变

B. 平均成本随产量的增加而递减,达到最低点后开始上升

C. 平均可变成本先于平均成本达到最低点

D. 平均可变成本随产量的增加而递减,达到最低点后开始上升

(3)以下说法正确的是(　　)。

A. $SMC > SAC$ 时,SAC 下降　　　　　　　B. $SMC < SAC$ 时,SAC 下降

C. $SMC = SAC$ 时,SAC 下降　　　　　　　D. $SMC = SAC$ 时,SAC 达到最低点

3. 判断题

(1)无论是长期成本还是短期成本,都有不变成本和可变成本之分。　　　　　　(　　)

(2)总可变成本不随产量的变化而变化,即使产量为零,总可变成本也仍然存在。　(　　)

(3)在短期内,随着产量的增加,AFC 会越来越小,于是 SAC 曲线和 AVC 曲线之间的垂直距离会越来越小,直至两线相交。　　　　　　　　　　　　　　　　　　　　(　　)

4. 简答题

用图形说明各类短期成本之间的关系。

(二)技能题训练

1. 波音 747 是一种载客量较大的飞机。1975 年,该飞机航行距离不同、载客量不同情况下的成本如下表所示。

波音 747 飞机载客成本表　　　　　　　　　　　　　　　　单位:美分/人·英里

载客量/人	1 200 英里航程	2 500 英里航程
250	4.3	3.4
300	3.8	3.0
350	3.5	2.7

请问:

(1)当载客量为 250～300 人时,航程为 1 200 英里的航班多载一名乘客的边际成本是多少?

(2)当载客量为 300 人,航程为 1 200～2 500 英里时,多航行一英里的边际成本是多少?

(3)1975 年,航程为 2 500 英里的经济舱票价为 156.6 美元。如果载客量为 300 人,是否收回劳动成本?

2. 假设某企业的短期成本函数是 $STC(Q) = Q^3 - 10Q^2 + 17Q + 66$。

(1)指出该短期成本函数中的可变成本部分和不变成本部分。

(2)写出下列相应的函数:$TVC(Q)$,$SAC(Q)$,$AVC(Q)$,$AFC(Q)$,$SMC(Q)$。

二、课外实训

结合本节所学,说说你对"虽然很高的固定成本会是厂商亏损的原因,但永远不是厂商关门的原因"这句话的理解。

第三节　长期成本分析

在长期中,一切投入都是可变的,所以,没有固定成本与可变成本之分。我们分析长期成本

时,要分析总成本、边际成本和平均成本。

一、长期总成本

长期总成本(LTC)是厂商在长期中在各种产量水平上通过改变生产要素的投入量所能达到的最低总成本。它反映的是理智的生产者在追求利润最大化的驱动下通过改变生产要素的投入在不同产量点上成本的最低发生额。

长期总成本的特征如图5-3所示。长期总成本是无数条短期总成本曲线的包络线。因为,在短期内,对于既定的产量(如不同数量的订单),由于生产规模不能调整,厂商只能按较高的总成本来生产既定的产量。但在长期内,厂商可以变动全部的生产要素投入量来调整生产,从而将总成本降至最低。从而长期总成本是无数条短期总成本曲线的包络线。

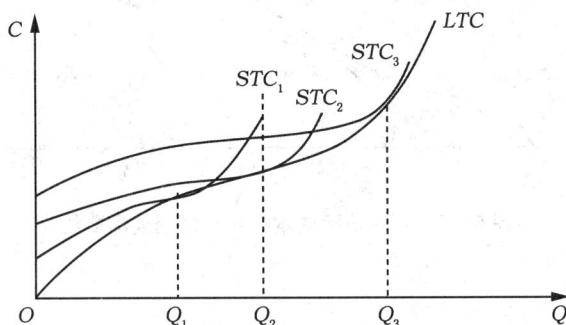

图 5-3　最优生产规模的选择和长期总成本曲线

二、长期平均成本

长期平均成本(LAC)表示厂商在长期内按产量平均计算的最低总成本。

如图5-4所示,LAC曲线是短期平均成本曲线的包络线,是一条随产量增加先下降后上升的"U"形曲线。其原因是规模收益变动规律。在企业规模开始扩张的阶段,由于规模收益递增,使长期平均成本递减。当规模扩张到一定阶段之后,由于出现了规模收益递减,使长期平均成本递增。近些年来经济学的经验性研究表明,在大多数行业中,企业从规模收益递增到规模收益递减,中间有很长一段规模收益不变的阶段,因而长期平均成本曲线的弯曲程度比较平缓。

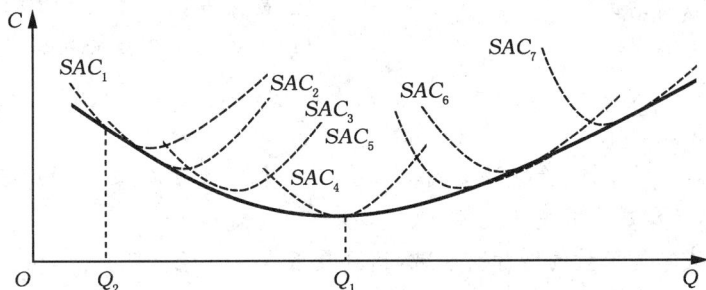

图 5-4　长期平均成本曲线

三、长期边际成本

长期边际成本（LMC）是指长期中增加一单位产量所增加的最低总成本。

在图 5—5 中，LMC 曲线呈现先下降后上升的趋势。这也是由于企业在生产规模扩张的开始阶段，由于规模收益递增，因而，增加产量所增加的长期总成本，即长期边际成本是递减的。经过规模收益不变阶段后，规模收益递减使长期边际成本递增。

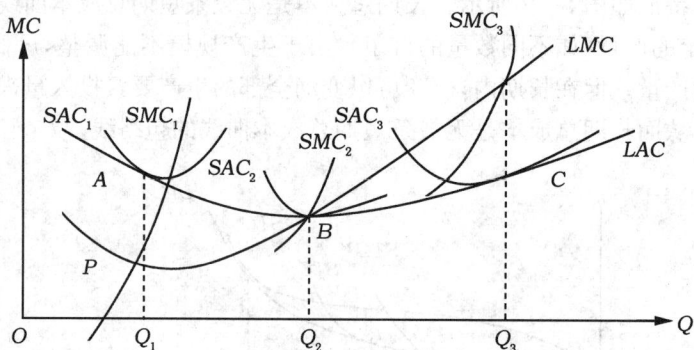

图 5—5　长期边际成本曲线与短期成本曲线

实训项目

一、课内实训

1. 单项选择题

(1) 关于 LAC 曲线与 SAC 曲线的关系，以下说法中正确的是（　　）。

A. LAC 曲线上的每一点都与 SAC 曲线上的某一点相对应

B. SAC 曲线上的每一点都在 LAC 曲线上

C. LAC 曲线上的每一点都对应着某一条 SAC 曲线的最低点

D. 每一条 SAC 曲线的最低点都在 LAC 曲线上

(2) 长期平均成本曲线向右上方倾斜的部分相切于短期平均成本曲线（　　）。

A. 向右下方倾斜的部分　　　　　　　　　B. 最低点

C. 向右上方倾斜的部分　　　　　　　　　D. 向左下方倾斜的部分

2. 多项选择题

(1) 厂商的长期成本中有（　　）。

A. 长期总成本　　　B. 长期可变成本　　　C. 长期边际成本　　　D. 长期平均成本

(2) 在长期中，各种成本的变化规律是（　　）。

A. 长期边际成本随产量的增加而递减，达到最低点后开始上升

B. 平均成本随产量的增加而递减，达到最低点后开始上升

C. 长期边际成本先于长期平均成本达到最低点

D. 在长期边际成本小于长期平均成本时，长期平均成本是下降的

（3）在 LAC 最低点上，（　　）。

A. LAC 曲线与 LMC 曲线相交

B. 代表最优规模的 SAC 曲线过 LAC 曲线与 LMC 曲线的交点

C. 代表最优规模的 SMC 曲线过 LAC 曲线与 LMC 曲线的交点

D. 代表最优规模的 SMC 曲线通过代表最优规模的 SAC 曲线的最低点

3. 判断题

（1）长期总成本曲线是无数条短期总成本曲线的包络线。　　　　　　　　　　（　　）

（2）在长期生产中，厂商总是可以在每一产量水平上找到相应的最优的生产规模进行生产。在短期内，厂商做不到这一点。　　　　　　　　　　　　　　　　　　　　（　　）

（3）在 LAC 曲线的下降段，LAC 曲线相切于所有相应的 SAC 曲线的最低点。　（　　）

（4）长期平均成本曲线是无数条短期平均成本曲线的包络线。　　　　　　　　（　　）

4. 简答题

（1）如何得出企业的长期总成本、长期平均成本和长期边际成本？

（2）分析短期成本与长期成本之间的关系。

二、课外实训

通过查阅某移动通信公司或者航空企业的成本核算资料，谈谈你对总成本、平均成本和边际成本的理解。

第四节　利润最大化原则

【导入案例】

节假日期间，天津劝业场和许多大型商场都延长营业时间，为什么平时不延长？现在我们用利润最大化原则来解释这个问题。

从理论上说，延长 1 小时时间，就要支付 1 小时所耗费的成本，这种成本既包括直接的物耗，如水、电等，也包括由于延时而需要的售货员的加班费，这种增加的成本就是边际成本。假如延长 1 小时增加的成本是 1 万元，那么在延时的 1 小时中由于卖出商品而增加收益大于 1 万元。作为一个精明的企业家他还应该将营业时间在此基础上再延长，因为这时他还有一部分该赚的钱还没赚到手。相反，如果他在延长的 1 小时里增加的成本是 1 万元，增加的收益不足 1 万元，他在不考虑其他因素情况下就应该取消延时的经营决定，因为他延长 1 小时的成本大于收益。节假日期间，人们有更多的时间去旅游购物，使商场的收益增加，而平时工作紧张、家务繁忙，人们没有更多时间和精力去购物，就是延时服务也不会有更多的人光顾，增加的销售额不足以抵偿延时所增加的成本。这就能够解释在节假日期间延长营业时间而在平时不延长营业时间的经济学的道理。

无论是边际收益大于边际成本还是小于边际成本，厂商都要进行营业时间调整，说明这两种情况下都没有实现利润的最大化。只有在边际收益等于边际成本时，厂商才不调整营业时间，这表明已把该赚的利润都赚到了，即实现了利润的最大化。

> 资料来源：根据网络资料整理而成。
>
> **互动提问：** 从案例中分析厂商在什么条件下实现利润最大化？

一、收益的概念

收益包括总收益、平均收益和边际收益三种。

总收益是指厂商出售一定产量所得到的收入总和，等于某种产品的价格与该产品销售量的积：

$$TR = P \times Q$$

平均收益是指平均销售一单位产品所得到的收入，等于总收益除以产量：

$$AR = TR/Q = P \times Q/Q = P$$

显然，平均收益等于价格，即平均收益曲线与需求曲线重合。

边际收益是指每增加一单位产品的销售所增加的收益，等于总收益的变动量除以产量的变动量，即：

$$MR = \Delta TR/\Delta Q$$

讨论厂商在销售量不断变化的条件下各种收益的变动趋势时，应区分价格不变和价格递减两种市场条件。

二、价格不变条件下的各种收益曲线

价格不变的市场条件是指对于某一行业中的单个企业来说，无论它生产并出售多少产量，都不会引起市场价格的变化。我们知道，产品的市场价格变化是受该行业产品的供给总量和需求总量的影响。当单个企业规模很小，所占的市场份额微不足道时，该企业无论增加或减少产量都不足以引起市场供求关系的变化。对该企业而言，它就面临价格不变的市场条件。价格不变市场条件下的总收益、平均收益和边际收益的变动规律如图5—6、图5—7所示。

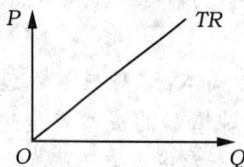

图5—6　价格不变的总收益曲线　　　　图5—7　价格不变的平均收益、边际收益曲线

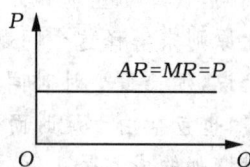

三、价格递减条件下各种收益曲线

价格递减的市场条件是指随着单个企业产量，也就是销售量的不断增加，产品的市场价格递减。如果一个企业规模较大，在整个行业中占有很大的市场份额，甚至一个行业只有一家企业提供产品，则这家企业的产销量就对整个市场的供求关系产生很大影响。当这个企业的产量增加时，意味着整个行业的供给量增加，则价格必然下降；反之，若这个企业的产量减少，整个行业的供给量也就减少，价格必然上升。在价格递减条件下，总收益、平均收益、边际收益的变动规律如图5—8、图5—9所示。

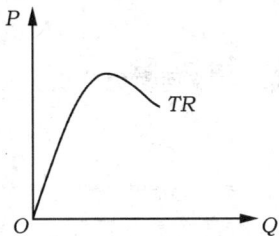

图5－8　价格递减的总收益曲线

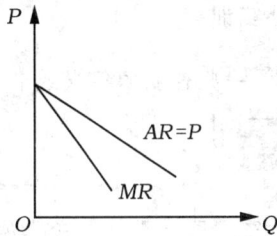

图5－9　价格递减的平均收益、边际收益曲线

四、利润最大化原则

利润等于总收益减去总成本。厂商决定产量的利润最大化原则就是边际收益等于边际成本，即：

$$MC = MR$$

如果边际收益大于边际成本，即每增加一单位产量所增加的收益大于所增加的成本，厂商将增加产量以增加利润；如果边际收益小于边际成本，即每增加一单位产量所增加的收益小于所增加的成本，厂商会减少产量以减少亏损。因此，最大利润一定处于边际收益与边际成本相等的点上。

需要强调的是，利润最大化的含义并不是说厂商一定获得了经济利润，而只是表示厂商在既定生产条件下，按 $MC = MR$ 确定产量，对厂商一定是最有利的。它有三种可能的结果：经济利润最大、亏损最小或盈亏平衡。

实训项目

一、课内实训

（一）知识题训练

1. 单项选择题

（1）收益是指（　　）。

A. 成本加利润　　　　　B. 成本　　　　　　　　C. 利润　　　　　　　　D. 利润减成本

（2）利润最大化的原则是（　　）。

A. $MR = MC$　　　　　B. $MR > MC$　　　　　C. $MR < MC$

2. 判断题

（1）在价格不变条件下，厂商的平均收益曲线与边际收益曲线重合。　　　　　　　　（　　）

（2）在价格递减条件下，厂商的总收益曲线一直递增。　　　　　　　　　　　　　　（　　）

3. 简答题

（1）用图说明在不同价格条件下厂商的收益曲线。

（2）利润最大化的原则是什么？为什么？

（二）技能题训练

通常认为产品合格率越高越好，最好达到100％。你怎么看待这个问题？

二、课外实训

通过查阅一些企业的年报或者成本分析报告，谈谈你对成本收益问题的认识。

本章小结

(1)经济学中的成本包括显性成本与隐性成本，比会计成本的定义更加广泛。

(2)短期总成本由不随产量变动而变动的固定成本与随产量变动而变动的变动成本组成，即：$STC=TFC+TVC$。

(3)短期平均成本由平均固定成本与平均变动成本组成，即：$SAC=AFC+AVC$。边际成本是指每增加一单位产量所增加的成本。受边际报酬递减规律的作用，随着产量的增加，SMC 先递减然后递增。SMC 曲线呈"U"形。

(4)长期成本是在生产规模可以变动条件下生产每一单位产量所耗费的成本。长期总成本曲线与长期平均成本曲线分别是短期总成本曲线与短期平均成本曲线的包络线。而长期边际成本曲线是与每一单位产量上的最优生产规模相对应的短期边际成本曲线上的点的轨迹。受规模经济与规模不经济的作用，随着产量的增加，LMC 先递减然后递增。LMC 曲线呈"U"形。

(5)不论是短期还是长期，呈"U"形的 MC 曲线决定了 AC 曲线也呈"U"形，并且 MC 曲线穿过 AC 曲线的最低点，即 AC 极小时，$MC=AC$。

第六章 市场理论

培养目标

　　通过本章的学习,使学生理解和掌握市场结构的概念;能够区别不同市场结构及其特征;理解和掌握完全竞争市场上的需求曲线、收益曲线以及厂商的均衡;理解和掌握完全垄断市场上的厂商均衡,并理解垄断的差别定价行为;理解和掌握垄断竞争厂商的需求曲线和厂商均衡;理解和掌握传统寡头垄断厂商的价格策略;了解现代寡头理论。

重点难点

　　市场结构的分类和特征;完全竞争市场的厂商均衡;完全垄断市场的厂商均衡;垄断竞争市场的厂商均衡;寡头垄断厂商的价格策略。

章节导读

　　一个小农场与一个大汽车制造公司所面临的市场态势是不同的。小农场面临的是完全竞争市场,大公司面临的是寡头垄断市场。进而论之,不同的企业面临着不同的市场。因此,不同市场上的企业家就要决定自己应该如何确定自己的产量与价格,以实现利润最大化。这就使得我们不能再泛泛地谈论供给与需求如何决定价格,而应结合市场组织形式探讨在不同的市场类型下,厂商如何决定其产品的价格与最优产量点。在本章中,我们需深入到市场需求曲线背后对消费者选择理论进行分析;深入到市场供给曲线背后对生产者的生产理论与成本理论进行分析,然后,我们重新回到市场上来探讨价格与最优产量点的决定。

第一节 市场的类型

【导入案例】

　　中国电力工业发展迅速,取得了巨大的成就,有力地支持和保证了国民经济的快速发展和人民生活水平的不断提高,但是垄断经营的旧的电力体制越来越不适应建立社会主义市场经济体制和电力工业进一步发展的需要。

　　中国电力体制改革的总体目标是:打破垄断、引入竞争、提高效率,优化资源配置,构建政府监管下政企分开、公平竞争、开放有序、健康发展的电力市场体系。改革的主要内容:实行"厂网"分开,发电环节按现代企业制度要求,将国家电力公司统管的资产直接改组或重组为中国华电集团公司、中国国电集团公司、中国大唐集团公司、中国华能集团公司和中国电力投资集团公司,逐步实行"竞争上网",开展公平竞争。电网环节分别设立国家电网公司(下设华北、东北、华东、华中和西北区域电网公司)和中国南方电网有限责任公司。国家电网公司负责各区域电网之间的电力交易、调度,参与跨区域电网的投资与建设等。在实行厂网分开改革中,对原国家电力公司系统拥有的电力设计、修造、施工等辅助性业务单位和"三产"多种经营企业进行重组,成立中国葛洲坝集团公司等四个辅业集团公司。

　　资料来源:陆芳:《经济学原理》,北京大学出版社 2005 年版。

　　互动提问:怎样区别一个行业的垄断性和竞争性?

一、市场的概念

　　所谓市场,是指一群买者和一群卖者之间进行交易的接触点。它既可以是一个有形的买卖场所,也可以是无形的,即买卖双方通过现代化通信工具和其他媒体进行交易。

　　市场可以有多种划分标准。按交易的对象划分,有产品市场、劳动市场和资本市场三类市场。厂商出售物品给家庭或消费者的市场统称为产品市场。许多厂商也出售物品给其他厂商,这样,前者的产出品就成为后者的投入品。这种投入品的交易归属于产品市场,因为它与产品的交易并无实质性的不同。厂商在劳动市场上购买工人的劳务,在资本市场上取得资金。本章所涉及的市场主要是产品市场。任何一种产品,都有其相应的市场,有多少种产品,就有多少种市场。

二、市场的类型

　　在微观经济学中,划分市场类型的标准是商品的供求态势,它具体体现在商品市场竞争的强与弱上。一般来说,影响市场竞争程度的具体因素主要有以下四点:

　　(一)市场上厂商的数目

　　如果本行业只有一家企业,那就可以划分为完全垄断市场;如果只有少数几家大企业,那就属于寡头垄断市场;如果企业数目很多,则可以划入完全竞争市场或垄断竞争市场。一个行业内企业数目越多,其竞争程度就越激烈;反之,一个行业内企业数目越少,其垄断程度就越高。

　　(二)厂商之间各自提供的产品的差别程度

　　产品差别是同一种产品在质量、牌号、形式、包装等方面的差别。一种产品不仅要满足人们的实际需要,还要满足人们的心理需要。由于民族传统、文化教育、收入水平、社会地位、宗教信仰等方面的不同,因此每个人偏好也不同,他们对同一种产品的细微差别都有一定的要求。例如,同样是戴手表,收入高的人要求戴名牌,以显示自己尊贵的社会身份;而收入低的人则要求经济实惠,以追求物美价廉。产品差别正是为了满足消费者的不同偏好,形成不同的细分市场。每种产品都以自己的某种特色吸引了不同的消费者。这样,一些有特色的产品就在喜爱这一特色的消费者群中形成了自己的垄断地位。

　　(三)单个厂商对市场价格控制的程度

　　行业内的单个厂商若无法控制价格,表明市场竞争程度越高;反之,则垄断程度越高。例如,在完全竞争市场上,单个厂商对市场价格完全没有控制力,是市场价格的接受者;在完全垄断市场上,单个厂商可以自行定价,是市场价格的制定者。

　　(四)厂商进入或退出一个行业的难易程度

　　一个行业的进入壁垒越高,企业就越难进入,从而垄断程度越高;反之,则竞争程度越高。进入壁垒主要来自自然和立法两个方面。自然方面是指资源控制与规模经济。如果某个企业控制了该行业的关键资源,其他企业得不到这种资源,就无法进入该行业。例如,南非德比尔斯公司控制了全世界钻石资源的80%,其他企业就很难进入钻石行业。在一些行业中,规模经济特别重要,只有产量极大,平均成本才能最低。例如,自来水行业只有一家企业时,平均成本才能最低,若其他企业进入,那平均成本将升高,不合算也不经济。

立法方面是指法律限制进入某些行业。这种立方限制主要采用三种形式:一是特许经营,政府通过立法把某个行业的经营权交给某个企业,其他企业不得从事这个行业,如邮政和烟草;二是许可证制度,有一些行业由政府发许可证,没有许可证不得进入,如出租车要有运营牌照才能经营,律师要有律师资格证书等;三是专利制,专利是给予某种产品在一定时期的排他性垄断权,企业未获取专利许可权就无法进入该行业从事这种产品的生产,如美国微软公司的视窗操作系统受专利法保护。

关于这四个类型的市场和相应的厂商的区分及其特点可以用表6-1来说明:

表6-1　　　　　　　　　　　　市场和厂商类型的划分和特征

市场和厂商的类型	厂商数目	产品差别的程度	对价格控制的程度	进出一个行业的难易程度	接近哪种市场情况
完全竞争	很多	完全无差别	没有	很容易	一些农产品
垄断竞争	很多	有差别	有一些	比较容易	香烟、糖果
寡头垄断	几个	有差别或无差别	相当程度	比较困难	钢铁、汽车
完全垄断	一个	唯一的产品,没有接近的替代产品	很大程度,但经常受到管制	很困难,几乎不可能	公用事业,如水、电

实训项目

一、课内实训

(一)知识题训练

1. 单项选择题

(1)下列各项中,不属于完全竞争行业的特点的是(　　)。

A. 厂商数量众多　　　　　　　　　B. 同质产品

C. 竞争对手之间有激烈的价格竞争　　D. 可以自由出入这一行业

(2)下列行业中,最接近完全竞争行业的是(　　)。

A. 自行车行业　　　B. 服装行业　　　C. 玉米行业　　　D. 烟草行业

(3)下列最不可能成为垄断者的是(　　)。

A. 小镇上唯一的一名理发师　　　　　B. 麦当劳

C. 某地区的电力公司　　　　　　　　D. 某地区的自来水公司

(4)垄断竞争和完全竞争的主要区别是(　　)。

A. 产品异质程度　　　　　　　　　　B. 市场中厂商的数量

C. 长期中厂商获得的利润　　　　　　D. 以上都是

2. 简答题

列表说明市场结构的类型和特征。

（二）技能题训练

通过图表说明为什么养鸡场和服装业都是小企业，养鸡场是完全竞争的，而服装业是垄断竞争的？

二、课外实训

（一）思考讨论题

根据本节所学，思考实践中的三百六十行大多属于哪种市场结构类型？

（二）调查研究题

1. 调查题目：分组市场调查，选定某个行业，分别从影响市场竞争程度的四个具体因素来说明选定的行业属于何种类型的市场结构。

2. 调查要求：

（1）采用多种调查方法，如实地调查、电话调查、问卷调查或网上搜索等。

（2）结合所学进行分析。

第二节　完全竞争市场

【导入案例】

　　20 世纪 80 年代，一些城市为了保证居民的菜篮子供应，由政府出资兴办了大型养鸡场，但成功者很少，许多养鸡场最后以破产告终。这其中的原因是多方面的，重要的一点在于鸡蛋市场是一个完全竞争市场。

　　互动提问：为何政府举办的大型养鸡场会失败？完全竞争的市场有何特征？在完全竞争的市场上，企业如何实现利润最大化？

一、完全竞争市场的含义与条件

完全竞争（Perfect Competition）又称纯粹竞争。完全竞争市场是指竞争充分而不受任何阻碍和干扰的一种市场结构。完全竞争市场必须具备以下条件：

（一）市场上有大量的卖者和买者

作为众多参与市场经济活动的经济单位的个别厂商或个别消费者，单个的销售量和购买量都只占很小的市场份额，其供应能力或购买能力对整个市场来说是微不足道的。这样，无论卖方还是买方都无法左右市场价格，或者说单个经济单位将不把价格作为决策变量，他们是价格接受者。显然，在交换者众多的市场上，若某厂商要价过高，顾客可以从别的厂商那里购买商品和劳务，同样，如果某顾客压价太低，厂商可以拒绝出售给顾客而不怕没有别的顾客光临。

（二）参与经济活动的厂商出售的产品具有同质性

这里的产品同质不仅指商品之间的质量、性能等无差别，还包括在销售条件、装潢等方面是相同的。因为产品是相同的，对于购买商品的消费者来说哪一个厂商生产的产品并不重要，他们没有理由偏爱某一厂商的产品,也不会为得到某一厂商的产品而必须支付更高的价格。同样对于厂商来说,没有任何一家厂商拥有市场优势,他们将以可能的市场价格出售自己的产品。

（三）厂商可以无成本地进入或退出一个行业,即所有的资源都可以在各行业之间自由流动

劳动可以随时从一个岗位转移到另一个岗位,或从一个地区转移到另一个地区;资本可以自由地进入或撤出某一行业。资源的自由流动使得厂商总是能够及时地向获利的行业运动,及时退出亏损的行业,这样,效率较高的企业可以吸引大量的投入,缺乏效率的企业会被市场淘汰。资源的流动是促使市场实现均衡的重要条件。

（四）参与市场活动的经济主体具有完全信息

市场中的每一个卖者和买者都掌握与自己决策、与市场交易相关的全部信息,这一条件保证了消费者不可能以较高的价格购买,生产者也不可能以高于现行价格出卖,每一个经济行为主体都可以根据所掌握的完全信息,确定自己最优购买量或最优生产量,从而获得最大的经济利益。

显然,理论分析上所假设的完全竞争市场的条件是非常严格的,在现实的经济中没有一个市场真正具有以上四个条件,通常只是将某些农产品市场看成是比较接近的完全竞争市场类型。但是,完全竞争市场作为一个理想的经济模型,有助于我们了解经济活动和资源配置的一些基本原理,解释或预测现实经济中厂商和消费者的行为。

二、完全竞争市场的需求曲线和收益曲线

（一）需求曲线

在任何一个商品市场中,市场需求是针对市场上所有厂商组成的行业而言的,消费者对整个行业所生产的商品的需求称为行业所面临的需求,相应的需求曲线称为行业所面临的需求曲线,也就是市场的需求曲线,它一般是一条从左上方向右下方倾斜的曲线。图 6-1(a)中的 D 曲线就是一条完全竞争市场的需求曲线,是向右下方倾斜的。

消费者对行业中的单个厂商所生产的商品的需求量,称为厂商所面临的需求量,相应的需求曲线称为厂商所面临的需求曲线,简称为厂商的需求曲线。在完全竞争条件下,厂商所面临的需求曲线是一条由既定的市场均衡价格出发的水平线。图 6-1(b)中的 d 曲线就是一条完全竞争厂商的需求曲线,是一条与横轴平行的水平线。

在完全竞争市场上,单个厂商是市场价格的接受者,而不是价格的设定者。假设某家厂商把价格定得略高于市场价格,由于产品具有同质性,且消费者有完备信息并可以自由流动,那么将没有人购买该厂商的产品。也就是说,厂商一旦涨价,它所面临的需求会下降为零。如果厂商的价格等于市场价格,则由于厂商数目众多的条件,一个厂商的供应是无足轻重的,无论厂商供应多少,价格都维持不变,或者说在既定的市场价格下,厂商可能销售掉任意数量的商品。厂商会不会把价格降到市场价格以下呢？降价原本是为了刺激需求,既然每个厂商在市场价格下可以供应任意数量,那又何必降价呢？因此,在完全竞争市场上,厂商既不能提高价格,又不愿降低价格,只能是市场价格的接受者。从需求的角度看,完全竞争厂商所面临的需求是水平的,水平需求的弹性是无穷大的,价格趋近于零的上升,需求降为零;价格趋近于零的下降,购买者会蜂拥而至,厂商面对的需求会变成无穷大。

图 6-1(b)中的厂商的需求曲线 d 是相对于图 6-1(a)中的市场需求曲线和市场供给曲线共同作用所决定的均衡价格 P_e 而言的。如果市场的供给曲线或需求曲线的位置发生移动,就会形成新的市场均衡价格,相应地,在图 6-1(b)中便会形成另一条从新的均衡价格水平出发的

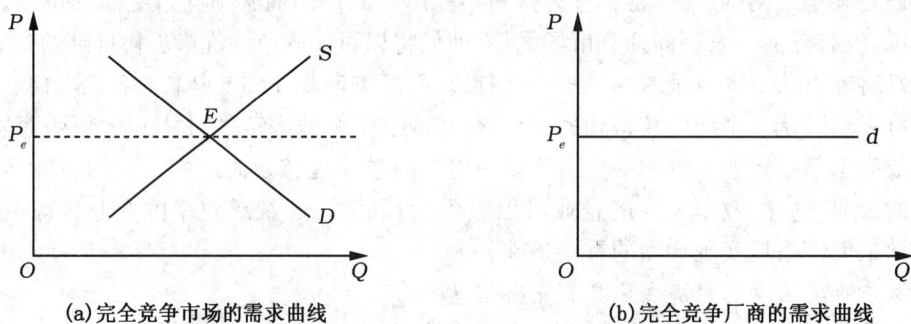

(a)完全竞争市场的需求曲线　　　　　　(b)完全竞争厂商的需求曲线

图6－1　完全竞争市场和完全竞争厂商的需求曲线

呈水平线形状的厂商的需求曲线。

（二）收益曲线

厂商收益就是厂商的销售收入。厂商的收益可以分为总收益、平均收益和边际收益。在完全竞争市场上，消费者根据市场价格决定自己的需求量，因而需求曲线就是价格曲线。如上一章所述，在价格不变的完全竞争市场上，价格线、平均收益曲线和边际收益曲线相互重叠，且平行于横轴。因而，在任何销售量水平上都有：

$$AR = MR = P$$

相应地，可以绘出完全竞争厂商的平均收益曲线、边际收益曲线与总收益曲线，如图6－2所示。

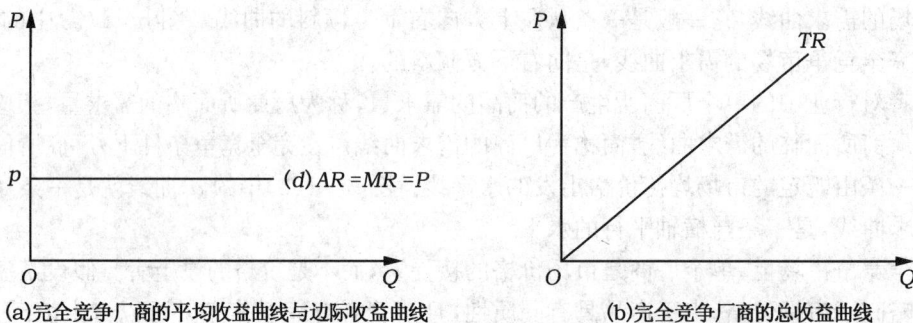

(a)完全竞争厂商的平均收益曲线与边际收益曲线　　　(b)完全竞争厂商的总收益曲线

图6－2　完全竞争厂商的平均收益曲线、边际收益曲线与总收益曲线

【课内活动设计】

活动内容：选择一种比较趋向于完全竞争市场的产品市场（如菜市场等），模拟其价格的形成和收益的获得。

活动要求：

（1）全班进行角色扮演，有卖者，有买者。

（2）进行产品买卖活动，卖者记录下价格和收入。

三、完全竞争厂商的短期均衡

厂商的短期均衡是指企业在生产规模既定的条件下如何通过产量调整实现利润最大化。

在短期中,不仅产品的市场价格是既定的,而且生产中的不变要素投入量是无法改变的,或者说厂商只能通过变动可变要素的投入量来调整产量,从而通过对产量的调整来实现 $MR=MC$ 的利润最大化均衡条件。在完全竞争的市场中,市场供给和需求相互作用形成的产品价格,可能高于、等于、低于厂商的平均成本,因此在短期内,厂商出售产品就有可能处于盈利、盈亏平衡或亏损等不同状态。完全竞争厂商短期均衡时的盈亏状态可以用图 6—3 来说明。

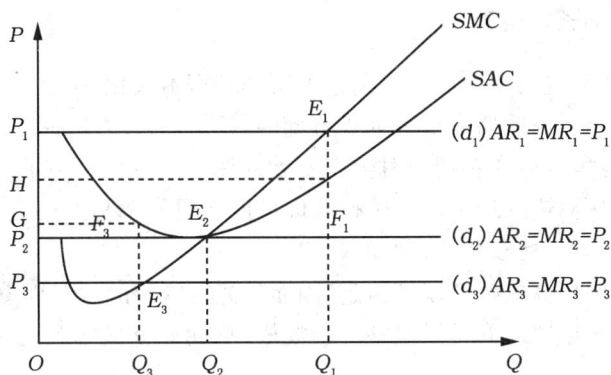

图 6—3 完全竞争厂商短期均衡

图中各成本曲线表示了厂商短期内既定的生产规模,从分析中可以看到,完全竞争厂商短期均衡的基本条件满足 $MR=MC$ 的原则,但不同的市场价格水平将直接影响既定规模下的厂商短期均衡的盈亏状况。

第一,价格或平均收益大于平均总成本,即 $P=AR>SAC$,厂商处于盈利状态。

当市场价格较高,达到 P_1 时,厂商面临的需求曲线为 d_1,为获取最大利润,厂商根据 $MR=SMC$ 的利润最大化原则,把产量确定在 Q_1 上,SMC 曲线与 MR_1 曲线的交点 E_1 即为厂商的短期均衡点。这时平均收益为 OP_1,平均总成本为 Q_1F_1,单位产品获得的利润为 E_1F_1,总收益为 $OQ_1 \times OP_1$,总成本为 $OQ_1 \times Q_1F_1$,利润总量为 $OQ_1 \times E_1F_1$,即图中矩形 $HP_1E_1F_1$ 的面积。如果产量超过 OQ_1 以后,$MC>P_1$,增加产量会降低总利润;若产量小于 OQ_1,增加产量都能增加总利润;只有使产量确定在 OQ_1,$MR=P=SMC$,总利润才达到最大。

第二,价格或平均收益等于平均总成本,即 $P=AR=SAC$,厂商的经济利润恰好为零,处于盈亏平衡状态。

当市场价格为 P_2 时,厂商面临的需求曲线为 d_2,这条需求曲线刚好切于短期平均总成本曲线 SAC 的最低点,同时短期边际成本 SMC 曲线也通过此点,SMC 曲线与 MR_2 曲线的交点 E_2 就是均衡点,相应的均衡产量确定在 Q_2。在 Q_2 产量上,平均收益等于平均成本,总收益也等于总成本,即图中矩形 $OP_2E_2Q_2$ 的面积,此时厂商的经济利润为零,但实现了全部的正常利润。由于在该点上,厂商既无经济利润,又无亏损,所以也把 SMC 与 SAC 的交点称为"盈亏平衡点"或"收支相抵点"。

第三,价格或平均收益小于平均总成本,即 $P=AR<SAC$,厂商会有亏损。

当市场价格为 P_3 时,厂商的平均总成本已经高于产品的市场价格,整个平均总成本曲线 SAC 处于价格 P_3 线之上,出现了亏损。为使亏损达到最小,产量由 SMC 曲线和 MR_3 曲线的相交的均衡点 E_3 决定,在 Q_3 的均衡产量上,平均收益为 OP_3,平均总成本为 OG,总成本与总收益的差额构成厂商的总亏损量,即图中矩形 $P_3GF_3E_3$ 的面积。厂商虽然亏损,但是按 $MR = SMC$ 所确定的均衡产量 Q_3,一定是总亏损额最小的产量。

上述分析表明,完全竞争厂商在短期内,无论市场价格怎样变化,由于厂商不能根据市场需求情况来调整全部生产要素,厂商只能按 $SMC = MR$ 原则来调整自己的产量点。在上述的最佳产量点上,厂商或者可以获得最大利润;或者可以利润为零;或者可以蒙受最小亏损。

四、完全竞争厂商的长期均衡

长期均衡是指厂商通过对生产规模的调整来实现利润最大化。

在长期中,完全竞争厂商的所有要素都是可变的,厂商通过对全部生产要素的调整来实现最大利润的原则。完全竞争厂商在长期中对生产要素的调整表现为两方面:一是厂商自身对最优生产规模的调整,二是厂商进入或退出一个行业即厂商数目的调整。

（一）完全竞争厂商自身对最优生产规模的调整

如前所述,在短期中厂商的生产规模给定,因而只能在既定的生产规模下根据利润最大化均衡条件进行生产;但在长期中厂商可以调整生产规模,从而调整成本和产量,获得比短期更大的利润。

（二）行业中厂商数目的调整

如前所述,在完全竞争市场上,要素可以在不同部门之间自由流动,或者说厂商可以自由进入或退出一个行业。实际上生产要素总是会流向能获得更大利润的行业,也总是会从亏损的行业退出,正是由于行业之间生产要素的自由流动或厂商的自由进出,导致了完全竞争厂商长期均衡时的经济利润为零。

具体来看,如果当某一行业开始时的产品价格较高,厂商根据利润最大化均衡条件,将选择最优生产规模进行生产。此时厂商获得了利润,这会吸引一部分厂商进入到该行业中。随着行业内厂商数量的增加,市场上的产品供给就会增加,在市场需求相对稳定的情况下,市场价格就会不断下降,单个厂商的利润随之逐步减少,厂商也将随着价格的变化进一步调整生产规模。只有当市场价格水平下降到使单个厂商的利润减少为零时,新厂商的进入才会停止。

相反,如果市场价格较低,厂商根据 $MR = MC$ 的条件选择相应的最优生产规模。此时,厂商是亏损的,这会使得行业内原有厂商中的一部分退出该行业的生产,随着行业内厂商数量的逐步减少,市场上产品的供给就会减少,若市场需求相对稳定,产品的市场价格就会上升,单个厂商的利润又会随之逐步增加。只有当市场价格水平上升到使单个厂商的亏损消失即利润为零时,厂商的退出才会停止。

总之,不论是新厂商的加入,还是原有厂商的退出,最终这种调整将使市场价格达到等于长期平均成本最低点的水平。在这一水平,行业中的每个厂商既无利润,也无亏损,但都实现了正常利润,实现了长期均衡。此时单个厂商的利润等于零。

在理解长期均衡时,我们要注意两点:

第一,长期均衡点 E 就是收支相等点。这时,成本与收益相等。厂商所能获得的只是作为生产要素之一的企业家才能的报酬——利润。

第二,长期均衡点就是平均成本与边际成本相等点,此时,平均成本一定处于最低点。这说明在完全竞争条件下,可以实现成本最小化,从而使经济效率最高。

实训项目

一、课内实训

(一)知识题训练

1. 单项选择题

(1)在完全竞争条件下,如果厂商把产量调整到平均成本曲线最低点所对应的水平,则(　　)。

A. 他将取得最大利润　　　　　　　　　B. 他没能获得最大利润

C. 他是否获得最大利润仍无法确定　　　D. 他一定亏损

(2)在完全竞争市场上,已知某厂商的产量是 500 单位,总收益是 500 美元,总成本是 800 美元,总不变成本是 200 美元,边际成本是 1 美元,按照利润最大化原则,他应该(　　)。

A. 增加产量　　　　　　　　　　　　　B. 停止生产

C. 减少产量　　　　　　　　　　　　　D. 以上任何一个措施都采取

(3)在 $MR=MC$ 的均衡产量上,企业(　　)。

A. 必然得到最大利润　　　　　　　　　B. 必然得到最小利润

C. 若获利,则利润最大;若亏损,则亏损最小　　D. 不可能亏损

(4)在一般情况下,厂商得到的价格若低于(　　)就停止营业。

A. 平均成本　　　　B. 平均可变成本　　　　C. 边际成本　　　　D. 平均固定成本

2. 多项选择题

(1)在厂商的停止营业点上,应该有(　　)。

A. 利润为零　　　　B. $P=AVC$　　　　C. $AR=AVC$　　　　D. 总亏损=TFC

(2)当一个完全竞争行业实现长期均衡时,(　　)。

A. 每个企业都实现了正常利润　　　　　B. 每个企业利润都为零

C. 行业中没有任何企业进入　　　　　　D. 行业中没有任何企业退出

(3)在完全竞争条件下,市场价格处于厂商的平均成本的最低点,厂商实现短期均衡,此时厂商将(　　)。

A. 获得最大利润　　　　　　　　　　　B. 不能获得最大利润

C. 无法确定厂商的利润情况　　　　　　D. 获得正常利润

3. 判断题

(1)完全竞争厂商在任何商品销售量水平上都有:$AR=MR=P$。　　　　　　　　(　　)

(2)在任何情况下,只要厂商实现了 $MR=MC$,厂商就一定能获得利润。　　　　(　　)

(3)完全竞争厂商所面临的需求曲线是一条水平线,它表示,完全竞争厂商可以通过改变销售量来影响商品价格。　　　　　　　　　　　　　　　　　　　　　　　　　　(　　)

(4)在任何时候,只要商品价格高于平均变动成本,企业就应继续生产。　　　　(　　)

4. 简答题

(1)简要说明完全竞争市场的特征。

(2)结合图形分析完全竞争厂商的短期均衡。

(二)技能题训练

1. 为什么完全竞争中的厂商不愿为产品做广告而花费任何金钱?

2. 已知某完全竞争市场的需求函数为 $DD=6\ 300-400P$,短期市场供给函数为 $SS=3\ 000+150P$,求市场的短期均衡价格和均衡产量。

二、课外实训

(一)思考讨论题

结合本节所学,思考和讨论"在长期经营中,竞争性的企业获得零经济利润,为什么它们还在经营"?

(二)调查研究题

通过进入到某菜市场询问菜农的菜价制定策略,体会和总结完全竞争市场厂商的价格策略和利润策略。

第三节　完全垄断市场

【导入案例】

近 20 年的中国季节性大迁徙——春运,已成为中国特色。春运市场提供了世界上罕见的爆发性最大的商机。2001 年春运,自 1 月 9 日开始至 2 月 17 日结束,共 40 天,全国运送客员约 16.6 亿人次,比 2000 年增长 2.7%。据国家有关部门的数字统计分析,在 16.6 亿人次中,公路承担 14.9 亿人次的运力,铁路承担 1.34 亿人次的运力,使用这两种交通工具者占中国春运预计总数的 90% 以上。这是中国改革开放 20 年来最高峰值的一次春运。据广东省及珠江三角洲的资料显示:仅春运 40 天,竟能够创造一些客运"专业户"本年度至少 50% 以上的营业总额;而 70% 以上的参加者,在这 40 天"工作"中所创造的价值可抵本年度价值的 120% 以上,甚至可以在未来这一年内什么都不用做也能够正常维持。这一切在很大程度要归功于涨价。

国家铁道部春运办有关人士解释,涨价是为了"削峰平谷",以达到"均衡运输"的目的,但以关键的广州铁路为例,2006 年 1 月 16 日涨价后的事实证明:广东铁路客运高峰更为尖锐,超过历史日最高峰,"均衡运输"就当然成了画饼充饥;对于中国大多数老百姓而言,出门坐火车是首选交通工具,无论火车票涨不涨价,该回家的还得回家,涨价根本无法"削峰平谷",只能让铁路部门狠狠赚一笔。据北京一家报纸报道,节前 15 天,北京西站和北京东站客票收入增长了 50%,收入近 3 亿元。春节给了铁路部门一个极为厚重的"大礼包"。有舆论指责,这是"垄断行业大发横财"。

资料来源:根据网络报道整理而成。

互动提问:铁路运输属于哪类市场结构? 怎样理解铁路部门在春运期间的涨价行为? 合理吗?

一、完全垄断市场的含义和条件

完全垄断又称独占、卖方垄断或纯粹垄断，与完全竞争市场结构相反，完全垄断市场结构是指一家厂商控制了某种产品全部供给的市场结构。完全垄断市场具有以下特征：

（一）厂商数目唯一，即一家厂商控制了某种产品的全部供给

完全垄断市场上垄断企业排斥其他竞争对手，独自控制了一个行业的供给。由于整个行业仅存在唯一的供给者，企业就是行业。

（二）完全垄断企业是市场价格的制定者

由于垄断企业控制了整个行业的供给，也就控制了整个行业的价格，成为价格的制定者。因此，完全垄断企业可以有两种经营决策：以较高价格出售较少产量；以较低价格出售较多产量。

（三）完全垄断企业的产品不存在任何相近的替代品

如果其他企业可以生产替代品来代替垄断企业的产品，那么完全垄断企业就不可能成为市场上唯一的供给者。因此，完全垄断企业的产品不存在任何相近的替代品，消费者在该市场上无其他产品选择。

（四）其他任何厂商进入该行业都极为困难或不可能，要素资源难以流动

完全垄断市场上存在进入障碍，其他厂商难以进入到该行业的生产中来参与产品生产。

完全垄断市场和完全竞争市场一样，都只是一种理论假定，是对实际中某些产品市场的一种抽象，现实中绝大多数产品都具有不同程度的替代性。

二、完全垄断厂商的需求曲线和收益曲线

完全垄断条件下，市场上只有一家企业，企业和行业合二为一，企业就是行业。因此垄断厂商所面临的需求曲线就是整个市场的需求曲线。和所有市场需求曲线一样，完全垄断厂商的市场需求曲线向右下方倾斜，斜率为负，销售量与价格成反比关系。

完全垄断厂商是价格的制定者，可以通过减少销售量来提高市场价格，在其产量水平较高时，市场价格也随之下降。这一点与完全竞争厂商是价格的接受者不同。因此，完全垄断厂商的需求曲线和收益曲线符合上一章讲的价格递减的市场条件，其形状如图6—4、图6—5所示。

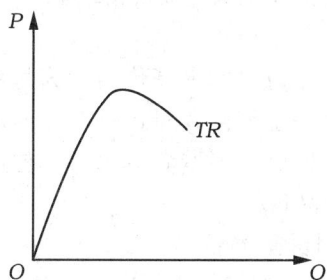

图6—4　完全垄断厂商的总收益曲线　　图6—5　完全垄断厂商的平均收益、边际收益曲线

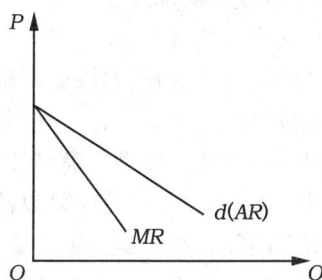

三、完全垄断厂商的均衡

(一)短期均衡

在短期内,完全垄断厂商可以通过调整产量和价格来实现利润最大化。与完全竞争市场类似,垄断厂商利润最大化时的产量也是由需求状况和成本状况共同决定的。其利润最大化条件为 $MR=MC$,这也是完全垄断厂商短期均衡的条件。在短期中,垄断厂商由于各种原因,如既定规模成本过高,或面对的市场需求较小等,可能导致短期里盈亏平衡甚至亏损,不一定总是获得垄断利润。所以垄断厂商的短期均衡有三种情况:获得超额利润、获得正常利润或蒙受损失。

(二)长期均衡

由于完全垄断产业只有一家厂商经营该产业的全部产品,不存在第二家厂商,所以,即使垄断者存在超额利润(经济利润),在长期也不可能像完全竞争产业那样通过厂商间的竞争消除超额利润。因此,垄断者的长期均衡是指垄断者在长期中自己进行调整而达到的利润最大化的均衡。

完全垄断厂商在长期内对于生产的调整一般有三种结果:

(1)短期内是亏损的,长期内也不能扭亏,于是退出生产;

(2)短期内是亏损的,长期内通过对于最优生产规模的选择,扭亏为盈;

(3)短期内是盈利的,长期内通过对于最优生产规模的选择,改小盈为大盈。

四、完全垄断厂商的差别定价

差别定价是指同一厂商在同一时间对同一产品向不同的购买者索取两种或两种以上的价格,或者对销售给不同购买者的同一产品在成本不同时索取相同的价格。

完全垄断厂商实行价格歧视必须具备以下两个条件:

一是被分隔开的多个市场上的需求弹性不同。只有在这种情况下,垄断者根据不同的需求弹性对同一商品索取不同的价格,方能获得多于索取相同价格时的利润,否则最佳策略是对同一商品收取相同价格。

二是不同市场之间可以有效地分离。否则,消费者将在价格低的市场上购买商品,或者把低价购进的商品在价格更高的市场上重新出售,从而使价格歧视难以维持。

一般来说,价格歧视分为三类:一级价格歧视、二级价格歧视和三级价格歧视。

(一)一级价格歧视

一级价格歧视,是指厂商根据消费者愿意为每单位商品付出的最高价格而为每单位产品制定不同的销售价格。从消费者行为理论已知,需求曲线反映了消费者对每一单位商品愿意并且能够支付的最高价格。如果厂商已知消费者的需求曲线,即已知消费者对每一单位产品愿意并且能够支付的最高价格,厂商就可以按此价格逐个制定商品价格。

如图 6−6 所示,对于第一单位商品,消费者愿意支付的最高价格为 P_1,厂商就按 P_1 价格出售;对于第二单位商品,消费者愿意支付的最高价格为 P_2,厂商就按 P_2 的价格出售;依次类推,直至厂商销售完全部的商品。这是一种理想的极端情况。假定厂商生产的平均成本为 P_N,则此时厂商的利润为 P_NAB,而通常情况下,厂商按单一价格 P_N 销售,利润为零。可见实行一级价格定价后,厂商的利润增加了三角形 P_NAB 的面积。由消费者理论可知,这部分面积正好是消费者剩余,因此,实行一级价格歧视的厂商实际上是将所有消费者剩余榨光,转为了生产者的垄断利润。

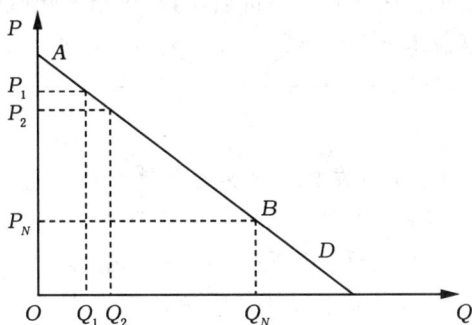

图6-6　一级价格歧视

在实践中,一级价格歧视很少见。实行一级价格歧视的难处在于厂商必须非常清楚地了解市场需求,了解每一个消费者的最高买价。比较近似的情况是艺术品的拍卖市场,当对所拍卖的艺术品有兴趣的消费者都在场的时候,通过消费者之间的相互竞价,每一件艺术品都可能按其最高价出售。

（二）二级价格歧视

二级价格歧视是指垄断厂商根据不同的购买量和消费者确定的价格。日常生活中,二级价格歧视比较普遍,如电力公司实行的分段定价等。二级价格歧视主要适用于那些容易度量和记录的劳务,如煤气、电力、水、电话通信等的出售。

如图6-7所示,假定消费者对电力公司产品的需求曲线为D,当消费者的耗电量低于Q_1时,公司按P_1价格向消费者收费;当耗电量达到Q_2时,增加消费的部分Q_1Q_2按P_2价格收费;当耗电量达到Q_3时,按超过Q_2的部分Q_2Q_3以更低的价格P_3收费。从图中可见,二级价格歧视与一级价格歧视不同,对不同的数量制定不同价格。按二级价格歧视定价时,消费者剩余只剩下相当于途中画斜线的那部分面积的总和,其余的都被完全垄断厂商所获取。

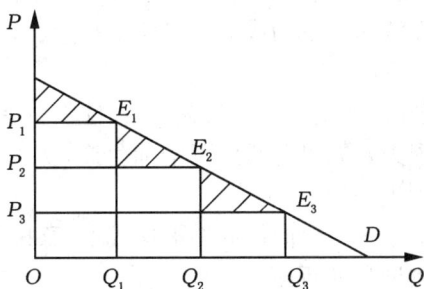

图6-7　二级价格歧视

（三）三级价格歧视

三级价格歧视是指垄断厂商对同一种产品在不同的市场上（或对不同的消费者群体）收取不同的价格。实际中的例子很多,如同一种产品,国内市场和国际市场价格不一样,黄金时间和非黄金时间的广告费不一样等。三级价格歧视要求区别不同市场的需求价格弹性,在需求的价格弹性小的市场,则提高价格;在需求的价格弹性大的市场,则降低价格。实际上,在弹性理论中论述过,对价格变化不敏感的消费者应该采取高价策略,对价格变化敏感的消费者应该采取低价策略,这样有利于提高厂商的收益水平。

📖【案例阅读】

麦当劳连锁店一直采取向消费者发放折扣券的促销策略。它们向就餐的顾客发放麦当劳产品的宣传品,并在宣传品上印制折扣券。为什么麦当劳不直接将产品的价格降低?

回答是:折扣券使麦当劳公司实行了三级差别价格。麦当劳公司知道并不是所有的顾客都愿意花时间将折扣券剪下来保存,并在下次就餐时带来。此外,剪折扣券的意愿与顾客对物品的支付意愿和他们对价格的敏感相关。富裕而繁忙的高收入阶层到麦当劳用餐弹性低,对折扣券的价格优惠不敏感,不可能花时间剪下折扣券并保存随时带在身上,以备下次就餐时用。而且折扣券所省下的钱他也不在乎。但低收入的家庭到麦当劳用餐弹性高,他们更可能剪下折扣券,因为他的支付意愿低,对折扣券的价格优惠比较敏感。

麦当劳连锁店通过只对这些剪下折扣券的顾客收取较低价格,吸引了一部分低收入家庭到麦当劳用餐,成功地实行了价格歧视,采取了三级差别价格,并从中多赚了钱。如果直接将产品价格降低,不带折扣券的高收入阶层的高意愿消费所多得的收入就会流失。

资料来源:根据网络资料整理而成。

五、完全垄断的效率损失和反垄断

(一)垄断的效率损失

完全垄断市场通常被认为是经济效率最低的一种市场结构,经济缺乏效率,资源浪费,主要表现在以下几个方面:

(1)在长期均衡条件下,由于完全垄断市场的价格大于边际成本,大于厂商最低的平均成本,消费者被迫支付更高的价格,即对消费者是一种剥削。

(2)在长期均衡条件下,由于完全垄断市场的产量小于完全竞争市场的产量,产品的价格高于完全竞争市场的价格,而且无法达到平均成本的最低水平。所以资源浪费,即经济效率低于完全竞争市场。

(3)社会福利损失,由于垄断厂商实行价格歧视,不仅使消费者支付高价,导致消费者剩余减少;而且还会导致社会纯福利损失。如果垄断厂商增加生产,扩大产量,社会由此获得的福利大于生产成本,社会福利可以得到进一步增加。

(4)由于垄断市场上市场价格高于厂商最低的平均成本,意味着厂商利用垄断地位就可以获得高额利润,不愿意进行技术改进和创新,阻碍技术进步。

(5)厂商凭借着其垄断地位而获得超额利润,加剧了社会和分配不平等。

(6)垄断厂商不存在竞争的压力,技术创新的压力不足在无形中增加了社会成本。

由于垄断可以使厂商获得更多的利润,因而为了保持这种超额利润,垄断厂商往往会采取各种形式的维持垄断的措施。其中包括游说政府制定更有利于自身的政策。这种为了寻求额外的利润而进行的活动通常在理论界被称为"寻租行为",这种寻租不仅要花费成本,而且还会滋生官僚主义和腐败现象。

(二)反垄断

对一般性的垄断,制定与实施遏制垄断的反托拉斯政策,以避免或减少垄断;反托拉斯政策

试图防止垄断或各种反竞争行为,以激励竞争,提高市场经济的效率。反托拉斯法的基本框架主要由以下三个法律组成:

1.《谢尔曼法》(1890 年)

1890 年通过的《谢尔曼法》,成为美国反托拉斯法的奠基石。《谢尔曼法》第 1 条:限制任何"企图限制贸易"的合同、联合与共谋;第 2 条:禁止垄断和任何意在垄断的勾结。

但该法律条文本身与相关解释都没有明确垄断的概念和被禁止的行为,使得人们没有清晰的标准来判定有关的经济活动是合法还是非法。后来的一些法律越来越清楚地阐释了该法律条文的含义。

2.《克莱顿法》(1914 年)

通过《克莱顿法》是为了澄清和强化《谢尔曼法》。《克莱顿法》禁止捆绑性销售契约(在这种契约中,如果顾客想要 A 商品,就必须购买 B 商品),规定价格歧视和排他性经营为非法;该法禁止连锁董事会(同一产业中的某个人同时是几个公司的董事),还禁止通过收购竞争对手公司的普通股票进行兼并。这些行动本身并不一定违法,但是当这类行动实际上在明显减少竞争时,它们就违法。《克莱顿法》既强调惩罚,也强调预防。

3.《联邦贸易委员会法》(1914 年修正案)

1914 年成立了联邦贸易委员会(FTC),以禁止"不公平的竞争手段"和向那些违背竞争的兼并行为发出警告。1938 年,FTC 还被授权禁止欺骗性的不真实的广告。

尽管反托拉斯的基本法律很明确,但要在具体的经济活动中加以应用却并非易事。实际的相关法律是在经济理论和实际案例的相互作用中发展和完善的。

在自然垄断行业,对新厂商进入行业所必须具备的条件、产品标准与价格等方面进行管制。

政府管制(Regulation)是指政府制定条例和设计市场激励机制,控制厂商的价格、销售与生产决策,以提高资源的配置效率。政府管制分为经济管制与社会管制两类。经济管制是指对产品价格、市场进入与退出条件、产品与服务标准等方面进行的管制。社会管制主要是为了保护环境、保证劳工和消费者的健康和安全。

实训项目

一、课内实训

(一)知识题训练

1. 单项选择题

(1)对完全垄断厂商来说,(　　　)。

A. 提高价格一定能够增加收益

B. 降低价格一定会减少收益

C. 提高价格未必增加收益,而降低价格未必减少收益

D. 以上都不对

(2)要能有效地实行差别定价,(　　　)不是必须具备的条件。

A. 分割市场的能力

B. 一个巨大的无弹性的总需求

C. 每个市场上不同的需求价格弹性

D. 保持市场分割以防止商品在较有弹性的需求时被倒卖

(3)在短期,完全垄断厂商(　　)。

A. 无盈利　　　　　　　　　　　　　B. 获得盈利

C. 发生亏损　　　　　　　　　　　　D. 以上任何一种情况都可能出现

2. 多项选择题

(1)垄断给社会造成的无谓损失是(　　)。

A. 在完全竞争条件下的产量与垄断条件下的产量的差额部分的消费者剩余和生产者剩余

B. 垄断产量下的消费者剩余

C. 垄断厂商享有的、完全竞争条件下所没有的额外利润

D. 完全竞争产量下的消费者剩余

E. 完全竞争产量下的消费者剩余减去垄断利润

(2)为了便于垄断产生,应该(　　)。

A. 封锁经济信息　　　　　　　　　　B. 限制其他企业进入

C. 某行业的产品只有一个供给者　　　D. 没有相近的替代品

(3)具有(　　)特点的市场是完全垄断市场。

A. 不同质的产品　　　　　　　　　　B. 完全信息

C. 一个卖者　　　　　　　　　　　　D. 资源不能自由流动

3. 判断题

(1)垄断厂商在短期均衡点上总能获得最大利润。　　　　　　　　　　　(　　)

(2)市场的竞争程度越高,则经济效率越高;市场的垄断程度越低,则经济效率越低。(　　)

(3)在垄断厂商的长期均衡时,垄断厂商可以亏损,可以利润为零,也可以盈利。　(　　)

(4)垄断厂商可以控制和操纵市场价格。　　　　　　　　　　　　　　　(　　)

(5)垄断厂商所面临的需求曲线就是市场的需求曲线。　　　　　　　　　(　　)

4. 简答题

(1)简要说明完全垄断市场的特征。

(2)画图说明完全垄断市场的需求曲线和收益曲线。

(二)技能题测试

1. 在微软公司的垄断案中,社会上存在两种对立的观点:微软公司是垄断者,应解体;微软公司虽是垄断者,但不应解体。收集有关资料,结合本章所学说明这两种观点的分歧,并谈谈你的看法。

2. 试阐明公用事业公司在高峰期如何定价才能减少所需要的厂房设备?

3. 试比较完全竞争和完全垄断的经济效率,并依此说明政府为何要限制垄断,促进竞争?

二、课外实训

(一)思考讨论题

结合本章所学,谈谈"完全垄断厂商可以任意定价"这种说法是否正确? 为什么?

(二)调查研究题

1. 调查题目:调查差别定价行为或现象。

2. 调查要求：

(1)至少调查实践中存在的5种以上的差别定价行为或现象。

(2)可采取多种调查方法。

(3)结合本节所学,分析该差别定价的类型。

第四节　垄断竞争市场

【导入案例】

1996年,酷爱发明的俞兆林先生发明了导湿保暖复合绒,并将这一发明利用在内衣上,从此服饰领域多了"保暖内衣"这一新概念。"保暖内衣"这个服装领域的"新宠物",一时间成为人们谈论冬季保暖话题的流行词。1999年更是成为市场追捧的对象,各种保暖内衣市场可谓是炙手可热,占尽春色。于是乎,这一新生行业在1999年只有几十家的基础上,于2000年猛增至500家,总销量由1999年的不足700万套,上升至2000年度的3 000多万套! 甚至是鱼龙混杂、泥沙俱下。同时,伴随激烈竞争而推出的各种行销手段更是层出不穷。有报道说:"南极人"送袜,"南极棉"送被,"白熊"保暖内衣卖最低价,"俞兆林"买两套送一套、买一套送单件、买单件送手套,等等;各种广告宣传更是充斥大街小巷、报纸电视。而当行业内厂商正激战正酣,市场上消费者、行业管理人士的反应又怎样呢? 根据市场调查发现,尽管价格较1999年已有明显下降,但2000年度市场反应仍十分冷淡,1999年度那种排长队提货的情景没有了,而产品专卖区更是十分萧条,有营业员说,与1999年的火爆场面相比,这里常常是数十分钟无人光顾。而市场上种类繁多的保暖品牌更是引起市场管理者的重视,据最新的质量检查结果表明,市场上打出的所谓的新材料、新技术、新工艺、多功能的内衣,其实大多存在技术含量低、重概念轻质量、盲目仿造等问题。

资料来源: 张云峰等:《微观经济学典型题解析及自测试题》,西北工业大学出版社2001年版。

互动提问: 保暖内衣的生产厂商属于哪种类型的厂商? 在该种类型的市场上,厂商应该采取怎样的经营手段来获取利润?

一、垄断竞争市场的含义和特征

垄断竞争市场是一种介于完全竞争市场和完全垄断市场之间的市场组织形式,在这种市场中,既存在着激烈的竞争,又具有垄断的因素。

作为垄断竞争市场,应具有如下基本特征:

(一)市场中存在着较多数目的厂商,彼此之间存在着较为激烈的竞争

由于垄断竞争市场存在较多数量的厂商,因此,每个厂商都认为自己的产量在整个市场中只占有一个很小的比例,从而厂商会认为自己改变产品的产量和价格,不会招致其竞争对手们相应行动的报复。

(二)厂商所生产的产品是有差别的,或称"异质商品"

产品差别是指同一产品在价格、外观、性能、质量、构造、颜色、包装、形象、品牌、服务及商标

广告等实体感知方面的差别以及以消费者想象为基础的虚幻差别。由于存在着这些差别,使得产品成了带有自身特点的"唯一"产品,也使得消费者有了选择的必然,更使得厂商对自己独特产品的生产销售量和价格具有了控制力,即具有了一定的垄断能力。显然,这种垄断能力的大小取决于厂商自己的产品区别于其他厂商产品的程度。产品差别程度越大,垄断能力和程度越高。

(三)厂商进入或退出该行业都比较容易,资源的流动性较强

垄断竞争市场的进入壁垒较低,因此,当垄断竞争市场获利时,厂商能较容易地进入该市场逐利;反之,当垄断竞争市场亏损时,厂商也能较容易地退出该市场止损。

垄断竞争市场是常见的一种市场结构,如肥皂、洗发水、毛巾、服装、布匹等日用品市场;餐馆、旅馆、商店等服务业市场;牛奶、火腿等食品类市场;书籍、药品等市场大多属于此类。

二、垄断竞争厂商的需求曲线和收益曲线

(一)需求曲线

由于垄断竞争厂商生产的是有差别的产品,因而对该产品都具有一定的垄断能力,和完全竞争的厂商只是被动地接受市场的价格不同,垄断竞争厂商对价格有一定的影响力。比如,厂商如果将它的产品的价格提高一定的数额,则习惯于消费该物品的消费者可能不会放弃该物品的消费,该产品的需求不会大幅度下降。但若厂商大幅度提价的话,由于存在着大量的替代品,消费者就可能舍弃这种偏好,转而购买该商品的替代品。因此,垄断竞争厂商所面临的需求曲线相对于完全竞争厂商而言要更陡一些(即更缺乏弹性),而相对于垄断厂商来讲需求曲线要更缓,即更富有弹性。

由于在垄断竞争行业中厂商生产的产品都是有差别的替代品,因而市场对某一厂商产品的需求不仅取决于该厂商的价格—产量决策,而且取决于其他厂商对该厂商的价格—产量决策是否采取对应的措施。比如一个厂商采取降价行动,如果其他厂商不降价,则该厂商的需求量可能上升很多,但若其他厂商也采取降价措施,则该厂商的需求量不会增加很多。这样在分析垄断竞争厂商的需求曲线时,就要分两种情况进行讨论。

1. d 曲线

d 曲线表示在垄断竞争生产集团中的单个厂商改变产品价格,而其他厂商的产品价格保持不变时,该厂商的产品价格与销售量之间的对应关系。因为在市场中有大量的企业存在,因而单个厂商会认为自己的行动不会引起其他厂商的反应,于是它便认为自己可以像垄断厂商那样,独自决定价格。这样,单个厂商在主观上就有一条斜率较小的需求曲线,称为主观需求曲线。

2. D 曲线

D 曲线是指在垄断竞争生产集团中的单个厂商改变产品价格,而其他所有厂商也使产品价格发生相同变化时,该厂商的产品价格和销售量之间的关系。在现实中,一个垄断竞争厂商降低价格时,其他厂商为了保持自己的市场,势必也会跟着降价,该厂商因而会失去一部分顾客,需求量的上升不会如厂商想象得那么多,因而还存在着另外一条需求曲线,称为客观需求曲线或比例需求曲线。

在图 6—8 中,垄断竞争厂商的主观需求曲线为 d_1,厂商最初的产量为 Q_1,最初的价格为 P_1,因而位于主观需求曲线上的 A 点。当该厂商将产品的价格由 P_1 下调至 P_2 后,按照其主观需求曲线 d_1,厂商预期其销售量将提高至 Q_2。但是,由于该厂商降价时,其他厂商也将采取同样的措施,以维护自己的市场占有率,因此,该厂商的销售量实际只有 Q_3,即介于 Q_1 和 Q_2 之

间,厂商实际只能移动到 B 点。当厂商意识到这点之后,厂商的主观需求曲线就会做出相应的调整,改为通过 B 点的 d_2。相反,如果厂商将它的价格由 P_1 提高至 P_3,厂商按照主观需求曲线 d_1 会预期自己的需求量将降低至 Q_4,但由于其他厂商也同样采取提价措施,该厂商需求量的下降并不像预期得那么多,实际的需求量为 Q_5,即厂商实际移动到 C 点,厂商的主观需求曲线也将随之调整至通过 C 点的 d_3。根据客观需求曲线的定义,连接 A、B、C 三点的曲线 D 即是客观需求曲线。

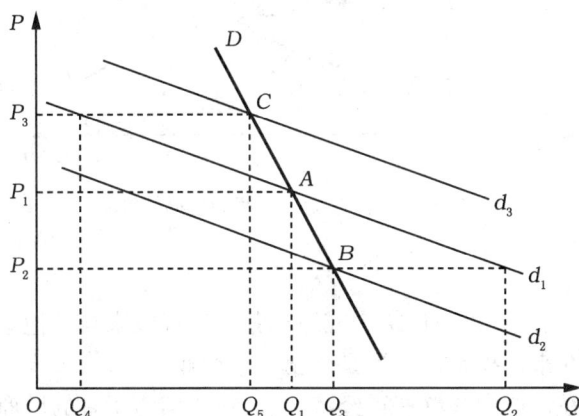

图 6—8　垄断竞争厂商所面临的需求曲线

3. d 曲线与 D 曲线的关系

(1)当所有厂商同样调整价格时,整个市场价格的变化会使单个垄断竞争厂商 d 曲线沿着 D 曲线上下移动。

(2) d 曲线表示单个改变价格时预期的产量,而 D 曲线表示单个厂商在每一价格水平实际面临的市场需求量或销售量,所以 d 曲线与 D 曲线相交,意味着垄断竞争市场的供求平衡状态。

(3)客观需求曲线 D 更缺乏弹性,所以更陡峭一些;主观需求曲线弹性较大,较平坦些。

(二)收益曲线

由于厂商的平均收益 AR 总是等于该销售量时的价格 P,因此平均收益曲线就是厂商的需求曲线。需求曲线向右下方倾斜,则平均收益曲线也向右下方倾斜,且两线重合。平均收益递减,则边际收益必定也递减,并且小于平均收益。所以与完全垄断厂商类似,垄断竞争厂商的边际收益 MR 曲线也是位于平均收益 AR 曲线之下,且较 AR 曲线更为陡峭。

三、垄断竞争厂商的均衡

(一)短期均衡

垄断竞争厂商在短期内会通过调整它的产量和价格来实现它的利润最大化目标。

垄断竞争厂商实现短期均衡时的利润如图 6—9 中阴影部分所示。当然,和垄断厂商、完全竞争厂商一样,垄断竞争厂商也可能获得经济利润,也可能经济利润为零,甚至是亏损,经济利润为负。这主要取决于厂商所面临的需求曲线与其平均成本曲线的位置。如果厂商的平均成本曲线位于需求曲线之上,也就是说,厂商的平均成本太高或者需求太低,则厂商在短期内无论如何调整其价格和产量,都无法摆脱亏损的命运。

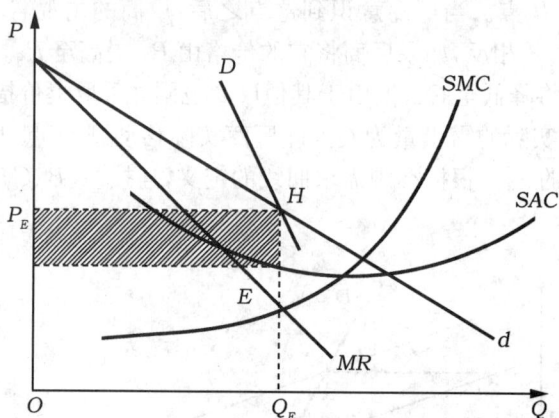

图 6—9 垄断竞争厂商的短期均衡

(二)长期均衡

在长期内,垄断竞争厂商可以通过扩大或缩小其生产规模来与其他企业进行竞争,也可以根据自己能否获得经济利润来选择是进入还是退出一个行业。

假设垄断竞争厂商在短期内能够获得经济利润,在长期内所有的厂商都会扩大生产规模,也会有新的厂商进入该行业进行生产,在市场总的需求没有大的改变的情况下,代表性厂商的市场份额将减少,虽然主观需求曲线不变,但客观需求曲线将向左下方移动,从而厂商的产品的实际需求量低于利润最大化的产量。厂商为了实现长期均衡,必须降低其价格、提高其产量来适应这种变化,从而主观需求曲线和客观需求曲线都会向左下方移动。这一过程会一直持续到行业内没有新的厂商进入,也没有企业愿意扩大生产规模为止,此时厂商的利润为零。

厂商实现长期均衡时的所处状态如图 6—10 所示。在长期均衡时,厂商的主观需求曲线 d 与长期平均成本曲线 LAC 相切于 E 点,客观需求曲线也与 d 曲线和 LAC 曲线相交于 E 点,此时厂商的均衡产量为 Q_E,满足厂商利润最大化的要求 $MR = LMC = SMC$。而此时的 $P = AR = LAC$,所以厂商的利润为零。

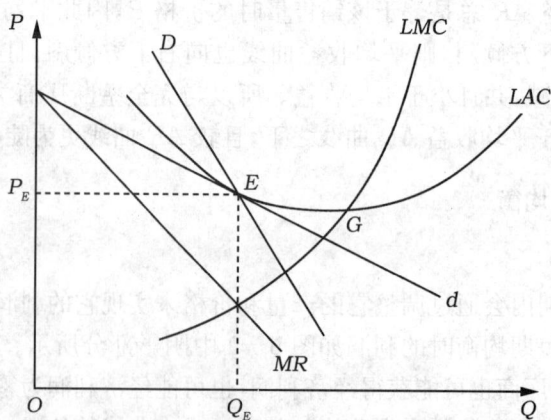

图 6—10 垄断竞争企业的长期均衡

如果考虑行业内厂商亏损,厂商退出行业或者减少产量的过程,与上述的分析过程类似,只不过两条需求曲线的移动方向相反而已,最终均衡的结果都是主观需求曲线与 LAC 曲线相切,利润为零。

从长期均衡的条件看,垄断竞争厂商与完全竞争厂商相同,但实际上却存在着很大不同,其差别在于:

第一,完全竞争厂商 D、AR、MR 曲线三线合一,且为平行线。垄断竞争厂商 D、AR 重合,且向右下方倾斜,并且 $MR < AR$。

第二,完全竞争下长期均衡时的产量其平均成本处于最低点。垄断竞争下长期均衡时的产量其平均成本高于最低点。

第三,完全竞争下长期均衡时的价格低于垄断竞争下的均衡价格,且 $P = MC$。垄断竞争下长期均衡时价格较高,$P > MC$。

第四,完全竞争下长期均衡时的产量高于垄断竞争时的均衡产量。

四、垄断竞争条件下的产品差别竞争

厂商之间的竞争一般采取两种手段:一是价格竞争,二是非价格竞争。价格竞争是指厂商通过压低价格争夺市场。非价格竞争是指厂商通过提高产品的质量,改进产品的性能,改变产品的设计、包装、装潢,或者通过大量的广告推销产品,或者塑造品牌等以扩大产品与产品之间的差异性,从而创造或保持自己的垄断地位。

由于在垄断竞争市场上,长期竞争的结果是超额利润为零,但短期中可以凭借产品特色形成的垄断地位获得超额利润。因此,产品差异竞争是垄断竞争厂商锁定顾客群,在消费者中形成垄断地位,从而获得超额利润的必然行为。

【案例阅读】

一天,在澳大利亚某城市,突然从天上落下很多手表。人们大为惊讶,纷纷走上前去拾起来一看,手表还在滴滴答答地走动。与当地时间一对,居然完全一致。原来,这是日本西铁城手表厂商做的一次广告。澳大利亚人深为西铁城手表的高质量、高精确度所折服。从此,西铁城手表迅速在澳大利亚打开了销路。

资料来源:根据网络资料整理而成。

案例评析:手表行业是典型的垄断竞争行业,产品有一定的差别性,但不是很大,也不容易被识别。因而,通过非价格竞争方式来识别、扩大产品的差别性,是使垄断竞争厂商增强产品垄断性,从而增强价格控制力的一种重要的方式。

实训项目

一、课内实训

(一)知识题训练

1. 单项选择题

(1)垄断竞争市场上厂商的短期均衡发生于(　　　)。

A. 边际成本等于实际需求曲线中生产的边际收益时

B. 平均成本下降时

C. 主观需求曲线与实际需求曲线相交,并有边际成本等于主观需求曲线中产生的边际收益时

D. 主观需求曲线与平均成本曲线相切时

(2)垄断竞争厂商实现最大利润的途径有( )。

A. 调整价格从而确定相应产量　　　　　B. 品质竞争

C. 广告竞争　　　　　　　　　　　　　D. 以上都可以

(3)在垄断竞争中,利润会趋于零是由于( )。

A. 产品差异　　　　B. 进入该行业容易　　　C. 成本最小化　　　D. 收益最大化

2. 判断题

(1)垄断竞争与完全竞争的关键差别是垄断竞争存在产品差别。　　　　　　( )

(2)垄断竞争厂商长期均衡时的利润必定为零。　　　　　　　　　　　　( )

3. 简答题

(1)简要说明垄断竞争市场的特征。

(2)画图说明垄断竞争厂商的需求曲线和收益曲线。

(二)技能题训练

1. 为什么垄断竞争兼有竞争和垄断的因素?

2. 宝洁与联合利华是两家最大的日用化妆品生产企业,两家企业经常采用的竞争策略有:

(1)广告战。宝洁公司每年广告费超过 50 亿美元,联合利华则有 60 多亿美元。宝洁公司广告宣传注重品牌个性,而联合利华则突出品牌的本土化。

(2)研发战。宝洁每年将销售额的 4% 用于研究,在全球范围内宝洁拥有 24 000 个专利,并以每年 3 800 个的速度递增。联合利华每年研发费占全年营业额的 2%。两家公司不仅研发投资巨大而且在研发速度上竞争,如宝洁的汰渍洗衣粉在美国市场占 40%。针对汰渍洗衣粉,联合利华推出 WISK 的双效片的块状洗衣剂;作为应对手段,宝洁公司迅速推出有类似功效的"汰渍速效片"。

请结合本节所学,分析两家企业竞争策略的合理性和有效性。

二、课外实训

(一)思考讨论题

结合本节所学,思考和讨论"垄断竞争市场的垄断性和竞争性孰强孰弱"?

(二)调查研究题

在课后关注现有的各类广告(可选定某一媒介,或电视、或网络、或报纸等),分析其中有多少企业属于垄断竞争行业? 思考为什么会出现这种现象?

第五节　寡头垄断市场

【导入案例】

　　世界石油的大部分生产国家形成了一个卡特尔,称为世界石油输出国组织(OPEC)。在1960年最初成立时,欧佩克包括伊朗、伊拉克、科威特、沙特阿拉伯和委内瑞拉。到1973年,又有其他8个国家加入:卡塔尔、印度尼西亚、利比亚、阿联酋、阿尔及利亚、尼日利亚、厄瓜多尔和加蓬。这些国家控制了世界石油储藏量的3/4。正如任何一个卡特尔一样,欧佩克力图通过协调减少产量来提高其产品的价格。欧佩克努力确定每个成员国的生产水平。

　　欧佩克想维持石油的高价格。但是,卡特尔的每个成员都受到增加生产以得到更大总利润份额的诱惑。欧佩克成员常常就减少产量达成协议,然后又私下违背协议。

　　1973~1985年,欧佩克成功地维持了合作和高价格。原油价格从1972年的每桶2.64美元上升到1974年的11.17美元,然后在1981年又上升到35.10美元。但在80年代初,各成员国开始扩大生产水平,欧佩克在维持合作方面变得无效率了。到了1986年,原油价格回落到每桶12.52美元。

　　现在,欧佩克成员继续每两年开一次会,但卡特尔在达成或实施协议上不再成功了,欧佩克成员主要是相互独立地做出生产决策,世界石油市场是相当有竞争性的。

　　资料来源:曼昆:《经济学原理》,北京大学出版社2002年版。

　　互动提问:石油行业属于哪种市场类型? 怎样理解卡特尔组织的形成及其行为?

一、寡头垄断市场的含义及特征

　　寡头垄断市场是指少数几个厂商控制整个市场产品的生产和销售的一种市场组织形式。

　　寡头垄断市场可分为两种类型:一是纯粹寡头行业,在该寡头行业,每个厂商所生产的产品是同质的,如钢铁、水泥、铜等产品生产的寡头;二是差别寡头行业,在该寡头行业,每个厂商所生产的产品是有差别的,如汽车、电脑等产品生产的寡头。

　　寡头垄断市场具有以下特征:

　　(一)厂商规模巨大而数量很少

　　寡头垄断市场上只有两家或者少数几家厂商,它们共同控制了大部分的市场供给,因此,每个厂商在市场上都有举足轻重的地位,而且都对市场价格有比较大的控制力。

　　(二)各厂商的行为相互影响,单个厂商行为变动的结果具有不确定性

　　寡头垄断厂商的行为相互影响。每一个厂商的价格和产量的变动都会影响其竞争对手的价格和产量的变动,而竞争对手的价格和产量的变动,又会反过来影响自己的销售量和利润水平。因此,某个厂商变动价格与产量的结果如何,取决于竞争对手的反应。由于竞争对手的反应方式多种多样,具有不确定性,该厂商决策变动的结果也必然多种多样,具有不确定性。

二、非勾结性寡头市场模型

　　由于寡头间的对策不确定,因此要想建立一个理想的模型解释寡头的价格与产量的决定是

不可能的。实际上存在多种解释寡头行为的模型,模型的结论依赖于对寡头行为的假定。对寡头行为作出的假定不同,模型的结论也就不同。因此,有多少关于竞争对手反应方式的假定,就有多少寡头厂商的模型,就可以得到多少不同的结果。在西方经济学中,目前还没有找到一个寡头市场模型,可以对寡头市场的价格和产量的决定作出一般的理论总结。

本部分介绍的两个模型是所有模型中的特例,都属于独立行动条件下的寡头厂商模型。

(一)古诺模型

古诺模型(Cournot Model)由法国经济学家古诺(Augustin Cournot)于1838年首先提出。

为了简化分析,古诺模型假设:

(1)一个产业只有两个寡头厂商,每个寡头生产和销售相同的产品,它们的生产成本为零,并追求利润最大化。

(2)两个寡头同时作出产量决策,即寡头间进行的是产量竞争而非价格竞争,产品的价格依赖于两者所生产的产品总量。

(3)双方无勾结行为。

(4)每个生产者都把对方的产出水平视为既定,并依此确定自己的产量。

(5)假定边际成本是常数。

古诺模型的产量和价格的决定可用图6-11来说明:

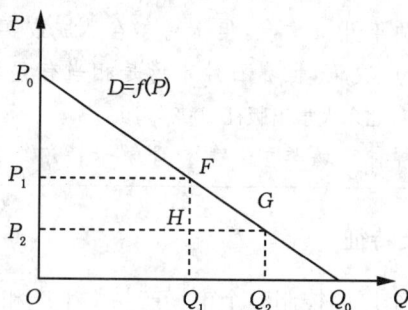

图6-11　古诺模型

在图中,D曲线是两个寡头共同面临的线性的市场需求曲线,由于假设生产成本为零,故图中无成本线。两家厂商共同分配市场的过程如下:

首先,A厂商进入市场。它将产量定为市场总容量,即市场最大需求量OQ_0的1/2,即产量为OQ_1,相应的价格为OP_1,从而实现利润最大化。由于生产成本为零,因而$OP_1 \times OQ_1$,即矩形OP_1FQ_1的面积就是利润。从几何意义上讲,该矩形是三角形OP_0Q_0中面积最大的内接矩形。

然后,B厂商进入市场。B厂商根据A厂商剩下的市场空间,即Q_1Q_0,确定生产这部分市场容量的1/2,即Q_1Q_2。由于市场总供给量已达到OQ_2,因而价格水平相应地由P_1降至P_2。B厂商的利润总量是Q_1HGQ_2,A厂商的利润也由于B厂商的加入而下降到OP_2HQ_1。

最后,A厂商又要根据B厂商加入后自己面临的市场容量,即3/4的OQ_0来重新调整自己的产量以实现利润最大化。A厂商会将产量调整到自己面临市场空间的1/2,即市场容量的3/8。

依此类推,A厂商与B厂商轮番进入市场,都将自己的产量调整到对方留下的市场空间的1/2以实现利润最大化。在这个过程中,A的产量逐渐减少,B的产量逐渐增加,直到它们各占市场总容量的1/3,市场总供给量是市场最大容量的2/3为止,市场实现均衡。

由此可以推出,当有三个寡头时,市场总供给量最终将达到市场总容量的 3/4,每个寡头各占 1/4。当有 n 个寡头时,总供给量是市场总容量的 $n/(n+1)$,每个寡头各占 $1/(n+1)$。

（二）斯威齐模型

斯威齐模型由美国经济学家保罗·斯威齐于 20 世纪 30 年代建立。由于寡头厂商之间价格战的结果往往是两败俱伤,竞争的双方利润都趋向于零,所以在寡头垄断市场上,产品的价格往往比较稳定,厂商比较喜欢采用非价格竞争方式,即便采用价格战的方式也是非常慎重的。寡头厂商不愿轻易地变动产品价格,价格能够维持一种比较稳定的状态的情况,称为价格刚性。斯威齐模型就是解释在寡头垄断市场上出现的这种价格刚性现象。

斯威齐首先假定:当一个寡头厂商降低价格的时候,其他厂商会跟着降价;当一个寡头厂商提高价格的时候,其他厂商会保持价格不变。做这样的假定的原因是,当一个厂商降低它的产品的价格的时候,其他厂商如果不跟着降价,那么其他厂商的市场份额就会减少,从而产量下降,利润下跌;而当一个寡头厂商提高它的产品价格的时候,如果其他厂商的价格保持不变,那么提价的厂商的一部分市场份额将会自动被其他厂商瓜分,从而其他厂商的产量会上升,利润会增加。所以需求曲线呈现弯折的形状,称为弯折的需求曲线。

斯威齐模型的具体形式见图 6-12。假定厂商原来处于 A 点,即产量为 Q_1,价格为 P_1。按照斯威齐的假定,厂商提价的时候,其他厂商价格不变,因而厂商的需求量将会下降很多,即产品富有弹性,相当于图中 AE 段的需求曲线;当厂商降价的时候,其他厂商的价格也下降,因而厂商的需求量不会增加很多,从而产品是缺乏弹性的,相当于图中 AD 段。与需求曲线相对应的边际收益曲线也标在图 6-12 中,可以看出,在 H 点与 N 点之间,边际收益曲线有一个较大的落差。如果厂商的边际成本为 MC_2 所代表,厂商的产量和价格分别将是 Q_1 和 P_1;如果厂商边际成本提高至 MC_1,厂商的产量和价格仍然是 Q_1 和 P_1;如果厂商的边际成本降低到 MC_3,厂商的利润最大化的产量和价格仍然不变。由此可见,厂商的成本即使在一个很大的范围内发生变动,只要是在 H 和 N 之间,厂商的产量和价格仍将保持稳定。

虽然斯威齐模型有助于说明寡头市场的价格刚性现象,但也有很多的经济学家提出了批评意见。这些批评主要集中在两点:第一,如果按照斯威齐模型,寡头市场应该具有比垄断市场更

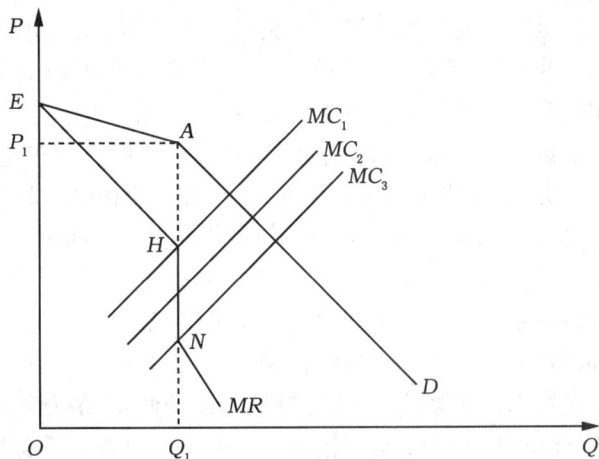

图 6-12　折弯的需求曲线

为刚性的价格,但是实证的结论与此正好相反;第二,斯威齐模型只是解释了价格一旦形成,则不易发生变动,但这个价格是如何形成的,却没有给出说明。

三、勾结性寡头市场模型

寡头垄断厂商一般规模巨大,实力雄厚,如果相互之间展开竞争,不仅得不到更多利润,反而会两败俱伤。于是,它们常常联合起来,互相勾结以取得更大利润。寡头垄断厂商之间的勾结可能是公开的(或正式的),也可能是非公开的(或隐蔽的)。

(一)公开的勾结:卡特尔

卡特尔是指为了维持较高价格通过明确的正式协议公开地勾结在一起的一群厂商。

卡特尔的主要任务:一是为各成员厂商的产品制定统一的较高的价格。卡特尔制定统一价格的原则是使整个卡特尔的利润最大化。如果行业中所有厂商都加入了卡特尔,那么,卡特尔的价格和产量的决定同完全垄断厂商的价格和产量的决定是一样的:使卡特尔的边际收益等于边际成本,即 $MR=MC$。二是在各成员厂商之间分配与较高的产品价格对应的较少的行业产量。为了维持较高的价格,各厂商的产量必须进行限额,而不能任意生产。

卡特尔分配产量定额的原则是使各个厂商的边际成本相等,并且与卡特尔均衡产量水平的边际成本相等。

上述的产量分配方式,是一种理想的分配方式,现实中很难实现。实际上卡特尔产量在各厂商之间的分配受到各厂商原有的生产能力、销售地区与谈判能力的影响。同时,卡特尔各成员厂商还可以通过广告、信用、服务等非价格竞争手段拓宽销路、增加产量。

卡特尔组织通常具有不稳定性,因为当卡特尔其他成员厂商都把价格保持在较高水平,而某个厂商单独降低价格时,该厂商面临一条需求价格弹性较大的比较平坦的需求曲线:价格的微量下降可以大大地增加销售量,进而极大地增加总收益和利润。于是任一厂商都有足够的动机违背卡特尔对价格的规定,私自降低价格,增加产销量。一旦某一厂商这样做时,其他厂商必然仿冒,最终导致卡特尔的解体。因此,卡特尔具有不稳定性。

(二)非公开的勾结:价格领导

由于公开的勾结性协议在有些国家被认为是非法的(如美国的大多数卡特尔协议都被 1890 年颁布的《谢尔曼法》认定是非法的),因此寡头垄断厂商更多地采取隐蔽的、非公开方式互相勾结。各个厂商共同默认一些"行为准则",如削价倾销是违背商业道德的,应相互尊重对方的销售范围等。价格领导是非公开勾结中的一种主要形式。

价格领导是指行业的价格由某家厂商率先制定,然后其他厂商均按此价格销售产品。

价格领导主要有三种类型,即支配型价格领导、晴雨表型价格领导与低成本型价格领导。

支配型价格领导是指生产规模特别巨大,在行业中具有支配力量的大厂商,在保证行业中其他厂商能够生存的情况下,根据自己利润最大化的需要来确定价格。其他小厂商按此价格销售,并按照边际成本等于价格的原则确定均衡产量。在这种情况下,小厂商可以出售它们愿意提供的一切产品,市场需求量与小厂商产量的差额由支配型厂商补足。

晴雨表型价格领导是指掌握较多信息、能比较准确地预测市场行情的厂商首先制定一个合理的价格,其他厂商则以此价格为基础,制定相应的价格。晴雨表型厂商并不一定是行业中规模最大、效率最高的厂商,但他熟悉市场行情,了解市场需求状况与生产成本的高低,所以它制定的价格能够为其他厂商所接受。

　　低成本型价格领导是指行业价格由成本最低的厂商的价格决定,其他厂商则按这一价格销售产量。对其他厂商来说,行业价格不是最优价格,但由于成本较高,自己的最优价格总是大于行业价格。如果按最优价格而不是按行业价格销售,自己的销售量将大大减少,结果是得不偿失的。较高成本的厂商按非均衡价格销售产品,实际上是牺牲一部分利润以避免与低成本厂商进行价格竞争可能造成的更大损失。

📖 【案例阅读】

　　2000年,中国市场上从彩电、空调、汽车到电脑、珠宝首饰、医疗药品,价格战愈演愈烈,更多的企业以低于成本的价格参与市场角逐,市场的价格战越来越让人有些看不懂。价格战是企业间市场竞争的重要手段之一,但不同的厂商价格战的策略和目标各有不同,中国的价格战中存在着以下几种现象:

　　第一,炒作,借势打品牌。2000年的价格战与往年有很大的不同,除了在淡季刺激市场销售等基本目的外,此次价格战更着重于"炒作",借打价格战之势打广告、打品牌。2000年8月,长虹"开闸放水",康佳、乐华、TCL、海信等先后"跳水",彩电价格降幅最大达35%,29英寸彩电跌破业内人士认定的最低成本价2 300元,更有一些厂家将其降至2 000元以下。这岂不是赔本买卖?著名经济学陈淮道出其中奥秘,他说:"作为商家,如果一台29英寸彩电赔本400元,100台是4万元,特价卖300台不过赔进去10多万元,但是它所得的广告效应和社会效应远比这个高得多。10万元在报纸上只能做一个整版广告,一个整版广告与卖特价机所取得的效果是无法比拟的。"

　　第二,厂家与商家"唱双簧"。这一年的价格战与以往的另一个不同是,厂家与商家联手"唱双簧",共同得利,其手法比以前更老到。拿彩电的价格战来说,先是由经销商拿出一两个品牌中的一两个型号的彩电降价销售,引发消费市场的一轮哄抢。然后厂家矢口否认,并口诛笔伐,对商家擅自变动价格横加指责,甚至以断绝货源相威胁,以进一步引起消费者和媒介的关注,从而制造更大的炒作风潮。接着,商家再抛出五六个品牌的降价彩电,营造出一波又一波抢购风潮。待消费者的兴趣完全被调动起来后,彩电巨头们才宣布全面降价,造成市场的新一轮抢购浪潮。其实,也正是在这个时候,彩电价格战的主角才由经销商转变成生产商,这场价格战才算是越打越明白。也就是供需双方不平衡的矛盾一天不解决,价格战就得打下去。

　　第三,既为垄断又为反垄断。价格战一方面造成了优胜劣汰,同时却也可能造成垄断企业的产生。格兰仕一直信奉"价格是最高级的竞争手段",以确保其成本领先的优势,其价格战的目标十分明确,就是消灭"散兵游勇"。每当其规模上一台阶,格兰仕就要打一次价格战。当这一年生产能力达到1 200万台时,它第三次调低价格。但是,价格战也是打破垄断的有力"武器",像中国联通降价就是为了打破中国电信的垄断地位而做出的努力。

　　第四,弱势企业在巨头夹缝中寻求生存空间。如果说1999年以前的价格战是企业为了谋求扩大市场份额和地理空间而进行的,那么2000年的价格战完全是出于生存的需要,是在"拼血",从价格战的枪炮声中你能听到品牌之死的哀鸣,从价格战里听到了家电业的洗牌声。首先挑起空调价格战的森宝空调老总任尧森坦言:"森宝,论品牌,不如海尔、春兰;比规模,不如美的、格力;拼资金,不如合资企业,也不如上市公司。我不在价格上想办法,你说我生路何在?"

　　资料来源:张云峰等《微观经济学典型题解析及自测试题》,西北工业大学出版社2001年版。

实训项目

一、课内实训

1. 不定项选择题

(1)按照古诺模型,下列说法中不正确的是(   )。

A. 双头垄断者没有认识到他们的相互依赖性

B. 双头垄断者都假定对方保持产量不变

C. 双头垄断者假定对方价格保持不变

D. 模型的结果是稳定的

(2)拐折的需求曲线模型(斯威齐模型)(   )。

A. 假定一个厂商提高价格,其他厂商就一定跟着提高价格

B. 说明为什么每个厂商要保持现有价格,而不管别的厂商如何行动

C. 说明为什么均衡价格是刚性的(即厂商不肯轻易变动价格),而不是说明价格如何决定

D. 假定每个厂商认为其需求曲线在价格下降时比上升时更有弹性

(3)卡特尔制定统一价格的原则是(   )。

A. 使整个卡特尔的产量最大　　　　　B. 使整个卡特尔的利润最大

C. 使整个卡特尔的成本最小　　　　　D. 使整个卡特尔中各厂商的利润最大

(4)在价格领导制中,支配厂商以外的中小厂商在出售它们所愿意出售的一切产量以后,市场需求量与中小厂商产量的差额由支配厂商来补足,说明支配厂商定价时(   )。

A. 没有考虑中小厂商的利益,而只考虑自己的利益,因而只能让中小厂商先售卖

B. 支配厂商首先考虑的是中小厂商利益,因此让它们先出售

C. 支配厂商既考虑自己利润极大,又考虑中小厂商能得到合理利润

D. 以上几种情况都可能

(5)要得到古诺模型中的均衡,必须假定(   )。

A. 行业中只有两个厂商　　　　　　　B. 成本为零

C. 厂商有相同的反应函数　　　　　　D. 厂商假定别的厂商的价格保持不变

E. 都不对

2. 简答题

(1)简要说明寡头垄断市场的特征。

(2)说明并比较垄断市场与寡头市场形成的原因。

二、课外实训

(一)思考讨论题

结合本章所学,谈谈你怎样看待阅读案例中提到的价格战?是否在寡头垄断行业一定会发生价格战?

(二)调查研究题

通过查找资料,说明中国石油、电信、电力、空调、彩电等行业的市场类型。

本章小结

（1）各种市场竞争与垄断程度的不同决定了市场结构。划分市场结构的标准是市场集中程度、进入限制、产品差别与市场上厂商的数量。根据四个标准,市场结构可以分为完全竞争、垄断竞争、寡头垄断、完全垄断四种类型。

（2）完全竞争市场上的企业在短期中可能有经济利润,也可能有亏损,但长期中竞争的结果是超额利润为零。

（3）垄断市场上只有一家企业,在长期中可以凭借垄断地位而获得超额利润。垄断企业可以运用单一定价和歧视定价实现利润最大化。

（4）垄断竞争市场上,短期中企业可以凭借自己的产品差别形成垄断地位,获得超额利润。但在长期中竞争的结果仍然是超额利润为零,垄断竞争企业实现超额利润的方法是不断创造产品差别。

（5）寡头市场的特殊性在于几家寡头之间的相互依存性。非勾结性模型和勾结性模型被用来解释寡头厂商的行为。

第七章 分配理论

培养目标

通过本章的学习,使学生理解和掌握生产要素的概念和价格决定,劳伦斯曲线和基尼系数的概念,引起收入分配不公平的原因以及收入分配平等化的政策。

重点难点

工资、利息、地租和利润的决定,劳伦斯曲线和基尼系数,收入分配平等化的政策。

章节导读

本章考察要素价格和使用量的决定问题。要素价格由要素的供求共同决定。本章先说明要素的需求,然后阐述要素的供给,最后将要素的需求与要素的供给结合起来,讨论要素价格的决定。要素价格的决定问题同时就是收入分配问题:在市场经济条件下,每个经济主体都通过出售一定量的要素来获得收入。在要素供给既定条件下,要素价格的高低决定各经济主体所能得到的收入的多少。

第一节 生产要素价格的决定

一、生产要素的概念

要进行生产活动,就要投入各种经济资源。为进行生产和服务活动而投入的各种经济资源称为生产要素。我们通常将生产要素分为两大类:原始生产要素和中间生产要素(或者叫中间产品)。

(一)原始生产要素

原始生产要素的所有者是居民,一般包括以下四种:

1. 劳动

劳动是指人类在生产活动中所付出的体力或智力的活动,是所有生产要素中最能动的因素。劳动者是劳动这一生产要素的基本所有者。

2. 资本

资本是人类生产出来又用于生产中的经济货物,包括机器、厂房、工具等生产资料。从企业的角度看,既包括有形的资产,也包括无形资产,如商标、信誉和专利权等。通常,货币资本并不计入生产要素。

3. 土地

这里的土地指包括土地、河流、森林、矿藏和野生生物等一切在内的自然资源,它们得自于大自然的恩赐,是最稀缺的经济资源。

4. 企业家才能

企业家才能是指综合运用生产要素进行生产、革新,从事企业组织和经营管理的能力,以及创新和冒险精神。

(二)中间生产要素

中间生产要素是指厂商生产出来又投入到生产过程中去的产品,这类要素的所有者是厂商,厂商提供中间生产要素的目的是实现利润最大化;对某一个企业来说是中间产品的东西,对另一个企业来讲可能就是产品。比如,钢铁对于汽车厂来讲是中间产品,但它对于钢铁厂来讲就是产品,而对于产品的供求及价格决定问题,我们在厂商理论的各章中已经讲过。所以本章主要研究原始生产要素的供求问题,而对中间产品的问题不予论述,如不特别指明的话,我们所说的生产要素指的都是原始生产要素。

二、生产要素价格的决定

生产要素的市场价格与其他商品价格一样,也由其需求和供给两个方面来决定(如图 7-1 所示),只是由于生产要素的需求来自于厂商,而生产要素的供给则来自于居民,因此,生产要素的需求和供给具有不同于一般商品的需求和供给的特点。另外,不同的生产要素的供给曲线也不同,因此,不同生产要素的均衡价格决定就具有了不同特点。

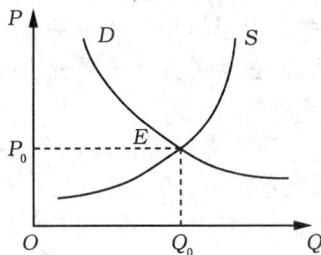

图 7-1　生产要素市场均衡曲线

生产要素有两种价格的区分,即源泉价格和服务价格。源泉价格是指买卖生产要素的服务"载体"(或称源泉)的价格;服务价格是指买卖生产要素提供的服务本身的价格。比如土地,既可以一次性地买断土地的所有权和使用权,这个价格就是源泉价格;也可以租用别人的土地,每年交付一定的租金,这个价格就是服务价格。有的生产要素的源泉及其服务都可以在市场中进行交易,如土地、资本,它就具有两种价格;有的生产要素的服务可以交易,而其源泉是不能够交易的,如劳动、企业家才能,所以只有服务价格,而没有源泉价格。为避免混淆,也为统一起见,本章所讲的生产要素价格除非特别指明,指的都是生产要素的服务价格。

生产要素的价格构成厂商生产的成本,同时也构成生产要素所有者的收入,所以生产要素的价格决定也是国民收入在生产要素所有者之间的分配问题,因此,生产要素的价格决定实际是经济学分配理论的一个重要部分。

【材料阅读】

　　党的十八届三中全会审议通过的《中共中央关于全国深化改革若干重大问题的决定》强调了要素资源市场化配置的重要性,提出"必须加快形成企业自主经营、公平竞争,消费者自由选择、自主消费,商品和要素自由流动、平等交换的现代市场体系","保证各种所有制经济依法平等使用生产要素"。

　　今后的要素市场化改革应该怎么走?《中国经济导报》记者就此话题展开采访。

要素市场亟待改革

　　2014年年初,国家有关部门负责人曾表示,我国金融体系主要为制造业和固定资产投资服务,以大银行为主,直接融资发展滞后,金融监管不健全。

　　劳动力市场的低工资政策和城乡二元的户籍制度,大幅压低了中国的劳动力价格,城乡居民可支配收入增长大大落后于经济增长速度。

　　我国土地市场的一大特色是,地方政府一方面通过征地制度和招拍挂制度把商业用地价格和住宅用地价格推向高位,获取巨额"卖地"收入;另一方面,则为了招商引资为企业提供大量廉价工业用地。

　　此外,中国企业所用的水、电、天然气等主要资源品价格都由政府控制,明显低于国际水平。例如,国际水务情报局2011年调查显示,中国25个主要城市的平均水价为0.46美元/立方米,而国际平均水价为2.03美元/立方米。电、天然气亦类似。

　　不仅如此,个别地方政府对经济增长的重视程度远高于生态环境,企业环境污染成本很低,一些环境保护法律法规成为"摆设"。

　　中国人民大学经济学院院长助理、教授陈彦斌对《中国经济导报》记者表示,我国要素价格没有反映真实的市场供需关系,但却为中国的高投资和高出口创造了成本优势,这是过去10年中国经济高速增长的重要支柱。然而,扭曲要素市场要付出代价,目前我国要素市场不仅资源配置效率低下,而且还存在政府寻租空间。

　　"不充分利用市场手段调控经济,而不得不用行政命令、法令法规,甚至直接控制关键生产要素的供给数量,如土地,由政府对某些产品、产业甚至某个公司施加直接干预,在客观上动摇了人们沿着市场化改革方向解决具体经济问题的共识和决心。"北京大学国家发展研究院教授周其仁表示。

　　"不是只要政府放松管制让市场自由定价就可以实现生产要素市场化。完善的竞争性生产要素市场体系包括公平的生产要素交易市场、以市场供需而不是政府指令为基础的生产要素价格形成机制、市场主体多元化以确保市场价格是竞争性而不是垄断性的、生产要素的产权要明确。"陈彦斌说,要素市场如果主体单一垄断,即使政府让市场定价,也得不到真正意义上的市场价格;产权不明晰则所有者利益和外部成本难以体现在要素价格中。

　　陈彦斌将要素市场化改革分为三类:"以利率市场化、汇率市场化、人民币自由兑换为核心的金融改革方向明确,难度较小;土地改革和资源市场改革难点在于产权即使到中期也很难理顺,法律障碍很多,试点经验也不成熟,难度较大;劳动力市场改革看似简单,其实难度最大,因为涉及既有利益格局的巨大调整,既有地方政府阻力,也有城镇居民阻力。"

　　资料来源:《中国经济导报》网络版,2014年6月15日。

　　材料评析:按照西方经济学的解释,要素的价格应该由要素的供给和需求共同决定,即由市场决定。而中国生产要素的价格决定的市场化程度显然还有待提高。

实训项目

课内实训

（一）知识题训练

1. 简答题

(1)简要说明生产要素的种类。

(2)结合图形分析,简要说明生产要素的价格决定。

（二）技能题训练

结合本节阅读材料,说明生产要素市场化对中国经济体制改革的意义。

第二节　工资、利息、地租和利润的决定

【导入案例】

根据北京市统计局统计,2012年度北京市职工月平均工资为5 223元,比上年增长11.8%,保持了较快增长。统计数据也发现:工资水平的行业差距依然较大。最高与最低行业平均工资之比是4.75∶1。

年均工资前三名:金融业184 612元,是平均水平的3倍;信息传输、软件和信息技术服务业130 154元,是平均水平的2倍;科学研究、技术服务业106 604元,是平均水平的1.8倍。

年均工资后三名:居民服务、修理和其他服务业38 838元,占平均水平的45.8%;农、林、牧、渔业39 334元,占平均水平的46.4%;住宿和餐饮业42 016元,占平均水平的49.6%。

资料来源:根据网络资料整理而成。

互动提问:职工的平均工资水平由什么决定? 为什么会存在工资差异?

一、工资的决定

（一）工资的基本概念

工资是劳动力提供劳动所得到的报酬,即劳动这种生产要素的价格。工资一般分为以下三类:

1. 计时工资与计件工资

计时工资是指按劳动时间的长短支付的工资。

计件工资是指按劳动成果和质量支付的工资。

2. 货币工资与实物工资

货币工资是指以货币形式支付的工资。

实物工资是指以实物形式支付的工资。

3. 名义工资与实际工资

名义工资即劳动力所得的货币工资。

实际工资是指用所得的货币工资实际能够购买到商品和劳务的工资,即扣除了个人所得税和通货膨胀影响后的工资,也就是实际购买力工资。

（二）劳动的供给曲线

经济学认为,一个人一天的时间可以分为工作和闲暇两部分。工作得到工资,闲暇得到享受。所以工作的代价是牺牲闲暇的享受,而闲暇的代价是失去工资。

从图7-2劳动供给曲线图中可以看出:劳动供给曲线(S_L)与一般的供给曲线不同,即它有一段"向后弯曲"的部分。当工资较低时,随着工资的逐步上升,劳动者会逐步减少闲暇,逐步增加劳动供给量。但是,当工资涨到一定程度(W_1)后,劳动的供给量不但不会逐步增加,反而会逐步减少。

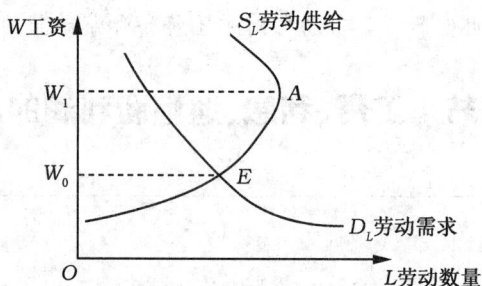

图7-2　劳动需求与劳动供给

为什么劳动的供给曲线"向后弯曲呢"? 如前所述,在时间资源总量既定的情况下,劳动供给的增加就是闲暇需求的减少;劳动的价格即工资就是闲暇的机会成本,增加了一单位时间的闲暇,意味着失去本来可以得到的一单位劳动的工资收入。于是工资也就是闲暇的价格,所以,劳动供给量随工资而变化的关系即劳动供给曲线也可以用闲暇需求量随闲暇价格而变化的关系即闲暇需求曲线来加以说明。

闲暇商品的替代效应和收入效应具有独特性。我们知道,一般商品替代效应和收入效应的共同作用使其需求曲线向右下方倾斜。闲暇商品则不同,其替代效应与一般商品相同,价格上升消费者会减少对它的购买;其收入效应却不同于一般商品。假定其他条件不变,对于一般商品,价格上升意味着消费者的实际收入下降,但闲暇价格的上升却意味着消费者的实际收入上升,消费者将增加对闲暇商品的消费。结果,由于收入效应,闲暇需求量与闲暇价格的变化相同。这样,对一般正常商品场合起同一方向作用的替代效应和收入效应,在闲暇商品场合却起相反的作用。因此,随着闲暇价格的上升,闲暇商品的需求量究竟是下降还是上升要取决于两种效应的大小。如果替代效应大于收入效应,则闲暇商品需求量随其价格上升而下降;反之,如果收入效应大于替代效应,则闲暇需求量随其价格上升而上升。由于闲暇商品的收入效应最后往往会超过替代效应,这就意味着当工资水平提高到一定水平后,劳动的供给曲线会向后弯曲。这也说明当工资的提高使人们富足到一定的程度后,人们会更加珍视闲暇。

（三）劳动的需求曲线

如图7-2所示,劳动的需求曲线和一般商品的需求曲线一样,是一条向右下方倾斜的曲线,表示当工资提高时,所有的企业使用劳动的数量将减少,从而劳动的市场需求量减少;反之,当工资降低时,单个企业对劳动需求量的增加将导致劳动的市场需求量增加。

我们可依据边际报酬递减规律来理解企业的劳动需求行为。既然追加劳动给企业带来的产量或收益增量是递减的,企业自然只愿意对追加的劳动支付较低的工资。

（四）均衡工资的决定

在竞争条件下,劳动市场供求关系决定了均衡工资,如图 7－2 所示。劳动需求曲线与劳动供给曲线相交于 E 点,该点对应的工资 W_0 是劳动市场均衡工资,即能够使劳动市场供求相等的工资。

现实生活中的市场工资围绕均衡工资上下波动。当市场工资高于均衡工资时,劳动供给量将大于劳动需求量,劳动者之间的竞争会迫使市场工资下降,直到跌到 W_0 的水平。当市场工资低于均衡工资水平时,劳动供给量将小于劳动需求量,企业之间的竞争会迫使市场工资上升,直至升至 W_0 的水平。

（五）工资差异的原因

上述劳动市场均衡工资的分析是就单一劳动技能或同一种职业而言的,在现实的劳动力市场中,不同国家、地区、部门、职业、群体和个人之间的工资差异是十分明显的。经济学通常从四个方面来解释工资差异：

1. 补偿性工资差异

不同的工作负效用不同,为了吸引人们进入条件比较艰苦、负效用比较大的工作领域,企业需要支付较高的工资进行补偿。如在钢铁公司内,一线炉前工的工资平均比二线工人的高。美国钢铁业的平均小时工资大致是商店的 3 倍,除了工会的作用之外,钢铁工人较繁重的体力劳动和较艰苦的工作环境是这种工资差异的重要因素。

2. 生产率工资差异

生产率工资差异是指由于劳动质量的差异而造成的工资差异。如大学教师的工资高于售货员,这是因为一个人要想成为大学教师,要经过多年的正规教育和在职训练,在此期间他要支付学费并放弃工资收入。较高的工资收入是对大学教师较高劳动质量的承认,也是对其机会成本的回报。

3. 非竞争性工资差异

劳动市场的非竞争性也是工资差异的重要原因。现实生活中的劳动市场是不完全竞争市场,存在不完全信息、不完全劳动流动性、市场分割、非竞争群体等不完全因素。例如,雇主在雇用劳动力之前,对劳动力质量缺乏了解,不同雇主对同一劳动力愿意支付的工资可能因此出现差异。即使信息是相对充分的,如西部农民知道东部城市可获得更高收入,但是户口、住房、入学、就业等一系列支付使得他们难以与城市工人竞争,这种劳动力缺乏流动性也会扩大工资差异。此外,劳动市场按职业分割成若干子市场,其中许多职业的熟练劳动力的培养需要大量的时间和金钱的投入,人们已在特殊岗位上掌握了专门技术,就会受该种专门技术供给和需求的影响。即使外科大夫的工资迅速上升,经济学家也无法在一夜之间使自己成为合格的医生。最后,男性与女性、黑人与白人、宗教信仰与国家等,使人们形成若干非竞争性群体,习惯、偏见、歧视与制度等若干因素会导致非竞争群体之间的工资差异。

4. 特殊的工资差异

某些个人拥有非凡的才能,并在特定的环境中获得特别高的收入。个别演员和运动员可以得到上千万美元的年收入,除了天赋和后天努力外,媒体的宣传和公众的偏好也是他们获得巨额收入的重要原因。

☺　**【课内活动设计】**

活动内容:应届毕业生的工资差异现象及原因。

活动要求:

(1)收集资料,分小组进行讨论和总结,列出现象或数据并分析原因。

(2)选择 2 组进行结论分享。

【导入案例】

有人很形象地把地价与房价比喻成了鸡与鸡蛋的关系。究竟是鸡生蛋,还是蛋生鸡? 是高地价催生了高房价,还是高房价催生了高地价? 这是一个混乱而又充满逻辑性思维的问题。地价与房价的确处在一个辩证统一的关系网中。

2007 年 7 月,中国的房地产市场仿佛成了中国新地王的"争夺战场",拿地纪录一次次被刷新。长沙刚刚拍出的新地王更是以 92 亿元的天价位居榜首,再次将二三线城市的地价推向了新的制高点。92 亿元拿地价格平均下来,预计项目成本价格也要在 5 500 元/平方米以上,这与长沙现在 3 500 元/平方米左右的市场价格相比,的确也称得上是天价。再加上其他成本、税费和利润,房价少说也要 8 000～9 000 元/平方米,这对二三线城市的房价绝对是一个不小的挑战,也必将引发新一轮的房价上涨大潮。

2007 年 7 月的房地产市场上,天津、广东、杭州等城市天价地纪录也频频被刷新,很多地方的楼面地价已经达到了 15 000 元/平方米,面对全国性的地价上涨大潮,房价又怎么会下跌?

但是,国土资源部党组成员、全国土地副总督察甘藏春却用反问的语气回答了记者提出的"地价和房价之间是何关系"的提问:"假定北京市现在是零地价提供给开发商,你设想房价能降下来吗?"

资料来源:根据网络报道整理而成。

互动提问:地价由什么因素决定? 地价与房价的关系究竟是什么样的?

二、地租理论

(一)土地需求

土地需求是指在各种可能的地租下,人们对土地的需求量。由于土地的需求取决于土地的边际生产力,而土地的边际生产力也是递减的,所以,土地的需求曲线是一条从左上方向右下方倾斜的直线,即地租越高,人们对土地的需求量越小;地租越低,对土地的需求量越大(如图 7—3 所示)。

(二)土地供给

土地供给是指在各种可能的地租下,人们愿意供给的土地数量。由于土地是自然界直接提供的生产要素,其供给总量是固定的,反映在图 7—3 上,土地的供给曲线通常是一条垂直于横轴的直线。

(三)地租的决定

将土地的需求曲线与土地的供给曲线相结合,即可决定土地的均衡价格,该均衡价格常被称为"地租"。如图 7—3 所示,在完全竞争的经济中,土地的市场供给曲线 S 是垂直的,土地的市

场需求曲线 D 是向右下方倾斜的,因此,土地的市场供给曲线和市场需求曲线的交点 E 是土地供求实现均衡的均衡点,在 E 点的地租为 R_E。

当土地供给曲线垂直时,地租完全由土地的需求曲线决定,而与土地的供给曲线无关。从图 7—3 可以看出,在土地供给不变的情况下,地租的高低只与土地的需求有关,如果土地的需求不断下降到一定程度,即需求曲线下移到一定程度时,均衡的地租水平将变为 0;而随着土地的需求不断上升,地租也会不断地提高。

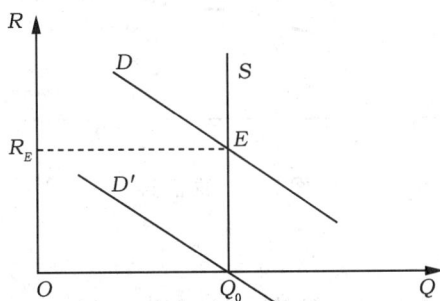

图7—3 均衡地租的决定

(四)租金、准租金、经济租金和非经济租金

1. 租金

租金是指供给同样固定不变的一般资源的服务价格。如前所述,土地的供给曲线是固定不变的,由于需求的增加,土地所有者可以得到的收入称为地租。地租提高,土地的供给量也不会提高;地租降低,土地的供给量也不会减少。在经济中还存在着其他一些要素,如某些人的天赋才能,它们的供给数量也是不变的,不受价格涨落的影响,这些要素所得到的价格,统称为租金。可以看出,土地是一种特有的资源,所以地租只是租金的一个特例,是租金的一种,而租金是一般化的地租。

2. 准租金

准租金是指对任何供给量暂时固定的(短期内相对固定)生产要素的支付。除土地外,任何一种在短期内供给量相对固定的生产要素的使用都须支付一定的价格。在现实中,有些要素在短期内是不变的,在长期中可变,这类要素所获得的收入称为准租金。比如厂商投资建设的厂房、机器等物品,在短期内即使厂商不能盈利,也无法把它们从现有的用途中转移到收益较高的领域;反过来,即使厂商盈利很多,也无法迅速增加这些物品的供给。因此,这些资本品在短期内供给是不变的,但在长期内却是可变的。

图 7—4 是准租金的一个示意图。该图表示了一个完全竞争厂商的短期决策情况。在价格为 P_0 时,按照厂商利润最大化的原则 $MR=MC$,厂商的均衡点为 C,均衡产量为 Q_0,因此厂商的总收益为 OP_0CQ_0 的面积。由于 $OGBQ_0$ 可以看作是对可变要素支付的成本,因而固定要素的总收益就可以表示为 P_0CBG 的面积,如图中的阴影部分所示,这一部分的收入就是固定要素所获得的准租金。可以看出,准租金等于不变成本与经济利润之和。如果准租金大于不变成本,表示厂商盈利,利润为准租金减去不变成本的差;如果准租金小于不变成本,表示厂商亏损,亏损额也等于准租金与不变成本的差。

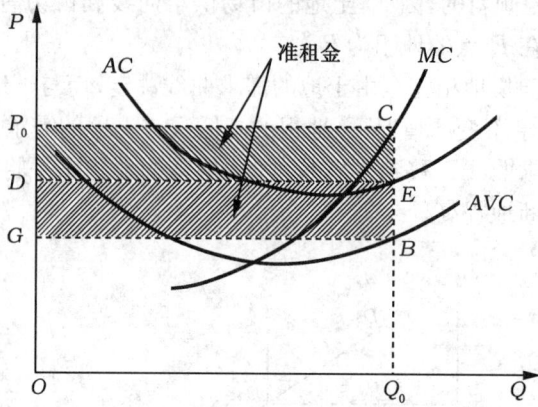

图 7—4　准租金

3. 经济租金

经济租金可以定义为生产要素所得到的收入超过其在其他场所可能得到的收入部分。可以理解为要素的当前收入超过其机会成本的部分,简言之,经济租金等于要素收入减去机会成本。

从租金的分析可以看出,租金的特点在于要素价格的变化不会影响到租金的供给。有一部分要素收入类似于租金,即从要素收入中减去该部分并不会影响要素的供给。我们把要素的这一部分收入称为经济租金。也就是说,经济租金并不是吸引该要素用于当前使用所必需的。

图 7—5 是要素的供给曲线和需求曲线,均衡时,要素的价格是 R_0,要素的使用量是 Q_0。供给曲线告诉我们要素所有者提供要素所要求的最低价格或者说是要素所有者在某一价格下愿意提供的要素的数量,所以要素所有者为提供 Q_0 的要素所能够接受的最低总价格相当于 $OAEQ_0$ 的面积,也就是供给曲线以下、均衡供给 Q_0 左边的区域。假定研究的是劳动市场,在完全竞争的劳动市场上,所有工人得到的工资率都是 R_0,这一工资率是用来使最后一个"边际"工人提供其劳动的,但是所有其他"边际内"工人都获得了同样的工资,他们得到的工资大于使他们工作所需要的工资。要素所有者所获得的总收益相当于 OR_0EQ_0 的面积,因此图中供给曲线以上、价格线以下部分,即图中阴影部分的面积就是要素所有者所得到的收益超过其提供要素所要求的最低收入的部分,即经济租金。

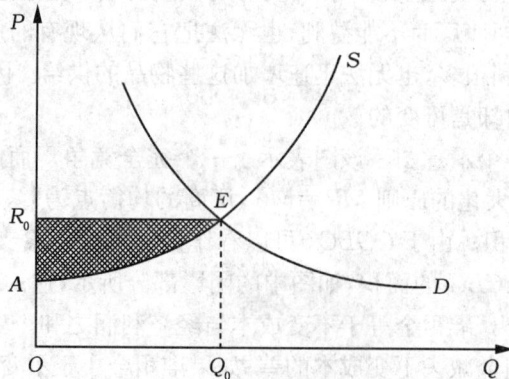

图 7—5　经济租金

从图7-5可以看出,如果需求增加,即需求曲线向右移动,要素的价格会提高,从而经济租金提高。在需求不变的条件下,如果要素供给具有完全弹性,即供给曲线水平,经济租金为0;当要素的供给弹性降低,即供给曲线变陡,经济租金就会增大;当要素的供给完全无弹性,即曲线变得垂直时,所有向生产要素的支付金额都是经济租金,因为这时无论要素价格多高或者多低,要素的供给都不变,这时经济租金变得最大,就是租金。可以看出,租金只是经济租金的一个特例。

4. 非经济租金

政府对经济的管制所产生的垄断利润称为非经济租金。企业寻求政府管制经济所造成的垄断地位,以获得超额利润的活动称为寻租。政府增加对经济的管制,以获得企业的贿赂,与企业瓜分政府管制经济所产生的超额利润的行为称为设租。

非经济租金的存在会影响经济效率和社会公平。

首先,导致资源的不合理配置。一方面,政府管制经济常常减少竞争,引起垄断。而在垄断条件下,价格较高,产量较少,社会福利减少。另一方面,寻租与设租活动本身所耗费的资源白白浪费了,没有用来增加有效产品的供给。

其次,加剧分配的不公平程度(少数企业与政府官员瓜分垄断利润)。

最后,企业寻租行为与政府的设租活动相互促进,导致行政腐败,加剧社会的不稳定。

【案例阅读】

在经济体制转型期,我国必然存在着价格的双轨制。正是价格的双轨制,产生了权力寻租的丰厚土壤。早在20世纪90年代,经济学者胡和立等人就计算出,1988年的价差、汇差、利差以及其他租金高达4 569亿元,占当年GNP(11 738亿元)的40%。

【导入案例】

我国的贷款利率　　　　　　　　　　利率单位:年利率%

贷款利率(%)		调整时间	2007年7月21日
	短期贷款	6个月以下	6.03%
		6个月~1年	6.84%
	中长期贷款	1~3年	7.02%
		3~5年	7.20%
		5年以上	7.38%

互动提问:利率水平由什么因素决定?为什么存在利率差异?

三、利息的决定

(一)资本与利息

资本是由经济制度本身所生产出来的并被用作投入要素以便进一步生产更多的商品和服务的物品。因此,作为资本需具备如下特征:

(1)资本是由人类的经济活动所生产的,因而它的总量是可以改变的;

(2)资本之所以被生产出来,并非为了消费,而是为了能够生产出更多的商品和劳务;

(3)资本在生产过程中被作为投入要素长期使用。

由于上述特点,资本区别于一般的消费品,也区别于土地和劳动等要素。

资本的源泉价格为资本价值,资本的服务价格为利息。利息指资本的服务价格,指为使用资本而支付的报酬。单位资本的服务价格用利息率表示。利息率等于资本服务的年收入与资本价值之比。r 表示利息率,Z 表示年收入,P 表示资本价值。则:

$$r = Z/P$$

（二）资本的供给

1. 储蓄

资本的供给来自于消费者的储蓄。我们把消费者的货币收入中除消费以外的部分称为储蓄,消费者的储蓄被企业借贷之后用于购买资本品,从而转化为资本。为了将问题简化,我们假定储蓄全部转化为资本。

资本的供给主要取决于消费者的储蓄决策。消费者会把他的一部分收入消费掉,而把另一部分储蓄起来,留待以后消费。假设消费者今年储蓄 100 元,明年他能够得到 110 元,那么这增加的 10 元就是利息,以 10 元利息除以储蓄额 100 元,得到利息率 10%,这个利息率就是资本供给的价格。这里可以看出,消费者之所以没有把他的所有收入都在今年消费掉,而是储蓄了一部分,正是为了获取利息,这样今年他减少消费 100 元,明年他可以消费 110 元,可见消费者今年减少一些消费正是为了以后能够多消费。

可以发现,消费者对于消费和储蓄的决策实际是一种跨时期决策,他要决定的是今年消费多少、明年消费多少,而前面所讲的消费者对土地和劳动的决策则是一种即期决策。消费者直接把收入消费掉,当然就直接地增加了他的效用;他把收入的一部分储蓄起来明年消费,可以得到一个额外的收入即利息,可以提高他的效用水平。消费者的目的是实现他的效用最大化,在这里就是要实现今年的效用和明年的效用的总和的最大化。

下面我们用无差异曲线作为工具来具体分析消费者的决策。

假定将研究的时间限定为今年和明年两年。图 7—6 表示了消费者的跨时期决策情况。图中横轴为今年的消费,纵轴为明年的消费,D 为消费者的今明两年收入组合点,即他今年收入 C_{00},明年收入 C_{10}。AB 为消费者的预算线,所以 AB 必定要通过 D 点。如果沿预算线向左上方移动,表明消费者减少今年的消费,增加储蓄;如果沿预算线向右下方移动,表明消费者今年就提前借入了明年的收入。假设利息率为 r,那么今年消费者增加 1 元的储蓄,明年他就可以消费 $(1+r)$ 元,显然预算线的斜率是 $-(1+r)$。图中 U_1、U_2 是消费者的无差异曲线,它反映了消费者对今年消费与明年消费之间的偏好。消费者的无差异曲线与预算线相切于 E_1 点,E_1 是消费者的均衡点,所以消费者在均衡时选择的是今年消费 C_{01}、明年消费 C_{11},显然消费者把一部分收入储蓄起来,储蓄额是 $(C_{01}-C_{00})$。

假设消费者的收入组合不变,但是市场的利息率提高,预算线将沿着收入组合点 D 顺时针旋转,假定旋转到 A_1B_1。新的预算线与无差异曲线 U_2 相切于 E_2 点,因此 E_2 点就是新的消费者均衡点。均衡时消费者选择今年消费 C_{02}、明年消费 C_{12}。可见,由于利息率提高,消费者减少了今年的消费,增加了储蓄。从这个简单的模型可以看出,利息率提高使消费者减少当前消费,增加储蓄;利息率降低使消费者增加当前消费,减少储蓄。

上述现象可以由替代效应和收入效应得到解释。利率的改变相当于改变了今年消费和明年消费的相对价格,即提高利率相当于提高今年的消费价格,降低明年的消费价格。由于替代效

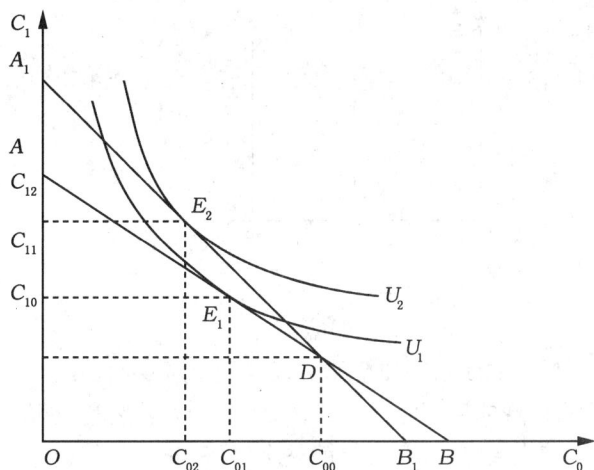

图 7—6　消费者的跨时期选择

应,消费者将减少今年消费,增加明年消费,也就是说,利率提高的替代效应使消费者增加储蓄;利率提高的收入效应则趋于使消费者增加今年消费,减少明年消费,因此储蓄减少。所以利率提高时,储蓄是增加还是减少取决于替代效应和收入效应的总效应,如果替代效应大于收入效应,储蓄将增加;如果收入效应大于替代效应,储蓄将减少。一般来讲,利息收入只占消费者收入的一个很小的比例,所以替代效应往往大于收入效应,但是当利息率提高到一定程度的时候,收入效应就可能超过替代效应,消费者会增加消费从而使储蓄减少。

从以上论述可知,储蓄或贷款的供给曲线是一条向后弯曲的曲线,如图 7—7 所示。曲线的下半部分向右上方倾斜,是正常的供给曲线形状,而上半部分向左上方倾斜,是利率很高时收入效应大于替代效应出现的异常的供给曲线。

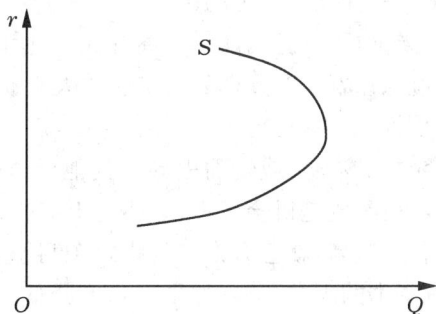

图 7—7　储蓄或贷款供给曲线

2. 资本供给曲线

储蓄是资本供给的源泉,但资本供给曲线并不等于储蓄曲线。就一个社会、一定时期而言,资本形成取决于过去已形成的储蓄量,同时假定资本的自用价值为 0,因此在短期里,资本供给曲线为一条垂直于横轴的直线。但在长期里,随着利率的上升,储蓄量的增加,资本供给曲线则被不断推向右方(如图 7—8 所示)。

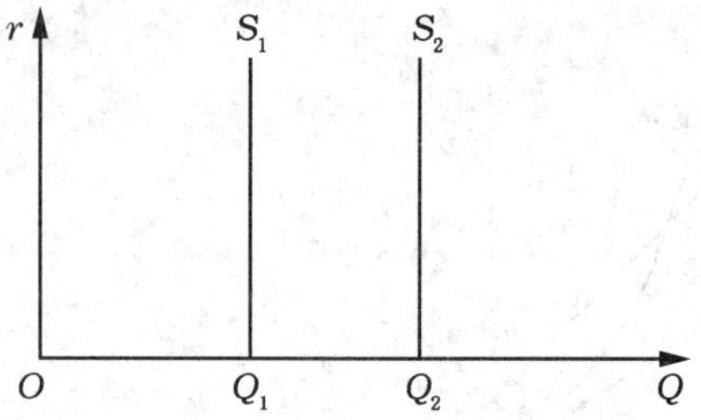

图7—8 短期资本供给曲线

将单个消费者的资本供给曲线水平加总就可以得到市场供给曲线,但市场供给曲线是正常的向右上方倾斜的曲线,没有出现向后弯曲的现象。原因在于,虽然利率很高时,就单个消费者来讲有可能出现收入效应大于替代效应的情况,但就整个经济来讲,替代效应仍大于收入效应,储蓄仍是增加的。在现实经济中,我们并没有发现资本供给曲线向后弯曲的例子,就是这个原因。

(三)资本的需求

资本的需求方是厂商,厂商购买资本品的目的是为了使用这些资本品以生产更多的产品和劳务,从而实现自己的利润最大化。厂商购买资本品的行为称为投资,因此投资形成了资本的需求,厂商的投资决策决定了资本的需求。

那么影响厂商投资决策的因素是什么呢? 在厂商进行投资决策时,它追求的是利润最大化,它所考虑的主要方面是预期利润率和利息率,另外还要考虑到投资风险。这一点与土地、劳动等要素是不同的,当土地所有者和劳动者提供要素时,无论厂商是盈利还是亏损,土地所有者和劳动者都能根据合同获取相应的报酬;而对于资本的投资则不是这样,因为投资总是伴随着风险。厂商一旦进行投资,其所花费的大部分成本就变为沉淀成本,并且一项投资往往持续的时间很长,所需资金庞大,所以厂商的投资决策实际上是风险决策,它牵涉一系列影响因素,我们这里略过不谈。我们主要讨论利息率对厂商投资需求的影响。

厂商在进行投资决策的时候,由于利息构成了厂商的成本,所以如果一个投资项目的预期利润率大于市场的利息率,那么就意味着厂商预期的资本收益大于成本,厂商投资该项目就可以获得利润;如果一个投资项目的预期利润率小于市场的利息率,那么厂商的预期资本收益小于成本,厂商就会亏损,所以厂商会放弃该项目或转而去寻求其他合适的项目。注意,如果厂商的投资所用资金是自有资金,利息可被看成是机会成本,上述分析依然有效。如果厂商的各个投资项目的预期利润率不变,而市场利率提高,就会有许多的投资项目被否定,从而厂商的投资意愿降低,投资就会下降,从而对可贷资本的需求下降;如果利息率降低,厂商的成本降低,就会使一些原本不合算的项目变得有利可图,厂商的投资意愿上升,投资增加,对可贷资本的需求就会上升。因此资本的需求曲线也是向右下方倾斜的曲线。

(四)均衡利率的决定

上面分析了资本市场的供给和需求的决定,下面来看资本市场的均衡问题。如图7—9所示,横轴表示资本数量Q,纵轴表示利率r,S是市场的资本供给曲线,D是市场的资本需求曲线。资本的供给曲线和需求曲线的交点表示资本市场的均衡点。

在短期里资本供给曲线S_1与需求曲线相交,形成短期均衡利率r_1和均衡资本量Q_1,较高的利率会促使储蓄进一步增加,从而资本供给曲线向右移动,S_2与需求曲线在较低的利率水平上相交,形成均衡利率 r_2 和均衡资本量 Q_2。在 r_2 上,利率降到储蓄量与投资量恰好和资本存量相等,于是资本存量稳定在 Q_2 水平上,资本市场达到了长期均衡,除非资本的需求曲线上移或者人们对未来消费偏好增强。

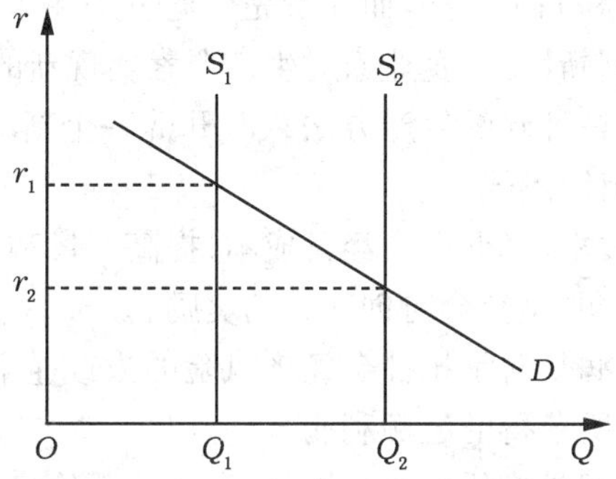

图 7—9　资本市场的均衡

（五）利率差异

在实际生活中,即使在同一时期,也能看到多种不一样的利率水平。利率差异主要源于以下四种因素的差异:

1. 期限或到期日

利率随到期日的时间长短而不同。短期贷款通常在一年以内,而长期贷款则长达数年或数十年。一般而言,利率和期限成正比例关系,即期限越长,利率越高。

2. 风险

一般而言,利率和风险成正比例关系,即风险越大,利率越高。例如,购买中央政府发行的国债风险较小,但利率相对较低;而购买企业发行的债券要面临企业可能破产导致的偿付风险,因而利率相对也较高。

3. 流动性

流动性是指金融资产在保全价值的前提下快速变现的能力,这种变现能力越强,通常利率越低;变现能力越差,利率就越高。例如,美国的国库券有发达的二级市场,人们很容易按接近于现值的价格把它变现,因而其利率较低;而不可转让的债券的流动性较差,其利率相对则较高。

4. 管理成本

不同的贷款和投资需要不同的管理成本。金融机构自然要把管理成本转嫁到利息之中。相对于小额贷款而言,大额贷款的管理成本无需按贷款金额成倍增加,其利率也相应低于小额贷款。

四、利润

利润分为正常利润和超额利润两种。正常利润是企业家才能的价格,是企业家这种生产要素的报酬收入。

它具有以下特点:

(1)是生产成本的组成部分;

(2)其性质与工资相似,也就是说,正常利润是一种特殊的工资;

(3)数额远远大于一般劳动所得的工资;

(4)是一种隐含成本,在完全竞争条件下,即在利润最大化时所获得的就是正常利润。

超额利润是指超过正常利润的利润,通常又称为"经济利润"或"纯利润"。

在完全竞争条件下,超额利润不存在,而在不完全竞争条件下,超额利润的来源主要有三个:

第一,创新超额利润。"创新"是指企业家对生产要素实现新的组合。它包括以下五种情况:(1)引入一种新产品;(2)采用一种新的生产方法;(3)开辟一个新的市场;(4)获得一种原料的新来源;(5)采用一种新的企业组织形式。

由于创新可以提高生产效率、降低生产经营成本、提高产量和销售量、提高产品质量、提高企业的竞争力,所以,"创新式利润"是社会对创新者的奖励。

第二,风险利润。风险利润是对承担社会经济风险的人或企业所给予的一种特殊报酬的价值补偿,或因此承担风险事业所获得的超额利润。

第三,垄断利润。垄断利润是指凭借垄断地位、利用垄断价格所获取的利润。

垄断利润形成的来源有两种:(1)以高于同类产品价格的价格所攫取的利润,这种利润是建立在牺牲消费者福利和利益的基础上的。(2)以低于正常生产要素价格收购生产要素、压低产品收购价格所攫取的利润,这种利润是建立在剥削小生产者或生产要素供给者基础上的。

利润在社会经济中具有重要作用:

首先,正常利润的存在,可以鼓励企业家更好地组织生产经营、管理企业,进行创新;

其次,风险利润的存在,可以激励企业和企业家承担风险,从事社会风险事业;

再次,利润的存在,可以使企业按照社会需要进行生产,更好地利用资源;

最后,利润的存在,可以引导投资,使资本与资源的配置符合社会需要。

实训项目

一、课内实训

(一)知识题训练

1. 单项选择题

(1)如果政府大力提倡用先进的机器来替代劳动,这将导致(　　)。

A. 劳动的供给曲线向右移动　　　　　B. 劳动的需求曲线向右移动

C. 劳动的供给曲线向左移动　　　　　D. 劳动的需求曲线向左移动

(2)随着工资水平的提高,(　　)。

A. 劳动的供给量会一直增加

B. 劳动的供给量先增加,但工资提高到一定水平后,劳动的供给不仅不会增加,反而会减少

C. 劳动的供给量增加到一定程度后就不会增加也不会减少了

(3)经济学家认为,工会的存在是(　　)。

A. 对劳动供给的垄断　　　　　　　　B. 对劳动需求的垄断

C. 对劳动供求双方的垄断

(4)使地租不断上升的原因是(　　)。

A. 土地的供给与需求共同增加　　　　B. 土地的供给不断减少,而需求不变

C. 土地的需求日益增加,而供给不变

(5)对供给量暂时固定的生产要素的支付是(　　)。

A. 地租　　　　　　　B. 租金　　　　　　　C. 准租金　　　　　　D. 经济租金

(6)经济学家认为,超额利润中可以作为剥削收入的是(　　)。

A. 由于创新所获得的超额利润　　　　　　B. 由于承担风险所获得的超额利润

C. 由于垄断所获得的超额利润

2. 多项选择题

(1)下列生产要素中,(　　)的源泉及其服务都可以在市场中交易。

A. 土地　　　　　　　B. 劳动　　　　　　　C. 资本　　　　　　　D. 企业家才能

(2)造成工资差异的原因有(　　)。

A. 补偿性工资差异　　　　　　　　　　　B. 生产率工资差异

C. 非竞争性工资差异　　　　　　　　　　D. 特殊的工资差异

(3)造成利率差异的原因有(　　)。

A. 期限　　　　　　　B. 风险　　　　　　　C. 流动性　　　　　　D. 管理成本

3. 判断题

(1)利息率与储蓄同方向变动,与投资反方向变动。　　　　　　　　　　(　　)

(2)正常利润是对承担风险的报酬。　　　　　　　　　　　　　　　　(　　)

(3)超额利润是对企业家才能这种特殊生产要素的报酬。　　　　　　　　(　　)

(4)企业家的创新是超额利润的源泉之一。　　　　　　　　　　　　　(　　)

(5)总收益等于总成本,意味着正常利润为零。　　　　　　　　　　　　(　　)

4. 简答题

(1)简要说明工资差异、利息差异、利润差异的原因。

(2)为什么劳动供给曲线向后弯曲?

(3)举例说明租金、准租金、经济租金、非经济租金的概念。

(二)技能题训练

1. 在美国历史上,排斥华工的主要势力是工会。工会为什么要这样做?

2. 从劳动的供求关系解释体育明星收入特别高的原因,从经济学角度看,这种收入合理吗?

3. 国家信息中心高辉清等人计算得出,2004 年我国全社会的寻租的租金为 4.6 万亿元,占当年国内生产总值的 29%,相当于当年国家财政收入的 1.5 倍,相当于当年国家工资收入的 2.3 倍。这部分租金包括商品差价带来的租金、利率差、外贸许可证带来的租金、地价差、农民工劳动力价格差、社保欠账、垄断行业的垄断租金、国有资产流失、国有企业应交而未交的税金、教育租金等。由此可见,税收之外的寻租拿走的本来应该归市场的利润几乎比税收拿走得还要多。

由于我国经济体制改革严重依赖于政府,因此,自改革开放以来,政府的权力一直深深地卷入市场之中,政府的权力得不到有效的制约;又由于改革过程中阶段性的价格双轨制,这种状况给权力寻租创造了有利的条件。改革 20 多年来,每年有将近 1/3 的 GNP 被寻租拿走,1/3 的 GNP 被税收拿走。

现在很多人通过各国之间的比较对我国经济发展产生怀疑:发展的成果哪里去了?比如,日本和韩国等国,经济高速增长期还不到 25 年,每年经济增长的速度也没有中国高,但这些国家很快进入了发达国家的行列。日本在 20 世纪 50~80 年代,工资增幅每年超过美国 70%,工资水平只用了不到 30 年的时间便追上了美国。而我国的发展,对于大多数工人和农民来说,经济发展的成果像是一个黑洞。为什么改革近 30 年了,大多数普通百姓的生活状况没有多大变化,许多人甚至生活在贫困线上? 这么高的经济增长,所创造出的国民财富到底都到哪里去了?

请问:

(1)你认为在我国发生大量寻租行为的原因是什么?

(2)怎样解决寻租?

二、课外实训

(一)思考讨论题

根据本节所学,怎么看待当今中国的工会组织? 你认为它影响工资的决定了吗?

(二)调查研究题

通过查找资料,说明中国大学生毕业时的起薪情况,并利用本节所学分析起薪差异及其原因。

第三节　收入分配的平等与效率

一、平等与效率

(一)基本概念

平等与效率是政府在微观经济运行中追求的两大目标,分配的不平等会影响社会的稳定,但平均主义的"大锅饭"却又会导致效率的损失。

在经济学中,平等指收入分配的均等化,是与社会两极分化相对立的概念,但平等并不等同于收入分配绝对平均。

效率的一般含义是以最小的代价获得最大的收益。人类任何活动都离不开效率问题,人作为智慧动物,其一切活动都是有目的的,是为了实现既定的目标。在实现目标的过程中,有的人投入少,但实现的目的多,即我们所说的事半功倍;而有的人投入很大,但实现的目的少,或者实现不了其目标,即我们所说的事倍功半。前者是高效率,后者是低效率。所以效率就是人们在实践活动中的产出与投入之比值,或者叫效益与成本之比值,如果比值大,效率就高,也就是效率与产出或者收益的大小成正比,而与成本或投入成反比,这意味着如果想提高效率,必须降低成本投入,提高效益或产出。

(二)平等与效率的关系

1. 替代关系

所谓平等与效率的替代关系,是指平等与效率同属于微观经济政策目标,在选择上两者之间存在矛盾,只能选择其一,正所谓"鱼与熊掌不可兼得"。

过分追求平等会导致效率上的损失。例如,平均主义的"大锅饭"制度能够促进平等,但是它会削弱人们的工作热情,出工不出力。又如,高额累进所得税、财产税和遗产税能够促进平等,但是它们会促使人们用消费代替储蓄,用财产分散代替财产集中,用对外投资代替国内投资,从而影响国内资本积累和效率提高。

过分追求效率,则会导致社会两极分化。有能力、有效率的人会变得越来越富有,而没能力、效率低下的人则会越来越贫穷。

2. 互补关系

所谓平等与效率的互补关系,是指两者在一定条件下具有相互促进的功能。

(1)平等在一定条件下有助于促进效率的提高。如果社会分配过分不平等,不仅会影响社会秩序的稳定,而且由于边际消费倾向递减的原因,低收入者的境况过差会影响产品的销售,从而影响到生产和效率。

(2)效率在一定条件下有助于实现平等。效率会使国民生产总值越来越多,即使存在分配不均,人们所得到的也比平均分配要多。当国民生产总值达到一定规模,政府就可以采用累进所得税和社会福利措施推进平等。换言之,追求效率可以创造实现平等的物质条件。

3. 如何处理两者关系

处理平等与效率的关系应该是效率优先。因为平等与效率总的来说是一致的,所以,实行效率优先原则就意味着是平等的、合理的。所谓效率优先原则,就是指分配制度、分配政策要以促进生产力发展和社会经济效率为首要目标,发展社会主义市场经济,深化经济体制改革,我们必须把效率作为优先考虑的价值目标。

效率优先原则意味着人们以经济建设为中心,以实现生产力的发展为目标,这样,效率提高了,生产上去了,社会财富增多了,人们享有的社会公平就更多了。生产力的发展是衡量一切社会进步与否的标准。由于效率属于现实生产力范畴,而平等属于生产关系和上层建筑范畴,因而从效率与平等在社会发展因素的序列中的一般关系来看,效率优先是必然的,兼顾平等是必要的,因而是合理的。在人类社会进步的因素中,生产力的作用是巨大的,生产效率的提高推动社会的进步,随着社会由低级向高级的进步和发展,社会平等实现得越来越充分。宏观地看,生产效率越低下,社会平等实现得就越不充分,人们就越缺少自由、民主、公平;反之,生产效率越高,社会财富越丰富,在社会物质文明增强的基础上构建的人类社会秩序就越完善,人们所享有的自由、民主、平等就越充分,能实现自我、完善自我的机会也就越多,为社会创造的财富就越多,产生的效率就越大,所以,在两者的关系中要以效率为先,兼顾平等。

😊【课内活动设计】

活动内容:辩论赛——收入分配应该是效率优先还是平等优先?

活动要求:

(1)分小组采用各种渠道收集相关资料,并进行分析,从而总结出小组认知的最重要的论据,在纸上列示出来。

(2)选择 2 组观点不同者进行课堂辩论。

(3)时间控制在 10 分钟内。

二、洛伦兹曲线

洛伦兹曲线是由美国统计学家 M.O.洛伦兹于 1905 年提出来的,旨在用以比较和分析一个国家在不同时代,或者与不同国家在同一时代的收入和财富的平等情况。具体做法是,首先按照经济中人们的收入由低到高的顺序排队,然后统计经济中收入最低的 10％人群的总收入在整个经济的总收入中所占的比例,再统计经济中收入最低的 20％人群的总收入在整个经济的总收入中所占比例……依次类推。注意:这里的人口百分比和收入百分比在统计时都是累积百分比。将得到的人口累积百分比和收入累积百分比的统计数据投影在图7—10中,得到一系列的点,将这一系列的点用平滑的曲线连接得到一条曲线,就是图中的 ADY 曲线,这条曲线就叫作洛伦兹曲线。

图7—10中的对角线 OY 具有特殊的含义,因为 OY 是 45°线,在这条线上横坐标与纵坐标相等,即经济中收入最低的 10% 的人得到社会 10% 的收入,收入最低的 20% 的人得到社会总收入的 20%……也就是人口累积百分比等于收入累积百分比,因此 OY 表示经济社会中每个人得到了同样的收入,因而 OY 又被叫作绝对平均线。而折线 OPY 则表示相反的收入分配状况,它意味着经济中极少数的人得到了社会 100% 的收入,因而这条线又叫作绝对不平均线。一个国家的收入分配状况既非绝对平均,又非绝对不平均,因而实际的洛伦兹曲线位于绝对平均线与绝对不平均线之间。洛伦兹曲线将 OYP 三角形分成了两部分:一部分为 A,另一部分为 B。A 的面积越小,洛伦兹曲线与绝对平均线越接近,说明收入分配越平等;A 的面积越大,即洛伦兹曲线弯曲的弧度越大,它与绝对不平均线越接近,它所代表的收入分配就越不平等。

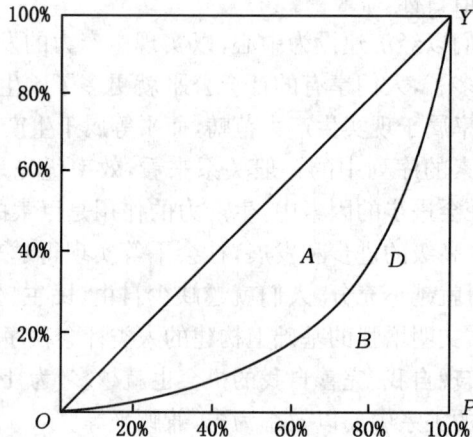

图7—10　洛伦兹曲线

三、基尼系数

基尼系数是意大利经济学家基尼于 1922 年提出的定量测定收入分配差异程度的指标。它的经济含义是:在全部居民收入中用于不平均分配的百分比。在洛伦兹曲线(图7—10)中,面积 A 部分称为"不平等面积";面积 A＋B 部分称为"完全不平等面积"。不平等面积与完全不平等面积之比,称为基尼系数,是衡量一个国家贫富差距的标准。基尼系数最小等于 0,表示收入分配绝对平均;最大等于 1,表示收入分配绝对不平均;实际的基尼系数介于 0~1。一般认为,基尼系数小于 0.2 为高度平均,大于 0.6 为高度不平均,国际上通常将 0.4 作为警戒线。

基尼系数并不是一成不变的。影响基尼系数大小的主要因素有:

(一)社会制度

一般来说,社会主义国家的基尼系数要低于资本主义国家。这是由于社会主义国家实行按劳分配,而劳动能力差别所引起的收入差异一般只能相差 3~5 倍;而资本主义国家实行生产资料私有制,如美国收入最高的 5％人口占有全部个人储蓄的 2/3,这是扩大收入差距的重要因素。

(二)经济体制

在同一社会制度下,可以存在不同的经济体制。例如,我国在改革开放前,全国实行统一的工资制度,农村实行人民公社制度,基尼系数很低。1980 年,我国农村基尼系数为 0.24,城镇基尼系数为 0.16。改革开放后,我国在城市推行现代企业制度,在农村搞家庭联产承包制,基尼系数有所上升。1990 年,我国农村基尼系数上升到 0.31,城镇基尼系数上升到 0.24。

(三)教育因素

在市场经济中,人们的收入与教育水平有十分密切的联系。在一国由农业社会向现代经济发展的初期,由于只有少数人能够得到较好的教育,教育成为扩大基尼系数的因素。随着教育的逐渐普及,劳动报酬在总收入中的比例上升,资产报酬在总收入中的比例相应下降,基尼系数会逐渐变小。

(四)部门结构

在经济发展的初期,非农业的人均收入显著高于农业部门。因此,在农业剩余劳动力开始向非农业转移的时候,基尼系数将会变大。但是,当相当一部分人口离开农村之后,基尼系数将会变小。

(五)政策因素

在市场经济发展初期,政府往往实行扶植工业的政策,这会导致基尼系数的扩大。在经济发展到一定水平之后,政府一般会通过累进所得税和社会福利措施减小收入差距,特别是发达国家普遍对农业给予各种巨额补贴,使基尼系数变小。

【材料阅读】

将基尼系数 0.4 作为监控贫富差距的警戒线。应该说,这是对许多国家实践经验的一种抽象与概括,具有一定的普遍意义。但是,各国国情千差万别,居民的承受能力及社会价值观念都不尽相同,所以这种数量界限只能用作各国宏观调控的参照,而不能成为禁锢和教条。在现实生活中,也确实有一些国家的基尼系数超过 0.4 却并没有出现大的社会动荡。比如,据 1999 年世界银行的《世界发展指标》报告书介绍,1994 年南非的基尼系数达到了 0.59,美国达到了0.40,菲律宾达到了 0.43;1995 年巴西达到了 0.60,墨西哥达到了 0.54,委内瑞拉达到了0.47;1996 年俄罗斯达到了 0.48。

我国从总体上看,改革开放 30 多年,随着商品经济建设与发展的不断加快,社会各阶层的收入差距呈扩大趋势。目前我国个人消费者可支配收入的基尼系数从 1978 年的 0.16 提高到1997 年的 0.29(官方公布数,专家分析认为已经超过 0.4),已经超过了国际上中等不平等程度(国际上中等不平等程度为 0.3～0.4)。当然,美国等西方资本主义国家的两极分化也呈不断加大之趋势。如美国,1989 年 10％的家庭拥有全国财富的 61.1％,到了 1994 年就上升为66.8％;1989 年 10％的家庭其债务超过资产4 744美元,到了 1994 年上升为7 075美元。

资料来源:根据网络资料整理而成。

实训项目

一、课内实训

（一）知识题训练

1. 判断题

(1)洛伦兹曲线的弯曲弧度越大，它所代表的收入分配越不平等；反之，则越平等。　　（　）

(2)基尼系数等于1，表示收入分配绝对公平；等于0，表示收入分配绝对不公平。　　（　）

2. 简答题

(1)简要说明洛伦兹曲线和基尼系数的概念。

(2)简要说明平等和效率的关系。

（二）技能题训练

有人这样比喻：如果一个人把头放在冰里，而把脚放在火里，不如把两头的温度平均一下舒服。你如何看待这个问题？将社会财富平均分给不同的人一定意味着社会福利状况的改善吗？

二、课外实训

（一）思考讨论题

根据本节所学，请思考和讨论在现阶段，我国在收入分配上应该如何调整平等和效率的关系？

（二）调查研究题

从有关著作和互联网上查找我国基尼系数变动的资料，并结合本节所学分析这些资料说明我国自改革开放以来，收入分配状况发生了什么变动？你认为这种变动发生的根本原因是什么？这种变动是合理还是不合理？为什么？

本章小结

(1)工资是劳动的报酬，取决于劳动量和劳动的供求状况。利息是资本的报酬，取决于资本量和资本供求关系决定的价格——利率。地租是土地的报酬，取决于土地量和地租率。土地的供给是固定的，地租主要取决于土地的需求。利润分为正常利润和超额利润。正常利润取决于企业家才能数量和供求决定的利润率，超额利润取决于企业家的创新、承担风险和垄断。

(2)衡量社会收入分配状态的主要是洛伦兹曲线和基尼系数。基尼系数越大，收入分配越不平等；基尼系数越小，收入分配越平等。

(3)引起收入分配不平等的因素有经济发展程度、社会制度和习俗，以及个人在能力、努力程度和机遇上的差别。

第八章 市场失灵与政府干预

培养目标

通过本章的学习,使学生理解和掌握市场失灵的含义和原因,不完全信息的含义,并理解和运用不完全信息的解决思路;掌握外部性和公共物品的含义,并理解纠正外部性的方法和公共物品的供给机制。

重点难点

市场失灵的含义和原因;不完全信息、垄断、外部性和公共物品的含义和相应的解决机制、措施。

章节导读

完全竞争市场经济假定在一系列理想化的条件下,可以导致整个经济达到一般均衡,从而使资源配置达到最优状态。但是,这个原理并不真正适用于现实的资本主义市场经济,因为完全竞争市场以及它的一系列理想化假定条件并不是现实资本主义市场经济的真实写照。因此,西方学者认为,在现实资本主义市场经济中,由于不完全信息、垄断、外部性和公共物品的存在,"看不见的手"的定理不能完全充分发挥作用,资源配置的最优状态通常不能得到实现,市场机制配置资源的能力不足,从而导致了市场失灵。一般而言,市场失灵包含三方面的基本含义:

一是在完全依靠市场的情况下,依据一定的价值判断,认为市场解决问题的效果是"不理想"的。

二是作为特定制度安排,市场配置私人物品性质的资源是有效的,但本身不能对具有公共产品性质的资源进行有效配置,这种"失灵"与市场机制本身运作状况无关,是市场"拿它没办法"而造成的,不是"市场的错",是人们强加给市场,而让市场"负责"的,对此,我们称之为"市场无能"。

三是由于市场充分发挥作用的条件在现实中不完全具备,因此,市场也就不能有效运转,从而造成资源配置无效和社会福利的损失,我们称之为"真正的市场失灵"。

总之,当市场价格既不等于边际成本,又不等于边际收益时,称之为市场失灵。本章我们就造成市场失灵的各类原因逐一进行分析,并重点介绍相应的微观经济政策。

第一节　不完全信息

【导入案例】

　　中国古代有所谓"金玉其外,败絮其中"的故事,讲的是商人卖的货物表里不一,由此引申比喻某些人徒有其表。在商品中,有一大类商品是内外有别的,而且商品的内容很难在购买时加以检验,如瓶装的酒类、盒装的香烟、录音带、录像带等。人们或者看不到商品包装内部的样子(如香烟、鸡蛋等),或者看得到、却无法用眼睛辨别产品质量的好坏(如录音带、录像带)。显然,对于这类产品,买者和卖者了解的信息是不一样的。卖者比买者更清楚产品实际的质量情况。这时卖者很容易依仗买者对产品内部情况的不了解而欺骗买者。如此看来,消费者的地位相当脆弱,对于掌握了"不完全信息"武器的骗子似乎毫无招架之术。

　　资料来源:杨程:《经营管理的快意哲学》,现代出版社 2004 年版。

　　互动提问:什么是不完全信息? 怎样解决不完全信息问题?

一、不完全信息的概念

　　完全竞争模型的一个重要假定是完全信息,即市场的供求双方对于所交换的商品具有充分的信息。例如,消费者充分地了解自己的偏好,了解在什么地方、什么时候、存在何种质量的、以何种价格出售的商品;生产者充分地了解自己的生产函数,了解在什么地方、什么时候、存在何种质量的、以何种价格出售的投入要素等。显而易见,上述关于完全信息的假定并不符合现实。在现实经济中,信息常常是不完全的,甚至是很不完全的。在这里,信息不完全不仅指那种"绝对"意义上的不完全,即由于认识能力的限制,人们不可能知道在任何时候、任何地方发生的或将要发生的任何情况,而且也指"相对"意义上的不完全,即市场经济本身不能够生产出足够的信息并有效地配置它们。这是因为信息作为一种有价值的资源,不同于普通的商品。人们在购买普通商品时,先要了解它的价值,看看值不值得买。购买信息商品却无法做到这一点。人们之所以愿意出钱购买信息,是因为还不知道它,一旦知道了它,就没有人会愿意再为此支付购买价格了。这就出现了一个困难的问题:卖者让不让买者在购买之前,就充分地了解所出售的信息的价值呢? 如果不让,则买者就可能因为不知道究竟值不值得买而不去购买它;如果让,则买者又可能因为已经知道了该信息也不去购买它。在这种情况下,要能够做成"生意",只能靠买卖双方的并不十分可靠的相互依赖;卖者让买者充分了解信息的用处,而买者则答应在了解信息的用处之后即购买它。显而易见,市场的作用在这里受到了很大的限制。

二、不完全信息的危害

　　不完全信息会引起道德风险与逆向选择,减少市场交易量,最终导致市场失灵。

（一）道德风险或败德行为

　　风险是指引起损失的概率;不确定性是指多种结局或事件都有可能出现,但人们不知道出现哪一种结局的状态。道德风险或败德行为是指交易合约中的某一方在合约达成以后,具有损人利己的激励,或做出损人利己的活动,也叫机会主义。

　　由于不确定性与不完全信息的原因,交易合同常常是有缺陷的与不完全的,使经济主体不能承担自己行为所产生的全部损失。如果某个百货公司的老板对所雇用的售货员支付固定的工资,那么这个售货员就遇到了道德风险:售货员有付出最小努力不积极售货的激励。这必然减少百货公司的利润。由于这个原因,通常售货员的工资收入分成两部分:一部分是基本工资,与售货量无关;另一部分工资与售货量紧密相关:售货量越多,这部分工资也就越多。道德风险在很多经济活动中都会出现。例如,买了家庭财产保险的人,就没有多大的热情安装各种家庭防盗装置了。

　　(二)逆向选择

　　逆向选择是指在买卖双方信息不对称的情况下,高质量商品被低质量商品逐出市场的状况,与货币流通中的劣币驱逐良币现象类似。例如,在二手车市场与保险市场上就存在逆向选择。

　　在没有担保的二手车市场上,若卖者有200辆质量不同的车供出售,同时买者对二手车的需求量也正好是200辆。200辆车中,100辆是高质量车,卖者愿意接受的最低价格为80 000元,买者愿意支付的最高价格为100 000元;另外100辆是低质量车,卖者愿意接受的最低价格为40 000元,买者愿意支付的最高价格为50 000元。若买卖双方拥有完全的信息,二手车市场一定会出清。

　　然而二手车的质量高低是一种私人信息,只有卖主知道,而买主不知道。假定买者知道200辆二手车中有一半是高质量车,在交易中买到好车与否的概率是0.5,于是每一位买者对要购买的二手车所愿意支付的最高价格为75 000元($100\ 000\times0.5+50\ 000\times0.5$)。在这种需求价格下,好车必然退出市场。

　　当买者知道二手车市场上都是低质量的二手车时,他们所愿意支付的最高价格就是50 000元。于是,二手车市场上进行交易的都是低质量二手车。高质量的二手车无法进行交易。最终交易的数量低于双方想要进行交易的数量,存在市场失灵。

　　二手车市场之所以存在逆向选择,是因为买卖双方的信息不对称,存在卖者有将低质量二手车宣称为高质量二手车的激励这种道德风险。

　　保险市场也存在逆向选择问题。假设在医疗保险市场上存在健康的与疾病缠身的两类人,前者每年的医疗费用为2 000元,后者每年的医疗费用为8 000元。投保人知道自己的身体健康状况,而保险公司不知道。于是保险公司确定一种平均的医疗保险费为5 000元。面对如此昂贵的保费,那些健康的人就选择不投保。由于保险市场上只剩下疾病缠身的人来投保,保险公司必然将保费提高到8 000元。这样,保险市场上患病风险高的客户将患病风险低的客户逐出了市场。保险市场上的交易量因此少于帕累托最优条件下的数量,存在市场失灵。

三、不完全信息的对策

　　(一)政府干预

　　例如,医生与病人之间存在信息的不对称,病人只能根据医生的建议选择适当的治疗方法。有时,当病人被推入急诊室时,他根本就无法选择所应接受的治疗。由于病人的需求完全依赖于供给者医生,因此政府必须进行干预,即通过增加医疗市场透明度等方法对医疗信息进行管理和调控,以免病人为了不必要的医疗或以次充好的药物以及过于昂贵的医疗服务而花钱。

　　(二)做记号

　　一般认为,可以采取做记号的方法来避免逆向选择与道德风险所产生的低效率。例如,在二手车市场上,做记号的方法是高质量车的卖主或第三者向买主担保,在一定时期内,所购车辆免费修理。显然,消费者会相信,有这种担保的车一定是好车,否则就是质量不好的车。这是因为做这种虚假的记号的代价是高昂的,不仅要支付昂贵的维修费用,而且自己的信誉也会受损。学历与文凭在某种程度上也是雇员向雇主做的记号或发送的信息。

(三)解决不完全信息的另一个思路:委托—代理关系

在现实经济中,只要存在故意安排且其中一个人的福利依赖于另外一个人的行为,那么就必定存在委托—代理关系。实际上,由于信息不完全现象在经济活动中非常常见,而且很多经济合同都是在不完全信息下签订和执行的,所以,经济活动中许多经济关系都可以归结为委托—代理关系。具体地说,政府与垄断企业、企业雇主与雇员、股东与经理、医生与病人等都可以构成委托—代理关系。委托—代理关系的中心内容是分析不完全信息和交易成本如何影响代理人的行为,以及设计一个有效的激励机制以促使代理人能够按照委托人的利益去行动。

1. 委托—代理关系的基本条件

市场中存在两个相互独立的个体:委托人和代理人,且双方都是在约束条件下的效用最大化者;在两个个体中,其中之一必须在许多可供选择的行为中选择一项预定的行为,该行为既影响其自身的收益,也影响另外一个个体的收益;委托人具有付酬能力并拥有规定付酬方式和数量的权力,即委托人在代理人选择行为之前就能确定与代理人的某种合同,该合同明确规定代理人的报酬是委托人观察代理人行为的结果。代理人和委托人都面临着市场的不确定性和风险,且它们两者之间所掌握的信息是不完全和非对称的。也就是说,委托人不能直接观察代理人的具体操作行为,代理人不能完全控制选择行为后的最终结果,因为代理人选择行为的最终结果是一种随机变量,其分布状况取决于代理人的行为。由于存在该项条件,委托人不能完全根据对代理行为的观察结果来判断代理人的成绩。

2. 私人企业的委托—代理问题

私人企业大多是所有权与经营权分离的,公司的经营权基本上是由经理控制的,所有者尤其是分散的所有者很难获得有关公司经理经营好坏的信息,而且收集和使用信息的成本极其昂贵。因此,私人企业追求的目标可能是公司经理的目标,而偏离所有者的目标,如更多地关注企业增长而不是利润,更快的增长和更大的市场份额将提供更多的现金流量,而这又将给经理们提供更多的津贴;也可能降低公司增长的重要性,但强调经理从他们的工作中获得效用。但是如果存在强有力的董事会和高度发达的经理市场或者存在一个活跃的公司控制权市场(能够在公司经营很差时进行接管竞标),那么经理偏离所有者的目标而去追求自身目标将受到很大的限制。

但是,分散的所有者控制经理行为的方法是有限的且不完善的。例如,企业的接管可能是由于个人和经济力量的促动,而不是经济效率。假定高层经理接近退休,并且有长期合同的情形下,经理市场也有可能运转不善。因此,必须通过所有改变经理所面临的激励,进而寻求一套有效的激励机制来促使经理人按照所有者的目标经营。

3. 委托—代理关系中的激励

在委托—代理关系中,对于委托人来说,只有使代理人行为的效用最大化才能使其自身的效用最大化。然而要使代理人采取效用最大化行为,必须对代理人的工作进行有效的激励。这样委托人与代理人之间的利益协调问题就转化为激励机制的设计问题。尽管目前还没有总结出一套完备的激励机制的具体形式,但设计思路是大体相同的,其目的都是使代理人行为最大可能地接近委托人的目的。

实训项目

一、课内实训

（一）知识题训练

1. 单项选择题

(1)交易双方信息不对称,如买方不清楚卖方一些情况,是由于(　　)。

A. 卖方故意要隐瞒自己一些情况　　　　　　B. 买方认识能力有限

C. 完全掌握情况所费成本太高　　　　　　　D. 以上三种情况都有可能

(2)次品市场中,价格下降,不仅上市出售的产品数量减少了,而且留在市场上的产品的平均质量降低了,这种现象被称为(　　)。

A. 道德陷阱　　　　B. 逆向选择　　　　C."搭便车"问题　　　D. 自然选择

(3)卖主比买主知道更多关于商品的信息,买主无法区别出商品质量的好坏,这种情况被称为(　　)。

A. 道德陷阱　　　　B. 排他经营　　　　C. 不完全信息　　　D."搭便车"问题

2. 简答题

(1)举例说明道德风险和逆向选择的概念。

(2)简要说明委托—代理关系如何解决不完全信息问题。

（二）技能题训练

据报道,一年之内长沙市公共汽车自动投币箱中收到的假币、残币数额高达一百多万元。试用相关知识解释该现象。

二、课外实训

（一）思考讨论题

根据本节所学,思考和讨论如何最大可能地避免日常生活中的信息不对称问题。

（二）调查研究题

1. 调查题目:当毕业生求职应聘时,是否存在以及存在怎样的不完全信息情况? 当前有不少大学生为找到较好的工作而对自身能力进行夸大和不真实陈述,你认为招聘企业应该如何避免这种情况?

2. 调查要求:

(1)至少调查本校 10 名以上的应届毕业生。

(2)可采取问卷调查、面谈等方式。

(3)对收集的资料进行分析。

第二节 外部性

20世纪初的一天,列车在绿草如茵的英格兰大地上飞驰。车上坐着英国经济学家庇古。他一边欣赏风光,一边对同伴说:"列车在田间经过,机车喷出的火花(当时是蒸汽机)飞到麦穗上,给农民造成了损失,但铁路公司并不用向农民赔偿。这正是市场经济的无能为力之处。"

将近70年后,1971年美国经济学家乔治·斯蒂格勒和阿尔钦同游日本。他们在高速列车(这时已是电气机车)上见到窗外的禾田,想起了庇古当年的感慨,就问列车员,铁路附近的农田是否受到列车的损害而减产。列车员说,恰恰相反,飞速驰过的列车把吃稻谷的飞鸟吓走了,农民反而受益。当然,铁路公司也不能向农民收"赶鸟费"。这同样是市场经济无能为力的。

资料来源:秦云秀、李慧芬:《西方经济学基础》,科学出版社2005年版。

互动提问:案例中提到的现象是市场失灵的哪种类型? 如何解决这类问题?

一、外部性概述

(一)外部性的概念

在完全竞争的市场条件下,借助市场机制的作用,可以实现社会边际收益与私人边际收益相等,社会边际成本与私人边际成本相等,从而可满足社会边际收益与社会边际成本相等这一实现帕累托最优状态的资源配置条件。然而,在实际经济运行中,私人边际成本和私人边际收益并非任何时候都等于社会边际成本和社会边际收益。例如,某人使用煤炭的成本,并不反映废气排入大气而给其他人所造成的损害;养蜂人得到的收益并不包括蜜蜂传播花粉给果园所有者所带来的增量的收益。这种私人边际收益与社会边际收益、私人边际成本与社会边际成本不一致的现象就是外部性问题。更进一步讲,外部性问题是指一些人的经济活动给另一些人带来了影响,并且这种影响未被计入成本与价格之中。

外部性问题首先引起私人边际成本与社会边际成本的不一致。

私人边际成本是指为生产(或消费)一件物品,生产者(或消费者)自己所必须承担的边际成本。在不存在外部性的条件下,私人边际成本就是生产或消费一件物品所引起的社会边际成本。现在假定生产者A多生产一件物品会使另一生产者B的生产环境恶化,为了抵消这种恶化的影响,维持原产量,生产者B就必须追加一定的成本支出,这就是所谓的外部边际成本。私人边际成本与外部边际成本的总和就是A多生产一件物品的社会边际成本,这时,私人边际成本便与社会边际成本不一致了。

私人边际收益是指生产(或消费)一件物品,生产者(或消费者)所获得的边际收益。在不存在外部性的条件下,私人边际收益等于社会边际收益;但若存在外部性,其他人会从该项生产(或消费)中获利或受损,产生外部边际收益,则私人边际收益与外部边际收益的总和即为社会边际收益。

(二)外部性的分类

外部性问题可以分为两大类、四种具体形式。

1. 外部不经济

外部不经济,其特征是引起他人效用的降低或成本的增加。外部不经济还可进一步分为两种具体形式:一是生产上的外部不经济,如工业生产过程中排放的废水、废气污染农田,使农场主受损;二是消费上的外部不经济,如吸烟造成室内空气污染等。

2. 外部经济

外部经济,其特征是引起他人效用的增加或成本的降低。外部经济还可进一步分为两种具体形式:一是生产上的外部经济,如别人种树你乘凉;二是消费上的外部经济,如别人放烟花你观赏等。

二、外部性产生的原因

(一)由一个共有的变量引起的外部性

A 和 B 共同享有的特定变量,可能是双方的效用函数共有的,也可能是双方的成本函数共有的。例如,投资者 A 为降低自己的生产成本而兴建的工厂,正好挡住了另一位投资者 B 的工厂的阳光,使 B 的电费支出增加。也可能共有变量是 A 的成本函数和 B 的效用函数中共有的。例如,A 采用了更经济的生产方法,却污染了居住在附近的 B 的生活环境。由此看来,共有变量可能对 A 和 B 双方都有益,也可能对双方都有害;或者对一方有利而对另一方有害。

(二)由产权模糊引起的外部性

对于一些稀缺资源,如果这些稀缺资源的产权是共有的话,你使用得越多,留给他人使用的就越少。捕鲸就属于这种情况,每一个捕鲸者将尽力多捕杀鲸,而根本不考虑鲸的未来供给的问题。开发南极洲也属于这种情况,南极洲的产权是共有的。

(三)由市场组织成本所引起的外部性

所谓市场组织成本,是指组织一个新市场,并且维持其运行所必需的管理成本或其他费用。例如,邮局根据邮件的重量来确定不同的邮费标准,并没有按照邮递距离的远近程度来收取邮费,这就可能导致某些外部性。设计一套更细致复杂的邮件计价制度要花费很高的市场组织成本,即使这样做确实可以改善和提高资源的利用率,但成本可能要超过它所带来的新增收益。

(四)财政因素引起的外部性

政府可以为某个公共支出项目筹集资金而征税或者与补贴手段结合在一起,对收入和购买力进行再分配。在某种经济活动中,如果事先并不存在边际收益与边际成本出现差异的其他因素,那么对这种活动计征税收,就将导致边际收益低于边际成本;反之,对该项活动提供补贴,也会产生相似效果。

(五)引导偏好所产生的外部性

它指的是这样一种影响,即由于某些行动使消费者蒙受了损失或得到了好处。例如,广告可能刺激消费者产生新的欲望,但实际上消费者可能无论如何都得不到广告宣传中的商品,由此产生失望情绪。

三、外部性与市场失灵

我们只论述外部不经济和外部经济对资源配置的影响。

(一)外部不经济对资源配置的影响

外部不经济的典型例证是大气污染、水质污染、噪音公害等。

在图 8—1 中，PMC 和 SMC 分别表示私人边际成本和社会边际成本，PMR 和 SMR 分别表示私人边际收益和社会边际收益。在外部不经济的情况下，私人边际收益等于社会边际收益，只是私人边际成本和社会边际成本不同，私人边际成本高，社会边际成本低。在竞争性市场结构中，无外部性时，私人边际收益等于社会边际收益，社会边际收益曲线 SMR 和社会边际成本曲线相交于 c 点，可以实现帕累托最优状态的资源配置，其产量为 X_0。在存在外部边际成本（XMC）的情况下，PMC>SMC，私人边际成本曲线 PMC 与私人边际收益曲线 PMR 相交于 b 点，社会最优产量应降至 X^*，但从私人角度选择的最优产量仍然为 X_0。私人只愿意付出 PMC，却要求得到 X_0 的产量，其外部边际成本（XMC）私人不愿意承担，只得由社会来承担。这说明在完全竞争经济的条件下，竞争性企业的利润最大化行为并不能自发导致资源配置的帕累托最优状态。

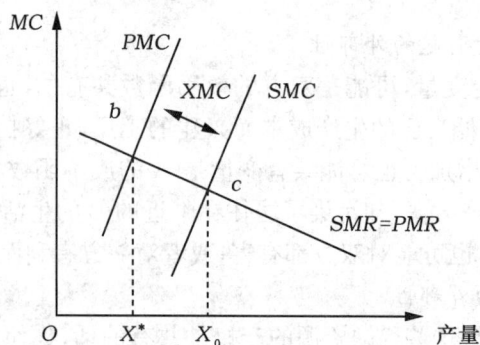

图 8—1 外部不经济对资源配置的影响

（二）外部经济对资源配置的影响

外部经济的典型案例是公共产品，我们以路灯为例说明外部经济对资源配置的影响。对于一定数量的路灯，社会上每个人原则上都是潜在的消费者，任何人对路灯的消费都不排斥其他任何人同等数量的消费。路灯的提供者发现，除了他自己以外，可能没有任何其他人愿意成为该种产品的购买者，为其支付价格。如果路灯由私人生产，那么在收费困难的条件下，要么私人生产者自己负担全部成本，要么就一点也不生产。由此可见，在存在外部经济的条件下，市场机制同样不能实现社会资源配置的帕累托最优状态。

四、解决外部性问题的主张

（一）外部性问题与政府干预

外部性问题的存在导致了市场失灵，难以实现资源配置的帕累托最优。为了解决这一问题，西方经济学界提出了很多不同的政策主张，如政府干预、制度安排、产权界定等。最具代表性的有庇古的修正性税政策主张、斯蒂格勒的管制政策主张以及科斯定理。

1. 庇古的政策主张：修正性税

直接从私人边际成本和社会边际成本的角度来解决外部性问题，是由 20 世纪初期的经济学家庇古首先倡导的。庇古提出了著名的修正性税，即税收—津贴办法。

一方面，按外部不经济的数量的一定比例，直接向行动一方征税，使生产者的私人边际成本等于社会边际成本。在利润最大化原则作用下，生产者从自身利益出发，会将其产量调整到私人边际成本等于社会边际成本的状态，以限制其生产。

另一方面,给予外部经济的生产者以相当于外部经济价值的补贴,从而鼓励他将产量扩大到对社会最优的水平。另外还可通过计算出外部不经济的基准水平(如排污标准),政府根据外部不经济的消除量给予行动的一方以补贴。

政府实行的这些特殊鼓励和限制,是克服私人边际成本和社会边际成本偏离的有效手段,政府干预能有效地弥补市场失灵之不足。

例如,假定有一个养蜂场,其附近有一个苹果园。养蜂人的私人收益就是他出售蜂蜜所得的收入,但是,由于蜜蜂传授花粉,使得苹果增产,因此,养蜂场所带来的社会收益是出售蜂蜜的收入再加上苹果增产的收入,它大于私人收益。在这种情况下,国家应该用补贴或奖金奖励养蜂人多养蜂。相反,假如有一个钢铁厂,它每生产1吨钢需要花费1 000元,同时造成的污染损失是500元。那么,在这种情况下,生产每吨钢的私人成本是1 000元,而社会成本是1 500元。这时国家应该进行干预,向钢铁厂征收税收500元,提高他的私人成本,使它等于社会成本。这样钢铁厂就会由于成本提高而减少产量,从而使全社会重新进入帕累托最优状态。

庇古的修正性税的基本原则与现行有关国际组织、国家政府及大多数经济学家认同并倡导的"污染者付费原则"是一致的。事实上,征收污染税已成为目前各国政府采纳的最普遍的控污措施之一。

庇古对外部性问题的解决仅局限于分配领域。克服外部性问题的目的是要解决收入的公平分配。主张某人提供服务,就应得到报酬;遭受了损害,就应得到补偿。无报酬的服务和无赔偿的损害,都是不公平、不合理的。庇古提出的消除外部性问题的目的就是要实现收入的公平分配,以此促进经济福利。

2. 斯蒂格勒的政策主张:管制

著名经济学家斯蒂格勒主张政府采用行政措施来对垄断进行管制与指导,其中重要的一条是直接规定外部不经济的允许数量。例如,在排放污染物方面,规定排污标准,已成为一种典型的并为许多国家政府所采取的行政手段,对污染数量在排放标准以内的,既不收费也不惩罚。

这一点与庇古的排污税之间有很大差别:在税收办法中,所有的污染排放量都要纳税,而按照斯蒂格勒的主张,排放量只要符合排放标准就不受惩罚,因而也就没有了使污染物彻底被消除的动力,保留了一个"污染者特权",未能充分体现出"污染者付费"的原则。

不仅如此,在规定排污标准与罚金标准上,还存在着技术上与操作成本上的困难,而且有效的罚金还可能使政府受到"污染集团"在服从与认罚上的强大政治压力。因此,采用排污税比采用排放标准更有效率。

3. 合并企业

合并企业是实现资源配置符合帕累托最优的另外一种方法,这也是政府对外部性进行干预的一种途径。这种办法既可能是产生于外部效应的制造者与受外部效应影响者之间的自愿交易,也可能是产生于政府的干预,在此把这一问题进行单独分析。

我们以化工厂生产对农业造成污染的外部效应为例,来说明如何通过合并企业而使外部效应符合社会最优标准。化工厂附近有农田,由于化工厂生产时排出的污水和废气污染了附近农民的农作物和水源,给他们带来了损失,并且随着污染程度的加大,农民的损失就越大。我们知道,在产权不明确或者没有任何干预措施的情况下,化工厂所制造的污染程度之所以超过社会最优标准,是由于污染造成的(损失)成本没有计入化工厂的成本中去,而由此造成的损失完全由农民承担。如果将化工厂与农民合并为一个企业,则企业的决策者将会从考虑自身成本和收益的角度,去考虑化工厂与农民的成本与收益。当化工厂与农民合并为一个企业之后,合并后的企业将会按照新的利润函数寻找利润最大化条件。在未合并企业的情况下,化工厂所产生的污染成本由农民承担,所以化工厂不愿控制污染。完全从化工厂本身的成本出发,来决定利润最大化的产量,这样造成的污染程度必然较高。合并企业后,由污染造成的成本负担由合并后的企业来承担,这使得企业决策者不得不综合地考虑化工产品的收益与生产化工产品所带来的成本。为了达到利润最大化,合并后的企业必须使由于控制化工厂污染而增加的边际成本等于因污染程度的降低而降低的农产品的边际成本。合并后的企业所造成的污染程度低于合并前企业的污染程度,从中我们可以看出合并企业是解决外部效应的一个很好的办法。

（二）外部性问题与制度安排

外部经济是指某一经济主体收益的溢出。在存在外部经济的地方,都意味着有第三方不用付费,便可享受收益,导致经济当事人的私人收益与社会收益的差额扩大。“不费力而得利”使得第三者的私人收益大于私人成本,“无功也受禄”影响了经济当事人的积极性,特别是一旦私人收益小于私人成本,其最终将会终止经济努力。对第三者来说,通过“搭便车”、机会主义行为便可获得较大利益,或以“偷懒”方式享受闲暇这一经济资源,社会就会出现普遍的“懒惰”风气。我国传统体制下的社队集体生产的“吃大锅饭”的情况便是如此。

要克服外部经济问题的后果,必须在制度上作出安排和确定所有权,以便造成一种刺激和激励,将个人的经济努力变成私人收益接近于社会收益的活动。而这种对个人行为产生“激励相容”的有效制度,需要有效率的组织来提供。我国政府实行的农业生产的“联产承包责任制”、工业生产的“承包制”“租赁制”、国有小企业的私有化都是这方面的制度安排。

（三）外部性问题与产权界定

在20世纪60年代以前,经济理论界基本上沿袭庇古的传统,借助政府干预,实行税收—津贴方法消除外部性问题。这一传统被美国著名经济学家科斯于1960年发表的一篇重要论文《社会成本问题》所打破。科斯定理的基本含义在该文中得到了详细的表述,但“科斯定理”这一术语最初却是由斯蒂格勒提出的。科斯定理是指只要市场交易费用为零,无论最初将产权赋予何方,通过协商、交易的途径都可以达到同样的最佳效果,实现社会福利最大化。这就是人们通常所说的“科斯定理”。

“科斯定理Ⅰ”说明了在交易费用为零的条件下经济效率结果与产权安排无关,那么在存在交易费用时产权制度是如何作用于或影响经济效率的呢？科斯认为即使交易费用不为零,只要明确界定产权就可提高资源配置效率,从而达到帕累托最优状态,实现外部不经济问题的内部化,而无需抛弃市场机制或引入政府干预。这就是人们通常所说的“科斯定理Ⅱ”。其原因在于,只要产权界定清晰,交易各方就会力求降低交易费用,使资源使用到产出最大、成本最低的地方,达到资源的最优配置。因此,外部不经济问题完全可由私人合约得到解决,亦即基于自愿交易的私人合约行为对市场运转有着自我修正的功能。

【课内活动设计】

活动内容:观看广场舞视频,并讨论广场舞的外部性问题及解决方案。

活动要求:

(1)分小组进行分析和讨论,说明属于哪一类外部性,并提出解决的主张。

(2)选择2组进行结论分享。

【材料阅读】

一个制糖商已经从事糖果生产几十年,8 年前,一个医生搬到他隔壁居住。开始两人相安无事,但自从医生在这里建了一个诊所之后,邻里之间就再也不得安宁,最后竟然撕破脸皮,打起了官司。医生向法院起诉,说隔壁生产糖果的机器发出了噪音,搅得他心神不定,而且没法使用听诊器给病人做检查。因此,他要求制糖商停止生产。法院的裁判满足了他的要求。但是,科斯认为,这种裁判不是上上之策。假如制糖商停止生产损失 300 美元,而搬迁到别的地方只需 100 美元,医生迁移诊所只要 200 美元,那么,很显然后两种方案就更可取,其中最经济的方案,是制糖商搬走。怎样才能实现这个目标呢? 科斯认为,政府不必指手画脚,也不必做硬性规定,只需划分好当事人双方的权利即可。

为了说明自己的观点,科斯做了正反两种假设。第一种假设,是制糖商有权在原地继续生产。在这种情况下,如果医生对噪音忍无可忍,要么自己走人,要么请制糖商搬走。医生发现,请制糖商搬迁只需 100 美元,比自己搬迁合算,所以只要制糖商要价不超过 200 美元,医生就乐意掏腰包。而制糖商只要得到的钱不少于 100 美元,也乐于搬迁。这样,两人你有情我有意,必然一拍即合,达成协议。第二种假设,是医生有权在此行医。此时如果制糖商想让医生搬走,就必须付 200 美元,这比他自己搬走多了 100 美元,很不划算,所以,他会自己主动搬走。可见,虽然两种假设截然相反,但结果却完全一致,都是制糖商搬迁。

科斯由此证明了:无论初始产权如何界定,只要搜寻、谈判和监督合同实施等交易费用为零,当事人双方就会通过市场交易,使资源配置达到最优。也就是说,在交易费用为零时,产权制度的安排对资源配置没有任何影响,这就是著名经济学家斯蒂格勒定义的、也是科斯本人认可的"科斯定理"。科斯定理的言外之意是:即使外部性导致了市场失灵,也不需要政府出面干预。

然而,假设交易费用为零,就跟物理学里假设自然界不存在摩擦力一样,永远都是一种不切实际的假想。在实际经济活动中,交易费用无处不有。就拿奶酪生产商来说,如果他要购买牛奶做原料,首先,他要多方打听什么地方有牛奶卖,质量如何;然后,为了眼见为实,又必须不辞劳苦,跑去当面看个究竟。如果货真价实,如他所愿,就开始讨价还价。好不容易谈拢价格后,还得就数量、交货时间、交货地点达成一致,签订合同。然而,事情到此还没完,他必须随时睁大眼睛,防止对方出尔反尔,违背合同。可见,人们在交易时,做的都不是"无本生意",而是要花费相当的代价,这种代价就是"交易费用"。科斯最早意识到交易费用的存在,所以,他没有停留在交易费用为零的假想中,而是马上进入了交易费用为正的世界。他指出,当交易费用大于零时,自愿交易就可能化作泡影。比如,在制糖商和医生这个案例中,只要交易费用大于 100 美元,交易双方就会望而却步。因为如果制糖商有权在此生产,那么医生要想让他搬迁,就得付 100 多美元,再加上 100 美元的交易费用,就超过了 200 美元,还不如自己走人。而如果医生有权在此行医,制糖商就会自己花 100 美元搬走。由此可见,当交易费用大于零时,不同的产权安排,会有不同的资源配置效率。这就是所谓的科斯第二定理。

资料来源:王东京、赵建军:《产权问题与科斯定理》,《中国经济时报》,2001 年 5 月 8 日。

实训项目

一、课内实训

（一）知识题训练

1. 单项选择题

(1)某一经济活动存在外部不经济是指该活动的（　　）。

A. 私人成本大于社会成本　　　　　　　　B. 私人成本小于社会成本

C. 私人利益大于社会利益　　　　　　　　D. 私人利益小于社会利益

(2)某一经济活动存在外部经济是指该活动的（　　）。

A. 私人利益大于社会利益　　　　　　　　B. 私人成本大于社会成本

C. 私人利益小于社会利益　　　　　　　　D. 私人成本小于社会成本

(3)某人的吸烟行为属于（　　）。

A. 生产的外部经济　　　　　　　　　　　B. 消费的外部经济

C. 生产的外部不经济　　　　　　　　　　D. 消费的外部不经济

(4)如果上游工厂污染了下游居民的饮水，按科斯定理，（　　），问题就可得到妥善解决。

A. 不管产权是否明确，只要交易成本为零　B. 只要产权明确，且交易成本为零

C. 只要产权明确，不管交易成本为多大　　D. 不论产权是否明确，交易成本是否为零

2. 判断题

(1)养蜂者的活动对果园生产者的利益存在生产的外部影响。　　　　　　　　（　　）

(2)存在外部经济时，市场调节能够实现资源的有效配置。　　　　　　　　　（　　）

(3)存在消费的外部经济时，他人或社会会从中受益。　　　　　　　　　　　（　　）

3. 简答题

(1)举例说明外部性的概念和分类。

(2)简要说明解决外部性问题的主张。

（二）技能题训练

判断以下哪些行为会带来外部经济，哪些行为会带来外部不经济，并说明理由。

(1)某机构免费发放环保宣传单；

(2)私人购买汽车；

(3)福耀玻璃企业在反倾销案中胜诉后，开设一个不以营利为目的的专门机构帮助国内其他企业应诉反倾销；

(4)某家庭对自己的孩子进行教育，要其成为正直向上的好公民；

(5)某跨国企业对员工进行英语培训；

(6)参加高雅音乐会没有关手机。

二、课外实训

（一）思考讨论题

根据本节所学，思考"政府应该对外部不经济现象进行干预，而对外部经济现象则不予干涉"

这种说法对吗？为什么？

（二）调查研究题

观察身边的外部性现象，分析它属于哪种类型，并提出可能的解决办法。

第三节　公共物品

【导入案例】

在一个靠海的渔港村落里住了两三百个人，大部分人都是靠出海捕鱼维生。港口附近的礁石十分险恶，船只一不小心就可能触礁沉没而人财两失。大家都觉得该盖一座灯塔，好在雾里、夜里指引迷津。那么，盖灯塔的费用该如何分摊呢？

既然灯塔是让渔船趋福避祸，就依船只数平均分摊好了。可是，船只有大有小；船只大的船员往往比较多，享受到的好处比较多。所以，依船员人数分摊可能比较好。可是，船员多的不一定收获就多，该看捕鱼量。捞得的鱼多，收入较多，自然能负担比较多的费用。但是，以哪段时间的捕鱼量为准呢？要算出捕鱼量还得有人称重和记录，而且不打渔的村民也间接地享受到美味的海鲜，也应该负担一部分成本。因此，依全村人口数平均分摊最公平！

新的问题又出现了：如果有人是素食主义者，不吃鱼，难道也应该出钱吗？即使素食主义者自己不吃鱼，他的妻子儿女还是会吃鱼啊。所以还是该按全村人口平均分摊。马上又有人反对：虽然家里有两艘船，却只有在白天出海捕鱼，傍晚之前就回港，根本用不上灯塔，为什么要分摊？或者，即使是入夜之后才回港，但因为是老手，对港里港外的礁石分布早就一清二楚，闭着眼睛就能把船开回港里，当然也就用不上灯塔！

最后，不管用哪一种方式，还有一个问题即由谁来收钱、保管、监督使用呢？

资料来源：熊秉元：《灯塔的故事》，社会科学文献出版社 2003 年版。

互动提问：灯塔的例子反映了市场经济哪方面的局限性？你觉得应该怎样解决这个问题呢？

一、私人物品和公共物品的概念

私人物品在消费或使用上具有两个特点：竞争性和排他性。竞争性是指如果某人已消费了某个商品，则其他人就不能再消费这个商品了。排他性是指对商品支付价格的人才能消费商品，没有支付价格的人则不能获得消费的权利。实际上，市场机制只有在私人物品的市场上才真正起作用，才有效率。

在经济中还存在许许多多的不具备竞争性或排他性特点的商品。通常将不具有竞争性或排他性的商品称为公共物品。公共物品包括纯公共物品和准公共物品两类。非竞争性物品指增加一个人的消费不影响他人消费的物品，即增加一单位该物品消费的边际成本为零（即增加一个人对该物品的消费对原来的人的影响等于零，不会降低原来的人的消费水平）；非排他性物品指不付费也可以消费的物品。

同时具备这两个特点的物品称为纯公共物品，如国防、路灯等。任何人增加对这些商品的消费都不必付费，也不会减少其他人所能得到的消费水平。新生人口一样享受国防提供的安全服务,但原有人口对国防的"消费"水平不会因此而降低。

只具有一个特性的物品称为准公共物品,如道路,在达到一定点之前,道路上多一辆汽车不会妨碍原有汽车的行驶,这说明它具备非竞争性的特点。但若收费时,不付费汽车就不能在该道路上行驶,不具备非排他性的特点。再如,公共草场,任何人都无需付费就可以牧放牲畜,则草场具有非排他性的特征。但若牧放量过多,就会减少产量,则增加一个单位牧放量,其边际成本大于零,则草场不具有非竞争性的特点。

但是,政府也提供其他物品或服务,如养老金、失业补助、邮政服务以及某些与私人企业所生产的完全相同的东西等。这些物品或服务显然在消费上是竞争的。

二、公共物品与市场失灵

由于公共物品的特殊性质,我们无法像在分析私人物品即普通商品那样,来分析公共物品数量的决定。

首先,单个消费者通常并不很清楚自己对公共物品的需求价格,更不用说去准确地陈述他对公共物品的需求与价格的关系,所以无法得到准确的公共物品的需求曲线。

其次,即使单个消费者了解自己对公共物品的偏好程度,他也不会如实地说出来。为了少支付价格或不支付价格,消费者会低报或隐瞒自己对公共物品的偏好。他们在享用公共物品时都想"搭便车",不支付成本就能得到收益。

由于单个消费者对公共物品的需求曲线不会自动显示出来,故我们无法将它们加总得到公共物品的市场需求曲线并进而确定公共物品的最优数量。这样,市场机制分配给公共物品生产的资源常常会不足。我们知道,在竞争的市场中,如果是私人物品,则市场均衡时的资源配置是最优的。生产者之间的竞争将保证消费者面对的是等于商品的边际成本的价格,消费者则在既定的商品产出量上展开竞争。

就私人物品而言,某个消费者消费一单位商品的机会成本,就是按市场价格卖给其他消费者的同样一单位商品:"我"把这个商品按这个价格卖给"你"了,就失去了把这个商品按这个价格卖给别人的机会,按这个价格"你"不买,"我"可以按这个价格卖别人。这样,没有哪个卖者愿意以低于市场价格的价格卖出商品,也没有哪个买者能够得到低于市场价格的商品。

但是,如果是公共物品,即使它是可排他的,情况也将完全不同。由于公共物品的非竞争性,也就是增加一个人的消费而不影响他人对该物品的消费,这意味着,没有任何消费者要为他所消费的公共物品去与其他任何人相竞争。因此,市场不再是竞争的。如果消费者认识到他自己消费的机会成本为零,为了换取消费公共物品的权利,他就会尽量减少给生产者支付的价格。如果所有消费者均这样行事,则消费者们支付的价格就将不足以弥补公共物品的生产成本。结果便是低于最优数量的产出,甚至是零产出。

三、公共物品的决定

(一)私人物品最优数量的决定

我们先来简单地回顾一下私人物品最优数量的决定。为简单起见,假定社会上只有 A 和 B 两个消费者,他们对商品的需求曲线分别用 D_A 和 D_B 表示,商品的市场供给曲线为 S,如图8-2(a)所示。由于所讨论的是私人物品,故将消费者 A 与 B 的需求曲线 D_A 和 D_B 水平相加即得到某市场需求曲线 D。市场需求曲线 D 与供给曲线 S 的交点决定了该私人物品的均衡数量

Q_0 和均衡价格 P_0。这个均衡数量 Q_0 显然就是该私人物品的最优数量。这是因为在这个产量水平上,每个消费者的边际利益恰好等于商品的边际成本。我们知道,供给曲线代表了每个产量(供给量)水平上的边际成本,需求曲线代表了每个产量(需求量)水平上的边际利益。故当供给量为 Q_0 时,边际成本为 Q_0H;而在价格为 P_0 时,消费者 A 和 B 的需求量分别为 C 和 F,再根据需求曲线 D_A 和 D_B,相应的边际利益为 CE 和 FG。由图可知,$CE=FG=Q_0H$,即每个消费者的边际利益均等于边际成本。

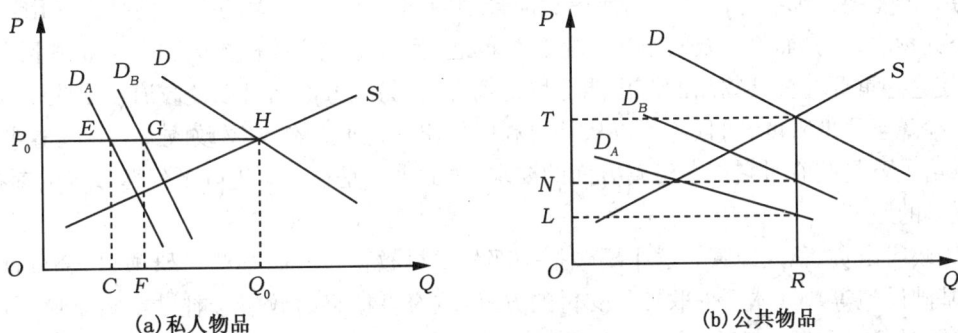

图 8-2　私人物品和公共物品的最优决定

(二)公共物品最优数量的决定

与私人物品的讨论一样,我们仍然假定每个消费者对公共物品的需求曲线是已知的,为 D_A 和 D_B,公共物品的市场供给曲线为 S,如图 8-2(b)所示。公共物品如何从个人的需求曲线形成市场的需求曲线呢? 这里的关键之处在于:公共物品的市场需求曲线不是个人需求曲线的水平相加,而是它们的垂直相加。之所以如此,原因在于公共物品消费上的非竞争特点。由于消费上的非竞争性,每个消费者消费的都是同一个商品总量,因而每一消费者的消费量都与总消费量相等;另一方面,对这个总消费量所支付的全部价格,却是所有消费者支付的价格的总和。

例如,设公共物品的数量为图 8-2(b)中的 R,消费者 A 和 B 的消费量于是都是 R。当 A 和 B 的消费量均是 R 时,他们所愿意支付的价格按各自的需求曲线分别为 L 和 N。因此,当消费量为 R 时,消费者 A 和 B 所愿意支付的公共价格之和就是 $L+N=T$。有了公共物品的市场供求曲线,则公共物品的均衡数量即可决定,这就是市场供给曲线 S 和需求曲线 D 的交点所指示的 R。实际上,这个均衡数量也代表着公共物品的最优数量。要解释这一点并不困难。当公共物品数量为 R 时,根据供给曲线,公共物品的边际成本(供给价格)为 T,而根据消费者的需求曲线,A 和 B 的边际利益分别为 L 和 N,从而总的社会边际利益(需求价格)为 $L+N=T$。于是,边际的社会利益等于边际成本,公共物品数量达到最优。这里值得注意的是,公共物品的最优标准与私人物品不完全相同,其根源在于是否具有消费的竞争性这个基本特点。

四、公共物品的供给

公共物品的生产和消费问题不能由市场上的个人决策来解决。因此,必须由政府承担起提供公共物品的任务。

(一)公共物品政府提供的制度安排

根据前面的分析,应当由政府提供的公共物品包括纯公共物品和某些供给费用较高但又能够产生较大社会福利的非纯公共物品。

(1)政府直接生产。即由政府通过直接开办、控制、经营的机构或企业供给公共物品。显然这是一种极端的情况。采取这种方式供给的公共物品,一般是盈利甚微甚至是无利可图而又关系民生的,具有极其显著的"外部性",如农村道路、水利、环境等。对这类公共物品的供给实行公办公营,有利于政府根据财政能力和实际需要统筹安排。

(2)公私合股。即政府拥有全部或部分股权,由法人团体以商业形式经营,自负盈亏。采用这种方式的主要是那些盈利率不高或盈利前景不明朗,但投资庞大的公共物品。采用这种方式供给公共物品,一方面可以及时解决巨额投资问题,而且由于这些机构同私人企业或私人机构竞争,促使这些重要的公共物品的产出能尽快得到提高;另一方面又可以使政府尽早收回投资或将投资风险降至最低限度,而且还可以从其盈利中提出一定股息作为财政收入。由于这些公共物品的供给主要是政府对它们在经营方面的要求,总的来讲是在尽可能降低经营成本的前提下,提供高质量的服务。

(3)政府出资,私人经营。这主要包括一部分农村教育、培训、某些科研项目、部分社会福利设施、基础设施等。具体可采取转移支付的方式,政府直接将财政资金补贴给需要照顾的对象,由被照顾对象自由做出选择;亦可采取购买支出的方式由政府按招标或合同承包的方式,选择质量好、价格优的私营企业与之签订合约,由财政出资,私营企业提供某类公共物品。

(二)公共物品市场提供的制度安排

公共物品政府提供的低效以及公共物品属性的变化,使人们重新将目光投向了市场。理论分析和经验事实证明,在很多条件下,市场也完全能够有效地提供公共物品,尤其是准公共物品。

(1)完全由私人提供。由私人筹集资金,私人经营公共物品的生产。如私立培训机构、私立医院等对资金规模要求不高、竞争性强的公共物品和服务可实行这种制度模式。对这类单位,政府应当强化管理。

(2)特许经营。即在政府监管下由私人资本通过投标取得某项公共物品的生产与供给的权利。采取这种方式供给的公共物品主要是可收费的俱乐部物品。政府通过法制化的管制对这类公共物品的生产者进行管制。但是特许经营权不具有"终身制"。政府通过这种方式供给公共物品,一方面使经营机构不断采用先进技术来改善基本设施,提高社会效益和降低经营成本;另一方面也确保经营者在政府允许的范围内获得合理的利润。

(3)社区和使用者自行提供。当某些公共物品的费用承担者就是主要受益人,而且公共物品的投资规模不大时,这类公共物品可由使用者提供或社区自助安排,可以在很多领域提供有效的和可以负担的服务,如村庄支线道路等。

【课内活动设计】

活动内容:住房属于公共物品吗? 政府应不应该供应住房?

活动要求:

(1)分小组结合公共物品的概念进行分析和讨论,并说明政府应该怎样提供住房。

(2)选择 2 组进行结论分享。

【案例阅读】

　　研究可以为社会创造知识。所以,政府往往会实施一些相关政策用以支持各种研究。社会要评价这些政策的合理性,就必须要明确两种"实施对象"之间的区别:一是特定技术知识的研究;二是一般知识的基础研究。对一些特定技术知识,如效率更高的电池、运算速度更快的芯片或沟通更便捷的通信技术的研究,政府通常实施专利保护政策,即赋予发明者在一定时期内对自己所创造的知识的一种排他性权利,其他人如果想使用这样的专利知识,就必须向发明者支付报酬。换言之,专利(政策)使发明者创造的特定技术知识具有了排他性。

　　与对特定技术知识的研究不同,对一般知识的基础研究则不具有这种排他性。例如,一项数学定理,即使一个数学家提出并论证了一项定理,他也不能为这项定理申请专利,因为这项定理一旦得到证明,任何人都可以免费应用,即没有排他性;同时,一个人应用这项定理,并不妨碍其他人也做出相同的行为,因为没有消费中的竞争性。由此可见,一般知识的基础研究是一种公共物品。

　　企业的目的是为了追逐利润,所以它们会将大量的支出用于一些特定技术知识的研究,以便获得专利并出售;相比较而言,它们用于一般知识的基础研究支出并不多。企业的激励是:搭其他人创造出的一般知识的"便车"。如此一来,在没有任何政府政策的情况下,社会在创造一般知识上投入的资源就会很少。

　　政府努力以各种方式为一般知识的基础研究提供资金支持:

　　例如,政府设立一些专门学科的研究院、基金会,对数学、物理、化学、医学、生物学甚至经济学的基础研究进行补贴。

　　又如,政府为航天科技划拨了大量资金,尽管有许多人怀疑太空探索的社会价值甚至科学价值,但这项科技毕竟使社会知识的范畴变得更为充盈。

　　要确定政府对基础研究资助的适当水平是很难的,因为其社会价值很难衡量。此外,相关的决策者基本都是政治家而非科学家,让他们准确地评估出某项基础研究将产生多大的社会效益也是不现实的。因此,尽管基础研究是一种公共物品,但如果政府没有为适当数量与种类的基础研究提供资助,人们也不必大惊小怪。

　　资料来源:根据网络资料整理而成。

实训项目

一、课内实训

(一)知识题训练

1. 不定项选择题

(1)政府提供的物品(　　)公共物品。

A. 一定是　　　　　B. 不都是　　　　　C. 大部分是　　　　　D. 少部分是

(2)市场不提供纯粹公共物品,是因为(　　)。

A. 公共物品不具有排他性　　　　　　　B. 公共物品不具有竞争性

C. 消费者都想"免费乘车"　　　　　　　D. 以上三种情况都是

(3)公共物品的市场需求曲线是消费者个人需求曲线的(　　　)。

A. 水平相加　　　　　B. 垂直相加　　　　　C. 算术平均数　　　　D. 加权平均数

(4)在消费或使用上,公共物品的特点是(　　　)。

A. 竞争性　　　　　　B. 非竞争性　　　　　C. 排他性　　　　　　D. 非排他性

2. 判断题

(1)在消费上或使用上具有竞争性和排他性特点的商品叫公共物品。　　　　　　(　　)

(2)纯粹的公共物品一般应由政府提供。　　　　　　　　　　　　　　　　　　(　　)

(3)准公共物品可以由市场提供。　　　　　　　　　　　　　　　　　　　　　(　　)

3. 简答题

(1)举例说明公共物品的概念。

(2)举例说明公共物品的供给方式。

(二)技能题训练

1. 判断以下哪些是私人物品?哪些是公共物品?并说明理由。

环境保护、义务教育、玩具、自行车、有线电视、国防。

2. 曾有两条新闻值得深思。一条是"阜阳奶粉事件",据说已经有13名婴儿死于这种劣质奶粉,全国各地因同样原因死亡的婴儿数字还在增加;另一条是"西安宝马彩票案",中央电视台新闻调查曝光,虽然经过公证部门公证,但3名宝马得主的资料全部造假。面对这样的恶性事件,谁都有理由拍案而起。

虽然没有市场万万不能,但市场也不是万能的,这是西方"市场失灵"学说的基本出发点。例如,协议性垄断、行贿受贿、造假贩假、欺诈、陷阱式的广告与销售等行为都会产生非正常的市场缺陷,从而导致市场失灵。"阜阳奶粉事件"和"西安宝马彩票案",这些事关"假冒伪劣""制假贩假"的行为,就是一种"市场失灵"的表现。

在市场经济中,一个"经济人"的选择总是取决于相关的"经济人"的选择,这种战略的相关性把他们紧紧联结在一起。就以诚信为例,当所有的人都守信时,这最好不过;然而,在某个行业中,当某个"经济人"因为不守信用而获得了更大的利益时,自然其他的"经济人"为了获取竞争优势也会放弃守信。这样的结果是,所有的人都变得不守信了。这就有点类似于"劣币驱逐良币"。

是谁营造了这种"劣币驱逐良币"的环境?在关于"阜阳奶粉事件"的讨论中,还有不少人发出"是谁杀害了13名婴儿"的诘问,其矛头直指当地政府和卫生部门。这并不是没有道理。

请联系以上案例,说明市场失灵的表现;解释市场失灵的原因,并谈谈市场失灵的存在是否就要求由政府来取代市场机制?

二、课外实训

(一)思考讨论题

结合本章所学,思考和讨论为什么市场不能很好地提供公共物品?

(二)调查研究题

观察身边的物品哪些是由政府提供的,根据本节所学分析它们是否属于公共物品,并分析它们应否由政府提供?

本章小结

(1)不完全信息会带来道德危险和逆向选择,这就需要政府在信息方面进行调控,增加市场"透明度"。

(2)无论是外部经济还是外部不经济,都会引起市场失灵,政府纠正外部性的方法一般有征税和补贴、外部影响内部化、产权规定等。

(3)"搭便车现象"的存在,需要政府以社会管理者的身份组织和实现公共物品的供给,并对其使用进行监管。

第九章 国民收入核算理论

通过本章的学习,使学生理解和掌握国内生产总值的含义,了解国民收入核算体系内的其他指标及其关系,掌握国内生产总值的核算方法。

重点难点

国内生产总值的含义,增加值法、收入法和支出法核算。

章节导读

衡量经济运行的表现是我们生活中很重要的一部分,如果你是负责经济的政府官员,应该回答出经济运行在哪个时期能达到最佳状态,如何才能搞得更好。那么,什么样的指标能够告诉你经济的实际运行状态呢?回答这个问题需要对国民收入有所了解。

第一节 国内生产总值及相关概念

【导入案例】

2013 年我国国内生产总值568 845亿元,比上年增长 7.7%(如下图所示)。其中,第一产业增加值56 957亿元,增长 4.0%;第二产业增加值249 684亿元,增长 7.8%;第三产业增加值262 204亿元,增长 8.3%。第一产业增加值占国内生产总值的比重为 10.0%,第二产业增加值比重为 43.9%,第三产业增加值比重为 46.1%,第三产业增加值占比首次超过第二产业。

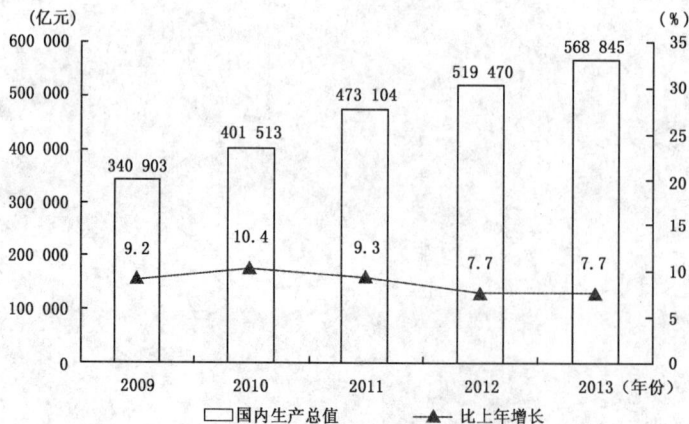

2009～2013 年国内生产总值及其增长速度

> **互动提问：**以上数据和图表均摘自中华人民共和国 2013 年国民经济和社会发展统计公报，对这些数据应该如何理解？国内生产总值到底是如何定义的？它是怎么核算出来的？由哪些部分构成？为什么所有的国家都非常重视国内生产总值？

以上种种问题都是我们在这一章要展开讨论的。当你仔细学习了这一章的全部内容后，就能够比较准确地回答上述问题，而且当你再次阅读统计数据或统计年鉴时，对这些数字背后的经济含义也会有一个科学的认识。

一、国内生产总值

国内生产总值（GDP），是一国经济中衡量总产出或者总收入的最重要的宏观经济指标之一，是指一国在本国领土范围内，一定时期中（通常是 1 年）所生产出来的全部最终产品和劳务的市场价值的总和。从 GDP 的概念可以看出这一指标是流量而非存量。

GDP 核算以领土范围为统计标准，也就是说无论生产要素是属于本国还是外国，只要是在本国生产出来的最终产品和劳务的市场价值，都应该计入国内生产总值。

最终产品是相对于中间产品而言的，中间产品是指当期生产出来的但进入了其他产品和劳务的产品和劳务；最终产品也是当期生产出来的产品和劳务，但没有进入到其他产品和劳务。例如，棉花被纺成布，布被裁缝做成衣服，衣服被消费者购买，其中的棉花和布就是中间产品，而衣服就是最终产品。为了避免重复计算，国内生产总值只计算最终产品，而不计算中间产品。

国内生产总值强调的是当期生产的最终产品和劳务的市场价值，因此非当期生产的产品和劳务，其价值不能计入 GDP。例如，二手房交易，由于房屋是以前年度生产的，已计入以前年度的 GDP，所以房屋本身的市场价值不能再次计入当年的 GDP，但是因二手房交易产生的佣金和手续费等属于当年的劳务核算范畴，应计入当年的 GDP。

流量和存量是宏观经济学中两个非常关键的概念。流量是按每单位时间的比率来度量的经济量值，如"一汽"每周轿车的产量、葡萄酒每月的消费量、一国经济每年的总产量等。存量是在某一时间点度量的量值，如 2014 年年末中国城市楼房总量、2014 年 12 月 31 日中国拥有的外汇储备的美元价值等。

二、国民生产总值与国内生产总值

与国内生产总值密切相关的一个概念是国民生产总值（GNP）。国民生产总值是一个国家的国民在一定时期内（通常是 1 年），生产的最终产品和劳务的市场价值的总和。GNP 也是一个流量的概念。

国民生产总值是本国常住居民生产的最终产品（包括劳务）的市场价值的总和，它以人口为统计标准。言外之意，无论生产要素是处于国内还是国外，只要是本国国民生产的最终产品和劳务的市场价值，都应该计入国民生产总值。这与国内生产总值以领土为统计标准是既有区别又有联系的。根据国民生产总值和国内生产总值的概念核算范围，我们可以得出两者之间的关系如下：

$$GNP = GDP + \text{暂住外国的本国公民的资本和劳务创造的价值} - \text{暂住本国的外国公民的资本和劳务创造的价值}$$

我们把暂住外国的本国公民的资本和劳务创造的价值减去暂住本国的外国公民的资本和劳务创造的价值的差额称为国外净要素收入，那么可以得到下面的公式：

$$国民生产总值＝国内生产总值＋国外净要素收入$$

很显然,当国外净要素收入大于零时,国民生产总值大于国内生产总值;反之,国民生产总值小于国内生产总值。如果经济是封闭的,即国外净要素收入为零时,国民生产总值等于国内生产总值。目前大多数国家更加注意使用 GDP 的概念,GNP 的概念相对较少使用。

【课内活动设计】

活动内容:对一个国家来说,当 GNP＞GDP 或 GNP＜GDP 时,分别意味着什么?(从本国与外国资本和劳务的竞争力角度来思考)

活动要求:

(1)分小组采用各种渠道收集相关资料进行分析和讨论,从而总结出一些较为规律性的结论。

(2)选择 2 组进行结论分享。

三、其他与国内生产总值相关的概念

(一)国内生产净值

国内生产净值(NDP),等于 GDP 减去资本消耗,也就是折旧。

$$NDP＝GDP－折旧$$

(二)国民收入

国民收入(NI)等于从国内生产净值中减去企业缴纳的间接税,主要是营业税。所以国民收入是生产者实际获得的税后价值,也就是一个国家各种生产要素(劳动、土地、资本和企业家才能)的收入之和。

$$NI＝NDP－间接税＝工资＋地租＋利息＋利润$$

(三)个人收入

个人收入(PI)是指要素所有者在一定时期内拿到手的收入。个人收入的数值之所以不同于国民收入的数值,是因为包含在国民收入这个数据中的收入有一些并没有进入要素所有者个人手中,所以需要从国民收入中减去,如缴给政府的企业所得税和社会保险金、留下不分配的利润等;另一方面,在核算期间各个要素所有者实际拿到手的收入,有一部分并没有包含在国民收入这个指标之中,所以需要在国民收入数据之外加上这部分收入,如政府对居民的转移性支付和政府支付的公债利息等。国民收入与个人收入的关系是:

$$PI＝NI－公司所得税－社会保险金－公司未分配利润＋政府向个人的转移支付＋公债利息调整$$

(四)可支配个人收入

可支配个人收入(DPI)是指从个人收入中减去按法律规定应缴纳的个人所得税以后的金额。任何人的"可支配个人收入"减去消费开支以后的余额都称为储蓄。个人储蓄的金额或者以货币的形式贮藏在身边,或者以银行存款购买公司股票债券和公债等形式转化为投资。

$$DPI＝PI－个人所得税＝个人消费＋个人储蓄$$

四、名义 GDP 与实际 GDP

国内生产总值衡量的是最终产品和劳务的市场价值,所以不同时期的国内生产总值的差异可能是由于产品和劳务的实物数量的差异造成的,也可能是由于价格水平变动造成的。为了能

够把不同时期的国内生产总值进行比较,通常选择某一年的价格水平作为标准,各年的国内生产总值都按照这一价格水平进行计算。这个被选择的特定年份称为基年,这一年的价格水平称为"不变价格"。用不变价格计算的国内生产总值叫作实际国内生产总值,而用当年价格计算的国内生产总值叫作名义国内生产总值。我们国家每年公布的国内生产总值均为名义国内生产总值,经济增长率的数值是根据实际国内生产总值进行调整计算的。

在实际国内生产总值的核算过程中,各国一般每隔几年就重新确定一个基年。在图 9-1 中,把 t_0 年作为基年,那么该年的名义国内生产总值等于实际国内生产总值。假定各年产量不变,而价格水平持续上升,那么在 t_0 年以前,名义 GDP 就会小于实际 GDP;t_0 年以后,名义 GDP 就会高于实际 GDP。

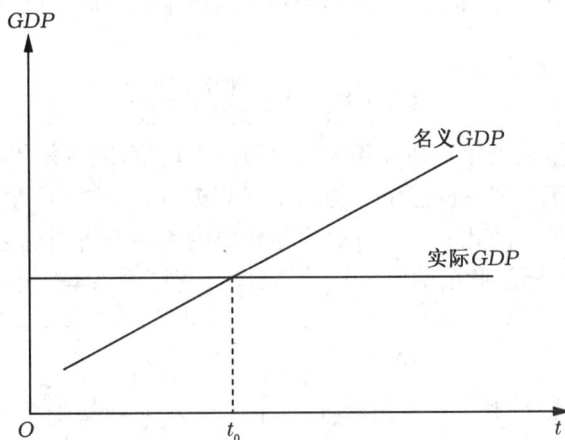

图 9-1　名义 GDP 与实际 GDP

某年的实际国内生产总值和名义国内生产总值之间的差别反映的是这一年的价格水平与基年的价格水平的差异程度。因此,可以根据某年的名义国内生产总值和实际国内生产总值来计算价格指数,这个指数称为国内生产总值隐含折算数。其计算公式如下:

$$国内生产总值隐含折算数 = \frac{名义\ GDP}{实际\ GDP}$$

国内生产总值隐含折算数也是一种价格指数,它不是通过对国内生产总值的各个组成部分的价格指数进行加权平均得到的,而是用名义国内生产总值除以实际国内生产总值得到的,所以叫作国内生产总值隐含折算数。利用国内生产总值隐含折算数可以计算通货膨胀率。

用国内生产总值隐含折算数计算通货膨胀率的方法是:

$$t\ 年的通货膨胀率 = \frac{t\ 年的\ GDP\ 隐含折算数 - (t-1)\ 年的\ GDP\ 隐含折算数}{(t-1)\ 年的\ GDP\ 隐含折算数} \times 100\%$$

下面我们以一个简单的例子来说明名义 GDP 与实际 GDP 的计算。在表 9-1 中,假定经济中只有两种产品:啤酒和小麦。2000 年作为基期,名义 GDP 和实际 GDP 相等,都等于 3;2006 年称为报告期,名义 GDP 为 8.5,实际 GDP 为 5.0。从计算过程我们可以看出名义 GDP 的大部分增加完全是价格上涨的结果,并不能反映物质产品的增加。2006 年啤酒产量是 2000 年的 2 倍,小麦产量是 2000 年的 1.5 倍,所以实际 GDP 应该是 2000 年的 1.5～2 倍,而名义 GDP 增加到 2000 年的近 3 倍,不能反映两个年度的产品价值的真实差异。

表 9—1　　　　　　　　　真实 GDP 与名义 GDP 计算举例

	2000 年名义 GDP	2006 年名义 GDP	2006 年实际 GDP*
啤酒	1 瓶×1.0（单价）＝1.0	2 瓶×2.0（单价）＝4.0	2 瓶×1.0＝2.0
小麦	1 千克×2.0（单价）＝2.0	1.5 千克×3.0（单价）＝4.5	1.5 千克×2.0＝3.0
合计	1.0+2.0=3.0	4.0+4.5=8.5	2.0+3.0=5.0

注：* 以 2000 年价格计算。

五、人均 GDP

人均 GDP 即人均国内生产总值，它是用当年的国内生产总值除以同一年的人口数量得出的数值。

$$某年人均 GDP = \frac{某年\ GDP}{某年人口数}$$

这里所用的人口数量是当年年初和年末人口数的平均值，或者是年中的人口数。

国内生产总值有助于了解一国经济实力与市场规模，而人均国内生产总值则有助于了解一国的富裕程度与生活水平。因此，人均 GDP 也是重要的宏观经济指标之一。2013 年，中国的人均国内生产总值为6 747美元，此前的2012年和2011年分别为6 094美元和5 434美元。

【材料阅读】

美国著名的经济学家保罗·萨缪尔森说："GDP 是 20 世纪最伟大的发现之一。"没有 GDP 这个发明，我们就无法进行国与国之间经济实力的比较、贫穷与富裕的比较；就无法知道我国的 GDP 总量排在全世界的第几位，低于美国多少；也无法知道我国人均 GDP 排在世界的什么位置。没有 GDP 这个总量指标，我们就无法了解我国的经济增长速度是快还是慢，是需要刺激还是需要控制。因此，GDP 就像一把尺子、一面镜子，是衡量一国经济发展和生活富裕程度的重要指标。

实训项目

一、课内实训

（一）知识题训练

1. 单项选择题

（1）在国民收入核算体系中，测定一个范围内在一定时期所有最终产品和劳务的货币价值量的是（　　）。

A. 国民收入　　　　B. 国内生产总值　　　C. 国民生产净值　　D. 个人可支配收入

（2）一国的国民生产总值小于国内生产总值，说明该国公民从外国取得的收入（　　）外国公民从该国取得的收入。

A. 大于　　　　　　B. 小于　　　　　　　C. 等于　　　　　　D. 可能大于也可能小于

（3）国内生产总值扣除（　　）后就得到国内生产净值。

A. 直接税　　　　　　　B. 间接税　　　　　　C. 公司未分配利润　D. 折旧

(4)今年的名义 GDP 大于去年的名义 GDP,说明(　　)。

A. 今年物价一定比去年高

B. 今年生产的物品和劳务的总量一定比去年增加了

C. 今年的物价水平和实物产量水平一定都比去年提高了

D. 以上三种说法都不一定正确

(5)假如一个地区的实际国内生产总值为 17 500 亿美元,国民生产总值的折算指数为 1.60,则该地区名义的国内生产总值为(　　)亿美元。

A. 11 000　　　　　　B. 15 700　　　　　　C. 17 500　　　　　　D. 28 000

(6)如果个人收入为 5 700 元,个人所得税为 900 元,消费为 4 300 元,利息支付为 100 元,个人储蓄为 400 元,则个人可支配收入为(　　)元。

A. 5 000　　　　　　B. 4 800　　　　　　C. 4 700　　　　　　D. 4 000

2. 判断题

(1)家庭成员进行家务劳动折算成的货币收入应计入国内生产总值。　　　　　　(　　)

(2)国内生产总值和国民生产总值是同一概念。　　　　　　　　　　　　　　　(　　)

(3)名义 GDP 一定大于实际 GDP。　　　　　　　　　　　　　　　　　　　(　　)

3. 简答题

(1)简要说明 GDP 及与其相关的其他概念。

(2)简要说明实际 GDP 与名义 GDP 的关系。

(二)技能题训练

1. 下列项目是否计入 GDP,为什么?

(1)政府转移支付;

(2)购买一台用过的电脑;

(3)购买公司债券;

(4)购买当年新建房屋;

(5)从书店购买的教科书;

(6)从高年级同学处购买他使用过的教科书;

(7)印刷厂购买了 6 吨白纸用于印刷教科书;

(8)高教出版社印刷了 3 000 本教科书,但还未售出;

(9)日本某大学教授采用了某教科书,日本学生购买了 300 本。

2. 在统计中,社会保险税增加对 GDP、NDP、DI、PI 和 DPI 这五个总量中的哪些总量有影响? 为什么?

3. 假设美国名义 GDP 从 1999 年的 50 000 亿美元增长到 2000 年的 55 000 亿美元。你能得出结论认为这些数据给出了经济增长的一个错误的指标吗? 用其他什么样的方法能够得出一个更加精确的国内生产总值的增长率?

二、课外实训

(一)思考讨论题

请用本节所学思考和讨论:如果两个本来有贸易往来的国家合并成一个国家,对 GDP 会有什么影响?

（二）调查研究题

从互联网上查找近10年来我国GDP和人均GDP变动的资料,并分析其变动规律。

第二节　国民收入的核算方法

【导入案例】

对经济度量的兴趣与尝试由来已久,其源头可以追溯到17世纪中期威廉·配第对爱尔兰土地与财富所做的详细调查。当时英国政府委任威廉·配第进行调查的目的主要在于确定爱尔兰能向英皇上交税收的上限。而配第则利用这个机会考察了大量的社会和经济变量,并继续对其他几个国家进行财富、生产等方面的研究。

虽然经济度量的历史久远,但直到20世纪,它才真正受到重视。第二次世界大战对经济精确统计的发展起到了重要的催化作用,因为战争的结果很大程度上取决于对资源的动用和调配。美国的西蒙·库兹涅兹和理查德·斯通这两位经济学家在前人的基础上全面建立了一国产品和服务产出的度量体系,这对同盟军领袖在战争时期的规划起到了莫大的帮助。由于这一贡献,西蒙·库兹涅兹获得了1971年的诺贝尔经济学奖,并被称为"国内生产总值之父"。

资料来源:姚开建:《经济学说史》,中国人民大学出版社2007年版。

互动提问:如果政府要你进行国内生产总值核算,你将使用什么方法?

国民收入的核算方法有三种:增加值法、支出法和收入法。这三种核算方法实际上是从不同的角度对国民收入进行理解,其中涉及国民经济中的重要的恒等关系,我们将在下一节对这些重要的恒等关系展开论述,本节主要介绍不同的核算方法。

一、增加值法

增加值法也称生产法,是按产业部门分类,把各产业部门的所有企业在一年间投入的生产要素新创造的产品和劳务的销售价值进行加总。由于每个企业所生产的产品的销售价值由两部分组成:一是向其他企业购入的原材料等中间产品的价值,二是投入的生产要素新创造出来的追加在中间产品上的价值。这样,如果把企业所有的产品和劳务的销售价值加在一起,就会严重夸大国民收入的数值。所以,对每个企业来说,只能计算该企业在生产和销售过程中的"增加值",即该企业产品和劳务的销售价值减去向其他企业购入的中间产品的价值。从全社会角度来看,能够计入国民收入的只有最终产品的销售价值。而最终产品则等于当年新生产出来的产品和劳务用于个人消费的产品加上代表收入被储蓄起来的那部分产品的价值(也可以理解为投资)。下面举例说明如何用增加值法来核算国民收入。

假设作为消费品的面包经历了三个生产阶段:种小麦、磨面和烤面包。假定小麦的销售价值为100(假设只包括当年新生产的价值,生产出这些小麦所消耗的上年度已有的生产资料的价值已被扣除在外,所以小麦的销售价值当中不包括中间品的价值,全部都是增加值)。面粉厂购入小麦,然后磨成面粉,销售价值是180,这样面粉厂的增加值为80(180-100)。面包房购入面粉烤制面包,面包的销售价值为250,那么面包房的增加值为70(250-180)。那么,根据GDP和

NI 的定义,以增加值法核算的最终产品的价值如表 9—2 所示。

表 9—2   增加值的核算

	小麦	面粉	面包
中间品价值	0	100	180
企业的销售价值	100	180	250
增加的价值	100	80	70

在这个例子中,计入国民收入的最终产品是面包的价值 250,这个价值由三个阶段的增加值构成:小麦(100)＋面粉(80)＋面包(70)＝250;这其中隐含着这样一种恒等关系:最终产品的销售价值＝增加值的总和＝生产要素的收入,实际上这就是收入法核算的基本思想,这将在下文中展开讨论。

假定经济中还有最终产品棉布和理发,具体的投入—产出关系见表 9—3。

表 9—3   用增加值法计算的 NDP

	中间产品和最终产品的销售价值	中间产品和最终产品的增加价值	最终产品的销售价值	居民的收入	居民的支出	居民的储蓄
小麦	100	100	—	100	—	—
面粉	180	80	—	80	—	—
面包	250	70	250	70	250	—
棉花	150	150	—	150	—	—
棉纱	170	20	—	20	—	—
棉布	200	30	200	30	180	20
理发	10	10	10	10	10	—
合计	1 060	460	460	460	440	20
NDP	—	460	460	460	—	—

在表 9—3 中,最终产品棉布的价值为 200,居民消费为 180,这表示有 20 的居民收入被储蓄起来,这个储蓄的实物形态是棉布。

表 9—4 是中国 2004 年用增加值法核算的 GDP 及行业的构成。从中可以看出我国 GDP 主要来自第二产业和第三产业的增加值,这两个产业的增加值占 GDP 的 86％以上。

表 9—4   我国 2004 年分行业增加值及构成

行　业	增加值	增加值构成(％)
第一产业	21 412.7	13.4
第二产业	73 904.3	46.2
第三产业	64 561.3	40.4
总　计	159 878.3	100

二、支出法

支出法是把一个国家一定时期(通常是一年或一个季度)投入的生产要素生产出来的最终产品和劳务按购买者支出的金额分类汇总而成。从定义上看,支出法与增加值法有着内在的逻辑联系,即消费者支出的金额与最终产品和劳务的销售金额应该相等,而最终产品和劳务的销售金额与增加值应该相等。在国民收入核算体系当中,把对产品和劳务的需求分为四类:个人消费支出(C)、私人投资支出(I)、政府购买的产品和劳务(G)和净出口[出口(X)-进口(M)]。由此可以得到支出法核算 GDP 的公式:

$$GDP = C + I + G + (X - M)$$

表 9-5 列举了美国 2003 年按支出法计算得到的 GDP。

表 9-5 　　　　　　　　　　　　　　　**美国 2003 年 GDP** 　　　　　　　　　单位:10 亿美元

国内生产总值(GDP)	10 480.8
消费	7 385.3
耐用品	911.3
非耐用品	2 086.0
服务	4 388.0
投资	1 589.2
固定投资	1 583.9
非住房固定投资	1 082.2
住房固定投资	503.7
私人存货变动	5.3
净出口	-426.3
出口	1 006.8
进口	1 433.1
政府消费及投资	1 932.5
联邦政府	679.5
非国防支出	438.3
国防支出	241.2
州及地方政府	1 253.1

(一)消费

消费是指居民部门的个人消费开支。耐用消费品包括电视机、洗衣机、电冰箱、空调和汽车等。非耐用消费品包括日常生活中的各种衣食用品,如餐馆、交通、邮电、保健、教育、娱乐、体育以及其他劳务开支等。需要强调的是,居民购买新建住宅并不包括在消费开支中,而是列入固定投资项下的住房固定投资中。在计算 GDP 时,所有产品和劳务的价格都按照市场价值计算,因此其中包含了政府征收的各种税赋。

（二）投资

宏观经济学中的"投资"与日常生活中常说的"投资"是不同的。日常生活中讲的"投资"泛指任何以营利为目的的支出行为，而宏观经济学中讲的"投资"特指企业为了扩大经营规模而添置厂房、办公用房、机器设备、原材料以及新增工人所需工资基金（工人购买的工资商品）。而且宏观经济学中所讲的投资又分为事前投资和事后投资：事前投资是指计划进行的投资；事后投资是指已经完成的投资。

需要强调的是，投资是一个流量的概念，它是指一定时期（如1年）新增加的资本存量。举例来说，投资流量的数值与资本存量数值之间的关系是：本年年底的资本存量＝上年年底的资本存量＋本年期间的投资流量，意思就是本年的投资＝本年年底的资本存量－上年年底的资本存量。在宏观经济学中，一般以 K 代表资本存量，以 I 代表投资流量，则 K 与 I 之间的数量关系可以写成 $K_t = K_{t-1} + I_t$，或者 $I_t = K_t - K_{t-1}$。

企业的投资可以区分为固定投资和存货投资两大类。固定投资包括企业使用的厂房、办公楼等建筑物和机器设备等固定设备。存货投资包括企业使用的原材料、燃料、零部件、在制品、半制成品以及尚未销售出去的库存制成品。需要强调指出的是，核算本年度年底库存存货超过上年年底库存存货的差额被当作存货投资来看待。按照存货投资的概念，如果经济是封闭的（即没有对外经济往来），储蓄和投资应该是恒等的。理由是投资和储蓄指的都是当年投入的生产要素新创造的产品和劳务的市场价值在当年没有被人们消费掉的部分。从这个意义出发，国民收入核算中的投资与来自货币收入流量中的储蓄指的是同一个东西。

在谈到投资时，必须强调的是投资有总投资与净投资之分。总投资（Gross Investment）指的是一定时期内（如一年或一个季度）企业部门新增添的厂房、办公楼等建筑物、机器设备以及新添居民住宅和存货投资等。净投资的金额等于本年年底资本存量超过上年年底资本存量的数额。在全年生产过程中，已有的固定资产会有一部分被磨损掉，这部分损耗成为折旧。总投资减去折旧称为净投资（Net Investment）。总投资和净投资之间的关系式如下：

$$净投资\ I_n = 总投资\ I_g - 折旧$$

需要强调的是，核算国内生产总值或国内收入时强调的是核算年度新创造的价值，总投资中虽然有一部分要用来补偿折旧，但从生产角度看，这部分被补偿的折旧也是核算年度生产出来的，因此我们用支出法核算 GDP 时，用的是总投资而不是净投资。

到目前为止，我们有两个关于投资的重要问题还没有回答：为什么用于投资的物品也是最终产品而不是中间产品呢？为什么居民住宅属于投资而不属于消费呢？原因是用于投资的资本品和中间产品是有着重大差别的。中间产品在生产别的产品时全部被消耗掉，但资本品在生产其他产品时只是部分被消耗掉。而住宅也像别的固定资产一样是长期使用并逐渐消耗的。所以我们在核算总投资时认为投资品是最终产品，并认为居民住宅也是投资。

（三）政府购买的产品和劳务

计入 GDP 的政府支出包括如下几个方面：（1）政府向企业购买的产品，如办公用品、军火等；（2）政府雇员的工资薪金，这表示政府工作人员与其他劳动者一样为社会提供了劳务，因此其工资收入要计入 GDP。

需要指出的是，并不是政府支出的所有金额都计入 GDP，政府支出中的"转移支付"就不计入 GDP。转移支付包括政府支付给退休人员的退休金、对残疾人员的补助金以及政府支付的公债利息等。这些转移支付之所以不计入 GDP，是因为取得这些收入的人并没有提供相应的产品和劳务。

(四)净出口

用支出法核算 GDP 还包括出口和进口的差额,即净出口,它表示国外对国内产品和劳务的净需求。出口包括出售给外国人的产品和提供给外国人的"劳务"的收入。这里的劳务收入指本国居民在外国劳动得到的工资薪金以及奖金等。进口包括本国进口外国产品的市场价值和外国劳动力在本国取得的收入。所以在核算本国一年中生产出来的产品和劳务的市场价值时,必须从支出金额中减去进口的价值,即计入 GDP 的是净出口。当然,净出口的数值可正可负,这取决于经常项目是顺差还是逆差。

三、收入法

计算国内生产总值的第三种方法是把生产过程中作出贡献的所有生产要素(劳动和资本)的收入加总到一起。具体来说,一国经济的国内收入(DI)等于劳动收入和资本收入的和;而国内收入与国内生产总值密切相关。劳动收入就是雇员的工资报酬;资本收入则各有来源,包括自营业主的收入、利息收入、租金收入和公司利润。

收入法是用要素收入即企业的生产成本来核算 GDP。严格来说,最终产品的市场价值除了生产要素收入构成的成本,还应该包括间接税、折旧、公司未分配利润等,因此用收入法核算的国内生产总值应该包括以下一些项目:

(一)工资、利息、地租等生产要素报酬

工资包括所有对工作的酬金、津贴和福利费,也包括雇员必须缴纳的所得税及社会保险税。利息指居民给企业提供的货币资金所收取的利息收入,包括银行存款利息、企业债券利息等,但政府公债利息及消费信贷利息不包括在内。地租包括出租土地、房屋等租赁收入及专利、版权等收入。

(二)非公司企业主收入

比如医生、律师、农民和小店铺主的收入,他们使用自有资金,自我雇用,其工资、利息、利润、租金经常混在一起作为非公司企业主收入。

(三)公司税前利润

公司税前利润包括公司所得税、社会保险税、股东红利及公司未分配利润等。

(四)企业间接税

企业间接税包括货物税和销售税、流转税,它们虽然不是生产要素创造的收入,但要通过产品价格转嫁给消费者,因此也视为成本。

(五)资本折旧

资本折旧虽然不是要素收入,但因其包括在总投资中,所以也应该计入 GDP。

这样,按照收入法计算的国内生产总值=工资+利息+地租+非公司企业主收入和公司税前利润+间接税+折旧。

从理论上来说,生产法、支出法和收入法计算的 GDP 应该是相等的。但实际核算工作中经常有误差,因而还要加上一个统计误差。

四、国民收入核算方法的不足

现行的国民收入核算方法虽然被各个国家广泛采用,但是它的不足之处也是众所周知的。

具体有如下几个方面：

（一）国内生产总值不能准确地反映总产出

由于GDP是根据商品和劳务的市场价值计算的，然而有许多生产活动并没有反映到国内生产总值当中，如农民自己生产并供自己消费的农产品折合的收入、大部分的家务劳动等。GDP也没有反映地下经济产生的收入，如毒品的生产和交易等非法的经济活动、为了逃避税收而隐瞒的经济收入等。

（二）GDP不能很好地反映经济发展状况

GDP不能衡量精神收入，即由于收入和支出带来的愉快和不愉快，而这一点应经成为衡量国民经济发展的重要指标。GDP只能比较最终数值的大小，而不能比较生产产品和劳务的种类。如果两个国家的GDP相同，一个国家主要生产工业品，而另一个国家主要靠增加劳动力投入来生产农业品，那么显然两个国家的经济发展水平是不一样的。我们可能相信中国的GDP在几十年内可能达到美国的水平，但我们无法相信中国的经济水平在几十年内能达到美国的水平。另外，通过生产不同种类商品的比较，我们也可以比较资源的利用率，这已经成为预测未来经济发展趋势的重要指标。此外，GDP核算没有反映出生产技术进步。技术进步可以大大缩短生产同样产品所需耗费的劳动时间，从而降低劳动强度，但这些在GDP核算中没有体现出来。

（三）国民收入核算没有很好地反映福利状况

一般来说，人们认为国内生产净值是反映福利水平的最重要的指标之一，但是NDP包括消费、投资、政府购买和净出口。而净投资的增加会增加生产能力，从而增加未来的消费，但是会造成当前消费水平的下降。政府购买与当前消费的关系也是不确定的，如果政府购买支出是花在解决社会不良状况方面，很难让人认为它增加了当前的福利水平。在计算NDP时，出口是加项，进口是减项，而出口实际上与本国消费无关，进口才与本国消费有关。以上的分析都说明，现有的国民收入核算并不能让人满意地反映出国民的福利状况。

国民收入核算中存在的诸多缺陷受到经济学家的普遍重视，很多经济学家力图改造现有的核算方法。20世纪70年代美国经济学家威廉·诺德豪斯和詹姆斯·托宾共同提出了"经济福利尺度"这一新概念，萨缪尔森又提出了"净经济福利"概念等，都试图从闲暇、家务劳动计量、污染成本等角度对国民经济核算进行改进。

【材料阅读】

据世界银行和国内有关研究机构测算，20世纪90年代中期，中国的经济增长有2/3是在对生态环境透支的基础上实现的。中国的生态环境问题虽然有其自然环境脆弱、气候异常的客观原因，但主要还是人为不合理的经济行为和粗放型资源开发方式导致的。多年计算的平均结果显示，中国经济增长的GDP中至少有18%是靠资源和生态环境的"透支"实现的。

绿色GDP是指用以衡量各国扣除自然资产损失后新创造的真实国民财富的总量核算指标，就是从现行统计的GDP中，扣除由于环境污染、自然资源退化、教育低下、人口数量失控、管理不善等因素引起的经济损失成本，从而得出真实的财富总量。

资料来源：根据网络资料整理而成。

实训项目

一、课内实训

(一)知识题训练

1. 单项选择题

(1)在国民收入核算体系中,下面各项中属于私人投资的是( )。

A. 政府修建公路   B. 私人购买股票

C. 厂商年终的存货大于年初   D. 私人购买政府债券

(2)下列各项中,不列入国内生产总值核算的是( )。

A. 出口到国外的一批货物   B. 政府给贫困家庭发放的一笔救济金

C. 经纪人为一座旧房买卖收取的一笔佣金   D. 政府为其雇员支付的工资

(3)下列项目中,( )不属于政府购买。

A. 地方政府办三所中学   B. 政府给低收入者提供一笔住房补贴

C. 政府定购一批军火   D. 政府给公务人员增加薪水

(4)在用支出法计算国内生产总值时,不属于投资的是( )。

A. 通用汽车公司购买政府债券   B. 通用汽车公司增加了 500 辆汽车的存货

C. 通用汽车公司购买了一台新机床   D. 通用汽车公司建立了另一条新装配线

(5)所谓净出口,是指( )。

A. 出口减进口   B. 进口减出口   C. 出口加进口   D. 只是出口

(6)假如某人不出租他的房屋而是自己使用,这部分房租( )。

A. 不算入国内生产总值,因为出租房子不属于生产行为

B. 算入国内生产总值,按若出租可得到的租金计算

C. 不算入国内生产总值,因为房屋由房主本人居住

D. 不确定应不应算入国内生产总值

2. 简答题

(1)简要说明国民收入核算的三个方法。

(2)简要说明国民收入核算方法的不足。

(二)技能题训练

1. 一个国家某个核算年度发生了如下经济行为:(1)一金矿开采公司支付给员工 10 万元工资,开采了 100 千克黄金,卖给了首饰制造商,售价 50 万美元(假定机器设备、厂房及金矿的开采权免费获得,机器设备等无折旧);(2)该首饰制造商支付 20 万美元工资给自己的员工,制造出一批首饰卖给消费者,首饰售价 100 万美元(同样假定无固定资产折旧)。

(1)从最终产品来看,GDP 是多少?

(2)每个生产阶段的增加值是多少? 用增加值法计算的 GDP 是多少?

(3)在各个环节中,工资和利润各为多少? 用收入法计算 GDP。

2. 假定一个国家只生产三种产品:啤酒、白银和白菜,它们在 2000 年和 2006 年的产量和价格如下表所示。

	2000 年		2006 年	
	数量	价格(元)	数量	价格(元)
啤酒	100	10	120	15
白银	200	50	300	100
白菜	400	5	600	10

要求：

(1)计算 2000 年和 2006 年的名义 GDP。

(2)以 2000 年为基期，2006 年的实际 GDP 是多少？这两年的实际 GDP 变化多少百分比？

(3)以 2006 年为基期，2000 年的实际 GDP 是多少？这两年的实际 GDP 变化多少百分比？

(4)"GDP 的变化取决于我们选择哪一年作为基期"，这种判断是否正确？

(5)用 2000 年作基期，计算 2000 年和 2006 年的 GDP 折算指数。

3. 假定经济中只有 A、B、C 三家厂商，A 厂商年产出 6 000 美元，卖给 B、C 和消费者。其中 B 购买 A 的产出 400 美元，C 购买 3 000 美元，消费者购买 2 600 美元。B 年产出 800 美元，直接卖给消费者。C 年产出 7 000 美元，其中 4 000 美元由 A 购买，其余由消费者购买。

要求：

(1)假定投入在生产中用光，价值增加值是多少？

(2)计算 GDP。

(3)假定只有 C 有 200 美元折旧，计算国民收入(NI)。

二、课外实训

(一)思考讨论题

通过本节所学，思考和解释为什么通过比较不同国家的 GDP 也许不能告诉你哪个国家的情况更好？

(二)调查研究题

通过查阅最近一年的《中国统计年鉴》，了解我国国内生产总值的核算体系和方法。

第三节　国民收入的基本恒等关系

一、两部门经济的收入构成及储蓄—投资恒等式

假定经济中只有居民户和厂商，为了简化分析，这里撇开折旧，这样国内生产总值就等于国内生产净值和国内收入，我们用 Y 来表示。在两部门经济中，没有税收，没有政府(当然也就没有政府支出)，也没有对外贸易。经济行为按照如下方式发生：

(1)居民向厂商提供各种生产要素，同时从厂商处获得相应的货币收入。

(2)居民向厂商购买消费品，那么用于消费品支出的货币又会流向厂商。

(3)如果居民没有把全部收入都消费掉，就会产生储蓄。储蓄通过金融市场流向厂商，厂商用获得的货币进行投资。与货币投资相应的实物形态的资本品流动则发生在厂商部门的内部。

我们可以把上述三个方面的流动表示成一个完整的收入流量循环图(见图 9—2)。

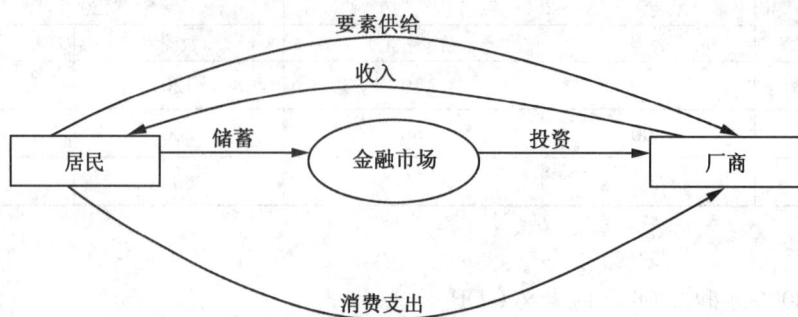

图 9-2 两部门经济循环图

当然,如果居民储蓄不进入金融市场,也就是说居民不把储蓄存入银行或其他金融机构,也不去购买企业的债券,或者银行等金融机构不把这些储蓄贷给企业,那么这些储蓄便找不到返回循环流中的路径,就形成了"漏出"。此时,企业要想维持原有的生产规模,就要寻求其他方面的资金注入。下面我们将从不同的角度看待总产出。

从需求方面看,在两部门经济中:

$$总产出(Y)=消费需求+投资需求=消费(C)+投资(I)$$

从总收入的角度,也就是要素的总供给的角度来看:

$$总产出(Y)=要素总收入=工资+利息+地租+利润=消费(C)+储蓄(S)$$

从而得到:

$$C+S=Y=C+I$$

需要强调的是,这里的 I 指的是总投资,而且包含了存货投资。从而得到:

$$S=I$$

$S=I$ 就是两部门的储蓄—投资恒等式。它告诉我们,在两部门的封闭经济中,总储蓄与总投资是永远相等的。

必须明确的是,上述储蓄—投资恒等式是根据储蓄和投资的定义得出的。根据定义,国内生产总值等于消费加投资,国内收入等于消费加储蓄。国内生产总值又等于国内收入,这样才有了储蓄—投资的恒等关系。这种恒等关系是两部门经济中总供给($C+S$)和总需求($C+I$)的恒等关系。只要遵循这些定义,储蓄、投资一定相等,无论经济是否处于充分就业,是否处于通货膨胀,是否处于均衡状态。但是,这个恒等式并非是说人们意愿的或者事前计划的储蓄总是等于企业想要有的或者事前计划的投资。在实际经济生活中,储蓄主要由居民户进行,投资由企业决定,个人储蓄动机和企业投资动机也不会完全相同,这样就会形成计划储蓄和计划投资的不一致,进而形成总供给和总需求的不平衡,带来经济的收缩和扩张。以后理论中所要讲到的宏观经济均衡的投资要等于储蓄,是指只有计划投资等于计划储蓄,或者事前投资等于事前储蓄时,才能形成经济的均衡状态,这与我们这里讲的事后的均衡是不一样的。另外,事后的储蓄等于投资是对整个宏观经济而言的,至于个人或个别企业,完全可以通过金融市场使储蓄和投资不相等。

二、三部门经济的收入构成及储蓄—投资恒等式

在三部门经济中,我们引入政府。政府的经济行为主要表现在如下几个方面:

(1)向居民和企业征税,从而获得政府收入;

(2)购买商品和劳务,对居民进行转移支付,从而形成政府支出。

考虑到政府的行为,国内生产总值的构成将是如此:

从需求角度看:

$$总产出(Y)＝消费需求＋投资需求＝消费(C)＋投资(I)＋政府购买(G)$$

从总供给角度看:

$$总产出(Y)＝消费(C)＋储蓄(S)＋政府净收入(T)$$

其中,T 表示政府净收入,$T=T_0-T_r$,T_0 表示政府的全部税收,T_r 表示政府转移支付。

从而得到:

$$C+S+T=Y=C+I+G$$

进而得到:

$$S+(T-G)=I$$

前面已经提到,S 表示居民的私人储蓄。$T-G$ 可以理解为政府的储蓄,当 $T>G$ 时,差额为预算盈余;当 $T<G$ 时,差额为预算赤字。$S+(T-G)=I$ 告诉我们,总储蓄(私人储蓄＋政府储蓄)与总投资是相等的,这就是三部门经济的储蓄—投资恒等式。我们同样可以用收入流量循环图(见图 9-3)来对其进行表示。

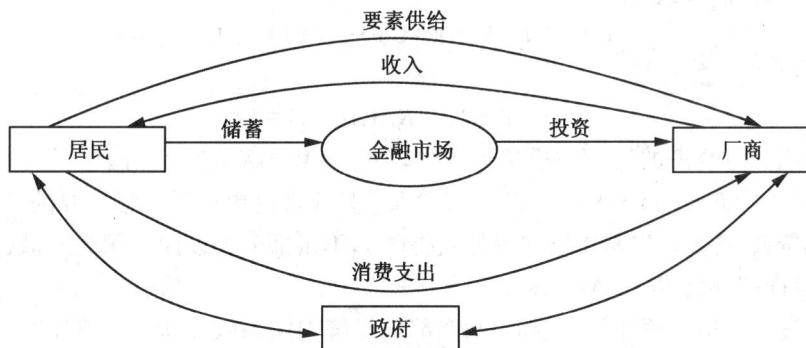

图 9-3　三部门经济循环图

三、四部门经济的收入构成及储蓄—投资恒等式

在三部门经济的基础上引入"国外"就形成了四部门经济。"国外"这个部门的经济行为主要有两个:一个是与国内发生贸易往来,另一个是与国内发生转移支付。考虑到国外的行为,国内生产总值的构成将是如此:

从需求角度看:

$$总产出(Y)＝消费(C)＋投资(I)＋政府购买(G)＋净出口(X-M)$$

其中,X 表示本国对外国的出口,M 表示本国对外国的进口。

从总供给角度看:

$$总产出(Y)＝消费(C)＋储蓄(S)＋政府净收入(T)＋K_r$$

其中,K_r 表示本国居民对外国的净转移支付。例如,外国遭灾后本国居民的救济性捐款就是一种转移支付,这种转移支付也来自生产要素的收入。我们同样可以用收入流量循环图(见图 9-4)来对其进行表示。

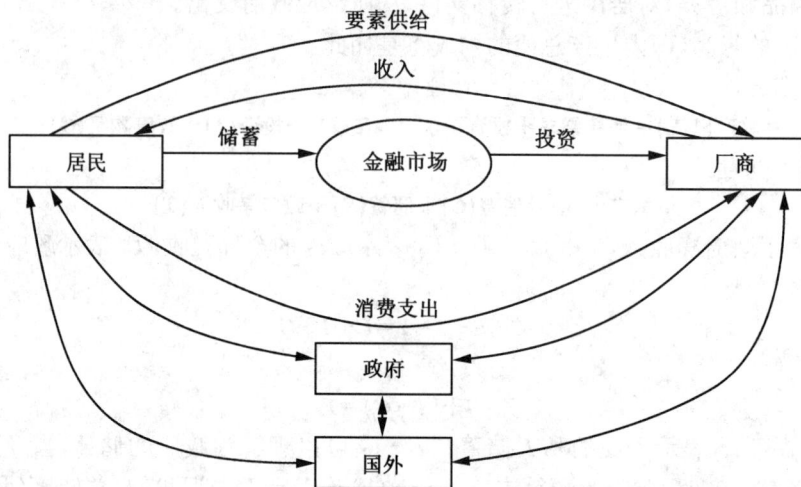

图 9—4 四部门经济循环图

利用前两式,我们可以得到:

$$C+S+T+K_r=Y=C+I+G+(X-M)$$

进而可以得到:

$$S+(T-G)+(K_r+M-X)=I$$

上式就是四部门经济的储蓄—投资恒等式,(K_r+M-X) 表示外国居民对本国居民的储蓄。$S+(T-G)+(K_r+M-X)=I$ 的经济学含义是非常简单也是非常重要的:厂商的投资需要从外部获得贷款,首先可以从本国居民处获得(S),不足部分可以向本国政府借($T-G$),如果再不足,还可以向国外借(K_r+M-X)。

以上我们逐一分析了两部门、三部门和四部门经济中国内收入构成的基本公式和储蓄—投资的恒等关系。在分析时,我们先撇开了折旧和间接税,实际上即使把这些因素考虑进来,上述恒等式依然是成立的。其中,两部门、三部门经济是封闭经济,四部门经济是开放经济,更具现实意义。一般来说,我们今天分析经济问题,都是从开放视角谈起的,所以今天的宏观经济学已经变成开放条件下全球视角的宏观经济学。

实训项目

一、课内实训

(一)知识题训练

1. 单项选择题

(1)在一个只有家庭、企业和政府构成的三部门经济中,一定有(　　)。

A. 家庭储蓄等于净投资　　　　　　B. 家庭储蓄等于总投资

C. 家庭储蓄加折旧等于总投资加政府支出　　D. 家庭储蓄加净税收等于投资加政府支出

(2)下列恒等式中,正确的是(　　)。

A. $S+G+M+K_r=I+T+X$　　　　B. $S+G+X=I+T+M+K_r$

C. $S+I+X=G+T+M+K_r$ D. $S+T+M+K_r=I+G+X$

2. 判断题

(1)在四部门经济中,GDP 是消费、总投资、政府支出和净出口的总和。　　　　　　(　　)

(2)在只有家庭和企业的两部门经济的国民收入报表中,投资与储蓄具有恒等关系。(　　)

3. 简答题

简要说明国民收入核算中的基本恒等关系。

(二)技能题训练

1. 假定一个国家有下列残缺不全的统计资料:

单位:亿美元

国内生产总值	9 600
总投资	1 600
净投资	600
消费	6 000
政府购买	1 920
政府预算盈余	60

试计算:(1)国内生产净值;(2)净出口;(3)政府税收减去转移支付后的收入;(4)个人可支配收入;(5)个人储蓄。

2. 假设一个国家某年 GDP 是 10 000 亿美元,个人可支配收入是 8 200 亿美元,政府预算赤字是 400 亿美元,贸易赤字是 200 亿美元。

试计算:(1)储蓄;(2)投资;(3)政府支出。

3. 下表是根据 2006 年《中国统计年鉴》中"支出法国内生产总值"和"支出法国内生产总值结构"中的数据计算整理出来的。

单位:亿元

年　份	消费	投资	政府购买	净出口
2003 年	56 834.4	55 963.0	20 615.1	2 986.3

与表 9-5 中给出的美国 2003 年支出法核算的 GDP 的构成相比,请问:

(1)2003 年中国与美国相比,消费、投资、政府购买和净出口占 GDP 的比重有什么不同?

(2)你认为造成中、美之间这种差异的原因是什么?

(3)你认为这种差异会对两国的长远经济发展有什么影响?

二、课外实训

运用本节所学,思考和解释净出口是怎样影响中国经济的?

本章小结

(1)国民经济核算的核心指标是国内生产总值(GDP),是一国经济中衡量总产出或者总收入的最重要的宏观经济指标之一,是指一国在本国领土范围内,一定时期中(通常是 1 年)所生产出来的全部最终产品和劳务的市场价值的总和。

(2)核算 GDP 的方法有三种,分别是增加值法(也叫生产法)、支出法和收入法。用支出法核算的 $GDP=C+I+G+X-M$;用收入法核算的 $GDP=$ 工资+利息+利润+租金+间接税+折旧。不同的核算方法理论上应该是一致的,但在实际数据统计过程中会有误差。

(3)西方经济学中讲的国民收入是衡量社会经济活动的一个广泛概念,实际上包括国内生产总值(GDP)、国民生产总值(GNP)、国民生产净值(NNP)、国内生产净值(NDP)、国民收入(NI)、国内收入(DI)、个人收入(PI)和个人可支配收入(DPI),这些概念通过一定的关系相互联系在一起。

(4)国民收入核算体系中存在着储蓄和投资的恒等式。我们分别在两部门、三部门和四部门的经济系统中讨论了各自的储蓄—投资恒等式,这些恒等式分别是:$S=I$;$S+(T-G)=I$;$S+(T-G)+(K_r+M-X)=I$。

(5)国内生产总值有名义和实际的区分。某个时期名义国内生产总值和实际国内生产总值之间的差别,可反映这一时期和基期相比的价格变动的程度。

第十章　国民收入决定理论

通过本章的学习,使学生理解和掌握简单的国民收入决定模型、消费函数和边际消费倾向的含义、投资函数的概念并掌握投资乘数的含义和计算;了解 AD—AS 模型和 IS—LM 模型。

重点难点

简单国民收入决定模型;消费函数和边际消费倾向;投资函数和投资乘数。

章节导读

历史上,人们经历了 20 世纪 20 年代的乐观与繁荣,在 1920～1929 年,实际 GDP 上升了42%,股票价格年年高涨,使很多投资者变得很富有。然而,1929 年 10 月 29 日那个"黑色"星期四,经济周期忽然急转下降,近代史上最严重的衰退开始了。大萧条的不幸经历给经济学思想带来了革新。在此之前,经济学家认为经济处于低潮是暂时的短期现象,经济在较短的时间内会自动调整至充分就业状态,不需政府干预。然而为什么这次经济低潮(危机)没能自动调整到 1929年的水平? 问题出在哪里? 在上一章中我们已经介绍了 GDP 是如何核算出来的,但这仅仅是统计意义上的一种技术手段,不是我们宏观经济学所要解决的主要问题。经济学家要回答的不仅仅是"收入是多少"的问题,更主要的是要回答"为什么收入是这么多"的问题,也就是要对现实的经济世界提供一个合理的理论解释。

第一节　简单国民收入决定理论

【导入案例】

2005 年若干国家 GDP 及其增长率

国　　家	GDP(百万美元)	GDP 增长率(%)
中国	2 234 297	10.2
阿尔巴尼亚	8 380	5.5
澳大利亚	732 499	2.8
奥地利	306 073	1.8

续表

国　家	GDP(百万美元)	GDP 增长率(%)
美国	12 416 505	3.2
日本	4 533 965	2.6
德国	2 794 926	1.0
法国	2 126 630	1.2
芬兰	193 160	2.1
南非	239 543	4.9
泰国	176 634	4.5
哥斯达黎加	232	0.3
蒙古	1 880	6.2
莫桑比亚	6 636	7.7
马达加斯加	5 040	4.6
孟加拉国	60 034	6.0
韩国	787 624	4.0
立陶宛	25 625	7.5
巴基斯坦	110 732	7.8
葡萄牙	183 305	0.4
越南	52 408	8.4
柬埔寨	6 187	13.4
纳米比亚	6 126	3.5
尼加拉瓜	4 911	4.0

　　上表列举了很多国家 2005 年的 GDP 及其增长率,我们会发现这些国家的 GDP 数值和经济增长率都有很大差异,美国的 GDP 高达 12.4 万亿美元,而哥斯达黎加只有 2.3 亿美元;中国的经济增长率高到 10.2%,而葡萄牙的经济增长率只有 0.4%,哥斯达黎加只有 0.3%。

资料来源:根据世界银行数据库的资料整理而成。

互动提问:产生这些差异的原因是什么?

　　本章开始进入到宏观经济学最经典的研究领域之一:国民收入决定问题,也就是一个国家的生产水平和收入水平是怎样决定的。国民收入决定问题是凯恩斯主义宏观经济学的中心内容,全部理论涉及四个市场:产品市场、货币市场、劳动力市场和国际市场。把只包括产品市场的理论称为简单国民收入决定理论。

一、基本概念

(一)总需求

总需求是指整个经济社会对产品和劳务的全部需求的加总。从国民收入核算的角度来看，总需求包括消费、投资、政府购买和净出口。

(二)总供给

总供给是指经济社会全体厂商所提供的产品和劳务的总和，是经济社会提供的总产量(或国民收入)，即经济社会投入的基本资源所生产的产量。这里所说的基本资源包括劳动力、生产性资本存量和技术。

(三)均衡产出

均衡产出是指与总需求相等时的产出，也就是经济社会的收入正好等于全体居民和企业想要有的支出，或者表述为经济社会总供给等于总需求时的产出。但是需要再次强调的是，在国民收入决定理论中，均衡产出指与计划需求相一致的产出，因此，在均衡产出水平上，计划支出和计划产出正好相等，因此也就没有非计划的存货投资。这一点一定要与国民经济核算时强调的均衡区分开。

下面举一个最简单的例子来说明均衡产出是如何决定的。

假定经济系统中只有居民和厂商，居民行为是通过供给生产要素获得收入，然后进行消费和储蓄；厂商从事生产和投资活动，为简单起见还假定厂商的投资行为不随利率和产量而变动，折旧和未分配公司利润均为零。再假定无论需求量是多少，厂商总能以不变的价格提供相应的产量，这也就是说社会总需求变动时，只会引起产量和收入的变动，而不会引起价格的变动。我们用 y、c、i 表示剔除了价格变动的实际产出(收入)、实际消费和实际投资，用 E 代表实际支出，用 AE 代表实际总支出。根据上文解释的均衡的含义，均衡条件可以写成：

$$E=y$$

因为 $y=c+i$，所以均衡条件又可以写成：

$$E=y=c+i$$

这个关系可以用图形表示出来。在图 10—1 和图 10—2 中，纵坐标表示支出，横坐标表示收入，从原点出发的 45°线上的各点都表示支出和收入相等。均衡产出点是图 10—1 和图 10—2 中支出与收入相等的 M 点和 N 点，支出为 E_0，收入为 y_0，$E_0=y_0$。在图 10—2 中，若经济处于 N 点右侧，则总收入大于总支出，非意愿存货投资(在图中用 IU 来表示)大于零，企业在下一个经济活动期间就要削减生产才能达到均衡；反之，若经济处于 N 点左侧，企业在下一个经济活动期间就要扩大生产才能达到均衡。

总产出的均衡除了用总支出—总收入的模式来进行讨论之外，还可以用储蓄—投资的模式来进行描述。上文已经提到，均衡产出的条件是 $E=y=c+i$，这里的计划支出等于计划消费与计划投资的和，而生产创造的收入等于计划消费与计划储蓄之和。所以，我们有：

$$c+i=E=y=c+s$$

整理一下，就得到：

$$s=i$$

这里的储蓄等于投资的含义是：如果经济要达到均衡，那么计划的储蓄要等于计划的投资。这与国民经济核算中的 $s=i$ 是不同的，国民经济核算中的 $s=i$ 根据定义是必然相等的，而国民

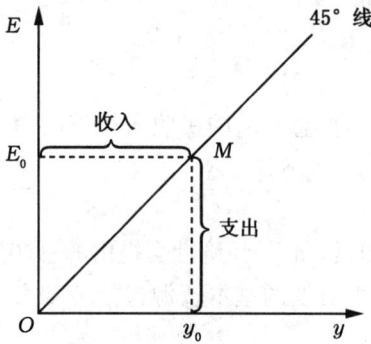

图 10－1　支出等于收入　　　　　　　　　图 10－2　支出决定收入

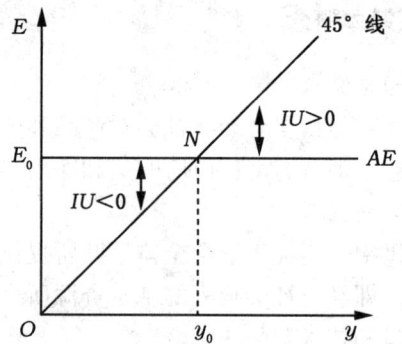

经济核算中的 $s=i$ 是要在均衡状态才能达到的。

二、消费理论

　　均衡的产出是指与总需求相一致的产出,因此在研究产出决定问题时,就要先研究总需求,而总需求包括消费、投资、政府购买和净出口,所以我们先从消费入手来逐步深入研究国民收入决定问题。

　　消费是由什么决定的? 每个人肯定都会说出一大堆决定消费的理由,如收入、偏好、商品价格水平、利率水平、消费者年龄,甚至周围人群的消费都会影响你的消费选择。但是,很显然,如果把所有的因素都考虑进来,消费函数将是极其复杂的,复杂到我们无法研究的程度。所以经济学家在碰到这类问题时,往往把那些不是太重要的因素抽象掉,重点关注我们感兴趣的那些变量。凯恩斯就认为影响消费最重要的因素就是收入。而且凯恩斯认为,随着收入的增加,消费也会增加,但是消费增加的额度不如收入增加的额度大,消费和收入之间的这种关系可以用一个消费函数来表示: $c=c(y)$,消费与收入之间呈正相关关系,即随着收入水平的上升,消费水平也会上升。

　　我们把消费增量对收入增量的比值叫作边际消费倾向(MPC),它的经济学含义是增加 1 单位收入会增加多少单位的消费。我们把 $\frac{c}{y}$ 叫作平均消费倾向(APC),它表示消费水平与收入水平的比率。

　　表 10－1 表示某个家庭的消费函数。

表 10－1　　　　　　　　　　　　　某个家庭的消费函数

	收　入	消　费	边际消费倾向	平均消费倾向
A	900	911	—	1.01
B	1 000	1 000	0.89	1.00
C	1 100	1 085	0.85	0.99
D	1 200	1 160	0.75	0.97
E	1 300	1 224	0.64	0.94
F	1 400	1 283	0.59	0.92
G	1 500	1 336	0.53	0.89

根据表 10—1,可以很容易地画出该家庭的消费函数,如图 10—3 所示。

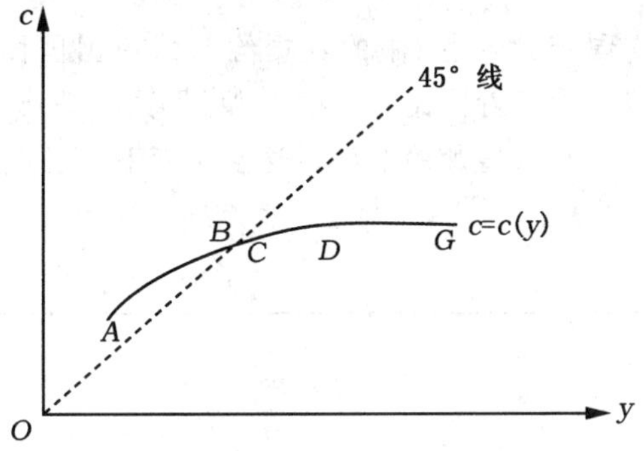

图 10—3 消费函数

在图 10—3 中,横轴表示收入,纵轴表示消费,45°线上任一点都表示把收入全部用于消费。$c = c(y)$ 是消费曲线,B 点是消费曲线与 45°线交点,表示收入与消费相等,B 点左侧表示消费大于收入,B 点右侧表示消费小于收入。随着收入的增加,消费曲线的弯曲度越来越大,表示随着收入的增加,消费增加的幅度越来越小于收入增加的幅度。根据边际消费倾向的定义,消费函数上任意一点的斜率都表示该点的边际消费倾向,从图中我们能够看出边际消费倾向呈现出递减的趋势。根据定义,消费曲线上任意一点与原点连线的斜率都表示该点的平均消费倾向,从图中我们可以看出,伴随着边际消费倾向的递减,平均消费倾向也呈现出递减的趋势。但是我们应该注意到边际消费倾向始终是处于 0 和 1 之间的,但平均消费倾向则有可能大于或等于 1。原因是通过借贷,家庭可能使当前消费大于收入。

有时为了研究问题的方便,我们也把消费函数写成线性的形式:

$$c = \alpha + \beta y, 0 < \beta < 1$$

其中,α 称为自发消费,βy 称为引致消费。自发消费的意思是即使收入是零也要进行的消费,如吃饭。引致消费的意思是由于收入增加而带来的消费,那么显然这里的 β 就是边际消费倾向。

从图 10—4 中可以很容易看出,当自发消费增加时,消费曲线会向上平移。如果边际消费倾向 β 变大,消费曲线会逆时针旋转;反之则相反。

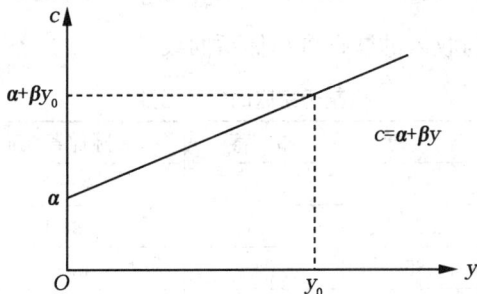

图 10—4 线性消费函数

【材料阅读】

下图是根据 2006 年《中国统计年鉴》中的数据绘制的中国国民收入与居民消费支出的趋势,从图中可以很明显地看出,伴随着国民收入的增加,居民消费支出也在增加,但是居民消费支出增加的幅度明显小于国民收入增加的幅度。这在一定程度上可以证明凯恩斯消费函数假设的合理性。

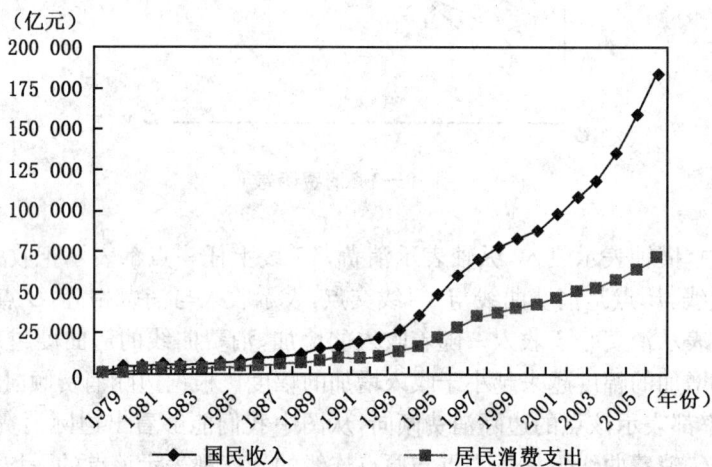

我国国民收入与居民消费支出的趋势

三、储蓄理论

储蓄理论与消费理论是紧密相关的,这种联系是天然存在的,因为储蓄是收入中未被消费的部分。因此与消费函数相对应,存在一个储蓄函数。上文中已经详细分析了消费随收入增加的比率是递减的情况,由此可知储蓄随收入增加的比率应该是递增的。用数学公式表示如下: $s = s(y)$,储蓄与收入成呈相关关系,即随着收入水平的增加,储蓄水平会上升。

与消费函数类似,我们把储蓄增量与收入增量的比值叫作边际储蓄倾向(MPS),表示储蓄增量占收入增量的比率。把 $\frac{s}{y}$ 叫作平均储蓄倾向(APS),表示储蓄占收入的比重。和消费函数一样,我们也可以根据储蓄与收入的数据画出储蓄曲线。

表 10—2 　　　　　　　　　　　某个家庭的储蓄函数

	收　入	消　费	储　蓄	边际储蓄倾向	平均储蓄倾向
A	900	911	−11	—	−0.01
B	1 000	1 000	0	0.11	0.00
C	1 100	1 085	15	0.15	0.01
D	1 200	1 160	40	0.25	0.03
E	1 300	1 224	76	0.36	0.06
F	1 400	1 283	117	0.41	0.08
G	1 500	1 336	164	0.47	0.11

图 10—5 是根据表 10—2 的数据绘制的储蓄函数,曲线上的点表示的是某个家庭储蓄与收入之间的函数关系。从图 10—5 可以明显看出家庭的储蓄是随着收入的递增而递增的,而且曲线向下弯折,这说明边际储蓄倾向是递增的。

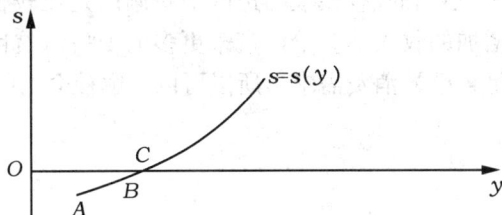

图 10—5　储蓄函数

四、消费理论与储蓄理论的内在联系

正如上文中提到的那样,储蓄是收入中未被消费的部分,因此消费理论与储蓄理论的联系是天然的。为了说明问题的简便,我们都采用线性函数来说明消费与储蓄的联系。我们采用如下消费函数:

$$c=\alpha+\beta y,0<\beta<1$$

字母的含义与前文一致,因为储蓄是收入中未被消费的部分,所以 $s=y-c$,因此储蓄函数可以写成 $s=y-c=-\alpha+(1-\beta)y$。

从图 10—6 可以看出,在 E 点全部的收入都用于消费,此时的储蓄为 0;而在 E 点左侧,消费曲线位于 45°线以上,说明消费大于收入,因此储蓄为负;在 E 点右侧,消费曲线位于 45°线以下,说明消费小于收入,因此储蓄为正。

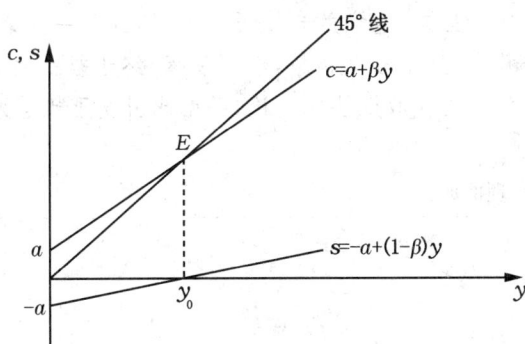

图 10—6　消费与储蓄之间的关系

根据平均消费倾向和平均储蓄倾向的定义,我们可以得到 $APC+APS=1$。也就是说平均消费倾向与平均储蓄倾向之和为 1。

根据边际消费倾向和边际储蓄倾向的定义,有 $MPC=\beta$,$MPS=1-\beta$。很显然,可以得到 $MPC+MPS=1$。也就是说边际消费倾向与边际储蓄倾向之和为 1。

当然,上面分析的是家庭的消费函数与储蓄函数之间的关系,而宏观经济学所关心的是整个

社会的消费、储蓄与收入。整个社会的消费、储蓄与收入是由所有家庭的消费、储蓄与收入之和构成的,但是考虑到宏观经济的复杂性,我们不能说整个社会的消费、储蓄与收入是由所有家庭的消费、储蓄与收入的简单加总构成的,从家庭行为到社会行为还要考虑很多的限制条件。比如说不同收入的人群消费行为是不同的,有钱人的边际消费倾向是比较低的(这是可以理解的,富人消费的商品已经很多了,增加的收入不会给他带来更多的消费),贫困者的边际消费倾向是比较高的(赚到一点钱赶快满足自己的消费需求),所以可以理解社会的收入分配越是不平等,社会的总消费越是下降。

【课内活动设计】

活动内容:

辩论赛——消费是美德? 还是储蓄是美德?

活动要求:

(1)分小组采用各种渠道收集相关资料,并进行分析和整理,从而总结出小组认知的最重要的论据,在纸上列示出来。

(2)选择 2 组观点不同者进行课堂辩论。

(3)时间控制在 10 分钟内。

【材料阅读】

从 1929 年开始,资本主义世界爆发了空前的大危机。3 000 多万人失业,1/3 的工厂停产,整个经济倒退回了第一次世界大战前的水平。经济处于极度混乱之中,传统的经济学无法解释更无法解决这一问题,理论界纷纷进行探讨。这时英国经济学家凯恩斯从一则古老的寓言中得到了启示。这则寓言说:从前有一群蜜蜂,它们在一个蜂王的领导下,都过着挥霍、奢侈的生活,整个蜂群兴旺发达,百业昌盛。后来,它们的老蜂王去世了,换了一个新蜂王,它们改变了原有的生活习惯,开始崇尚节俭朴素,结果社会凋散,经济衰落,终于被敌手打败而逃散。凯恩斯在这则寓言的启示下,建立了他的国民收入决定理论,并由此引发了凯恩斯革命,从而建立了宏观经济学。

资料来源:根据网络资料整理而成。

五、投资理论

(一)投资函数

"投资"这个词汇在日常生活中使用得非常广泛,人们把购买股票、债券甚至是房地产以及其他资产都叫作投资,但是这些投资都不是我们经济学意义上的投资。经济学中所讲的投资指的是资本的形成,也就是社会实际资本的增加,包括厂房、机器设备以及存货和新建住宅的增加等。

哪些因素会影响投资决策? 现在大家基本上认可的是:在决定投资的众多因素中,利率水平、预期收益率和投资风险是影响投资的最重要的因素。在简单的凯恩斯模型中,我们认为投资是利率的函数。

凯恩斯主义认为是否进行投资行为取决于投资收益与投资成本的比较,在投资行为进行之前,决策主体有一个预期收益率,同时决策主体也会知道投资的成本——借款的利息,而借款的利息取决于利率和投资额。如果预期收益率高于投资成本,那么投资项目就是可行的;反之就是不可行的。而这里面决定投资成本的关键因素就是利率。需要强调的是,我们这里所谈的利率指的是实际利率,大致上可以理解为名义利率减去通货膨胀率。假定某年名义利率(货币存款利率)是 10%,通货膨胀率是 4%,那么我们大致认为实际利率是 6%(10%−4%)。当预期收益额是固定的时候,如果利率越高,那么投资的成本越高,这个投资项目的可行性就越差,因此投资决策主体在进行投资决策之前首先考虑的就是利率:利率越高,投资需求越小;利率越低,投资需求越大。我们可以把这一关系表示成函数形式:$I = I(i)$,投资与利率呈负相关关系,利率水平越高,投资的机会成本越大,投资的需求越小。

其中,I 表示投资需求,i 表示利率。下面通过一个最简单的例子来具体说明投资需求和利率之间的关系。假定一个线性的投资需求函数 $I = 125 - 25i$,125 表示利率为 0 时的投资需求,25 表示投资对利率的敏感程度,我们可以把这个投资函数用一条直线表示出来(见图 10−7)。

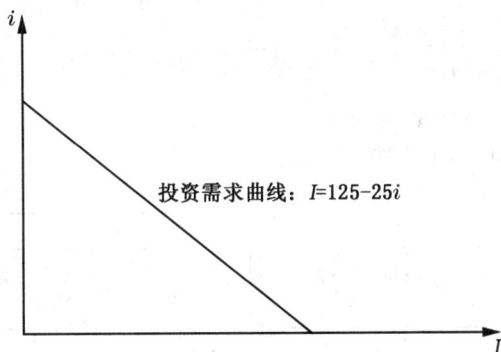

图 10−7 投资函数

【材料阅读】

中国经济在 2003 年的下半年开始出现了过热现象,特别是固定资产投资增长达到 24%,2004 年第一季度更是达到了 43%。投资过热的直接后果是投资品价格的上涨,从而引起总物价水平的上涨,这也是引起我国 2004 年上半年物价水平上升的一个重要原因。因此,为了避免"经济过热"的不良后果,我国政府正在实施抑制过热的行为。

一些市场经济比较发达的国家也会碰到投资过热的情况,它们采取的办法是什么?主要办法就是利率,即资本价格的调控。简单地说,美国的调控就是格林斯潘在调利率,即增长太快就加息,增长缓慢就减息。

我们的中央银行从某种意义上来说,运行的手段跟美国联邦储备委员会是相同的,这就是说,我们国家也通过提高利率水平来抑制投资过热。

资料来源:根据网络资料整理而成。

(二)投资乘数

凯恩斯认为投资的增加对国民收入的影响有乘数作用,即增加投资所导致的国民收入的增加是投资增加的若干倍。若用 ΔY 表示国民收入的增加,K 表示乘数,ΔI 表示投资的增加,则:

$$\Delta Y = K \cdot \Delta I$$

国民收入的增加之所以是投资增加的倍数,是因为新增投资引起对生产资料的需求增加,从而引起从事生产资料生产的人们的收入增加。他们的收入增加又引起消费品需求的增加,从而导致从事消费品生产的人们收入的增加。如此推演下去,结果国民收入的增加等于投资增加的若干倍。现假定新增加的投资 ΔI 为 100 美元,它用于购买资本品便成了资本品生产者(雇主和工人)增加的收入;如果资本品生产者只消费其新增收入的 90%,于是向他们出售商品的人们便得到 90 美元的收入;如果这些人又消费其收入的 90%,即 81 美元,这又成为向他们出售商品的人们增加的收入……如此继续下去,收入也随之增加。收入增加的总和为如下无穷等比数列:

$100 + 100 \times 0.9 + 100 \times 0.9 \times 0.9 + \cdots + 100 \times 0.9^{n-1}$

$= 100 \times (1 + 0.9 + 0.9^2 + \cdots + 100 \times 0.9^{n-1})$

$= 100 \times 1/(1-0.9) = 1\,000(美元)$

上面的无穷等比数列表明,当投资增加 100 美元时,收入最终会增加 1 000 美元。投资乘数的计算公式是: $K = \dfrac{\Delta Y}{\Delta I} = \dfrac{1}{1 - MPC}$。可见,投资乘数的大小和边际消费倾向有关,边际消费倾向越大,或边际储蓄倾向越小,则乘数越大。

投资乘数形成的原因可以用图 10—8 说明。

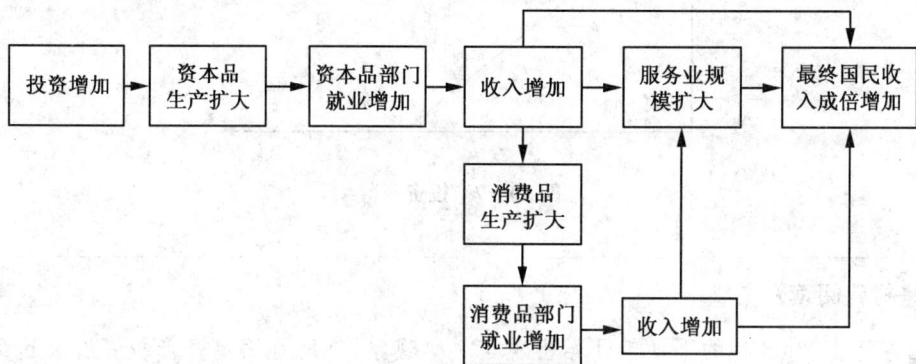

图 10—8 投资乘数的形成

实训项目

一、课内实训

(一)知识题训练

1. 单项选择题

(1)自发性消费( )。

A. 与消费水平正相关　　　　　　　　B. 与消费水平负相关

C. 与可支配收入的水平正相关　　　　D. 与可支配收入的水平无关

(2)投资乘数在( )时较大。

A. 边际储蓄倾向较小　　　　　　　B. 边际储蓄倾向较大

C. 边际消费倾向较小　　　　　　　D. 边际消费倾向较大

(3)如果增加 100 万美元使国民收入增加 1 000 万美元,则边际消费倾向应是(　　)。

A. 10％　　　　　　B. 100％　　　　　　C. 90％　　　　　　D. 1％

(4)边际消费倾向与边际储蓄倾向之和,是(　　)。

A. 大于 1 的正数　　B. 小于 1 的正数　　C. 零　　　　　　D. 等于 1

(5)如果边际储蓄倾向为 0.3,投资支出增加 90 亿元,可以预期,这将导致均衡水平 GDP 增加(　　)亿元。

A. 30　　　　　　　B. 60　　　　　　　C. 200　　　　　　D. 300

(6)凯恩斯对古典经济学的批评在于他认为大萧条不会自我调整。如果下列哪种情况出现,乘数效应会使经济恢复到充分就业水平?(　　)

A. 政府奉行"小政府就是好政府"的政策　　B. 政府税收增加

C. 支出增加　　　　　　　　　　　　　D. 政府支出减少

2. 判断题

(1)自发消费随收入的变动而变动,它取决于收入和边际消费倾向。　　　　(　　)

(2)若消费函数为 $c＝0.85y$,则边际消费倾向是新增 1 美元收入中消费 85 美分。(　　)

(3)既然实际储蓄等于实际投资,那么实际经济至少在理论上总是处于均衡状态的。(　　)

(4)若一国可支配收入的 92.2％用于消费支出,则 7.8％用于储蓄。　　　　(　　)

3. 简答题

(1)由给定的实际可支配收入的变化所导致的储蓄的变化称为边际储蓄倾向,那么边际消费倾向与边际储蓄倾向之间有什么样的数量关系? 试证明之。

(2)一些西方经济学家常断言,将一部分国民收入从富者转给贫者,将会提高总收入水平,你认为他们的理由是什么?

(二)技能题训练

1. 用以下消费函数数据回答下列问题:

实际可支配收入	消　费	储　蓄	边际消费倾向	边际储蓄倾向
100	150			
200	200			
300	250			
400	300			
500	350			

(1)计算储蓄列的值。

(2)计算边际消费倾向和边际储蓄倾向。

(3)计算收支平衡的收入。

2. 解释下列因素如何影响消费函数:

(1)预期下一年经济会持续衰退。

(2)股票价格急剧上升。

(3)物价水平上涨了 10%。

(4)消费者贷款的利率急剧上升。

(5)所得税增加。

3. 随着你的收入逐渐增加，你的边际消费倾向可能保持不变，也可能有所变化。当你预期你职业生涯中的收入增加时，你的边际消费倾向是增大、减小还是不变？

二、课外实训

（一）思考讨论题

运用本节所学，思考和解释如果全社会都崇尚节俭了，那会对经济产生怎样的影响？

（二）调查研究题

从互联网上查找我国近 10 年来储蓄率的数据，分析其中的变化趋势，并解释为什么会有这种变化趋势。

第二节　IS—LM 模型

【导入案例】

根据美国国民经济研究局的分析，美国自 2001 年 3 月开始了新一轮的经济衰退——这是美国 10 年来首次衰退。1990 年 6 月至 1991 年 3 月的衰退以来，美国没有任何官方宣称的经济衰退，这种情况一直持续到 2001 年初期。1991~2001 年的 10 年间是美国有史以来最长的经济扩张。但在 2000 年以后以及 2001 年的春夏，经济大幅度衰退。2001 年 9 月 11 日的恐怖袭击更是给了美国经济一记"重拳"，造成了航空和宾馆等多个行业的大幅度裁员。

资料来源：[美]弗兰克·伯南克著，郑捷等译：《宏观经济学原理》（第 2 版），清华大学出版社 2004 年版。

互动提问：是什么原因导致了美国 2001 年的经济衰退？怎样才能使经济走出衰退？

一、IS 曲线的推导

回顾前面的知识，我们知道总需求（AD）是这样构成的（假定是封闭经济）：

$$AD = C + I + G$$

从总供给与总需求出发，我们可以推导出当产品市场处于均衡状态时，产出与利率之间的关系。研究表明，当产品市场处于均衡状态时，利率与产出是一种负相关关系。我们可以很方便地在一个平面直角坐标系中画出 IS 曲线（如图 10—9 所示）。

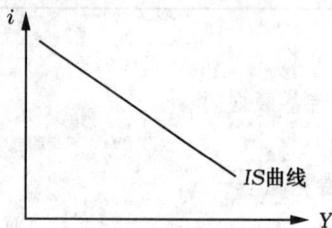

图 10—9　IS 曲线

（一）代数法推导 IS 曲线

假定一个两部门经济，投资函数为 $I=50-10i$，消费函数为 $C=100+0.6Y$，如何求得 IS 曲线？

很简单，$S=Y-C=Y-(100+0.6Y)=-100+0.4Y$，产品市场均衡时，$S=I$，所以，$-100+0.4Y=50-10i$，整理得到 $Y=375-25i$，即为该问题的 IS 曲线。

（二）几何法推导 IS 曲线

从总需求与总供给的角度看，当产品市场处于均衡状态时，总需求与总供给应该是相等的，即 $AD=Y$。

在图 10-10(a)中，横轴代表产出（或收入），纵轴代表总需求；在图 10-10(b)中，横轴代表产出（或收入），纵轴代表市场利率水平。当市场利率水平是 i 时，总需求为 AD_1，与 45°线的交点为 E_1，因此均衡的国民收入水平为 Y_1，这样就找到了产品市场均衡时利率与国民收入的一个组合，即 E_1'。用同样的办法，当市场利率水平为 i_2 时，总需求为 AD_2，与 45°线的交点为 E_2，均衡的国民收入水平为 Y_2，这样我们又找到了产品市场均衡时利率与国民收入的另外一个组合，即 E_2'，用同样的办法我们可以找到无穷多个这样的组合点，把这些点连接起来就得到图 10-10(b)中的 IS 曲线。需要提醒的是，一般来说 IS 曲线不是一条直线，而是一条曲线，只是由于经济学一般研究处于均衡点附近的状态，此时曲线近似地呈现直线的特征，所以我们一般不强调曲线的性质。

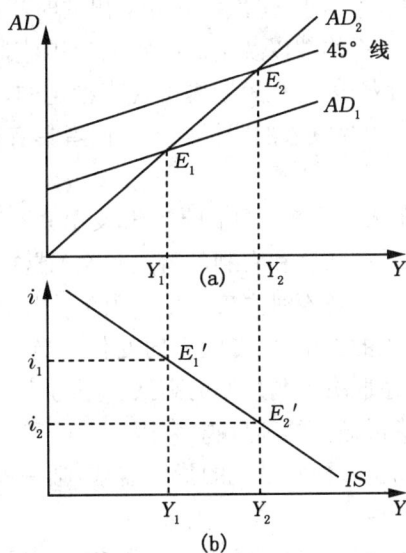

图 10-10　用总需求—总供给法推导 IS 曲线

二、LM 曲线的推导

LM 曲线代表的是货币市场的均衡，与产品市场一样，货币市场也存在货币的供给方和需求方。在 LM 模型中，货币供给的一方是中央银行，我们认为货币供给量是一个外生变量，由中央银行决定，而不是由模型本身决定。那么模型的关键就在于货币的需求，关于货币需求的理论，是凯恩斯主义宏观经济学的核心内容。

（一）货币需求的动机

按照凯恩斯货币理论，作为价值尺度的货币具有两种职能：一是交换媒介或支付手段，二是价值贮藏。人们宁肯牺牲持有生息资产（如债券）会取得的债息收入，而把不能生息的货币保存在手边，称为货币的需求，决定货币需求的函数式，称为货币需求函数。人们之所以持有不能生息的货币，是由于同其他资产比较，货币具有使用方便灵活的特点，是因为持有货币可以满足三种动机，即交易动机、预防动机和投机动机。所以凯恩斯把人们对货币的需求称为流动偏好，决定流动偏好的函数式，称为流动偏好函数。

1. 交易动机

在市场经济中，无论个人和厂商，都需要在市场上出售商品和劳务以获得货币，并且又要使用货币购买别人提供的商品和劳务。在这里，货币是作为交换媒介来使用的。为了日常的交易而持有货币，是由于人们的收入和支出不是同时进行的。一个人的收入和支出的时间越是接近，为了交易的目的而平均保留在身边的货币就越少。例如，假设一个人每月月初收入工资 400 元，并且在一个月内平均支出全部数额，那么他在一个月内平均每天在手边持有的货币（交易动机的货币需求）将是每月收入的一半，即 200 元 $\left(\frac{400+0}{2}\right)$。如果假设每周发一次工资 100 元（一月四周共 400 元），则这个人一个月内平均每天持有的货币将是 50 元。由此可见，个人和厂商为了作为交易媒介而需要在手边持有的货币，是随领取收入的次数的增加而减少的。

如上所述，出于交易动机的货币需求，虽然收入和支出的时间间隔因人而异，因企业而异，但从全社会看，总的时间间隔（加权）平均数以及由此决定的货币流通速度，取决于诸如支付习惯、工业集中程度以及其他制度性因素，因而在短期内可视为稳定的，所以在进行短期均衡分析时，一般把作为交易动机的货币需求视为收入的线性函数。两者具有固定比例关系。

2. 预防动机

这种性质的货币需求产生于人们未来可能的收入和支出并不是完全确定的。为了应付日后未曾料到的支出的增加（如生病的医药费和有利的购买机会）或未曾料到的收入延迟，人们需要在手边持有不能生息牟利的货币，以备不时之需。出于预防动机的货币需求的数量，同交易动机的货币需求一样，主要取决于收入的大小，两者同方向变化。当然，无论出于交易动机还是预防动机的货币需求，在一定程度内还取决于利息率的高低。因为持有货币而不是持有生息债券，将损失利息收入，利率越高，持有货币牺牲的利息越多，因而货币需求越少，两者反方向变化。为了简化分析，我们假定，出于交易动机和预防动机的货币需求，唯一地取决于收入的大小的货币需求函数是：

$$M_t＝交易动机货币需求＋预防动机货币需求＝L_1(PY)＝kPY, k>0$$

式中，M_t 表示出于交易动机和预防动机的货币需求，PY 表示名义国民收入，$\frac{M_t}{P}＝m_t$ 表示一般物价水平为 P 时的实际货币需求。因此货币需求可以从两个角度去理解：名义货币需求是名义国民收入的线性函数；实际货币需求是实际国民收入的线性函数。$\frac{M_t}{P}＝m_t$ 在货币需求理论中也常称为实际余额。$k＝\frac{M_t}{PY}＝\frac{m_t}{Y}$ 表示人们旨在满足交易动机和预防动机而自愿平均经常保持在手边的货币在名义国民收入中所占的比例。这样，k 的大小依存于经济中制度上和结构上的因素,如支付习惯、货币流通速度等。鉴于影响 k 的大小的这些因素在短时期内一般不会发生大的变动,所以在短时期分析中,一般假定 k 的值保持不变,因而 M_t(或 m_t)的变动唯一地取决于 PY(或 Y)的变动,并且两者有着固定的比例关系。

3. 投机动机

凯恩斯主义宏观经济学认为,人们之所以愿意持有不能生息的货币,还因为持有货币可以用来购买投机性债券。由于这个动机而产生的货币需求称为投机性货币需求。凯恩斯指出,在任一时刻,人们心目中一定存在着某种“标准”的利息率;当市场利率高于标准利息率时,人们会预测利率将下降到标准利息率;当市场利率低于标准利息率时,人们会预测利率将上升到标准利息率。那么当市场利率高于标准利息率时,持有债券将会避免利率下跌的损失,因此债券的需求会上涨,债券的价格将会上升,人们的货币需求量会下降;反之,当市场利率低于标准利息率时,抛出债券将会避免市场利率上升给自己带来的损失,债券的供给会上升,债权的价格将会下降,人们的货币的需求量会上升。从上面的陈述中我们可以看出,市场利率越高,利率下降的可能性就越大,人们对债券的需求就越旺盛,对货币的需求就越少;反之则相反。因此,在市场利率和货币需求之间会表现出一种反向的函数关系。简单起见,我们把投机性动机的货币需求函数写成线性形式:

$$M_{sp} = -hi, h > 0$$

根据上面的推理,我们可以发现两种极端情况:其一,假如现行利息率很高,人们预期日后利率只跌不涨(债券市价只会上涨),这时,投机性货币需求 $M_{sp} = 0$;其二,当利率水平很低时,人们预期利率不可能再下降,也就是债券未来的市价只会下跌,那么人们必将卖出债券以持有货币,由此,货币当局在公开市场活动中收购债券所增加的货币供应量,必将全部被公众作为价值贮藏手段保存在身边,所以凯恩斯称之为“流动性陷阱”,在这一场合,投机性货币需求的利率弹性为无穷大,货币需求曲线在该利率水平时变成一条与横轴平行的直线。

(二)货币市场均衡与 LM 曲线

综上所述,货币总需求等于三种动机的货币需求之和,即 $M_d = M_t + M_{sp} = kY - hi$,这里的 M_d 代表实际货币总需求,$k > 0, h > 0$。上式的直观含义是实际货币需求与实际收入正相关,与市场利率水平负相关。

在现实生活中,货币供给量由货币当局控制,货币在任一瞬间总是保持在公众手中。因此,我们可以说,货币需求量,作为任一时刻的存量概念,在任一瞬间总是等于货币供给量。但是,鉴于人们的货币需求函数,即人们自愿在手边持有的货币量,是随着收入水平和利息率的变化而变化的,因此,货币的供给和需求,也有一个从失衡趋向均衡的过程,在这一过程中,人们将随着利息率以及收入水平的变化而调整其自愿持有的货币,一直到与某一利息率相应的人们自愿持有的货币恰好等于既定的货币供给。因此我们可以把货币市场均衡的条件写成 $M_s = M_d$,M_s 代表货币供给。这样,当货币市场处于均衡状态时,我们可以得到利率与产出之间成正相关关系,即利率水平上升,产出水平上升(见图 10—11)。

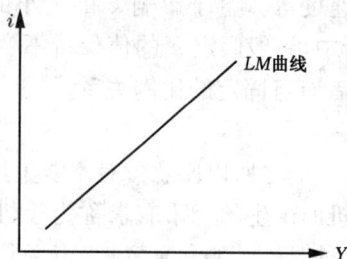

图 10—11　*LM* 曲线

三、*IS—LM* 模型

根据前文阐述,可以知道 *IS* 曲线上的点代表产品市场均衡,*LM* 曲线上的点代表货币市场均衡。很显然,如果我们把 *IS* 曲线和 *LM* 曲线放在一起,那么它们的交点应该代表两个市场同时均衡(见图 10—12)。

在图 10—12 中,*IS* 曲线和 *LM* 曲线的交点 E 代表产品市场和货币市场同时达到均衡。均衡处的利率水平为 i_0,实际产出水平为 Y_0。*IS* 曲线和 *LM* 曲线共同决定了经济处于均衡状态下的利率水平和产出水平。

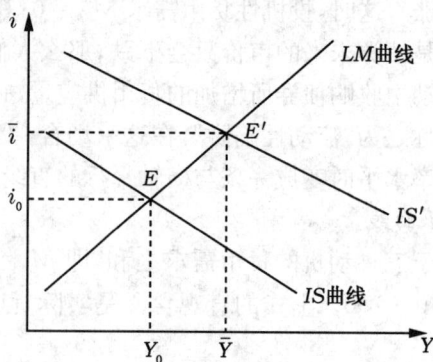

图 10—12　*IS—LM* 曲线

(一)*IS* 曲线的移动

从图 10—12 中可以看出,当 *IS* 曲线向右上方移动到 *IS′* 时,均衡点由 E 变为 E',均衡的收入水平由 Y_0 变为 $\bar{Y}$,均衡的市场利率水平由 i_0 变为 $\bar{i}$。

总体而言,有两种因素会引起曲线的移动:

第一种因素是引起乘数变化的因素,如储蓄倾向提高,或者所得税税率的提高都会使乘数变小,从而使曲线向左边移动。边际消费倾向提高或政府降低所得税税率,乘数增大,曲线向右边平行移动。

引起 *IS* 曲线移动的第二类因素是自主性支出,即不受收入和利率影响的消费支出、投资支出和政府支出。例如,若消费者和厂商对经济前景的乐观情绪使他们在任一给定条件下的消费支出和投资支出增加,这意味着与任一给定利率相应的国民收入均衡值增加,表示向右移动。又如,政府开支增加将引起国民收入增加,其幅度等于增加的政府支出乘以乘数之积,这表示曲线向右平行移动。

(二)LM 曲线的移动

一条 LM 曲线总是以货币供应量既定不变为前提的,因此如果货币供应量发生了变化,就意味着 LM 曲线将会移动。

货币供应量的变化可以分两种情况来考虑:

第一种情况是物价水平不变,货币供应量增加(或减少),很显然,LM 曲线将向右下方(或左上方)移动。从 LM 曲线的数学表达式出发,若名义货币供给增加,由于与任一给定利率的相应的投机性货币需求固定不变,因此,必须有国民收入的增加以保证由此引起的交易性和预防性动机货币需求的增加恰好等于货币供应量的增加,这表现为与任一给定的利率相应的国民收入随货币供应量的增加而增加。如图 10—13 所示,货币供应量由 M_0 增加到 M_1,在利率水平不变的情况下,均衡点由 A 移动到 B,均衡的国民收入由 Y_0 增加到 Y_1。

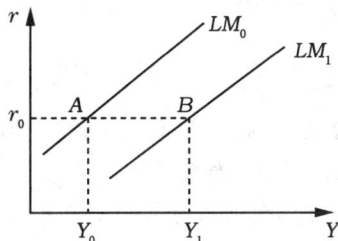

图 10—13 货币供给量增加引起 LM 曲线移动

第二种情况是货币供应量不变,物价水平下降(或上升),LM 曲线将向右下方(或左上方)移动。其背后的经济学原理与第一种情况相似,此处不再赘述。

实训项目

一、课内实训

(一)知识题训练

1. 单项选择题

(1)IS 曲线上的每一点都表示( )。

A. 产品市场均衡的收入和利率的组合　　　　B. 投资等于储蓄的均衡的货币量

C. 货币需求等于货币供给的均衡货币量　　　D. 产品市场和货币市场同时均衡的收入

(2)LM 曲线上的每一点都表示( )。

A. 货币市场均衡的收入和利率的组合　　　　B. 投资等于储蓄的均衡的货币量

C. 货币需求等于货币供给的均衡货币量　　　D. 产品市场和货币市场同时均衡的收入

(3)政府支出的增加使 IS 曲线( )。

A. 向左移动　　　　B. 向右移动　　　　C. 保持不动　　　　D. 斜率增大

(4)中央银行货币供给量的减少会使 LM 曲线( )。

A. 向左移动　　　　B. 向右移动　　　　C. 保持不动　　　　D. 斜率增大

(5)当 IS 曲线和 LM 曲线出现相反方向的移动时,下列变量中,其变动方向能够确定的是

（   ）。

A. r B. Y C. r 和 Y D. 以上都不正确

(6)货币的交易性需求（   ）。

A. 由于货币具有交换媒介的职能而产生   B. 在名义收入降低时增加

C. 由于货币具有计量单位的职能而产生   D. 在利率上升时增加

2. 判断题

(1) $IS—LM$ 模型与简单的国民收入决定模型都是总需求分析。   （   ）

(2) IS 曲线上的任何一点都表示物品市场的均衡。   （   ）

(3) LM 曲线上的任何一点都表示货币市场的均衡。   （   ）

3. 简答题

(1)什么是货币需求？人们需要货币的动机有哪些？

(2)简述 IS 曲线和 LM 曲线所描述的宏观经济含义。

(3)简述 $IS—LM$ 模型。

(二)技能题训练

1. 如果货币市场中的初始名义利率高于均衡水平，描述货币市场调节到均衡状态的过程。在货币市场向均衡状态调整时,债券价格怎样变化？

2. 骆明和小欣是一对感情不错的情侣,同时从一所名牌大学毕业,骆明进了某国家机关,待遇很是不错,每个月可以拿1 500元左右工资。可惜,遇到住房政策的改革,不能分到房子了,这是美中不足。而小欣进了一家国际贸易公司,做对外贸易工作,她的工资和奖金加在一起,每个月大概有4 000元。看来这对情侣的前途一片光明。不过前几天,他们为了将来存钱的问题着实大吵了一场。

骆明以为现在他们刚刚大学毕业,虽然单位都不错,工资也不低,但将来用钱的地方还很多,所以要从毕业开始,除了留下平常必需的花费以及预防发生意外事件的钱外,剩下的钱要定期存入银行,不能动用,这样可以获得稳定的利息收入,又没有损失的风险。而小欣大概是受到外企的工作环境的影响,认为上学苦了这么多年,一直过着很节俭的日子,现在终于自己挣钱了,考虑那么多干什么,更何况银行利率那么低。她说发下工资以后,先要买几件名牌服装,再美美地吃上几顿,然后她还想留下一部分钱用来炒股票,等着股市形势一好,立即进入。大学时看着别人炒股她一直很羡慕,这次自己也要试试。但骆明却认为中国股市行情太不稳定,运行不规范,所以最好不进入股市,如果一定要做,那也只能投入很少的钱。

问题：

(1)根据上面两个人的争论,说明有哪些货币需求动机？

(2)分析上述三种动机导致的货币需求的决定因素,并给出货币的总需求函数。

二、课外实训

运用本节所学,思考和解释"扩大内需能刺激经济"这种说法的合理性。

第三节　总需求—总供给模型

【导入案例】

　　1997 年亚洲金融危机时,东南亚国家的货币纷纷贬值,使得我国也面临强大的贬值压力。但我国坚持人民币不贬值,这样做,一方面保证了我国的金融稳定,另一方面坚定了国内外投资者对我国的信心。但是,也产生了一些副作用,即随后,我国出现了经济增长放慢和物价总水平下降的现象。从而,我国政府开始了自 1998 年以来长达 6 年的以刺激需求为主的积极财政政策的应用。

　　互动提问:为什么以刺激需求为主的积极财政政策能够解决我国经济增长放慢和物价总水平下降的问题?

　　本节将在上一节 IS—LM 模型基础上,假定物价指数可以变动,推导出总量需求曲线(AD),从总量生产函数推导出总量供给曲线(AS),然后把两者结合在一起,考察总供给函数与总需求函数相互作用下的凯恩斯宏观经济模型。

一、总需求曲线

　　微观经济学告诉我们,需求曲线反映的是价格水平与需求量之间的关系,这个定义在宏观经济学中仍然适用。只不过宏观经济学中的总需求曲线反映的是价格指数与总需求之间的关系,当然微观经济学中的需求曲线与宏观经济学中的需求曲线的产生机理是不同的。

　　我们应该还记得 IS 曲线反映的是产品市场均衡时利率与产出之间的关系,LM 曲线反映的是货币市场处于均衡状态时利率与产出的关系。当然这个结论是当物价水平不变时得到的。如果物价水平 P 是变动的,我们从上式中很容易发现,P 与 Y 是一种反比关系,这意味着均衡产出水平与物价水平是一种反向运动关系。我们很容易从一个直角坐标系中画出上述关系。

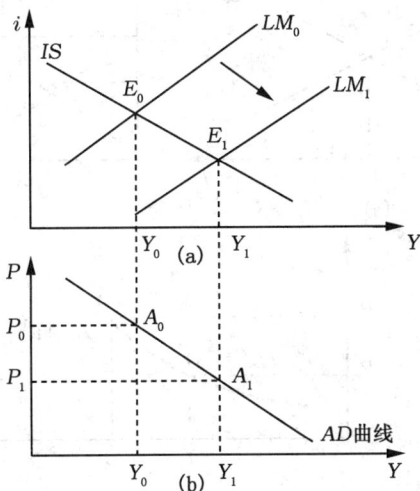

图 10—14　由 IS—LM 曲线推导 AD 曲线

在图 10—14(a)中,经济的初始状态处于 E_0 点,物价水平为 P_0,均衡的产出水平为 Y_0,我们可以在图 10—14(b)中找到 P_0 与 Y_0 的组合点 A_0。假定由于影响物价的因素发生了变动(不是由于货币发行量变化),使物价水平由 P_0 降到了 P_1,上一节的知识告诉我们,LM 曲线将发生移动,即由 LM_0 移动到 LM_1,均衡点由 E_0 移动到 E_1,均衡的产出水平扩大到 Y_1,我们同样可以在图 10—14(b)中找到 P_1 和 Y_1 的组合点 A_1。按照同样的方法,我们可以在图 10—14(b)中找到无穷多个这样的 P 与 Y 的组合点,把这些点用一条线连接起来就得到了总需求(AD)曲线。

二、总供给曲线

凯恩斯主义的总供给曲线建立在萧条经济的基础之上。凯恩斯主义的总供给理论的极其重要的假定是名义工资具有向下的刚性,也就是名义工资只能上涨而不能下降,理由是工会力量的存在会阻止名义工资的下降,劳务合同的存在也使得名义工资在短期内很难下降。关于名义工资刚性的假定也成为宏观经济学争论的焦点之一。

图 10—15 就是对凯恩斯主义总供给曲线的几何推导。图 10—15(a)代表劳动力市场均衡,L_D 为劳动力的需求曲线,L_S 为劳动力的供给曲线,假定经济初始点为 E 点,劳动力市场处于均衡状态,均衡的劳动雇佣量为 L_0,名义工资为 W,物价水平为 P_0,因此实际工资为 W/P_0。图 10—15(b)为生产函数曲线,生产函数为 $Y=F(L)$,它描述的是这样一种情形,当劳动投入量越多时,产出越多,但是当劳动投入量太多时,产出的增长就变得缓慢了。由于经济在初始状态下的劳动雇佣量为 L_0,因此初始产出为 Y_0。我们可以在图 10—15(c)中找到 P_0 和 Y_0 的组合点 A。下面假定经济由于受到某种冲击,物价水平由 P_0 下降到 P_1,由于工资刚性的假定,名义工资 W 不能下降,因此实际工资水平将上升到 W/P_1,而在 W/P_1 的工资水平下,劳动力的需求为 L_1,劳动力的供给为 L_1',因此经济存在着非自愿实业 L_1L_1'[见图 10—15(a)],此时总产出下降到 Y_1[见图 10—15(b)],我们可以在图 10—15(c)中找到 P_1 与 Y_1 的组合点 B,用同样的办法我们可以找到无穷多个这样的组合点,把这些点连接起来就得到凯恩斯主义的总供给(AS)曲线。如果价格水平不是下降而是上升,那情形会如何呢? 我们假定价格水平由 P_0 上升到 P_2,由于

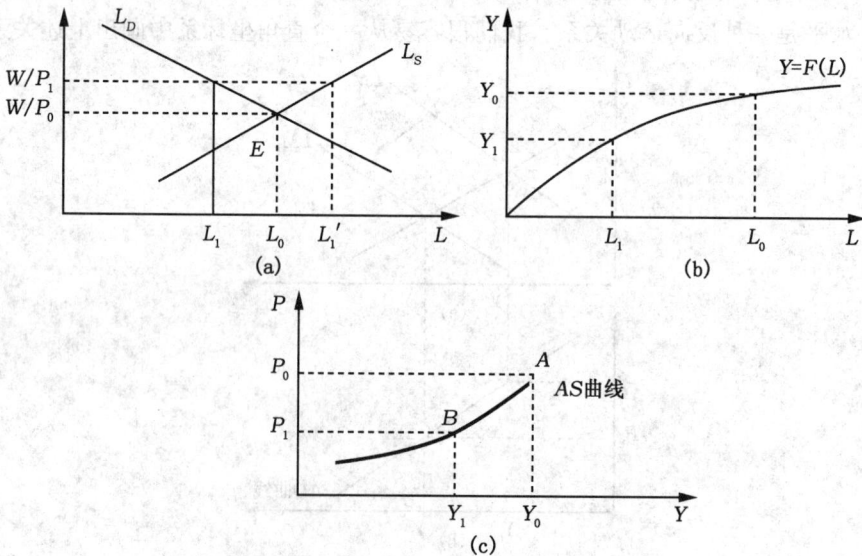

图 10—15　凯恩斯主义总供给曲线的推导

名义工资 W 不会马上升,因此实际工资水平会下降到 W/P_2,实际工资水平的下降会使厂商对劳动力的需求大于供给,厂商为了能够雇佣到足够多的劳动力,就要提高名义工资,直到新的名义工资与物价水平的比上升到 W/P_0 的水平,劳动力市场又重新回到了均衡状态,凯恩斯主义认为这一调整过程非常迅速,以至于产量还没有来得及变化,劳动力市场已经回复到均衡点 E,因此价格水平的上升不会对总产出带来影响,也就是说总产出仍然是 Y_0。如果我们将上述两种情形都画在一个直角坐标系中,会得到如图 $10-16$ 所示的总供给曲线。其中 M 点是经济处于充分就业状态时的实际产出水平。但是从凯恩斯主义总供给曲线的推导过程中我们会发现,经济本身没有任何理由会自发达到 M 点,换句话说,凯恩斯主义认为市场经济不会自动达到充分就业的状态,因此如果宏观经济要想达到充分就业的产出水平,就需要政府的干预。这就为凯恩斯主义者的政策主张提供了理论依据。在后面的章节中,我们会详细介绍凯恩斯主义关于政府干预经济的主张。

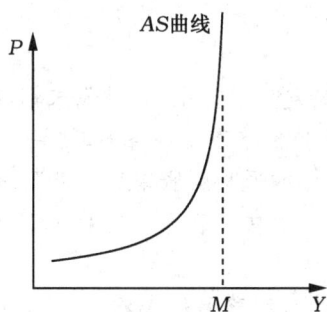

图 $10-16$　完整的凯恩斯主义总供给曲线

三、总供给曲线与总需求曲线的应用

我们把总供给曲线和总需求曲线放在一个直角坐标系中,可以观察总需求变动对于物价水平和产出水平的影响。假定经济初始状态位于图 $10-17$ 的 E_1 点,物价水平为 P_1,产出水平为 Y_1,很显然,这时经济并没有达到最大的产出水平。如果政府采取某种政策,使得总需求曲线由 AD_1 移动到 AD_2,均衡的产出水平将会上升到 Y_2,物价水平上升到 P_2,经济接近了充分就业均衡。假如政府继续采取某种政策使得总需求曲线移动到 AD_3,那么物价水平达到 P_3,产出水平

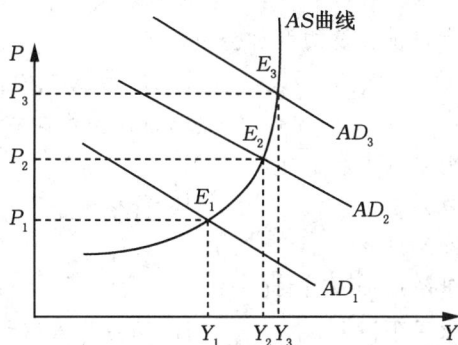

图 $10-17$　物价水平与产出水平的决定

达到充分就业状态下的最大值 Y_3。此后,如果总需求继续扩大,即 AD 曲线继续向右移动,总产出水平不会增加,物价水平将会不断上涨。也就是说,如果经济已经处于充分就业状态,总需求的扩大只会带来通货膨胀,不会带来产出的增加。

📖【材料阅读】

自 1970 年以来,美国经济中一些最大的经济波动源于中东的产油地区。原油是生产许多物品与劳务的关键投入,而且世界大部分石油来自几个中东国家。当某个事件(通常是源于政治)减少了来自这个地区的原油供给时,世界石油价格上升。美国生产汽油、轮胎和许多其他产品的企业会有成本增加。结果是总供给曲线向左移动,这又引起滞胀。

第一起这种事件发生在 20 世纪 70 年代中期。有大量石油储藏的国家作为欧佩克成员走到了一起。欧佩克是一个卡特尔,即一个企图阻止竞争并减少生产以提高价格的卖者集团。而且石油价格的确大幅度上升了。

在几年后几乎完全相同的事又发生了。在 70 年代末期,欧佩克国家再一次限制石油的供给以提高价格。1978～1981 年,石油价格翻了一番多,结果又是滞胀。第一次欧佩克事件之后通货膨胀已有一点平息,但现在每年的通货膨胀率又上升到 10% 以上。但是,由于美联储不愿意抵消这种通货膨胀的大幅度上升,很快又衰退。失业从 1978 年和 1979 年的 6% 左右在几年后上升到 10% 左右。

世界石油市场也可以是总供给有利移动的来源。1986 年欧佩克成员之间爆发了争执,成员国违背限制石油生产的协议。在世界原油市场上,价格下降了一半左右。石油价格的这种下降减少了美国企业的成本,这又使总供给曲线向右移动。结果,美国经济经历了滞胀的反面:产量迅速增长,失业减少,而通货膨胀率达到了多年来的最低水平。

资料来源:根据网络资料整理而成。

实训项目

课内实训

(一)知识题训练

1. 单项选择题

(1)在其他条件不变时,货币供应量的增加会使(　　　)。

A. LM 曲线向左上方移动　　　　　　B. IS 曲线向左上方移动

C. AS 曲线向右上方移动　　　　　　D. AD 曲线向右上方移动

(2)在总供给不变时,总需求减少会引起(　　　)。

A. 价格水平下降,国民收入增加　　　B. 价格水平下降,国民收入不变

C. 价格水平下降,国民收入减少

(3)在总需求不变时,总供给增加会引起(　　　)。

A. 国民收入增加,价格水平下降　　　B. 国民收入增加,价格水平上升

C. 国民收入减少,价格水平上升

2. 简答题

通过 IS—LM 模型推导总供给—总需求(AD—AS)模型。

(二)技能题训练

1. 推测下面这些事件会如何影响总需求曲线?

(1)由于对经济未来衰退的广泛关注,企业降低在新资本上的支出。

(2)政府降低所得税。

2. 使用 AD—AS 图说明下面各项对短期和长期的产出有何影响。假设经济从长期均衡开始。

(1)消费者信心增加,带来了较高的消费。

(2)税收减少。

(3)石油价格急剧上涨。

(4)扩张型的货币政策。

(5)战争带来政府采购的增加。

3. 假设政府针对衰退,缩减税收,但是因为立法的延迟,税收的削减要在提交 18 个月后才能实现。使用 AD—AS 图,假设政府的目标是稳定产出,证明政府的行为是如何不利于生产的。

本章小结

(1)均衡的产出是指与总需求相一致的产出,因此在研究产出决定问题时,就要先研究总需求,而总需求包括消费、投资、政府购买和净出口。

(2)储蓄理论与消费理论是紧密相关的,这种联系是天然存在的,因为储蓄是收入中未被消费的部分。储蓄随收入的增加的比率应该是递增的。

(3)凯恩斯主义认为是否进行投资行为取决于投资的收益与投资成本的比较,在投资行为进行之前,决策主体有一个预期收益率。

(4)IS 曲线代表产品市场处于均衡状态时市场利率与产出之间的关系。扩张性财政政策使 IS 曲线右移;紧缩性财政政策使 IS 曲线左移。

(5)LM 曲线代表货币市场处于均衡状态时市场利率与产出之间的关系。扩张性货币政策使 LM 曲线右移;紧缩性货币政策使 LM 曲线左移。

(6)由 IS—LM 曲线可以推导出总需求曲线。

(7)工资刚性假定下,总供给曲线向右上方倾斜。

第十一章　通货膨胀与失业理论

培养目标

通过本章的学习,使学生理解和掌握充分就业的含义和类型,周期性失业的原因;理解通货膨胀的含义和类型,以及通货膨胀对经济的影响。

重点难点

充分就业的含义和类型,通货膨胀的含义和类型。

章节导读

物价稳定与充分就业是一国政府非常重要的宏观经济目标,一国政府面临的重要问题是如何保持物价稳定并能提供充足的就业机会。20 世纪 30 年代的大萧条给人们的生活带来了极大的变化。类似的,20 世纪 70 年代和 80 年代的"滞胀"也给人们留下了痛苦的回忆。就中国而言,20 世纪 80 年代和 90 年代经历了三次较大的通货膨胀,进入 2014 年,政府工作报告确定我国的通胀目标为 3.5% 左右,城镇失业率目标则不高于 4.6%。

第一节　通货膨胀理论

【导入案例】

1985 年《华尔街日报》的一篇文章描述了在玻利维亚的拉帕斯发生的恶性通货膨胀:一个快递员蹒跚跑入玻利维亚的美国银行,身子在一大袋钱的重压下挣扎着。他说麻袋里有 32 000 000 比索,出纳员写下这个数的记号,快递员把袋子掷到角落里说:"我们都用不着数这些钱了。"站在一旁的负责人说:"客户说袋子里是什么,我们就当是什么。"他指着快递员搁下的东西说:"那只是个小数目。"那时候,32 000 000 比索只值 500 美元,可是不到两周以后,他们至少贬值了 180 美元。价格每天、每小时甚至随着消费者的变换在上升。当时最常用的面值为 1 000 比索的钞票,其印刷成本比它能实际买到的东西还贵。

资料来源:[美]塔克著,李明志等译:《今日宏观经济学》(第 3 版),北京大学出版社 2006 年版。

互动提问:中国历史上是否有类似的通货膨胀? 其成因是什么? 它给人们的生活带来了什么影响?

一、通货膨胀的定义

通货膨胀是指社会经济生活中出现的物价水平在比较长的时期内以较高的幅度持续上涨。

通货膨胀率则以某种物价指数,如消费者价格指数(CPI)、生产者价格指数、国民收入隐含指数等来表示。

理解上述定义应注意以下三点:

(1)通货膨胀不是指一次性或短期的一般价格水平的上涨,而是指持续的上涨,一般以年为单位观察。

(2)通货膨胀不是指个别商品价格或某个行业商品价格的上升,而是价格的总水平,即所有商品和劳务的总物价水平的上升。

(3)通货膨胀不是指物价水平的小幅度上涨,而是"相当幅度"的上涨。如果每年的物价水平都在持续上涨,但上涨幅度很小,那不能说是通货膨胀。"相当幅度"涉及上涨率的临界值问题,这要根据各国不同的情况来确定,一般指 4% 的上涨率。

二、通货膨胀的类型

通货膨胀的类型划分有多种标准,有按通货膨胀的成因划分的,有按通货膨胀的程度划分的,有按通货膨胀的预期划分的,也有按对价格的影响划分的。但最为流行的是按照通货膨胀的成因进行划分。

(一)按通货膨胀的成因划分

1. 需求拉动型通货膨胀

需求拉动型通货膨胀也称买方通货膨胀,是指由于消费者在产品市场上的过度需求所形成的通货膨胀。这里的需求包括诸如私人部门的消费投资和净出口、与政府财政政策有关的政府购买和转移支付,以及降低所得税税率从而增加人们可支配收入引起的个人消费需求的增加,以及由于货币供应量的增加造成消费者的需求增加等。

比较典型的例子是在金本位时代和第一次世界大战期间以及战后初期,巨额财政支出引起的财政赤字导致纸币流通量过多,从而形成的通货膨胀。以图 11-1 为例,假如经济初始点处于 E_0 点,该点是充分就业均衡,物价水平为 P_0,产出水平为 Y_0。由于政府采取扩张性财政政策,总需求曲线由 AD_0 移动到 AD_1,此时经济的均衡点由 E_0 移动到 E_1,价格水平上升到 P_1,产出增加到 Y_1。但是 E_1 并不是稳定的均衡点,因为经济初始时处于充分就业均衡,总需求的增加必然导致工资水平上升,企业生产成本增加,这样会使总供给减少,假定由 AS_0 移动到 AS_1。此时如果中央银行的货币投放量不发生变化,货币供给量由 M/P_0 下降到 M/P_1。物价水平的上升使得货币市场不再均衡,相当于实际货币供应量的萎缩,利率上升,投资下降,直到产出回复到 Y_0 为止,此时物价水平上升到 P_2。此时经济只是发生了一次性的物价上涨,但如果政府为了保持产出水平一直处于 Y_1,就需要央行不断地投放基础货币,其结果是 AD 曲线不断右移,AS 曲线不断左移,物价水平持续上升,最终形成了通货膨胀。

2. 成本推动型通货膨胀

成本推动型通货膨胀是指物价水平持续上升是由于生产成本持续上升而推动的,也就是通货膨胀的原因是由供给方面因素造成的。即使经济中没有过度总需求的存在,也会因生产成本提高而引起通货膨胀。成本上升的原因有多种,比如存在具有强大谈判能力的工会组织,操纵工人的工资水平,它可以将工资提高到由市场竞争形成的工资水平之上,从而造成货币工资率的增长超过劳动生产率的提高,引起一般价格水平的上涨,这就是工资推动的通货膨胀。或者市场上存在具有垄断地位的厂商,他具有某种操控价格的能力,可以通过削减产量的办法来提高价格,

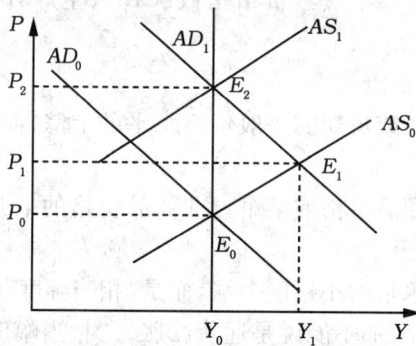

图 11—1　需求拉动型通货膨胀

而这一过程扩大到普遍程度就发生了利润推动的通货膨胀。进口商品价格上涨可能会带动国内产品价格的上涨,这称为进口商品价格推动的通货膨胀。

3. 结构性通货膨胀

结构性通货膨胀是指由于社会经济中各个部门结构性因素而引起的物价水平的持续上涨。在一国经济中,不同部门由于经济发展状况不同,有些部门劳动生产率增长快,有些部门劳动生产率增长慢;有些部门属于扩展部门,有些部门属于非扩展部门。因经济发展状况不同,工资水平也应该不同,但由于工会或者其他力量作用使工资呈现"追赶"现象,有趋同的趋势,这样使一些部门的工资水平上升。这些部门把增加的工资成本通过提高价格的方式转移到消费者身上,从而引起物价水平的上涨。

(二)按通货膨胀的程度划分

1. 温和的通货膨胀

温和的通货膨胀,其通货膨胀率一般只有一位数(3%～10%)。温和的通货膨胀包含两个特征:一是通货膨胀率低,二是相当稳定,一般不会对经济产生不利冲击。

2. 奔腾的通货膨胀

奔腾的通货膨胀也称加速的通货膨胀,是指较长时期内一般物价水平以较大幅度持续增长,其通货膨胀率往往是在两位数以上(10%～100%)。这种类型的通货膨胀如果不加以严格控制,将会对经济产生极度不良的影响。

3. 超速通货膨胀

超速通货膨胀也称恶性通货膨胀,是指流通中货币量快速增长,货币购买力急速下降,货币当局根本无法控制的通货膨胀,其通货膨胀率往往在三位数以上,它不仅会严重破坏货币体制,甚至会导致经济的彻底崩溃和政权的更迭。

📖【材料阅读】

　　恶性通货膨胀的特殊原因是各种重大事件,如战争、巨大的财政赤字和债务等。在战争中,政府为了更多地从社会无偿得到战争资源,就通过货币的财政发行从市场上抢购物资,旧中国的国民党政府就是这样做的。1938 年,中国的物价上涨了 50%;到 1939 年,物价上涨了100%;1940年物价又上涨了100%多;从此开始到1946年,物价年均上涨300%多;到1947

年,恶性通货膨胀爆发。1947 年的物价是 1946 年的 15 倍,1947～1948 年,物价指数由 6 位数增加到 9 位数,到 1949 年增加到 16 位数。

（三）按通货膨胀的预期划分

按通货膨胀的预期,可分为预期到的通货膨胀和无法预期到的通货膨胀。预期到的通货膨胀是指通货膨胀的发生完全被经济主体预期到,因而经济主体将按照预期行事,因此一般来说,这种通货膨胀对经济的影响相对较小。无法预期到的通货膨胀往往是突发的,一般是多变而不稳定的,这类通货膨胀对经济的冲击会较大。

三、通货膨胀的经济效应

通货膨胀的经济效应是指通货膨胀对收入分配、产出、就业等经济变量的作用。

（一）通货膨胀的收入分配效应

在市场经济中,产品价格和生产要素价格执行着收入分配的功能。通货膨胀这种普遍的物价上涨具有收入分配效应。第一,通货膨胀使政府获得所谓的通货膨胀税收。政府实行货币的财政发行,进入流通采购商品,使政府得到了一种不同于其他税收的税收收入。这是一种隐蔽的税收。如果政府用这种通货膨胀税收额去投资,且与私人投资具有互补性,那么,通货膨胀的收入分配效应就是一种对经济增长有一定作用的正效应。第二,在分配上不利于低收入者,有利于高收入者。低收入者一般是低工资劳动者,他们的实际收入因通货膨胀而减少或增长缓慢,他们是通货膨胀的受害者。高收入者一般是有其他资产形式和非工资收入的人,他们可以通过提高商品价格把通货膨胀的损失转嫁出去,并利用通货膨胀造成的人们购买行为的向前调整,增加商品的销售,提高利润水平。第三,调整债权人与债务人之间的分配关系。由于利息率调整的灵敏性低于商品价格,所以,在通货膨胀条件下,债务人可以用贬值的货币偿还债务,而债权人则只能以贬值的货币实现债权。实际利息率等于名义利息率与通货膨胀率的差额,如果通货膨胀率超过了名义利息率,债权人实现的实际利息将是负值。

（二）通货膨胀的产出和就业效应

通货膨胀的产出和就业效应是指物价普遍上涨对产出和就业的影响。在通货膨胀条件下,人们的购买行为提前,从而使需求增加;物价上涨推动供给上升,从而刺激厂商增加投资、增加产出。对生产要素的需求是引致需求,产品市场需求和供给的增加,推动着对劳动需求的增加,从而增加就业。

⊙ 【课内活动设计】

活动内容:针对个人和家庭,讨论通货膨胀的影响。

活动要求:

(1)分小组采用各种渠道收集相关资料进行分析和讨论,从而总结出一些较为规律性的结论。

(2)选择 2 组进行结论分享。

四、反通货膨胀的政策

(一)用衰退来降低通货膨胀

用衰退来降低通货膨胀的方法是指通过降低国民收入来降低通货膨胀的方法。根据降低国民收入速度的快慢,用衰退来降低通货膨胀的方法分为渐进式降低通货膨胀的方法和激进式降低通货膨胀的方法。渐进式降低通货膨胀的方法是指用较长的时间和每个时期降低较少的通货膨胀率来消除通货膨胀的方法。激进式降低通货膨胀的方法是指用较短的时间和每个时期降低较多的通货膨胀率来消除通货膨胀的方法。

(二)收入政策

收入政策是政府为了降低一般物价水平上升的速度,而采取的限制货币工资和价格的政策。收入政策有三种具体方法:

1. 实行工资和价格指导指标

工资和价格指导就是把工资和物价上涨的幅度限定在一定的范围内。1962 年年初,美国总统经济顾问委员会在提交总统的年度报告中,首次提出实行工资和价格指导指标。当时规定,当年的工资和价格增长率为 3.2%。但是,事实上,在工资限制在这个指标内的同时,商品价格则高出了 3.2%这个指标,于是引起了工人的反对。到 1968 年,美国总统经济顾问委员会于 1962年提出的工资和价格指导指标暂告废止。

2. 冻结工资和物价

1971 年 8 月,美国总统尼克松宣布实行 3 个月的工资和物价冻结的政策;同年 11 月,冻结工资和物价的政策进入第二阶段。这种政策,在抑制工资和物价上涨上,收到了比较显著的效果。美国的物价水平,1968 年为 4.2%,1969 年为 5.5%,1970 年为 5.7%,而在实行了冻结工资和物价的收入政策后,从 1971 年到 1972 年中期,物价只上涨了 3.2%。

3. 实行以税收为基础的收入政策

这种政策以减税、增税作为奖惩手段,以减税政策来奖励遵守工资增长界限的企业,对不遵守工资增长界限的企业实行增税政策以示惩罚。其实,这种政策仅为企业抑制工资上涨提供了政策依据和动力。

(三)改变预期

改变预期是指在相信政府有控制通货膨胀能力的基础上改变对通货膨胀率的预期。改变预期就可以制止工资与物价螺旋上升。斯蒂格利茨认为,对通货膨胀的心理预期对通货膨胀起着巨大的作用。要想实现引导企业和工人不涨物价和不涨工资的目标,在很大程度上应当打破企业和工人对通货膨胀的心理预期。要打破人们对通货膨胀的心理预期,政府必须对经济实行剧烈的、持久的干预。政府要敢于务求实效,否则,就不能实现改变预期以控制通货膨胀的目的。

实训项目

一、课内实训

(一)知识题训练

1. 单项选择题

(1)在充分就业的情况下,下列因素中最可能导致通货膨胀的是(　　)。

A. 进口增加　　　　　　　　　　　B. 工资不变,但劳动生产率提高

C. 出口减少　　　　　　　　　　　D. 政府支出不变,但税收减少

(2)通货膨胀是(　　)。

A. 货币发行量过多而引起的一般物价水平普遍持续的上涨

B. 货币发行量超过流通中的黄金量

C. 货币发行量超过流通中商品的价值量

D. 以上都不是

(3)需求拉动的通货膨胀(　　)。

A. 通常用于描述某种供给因素所引起的价格波动

B. 通常用于描述某种总需求的增长所引起的价格波动

C. 表示经济制度已调整过的预期通货膨胀率

D. 以上都不是

(4)在下列引起通货膨胀的原因中,最可能是成本推进的通货膨胀的原因的是(　　)。

A. 银行贷款的扩张　　　　　　　　B. 预算赤字

C. 世界性原材料价格的上涨　　　　D. 投资率下降

(5)下列表述中,正确的是(　　)。

A. 在任何情况下,通货膨胀对经济的影响都很小

B. 在通货膨胀可以预期的情况下,通货膨胀对经济的影响也很大

C. 在通货膨胀不能预期的情况下,通货膨胀有利于雇主而不利于工人

D. 在任何情况下,通货膨胀对经济的影响都很大

2. 多项选择题

(1)成本推动型通货膨胀的起因包括(　　)。

A. 天灾导致农业歉收　　　　　　　B. 行业工会加薪要求

C. 石油冲击　　　　　　　　　　　D. 货币供给过多

E. 垄断定价

(2)按照价格上涨幅度加以区分,通货膨胀包括(　　)。

A. 温和的通货膨胀　　　　　　　　B. 奔腾的通货膨胀

C. 平衡式通货膨胀　　　　　　　　D. 非平衡式通货膨胀

E. 恶性的通货膨胀

(3)下列因素中,可能造成需求拉动通货膨胀的有(　　)。

A. 过度扩张性的财政政策　　　　　B. 过度扩张性的货币政策

C. 消费习惯突然的改变　　　　　　D. 农业的歉收

E. 劳动生产率的突然降低

3. 判断题

(1)通货膨胀意味着不同的商品价格将按相同的比例上升。　　　　　　(　　)

(2)高价格就是通货膨胀。　　　　　　　　　　　　　　　　　　　　(　　)

4. 简答题

(1)简述导致通货膨胀发生的原因。

(2)简述通货膨胀所产生的经济效应。

（二）技能题训练

1. 如果你的房东说："石油涨价了,我也要提高你的房租。"这属于需求拉动还是成本推动的通货膨胀?

2. 如果店主说："可以提价,别愁卖不掉,店外人正排队抢购呢!"这属于什么类型的通货膨胀?

3. 货币主义代表人物弗里德曼有一句名言："通货膨胀无处不在,并且总是一种货币现象。"你怎样看待这个观点?

二、课外实训

（一）思考讨论题

运用本节所学,思考和解释净出口是怎样影响中国经济的?

（二）调查研究题

通过收集资料说明当前中国的物价水平现状,并分析我国是否出现了通货膨胀? 如果是,请进一步分析出现的原因是什么?

第二节　失业理论

【导入案例】

使用国民失业率的月数据,分别找出从 1973 年 11 月、1980 年 1 月和 1990 年 7 月开始的这三次衰退过程中失业率上升了多少,并确定在衰退开始后的三年中最高失业率的值,将这三组失业率增加的数据与大萧条期间的相关数据进行比较。美国劳工统计局收集了相关失业率的数据,我们可以得到如下比较结果:

单位:%

衰退开始时的失业率	最高失业率	失业率上升量
4.8(1973 年 11 月)	9.0(1975 年 5 月)	+4.2
6.3(1980 年 1 月)	10.8(1982 年 11/12 月)	+4.5
5.5(1990 年 7 月)	7.8(1992 年 6 月)	+2.3

我们发现,每次衰退开始后,失业率就会显著上升,虽然 1990 年发生的那次衰退对劳动力市场的影响要弱于 1973 年和 1980 年的衰退,但其间失业率上升仍十分明显。然而与大萧条时期的失业率相比(从 1929 年的 3% 上升到 1933 年的 25%),这几次衰退的失业率似乎小得多。

资料来源:根据网络资料整理而成。

互动提问:为什么经济衰退期中通常失业率上升? 如何从理论上解释?

一、失业的概念及其分类

(一)失业的概念

失业是指符合法定工作条件、有工作愿望的人,愿意接受现行工资且正在寻找工作但还没有找到工作的经济现象。

(二)失业的衡量

失业的状况通过失业率来衡量。失业率是失业人数(失业量)与劳动力总量(劳动总量)的比例。因此,失业率取决于劳动总量、就业人数(就业量)。失业量＝劳动总量－就业量。用 N 表示就业量,U 表示失业量,L 表示劳动总量,n 表示就业率,u 表示失业率,那么有:

$$n=\frac{N}{L}$$

$$u=\frac{U}{L}$$

显然,失业率 u 可以通过就业率 n 得到,因为 $u=1-n$。同样,知道了失业率 u,也可以得到就业率 n。因此,研究失业问题,实际也是研究就业问题。减少失业,就是扩大就业。

一般来说,失业率随着就业量的提高而下降,但失业率从来不会降到零。在社会经济发展正常的条件下,仍然存在着失业,此时的失业率叫作自然失业率,与自然失业率相对应的就业量叫作潜在就业量。如果存在的失业率是自然失业率,那么就业量就是潜在就业量。只存在自然失业率的就业状况,也就是充分就业。

【材料阅读】

据英国《卫报》网站 2014 年 10 月 30 日报道,根据官方数据显示,英国家庭中成年人失业的家庭数量已降至自 1996 年的最低。

英国统计局表示,只有不到 16% 的英国家庭中有失业的成年人。2014 年第二季度最新数据比上年同期降低 1.4%,这是 18 年记录中下降程度最大的一次。

最新数据显示,2013 年,已有 27.1 万家庭从无就业的成年人转变到至少有一人就业的形式。自 2010 年由于经济低迷,失业家庭数量上升后,2014 年是该数量持续下降的第 4 年。

来自伦敦经济研究机构的首席经济学家霍华德·阿彻表示:"这些数据标志着英国劳动力市场今年以及去年的巨大进步。尽管现在某些收入增长低的家庭购买力还是有限,但很显然,这对我们来说是好消息。"

通过对单亲家庭的捐助,家庭失业数量有了很大的下降。1996 年,几乎 52% 的单亲家庭中的家长都是失业的,而现在这个数据下降到 33%。2013 年一年内,这个数据下降了 3.7%。然而,相对于双亲家庭而言,单亲家庭的失业率还是处于较高值。

英国全国范围内,东北部地区的家庭失业率最高,为 21%,而东南部地区失业率最低,为 12%。

资料来源:根据网络资料整理而成。

(三)失业的类型

一般来说,失业按其原因可分为以下几类:

1. 摩擦性失业

摩擦性失业是指从一个工作转换到另一个工作的过渡之中所产生的失业。

2. 季节性失业

季节性失业是指随着季节变化而变化的失业。如农业、旅游业和农产品加工业对劳动的需求有季节性,在需求淡季时,就会存在失业。季节性失业也被看作是一种"正常"的失业。

3. 结构性失业

结构性失业是指由于劳动者缺乏新创造出来的工作机会所要求的技能而产生的失业。像产业兴衰、技术进步所引起的失业,都属于结构性失业。通常在存在结构性失业的同时,也存在很多工作空缺。

4. 周期性失业

周期性失业是指经济周期中的衰退或萧条阶段因需求下降而造成的失业。

5. 隐性失业

隐性失业是指表面上有工作,但实际上对生产并没有做出贡献的现象,即有"职"无"工"。这一失业往往表现为一个人的活 3 个人干、两天的活干 5 天,农村的剩余劳动力也属于隐性失业。存在隐性失业时,生产效率是低的。

前三种失业又称自然失业,是由经济中某些难以避免的原因所引起的失业,在任何市场经济中这种失业都是不可避免的。周期性失业又称需求不足的失业,也就是凯恩斯所说的非自愿失业。

二、失业的影响

(一)失业的经济影响

对社会来说,失业表明一部分资源没有得到充分利用,愿意工作并且有能力工作的人没有被用于生产,结果产出减少。

$$失业的损失＝潜在\ GDP－实际\ GDP$$

美国经济学家阿瑟·奥肯于 1971 年在《繁荣的政治经济学》中提出:超出自然失业率 1％的失业率将产生 2％的 GDP 缺口。按此计算,可测算与失业率相关的产出水平的损失。

(二)失业的社会影响

对失业者及其家庭来说,失业意味着经济拮据以及生活方式的改变;失业工人及其家庭的地位和声望也会因失业而下降,因而他们的身心健康也会受到摧残。在失业率很高时,社会秩序也会受到影响。

三、反失业政策

(一)增加总需求

在潜在产出一定且实际产出小于潜在产出的条件下,只要增加需求,就可以增加实际产出,从而可以扩大就业,降低失业率。

(二)增加总供给

在实际产出越来越接近潜在产出时,提高总需求所带来的产出效应越来越小,而提高物价的效应越来越大。在这种情况下,要进一步降低失业率,就必须提高潜在产出和总供给。当潜在产出和总供给曲线向右移动以后,就可以使实际产出增长,降低失业率。

（三）人力资源政策

人力资源政策又称劳工政策，是指政府为使劳动者适应工作机会要求而采取的一系列政策措施。主要用于解决结构性失业问题。具体又包括以下几个方面：(1)提供职业训练；(2)提供就业信息；(3)反歧视政策；(4)增加劳动力的流动性。

【课内活动设计】

活动内容：针对大学生的失业类型，讨论可能的反失业政策。

活动要求：

(1)分小组采用各种渠道收集相关资料进行分析和讨论，从而总结出一些较为实用的结论。

(2)选择 2 组进行结论分享。

实训项目

一、课内实训

（一）知识题训练

1. 单项选择题

(1)对商品和劳务需求不足时发生的失业是(　　)。

A. 摩擦性失业　　　　B. 结构性失业　　　　C. 自然失业　　　　D. 周期性失业

(2)失业率是指(　　)。

A. 失业人口与全部人口之比

B. 失业人口与全部就业人口之比

C. 失业人口与全部劳动人口之比

D. 失业人口占就业人口与失业人口之和的百分比

(3)某人正在等待着某项工作，这种情况可归类于(　　)。

A. 就业　　　　B. 失业　　　　C. 非劳动力　　　　D. 就业不足

(4)周期性失业是指(　　)。

A. 经济中由于正常的劳动力流动而引起的失业

B. 由于总需求不足而引起的短期失业

C. 由于经济中一些难以克服的原因而引起的失业

D. 由于经济中一些制度上的原因而引起的失业

(5)下列人员中，不属于失业人员的是(　　)。

A. 调动工作的时间歇在家休养者　　　　B. 半日工

C. 季节工　　　　D. 对薪水不满意而待业在家的大学毕业生

(6)奥肯定理说明了(　　)。

A. 失业率和实际国民生产总值之间高度负相关的关系

B. 失业率和实际国民生产总值之间高度正相关的关系

C. 失业率和物价水平之间高度负相关的关系

D. 失业率和物价水平之间高度正相关的关系

2. 多项选择题

(1)按失业产生的原因,可将失业分为(　　)。

A. 摩擦性失业　　　　B. 结构性失业　　　　C. 周期性失业　　　　D. 隐性失业

E. 季节性失业

(2)长期中存在的失业称为自然失业,以下属于自然失业的是(　　)。

A. 摩擦性失业　　　　B. 结构性失业　　　　C. 周期性失业　　　　D. 自愿性失业

E. 季节性失业

3. 判断题

(1)有劳动能力的人都有工作做了,才是充分就业。　　　　　　　　　　　　(　　)

(2)摩擦性失业是一种自愿性失业。　　　　　　　　　　　　　　　　　　　(　　)

(3)摩擦性失业和结构性失业相比较而言,摩擦性失业更加严重。　　　　　　(　　)

(4)面对各种类型的失业,国家都应采取积极的措施来消除失业。　　　　　　(　　)

4. 简答题

(1)什么是自然失业率?哪些因素影响自然失业率的高低?

(2)简述失业所造成的影响。

(二)技能题训练

1. 小张对现有的工作不满,因此辞职后去找新的工作。在他寻找工作的这段时间内,小张算失业人群吗?为什么?

2. 在 20 世纪 60 年代,经济学家认为自然失业率为 4%,现在充分就业状态下的失业率为 5%。请解释这个比率为什么会上升?

二、课外实训

(一)思考讨论题

运用本节所学,思考和解释青少年的失业率为什么比总体失业率要高?

(二)调查研究题

查找资料说明中国目前的就业与失业状况,分析当前失业的主要类型,并尝试找到解决这些失业的措施。

第三节　失业与通货膨胀的关系

一、菲利普斯曲线

1958 年,英国经济学家菲利普斯(A.W.Phillips)研究了 1861~1957 年英国失业率与名义工资变化率之间的联系,发现这两者之间存在着负相关关系。后来,经济学家进一步将其引申到失业和通货膨胀之间关系的分析上,得出了著名的菲利普斯曲线。这一理论不仅指出了失业与通货膨胀是可以并存的,而且是能够被替代的,即通货膨胀率上升,失业率下降;相反,失业率上升,通货膨胀率下降。这就使政府陷入两难境地:要么以较高的失业率换取较低的通货膨胀,要么以较高的通货膨胀率换取较低的失业,物价稳定和充分就业目标两者不可兼得。从另一角度来看,如果菲利普斯曲线成立，也意味着为政府干预经济提供了一个行之有效的"简易菜单"，当国民经济面临高失业或高通货膨胀风险时，政府完全可以通过实施财政、货币等政策手段予以有效地影响。20世纪70年代末以前西方发达国家的实践显示，菲利普斯曲线基本上正确。

最初的菲利普斯曲线研究的是货币工资增长率与失业率之间的关系，这种关系可以表示成数学函数形式：$\Delta W_t = f(U_t)$，其中 ΔW_t 表示第 t 期的货币工资增长率，U_t 表示第 t 期的失业率。

研究表明，货币工资增长率与失业率之间呈负相关关系，即失业率越低，名义货币工资在一年中上升的百分比就会越高，而且两者之间的关系是非线性的。

美国经济学家保罗·萨缪尔森和罗伯特·索洛后来对菲利普斯曲线进行了扩展，他们运用美国的资料研究发现，通货膨胀率与失业率之间同样存在着类似的负相关关系。如图11—2所示，$\Delta P/P$ 表示通货膨胀率，$\Delta W/W$ 表示货币工资增长率，$U\%$表示失业率，菲利普斯曲线反映了通货膨胀率与失业率之间的负相关关系。

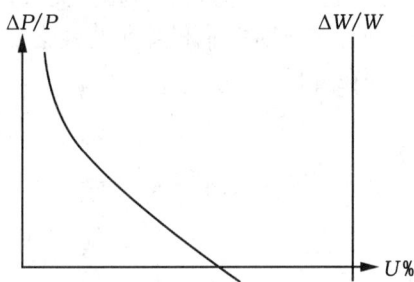

图 11—2　菲利普斯曲线

仅仅发现了通货膨胀率与失业率之间的统计学规律并不是经济学家的主要任务，经济学家的任务是要从理论上解释为什么两者之间会存在类似货币工资增长率与失业率之间的负向关联。萨缪尔森和索洛的解释是，由于工资是成本的主要构成部分，因而也是产品价格的主要构成部分，货币工资的增长必然导致成本推动型通货膨胀。因此通货膨胀率与货币工资增长率具有同向变动关系。当货币工资增长率低时，通货膨胀率也是低的，而失业率是高的；反之，当货币工资增长率高时，通货膨胀率也高，这时失业率会降低。

菲利普斯曲线反映了通货膨胀率与失业率之间的负相关关系，因此有很强的政策含义。它意味着政府可以通过采取扩张性财政政策和货币政策来提高工资率和通货膨胀，以解决失业率高的难题；当然也可以采用紧缩性财政政策和货币政策来降低通货膨胀，但要付出高失业率的代价。总之，控制通货膨胀率与控制失业率两者是鱼与熊掌，不可兼得。

二、菲利普斯曲线的扩展

货币主义学派引入预期因素，并认为原来的菲利普斯曲线反映的只是预期的通货膨胀率为零的失业率与通货膨胀率之间的负相关关系，而引入预期因素后，菲利普斯曲线将向右上方移动，经济学上的含义是要想使失业率降低到一定水平，必须以付出更高的通货膨胀率为代价。这一点从图11—3中可以很容易看出来，曲线 P 代表原来的菲利普斯曲线，曲线 P' 代表带预期的菲利普斯曲线。

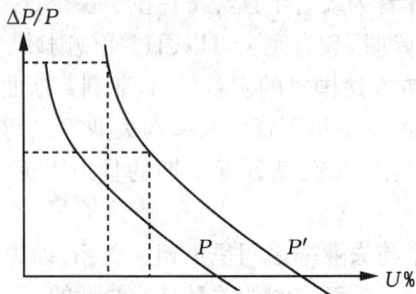

图 11—3　带预期的菲利普斯曲线

可是为什么引用预期后菲利普斯曲线会向右移动呢？货币主义学派认为当政府通过高通货膨胀率来解决失业问题时，人们会形成预期，这样会使货币幻觉消失，因此通货膨胀率会更高。

加入预期之后，通货膨胀率与失业率之间仍然是负相关关系，这一点并没有改变。但是货币主义者也提出，这一结论适用于短期，在长期中菲利普斯曲线会变成一条垂直的直线，也就是长期中通货膨胀率与失业率之间不存在替代关系。

实训项目

一、课内实训

1. 单项选择题

(1)一般来说，菲利普斯曲线是一条(　　)。

A. 向右上方倾斜的曲线　　　　　　　　B. 向右下方倾斜的曲线

C. 水平线　　　　　　　　　　　　　　D. 垂线

(2)菲利普斯曲线是一条描述(　　)。

A. 失业与就业之间关系的曲线　　　　　B. 工资与就业之间关系的曲线

C. 工资与利润之间关系的曲线　　　　　D. 失业与通货膨胀之间交替关系的曲线

(3)根据菲利普斯曲线，降低通货膨胀率的办法是(　　)。

A. 减少货币供给量　　　　　　　　　　B. 降低失业率

C. 提高失业率　　　　　　　　　　　　D. 增加工资

2. 多项选择题

(1)菲利普斯曲线表明(　　)。

A. 失业率越低，通货膨胀率越低　　　　B. 失业率越高，通货膨胀率越高

C. 失业率越高，通货膨胀率越低　　　　D. 失业率与通货膨胀率存在负相关关系

(2)菲利普斯曲线的特征有(　　)。

A. 菲利普斯曲线斜率为负

B. 菲利普斯曲线是一条直线

C. 菲利普斯曲线与横轴相交的失业率为正值

D. 菲利普斯曲线不是一条直线

E. 菲利普斯曲线与横轴相交的失业率为 0

3. 简答题

画图说明菲利普斯曲线。

二、课外实训

运用本节所学,思考和讨论通货膨胀和失业这两种宏观经济现象,哪种对经济的影响更大?

本章小结

(1)通货膨胀是指社会经济生活中出现的物价水平在比较长的时期内以较高幅度持续上涨。通货膨胀率则以某种物价指数,如消费者价格指数(CPI)、生产者价格指数、国民收入隐含指数等来表示。

(2)通货膨胀的类型划分有多种标准,有按通货膨胀的成因划分的,有按通货膨胀的程度划分的,有按通货膨胀的预期划分的,也有按对价格的影响划分的。失业的状况通过失业率来衡量。

(3)通货膨胀对收入分配、产出和就业都有影响;治理通货膨胀可以采取衰退、收入政策和改变预期的手段。

(4)失业是指符合法定工作条件、有工作愿望的人,愿意接受现行工资且正在寻找工作但还没有找到工作的经济现象。失业一般可以分为摩擦性失业、季节性失业、结构性失业、周期性失业和隐性失业等。

(5)失业对经济和社会都会产生影响;治理失业可以从供给与需求方面出发,也可以通过人力资源政策来改善。

(6)西方经济学家运用菲利普斯曲线来解释通货膨胀和失业之间的关系。菲利普斯曲线反映的是失业率与名义工资变化率之间的联系,两者之间存在着负相关关系。后来的经济学扩展了菲利普斯曲线,研究失业率与通货膨胀率之间的关系,两者之间仍然是负相关关系。

第十二章　经济增长与经济周期理论

通过本章的学习,使学生理解和掌握经济周期的含义和类型;理解经济增长的含义和特征;了解经济增长的决定因素。

经济周期的含义和类型;经济增长的含义和特征。

宏观经济学要讨论另外两个重要问题。其一是:长期中一国的经济增长率或产出增长率是由什么因素决定的? 现在的低收入国家将来会不会赶上甚至超过现在的高收入国家? 其二是:经济为什么会波动? 是什么因素造成经济的波动? 这些问题是本章要讨论的主要问题。

第一节　经济增长理论

【导入案例】

在第二次世界大战后期,德国和日本的城市建筑与工业基础遭受了大面积的破坏,在战后一段时间里联邦德国和日本均陷入了贫困之中。然而不出 30 年,它们不仅完成了战后重建工作,而且成为世界上的工业和经济强国。是什么原因促成了这种"经济上的奇迹"?

互动提问: 为什么联邦德国和日本能从第二次世界大战的废墟中成功复苏?

经济增长应该是一个可以感觉得到的现象。从普通人的观点来看,他们最关心的问题是:自己的生活水平和生活质量能不能提高? 可以提高到什么状况和程度? 如何提高? 这种提高所需的时间有多长? 而这些问题正是经济发展和经济增长研究所要解决和给予回答的。

以世界上经济最发达国家之一的美国为例,经济增长的结果也在相应的一段历史时期内表现出了生活水平的巨大差距。与今天美国普通人的生活水平相比,美国经济史学家斯坦利·莱伯格特曾经描绘了美国普通人的家庭在 1783 年时的生活水平状况:没有暖气,只有一个壁炉,没有自来水,没有热水;厕所只是在外面盖的一间小木屋,屋内的地上有一个坑。直到 19 世纪,一个普通美国农民每周只能洗一次澡,房间里也没有电和天然气,晚上只能点一根蜡烛照明,当然也没有电冰箱、电烤炉和其他设备;除了一张硬板床外,卧室内没有任何家具;由于不存在社会的相关产业,家庭里必须自己动手解决一切生活必需品的供给。

为什么在 18 世纪到 19 世纪中期,美国人的生活水平并没有多大变化,而在 19 世纪中期以后到今天,却出现了过去几乎无法想象的巨大变化呢? 事实上,造成 18~19 世纪美国普通人的生活水平与今天美国普通人生活水平巨大差距的原因,正是经济的发展和经济增长。

当然,各个国家经济增长的速度有快有慢。表 12—1 给出了 13 个国家(地区)经过 40 多年时间的发展后人均 GDP 的状况。我们从中可以看出经济增长对于人们收入水平和生活水平的巨大影响。如果我们进一步将美国、日本、挪威和孟加拉国四个国家在 1820~1990 年的一个半世纪多的人均 GDP 增长状况进行对比,更可以发现四个惊人的特点:第一,美国的长期增长记录是相当可观的,在 19 世纪与 20 世纪,平均人均收入增长了 16 倍多。第二,日本已从第二次世界大战之前的中度贫穷国家变成了一个生活水平与美国不相上下的富裕国家。第三,挪威的人均收入在近 25 年以来取得了突飞猛进的增长。第四,孟加拉国在 150 年前就极为贫穷并且增长乏力,至今仍然如此。

表 12—1　　　　　　　　　　　　　13 个国家(地区)人均 GDP

国家(地区) ＼ 时间	1950 年(美元)	1992 年(美元)	累计增长(%)
美国	9 573	21 558	125.20
孟加拉国	551	720	30.67
中国	614	3 098	4 043.6
埃及	517	927	272.73
印度	597	1 348	125.80
印度尼西亚	874	2 749	214.53
墨西哥	2 085	5 112	145.18
韩国	876	10 010	1 042.69
中国台湾	922	11 590	1 157.05
坦桑尼亚	427	604	41.45
泰国	848	4 694	453.54
苏联	2834	4 671	64.82
扎伊尔	636	407	−36.01

一、增长理论概述

经济增长是最古老的经济学的问题之一,也是现代宏观经济学研究的中心问题。

(一)经济增长的含义

一般把经济增长看作是某国在一定时期内,生产商品与提供劳务潜在能力的扩大,或者商品与劳务的增加,通常用国内生产总值增长率或人均国内生产总值增长率来衡量。

美国经济学家库茨涅兹认为,一个国家的经济增长,可以定义为给居民提供种类日益繁多的经济产品的能力长期上升,这种不断增长的能力是建立在先进技术以及所需要的制度和思想意识之相应的调整的基础上的。这一定义包含了三层意思:

(1)经济增长首先表现为经济实力的增长,即商品和劳务总量的增加,也就是国民生产总值的增加。这种增加不仅包含总量上的增加,也包含人均指标的增加。

(2)技术进步是实现经济增长的必要条件,即经济增长建立在技术不断进步的基础上。

(3)经济增长的充分条件是制度与意识的相应调整,即社会制度与意识形态的某种变革是经济增长的前提。

要理解经济增长,必须将其与经济发展区别开来。经济发展不仅包括经济增长的数量,还包括国民的生活质量,以及整个社会经济结构和制度结构的总体进步。经济增长与经济发展的区别体现在:(1)含义不同。经济增长一般指经济发达国家人均国民收入的增加;而经济发展的含义更广,不仅指人均国民收入的增加,还包括适应这种增长的社会制度的变化问题。(2)研究范围不同。经济增长理论研究发达国家的经济增长问题;经济发展理论研究发展中国家如何由不发达状态过渡到发达状态,主要研究发展中国家的经济。

(二)经济增长的基本特征

1. 数量特征

一方面,按人口计算的产量具有高增长率,人口具有高增长率;另一方面,生产率(生产要素的产出率、劳动生产率、产量高增长率、人均产量增长率)增长十分迅速。

2. 结构特征

一方面,经济结构(产业结构、产品结构、消费结构、经济规模结构、区域经济结构、人口结构等)的变革速度不断加快;另一方面,社会结构和意识形态迅速改变。

3. 国际扩散特征

一方面,经济增长在全世界范围内迅速扩大;另一方面,世界的经济增长情况不平衡。

二、经济增长理论的发展与现状

自从经济学问世以来,对经济增长问题的研究就受到理论界的高度关注。有关经济增长的理论研究划分为两个阶段:

(一)第一阶段

(1)亚当·斯密认为经济增长的途径主要有两个:①分工可以提高劳动生产率;②通过增加劳动人数,增加资本积累。

(2)大卫·李嘉图着重强调资本积累在经济增长中的重要性,集中分析了储蓄—资本积累—经济增长之间的相互关系。

(3)斯图亚特提出了"生产三要素"是经济增长的基本因素的命题。

(4)熊彼特着重从创新的角度分析和论述了"创新与经济增长"的关系。

(二)第二阶段

第二阶段主要是第二次世界大战后以凯恩斯主义为基础的现代增长理论。

(1)第一个时期(20世纪50年代):这一时期主要是建立各种经济增长模型,探讨经济长期稳定发展的途径。其代表人物主要有哈罗德、多马、R.索洛、J.托宾、P.萨缪尔森、琼·罗宾逊、卡尔多等。

(2)第二个时期(20世纪60年代):这一时期主要是对影响经济增长的各种因素进行定量分析,寻求促进经济增长的途径。其代表人物主要有肯德里克、丹尼森等。

(3)第三个时期(20世纪70年代):这一时期主要是研究经济增长的极限问题。其代表人物主要有麦多斯、福雷斯特尔等。

(4)第四个时期(20世纪80年代至今):新经济增长理论逐渐成为主流经济学。其主要代表人物有罗默、卢卡斯等。在这一时期,经济增长理论具有以下新动态:①增长理论与发展理论逐渐融合。②国家干预、市场机制与经济增长的关系取得了进展,新古典学派的传统在增长问题研究中成为主流。③新经济增长理论逐渐成为主流经济学。其杰出贡献是:经济增长模型中技术因素的内在化。在原来的经济增长模型中,技术被作为一种外在因素或自变量,它对经济增长的影响被作为一种剩余,即在经济增长中扣除劳动与资本所作出的贡献而剩余的部分就是技术进步的贡献。

此外,美国经济学家 W.罗斯托关于经济增长阶段的研究,美国经济学家 S.库兹涅茨关于经济增长统计资料的整理分析和关于社会经济制度与经济增长关系的研究,在经济增长理论中也有相当大的影响。

三、经济增长的源泉

经济增长是产量的增加,因此可以根据总生产函数来研究增长的源泉。总生产函数是总产量与生产中使用的全部生产要素投入量之间的函数关系。其公式为:

$$Y = Af(K, L)$$

式中:Y 为产量,K 为资本,L 为劳动,A 为技术。经济增长的源泉是资本、劳动与技术进步。

(一)资本

资本包括物质资本(有形资本)和人力资本(无形资本)。物质资本是指设备、厂房、存货等的存量;人力资本是指体现在劳动者身上的投资,如劳动者的文化技术水平、健康状况等。从古典经济学开始,就把资本积累(增加)作为国民财富增加的源泉。现代经济增长理论则主要是从资本—劳动比、人均资本量、资本—产出比、储蓄与资本积累等相关理论范畴来分析探讨资本在经济中的影响和贡献作用。

(二)劳动

劳动是指劳动力的增加。劳动力的增加又可以分为劳动数量的增加与劳动质量的提高。劳动数量的增加又表现为人口的增加、就业率的提高或劳动时间的增加;而劳动质量的提高则表现为劳动效率或劳动技能的提高。

一般来说,在经济增长的开始阶段,人口增长率也高。这时劳动的增加主要依靠劳动力数量的增加。当经济增长到了一定阶段,人口增长率下降,劳动工时缩短,这时就要通过提高劳动力的质量来弥补劳动力数量的不足。这是一个普遍规律。

(三)技术进步

技术进步在经济增长中起了最重要的作用,技术进步表现为生产率的提高、资源配置的改善、规模经济或知识的进展等。生产率的提高是指用同样的资源可以生产出更多的产品。资源配置的改善是指人力资源配置的改善,即劳动力从低生产率部门转移到高生产率部门中,包括农业劳动力转移到工业中,以及独立经营者与小企业中的劳动力转移到大企业中。劳动力的这种转移,提供了生产率。规模经济是指由于企业规模扩大而引起的成本下降与收益增加。企业规模的扩大,由于能采用新技术与最先进的设备,能采用新的生产方法而提高了生产率。知识的进展是指包括科学技术、管理科学的发展及其在生产中的运用,新工业的发明与采用等,是技术进步中最重要的内容。根据美国经济学家丹尼森的计算,技术进步引起的生产率提高中有 60% 左右要归功于知识的进展。

(四)制度因素

社会制度和意识形态对经济增长也是很重要的。非经济因素,尤其是政治因素,也是经济增长中应考虑的。一个社会只有在具备了经济增长所要求的基本制度条件,有了一套能促进经济增长的制度之后,这些经济因素才能发挥作用。第二次世界大战后许多发展中国家之所以经济发展缓慢,关键并不是缺乏资本、劳动或技术,而是制度落后或进展缓慢。

实训项目

一、课内实训

(一)知识题训练

1. 单项选择题

(1)经济增长的最基本特征是(　　　)。

A. 国民生产总值的增加　　　　　　　　　B. 技术进步

C. 制度与意识的相应调整　　　　　　　　D. 以上都是

(2)在经济增长中起着最大作用的因素是(　　　)。

A. 资本　　　　　　B. 劳动　　　　　　C. 技术进步　　　　　　D. 制度

2. 多项选择题

(1)经济增长的源泉是(　　　)。

A. 资本　　　　　　B. 劳动　　　　　　C. 战争　　　　　　D. 技术进步

(2)经济增长的基本特征包括(　　　)。

A. 数量特征　　　　　　B. 质量特征　　　　　　C. 结构特征　　　　　　D. 国际扩散特征

3. 简答题

(1)经济增长的含义是什么?

(2)经济增长的源泉是什么?

(二)技能题训练

1. 在召开的中共十七大会议上,我国明确提出将经济增长目标改为经济发展目标。请结合本章所学,说明这是为什么? 你怎样理解经济增长与经济发展目标的异同?

2. 下图是中国自1993年以来的国内生产总值的增长率,试分析中国近十几年来高速经济增长的动力是什么?

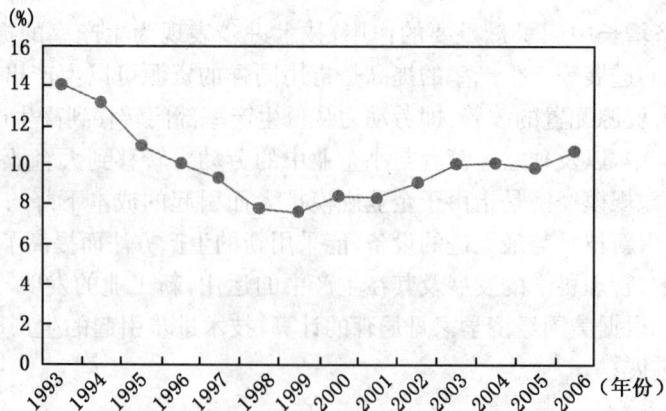

二、课外实训

（一）思考讨论题

运用本节所学,思考和讨论"科技是第一生产力"的说法。

（二）调查研究题

收集资料,将上图我国国内生产总值增长率补充完整至 2013 年,并说明支持中国经济长期增长的主要源泉是什么?

第二节　经济周期理论

【导入案例】

20 世纪 30 年代初的经济灾难称为大萧条,而且是美国历史上最大的经济下降。1929～1933 年,实际 GDP 减少了 27%,失业率从 3% 增加到 25%。同时,在这四年中,物价水平下降了 22%。在这一时期,许多其他国家也经历了类似的产量与物价下降。经济学家一直在争论大萧条的原因,但大多数解释集中在总需求的大幅度减少上。许多经济学家主要抱怨货币供给的减少:1929～1933 年,货币供给减少了 28%。另一些经济学家提出了总需求崩溃的其他理由。例如,在这一时期股票价格下降了 90% 左右,减少了家庭财富,从而也减少了消费者支出。此外,银行的问题也阻止了一些企业为投资项目进行的筹资,而且,这也压抑了投资支出。当然,在大萧条时期,所有这些因素共同发生作用紧缩了总需求。

20 世纪 40 年代初的经济繁荣是容易解释的。这次事件显而易见的原因是第二次世界大战。随着美国在海外进行战争,联邦政府不得不把更多的资源用于军事。从 1939 年到 1944 年,政府的物品与劳务购买几乎增加了 5 倍。总需求这种巨大扩张几乎使经济中物品与劳务的生产翻了一番,并使物价水平上升了 20%。失业从 1939 年的 17% 下降到 1944 年的 1%——美国历史上最低的失业水平。

资料来源:根据网络资料整理而成。

互动提问:经济为什么有繁荣也有萧条? 这种现象称为什么现象? 引起这种现象的原因是什么?

一、经济周期的含义与类型

经济周期也称经济循环和商业周期,是指经济处于生产和再生产过程中周期性出现的经济扩张与经济紧缩交替更迭、循环往复的一种现象。

经济周期分为四个阶段(见图 12—1):繁荣(Boom)、衰退(Recession)、萧条(Depression)、复苏(Recovery)。

衰退:是周期波峰过去,经济开始向下滑坡。衰退期间,需求萎缩,从而生产和就业下降。就业下降导致家庭收入减少,又导致需求进一步萎缩,利润也随之下降,企业经营困难,投资急剧降至最低水平。

萧条:是经济周期接近低谷部分。萧条的特点是劳动力失业率高,公众消费水平下降,企业

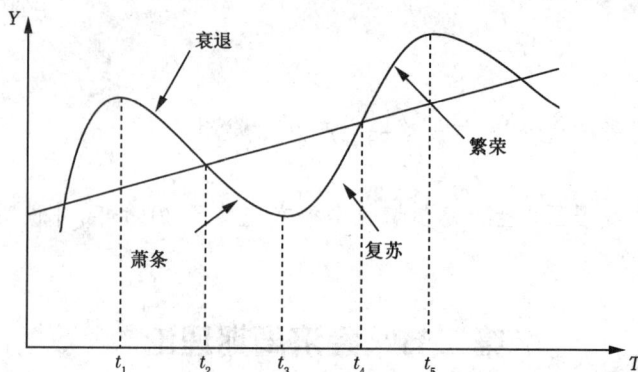

图 12-1   经济周期阶段的划分

生产能力大量闲置,存货积压,利润低甚至亏损,企业对前景缺乏信心,不愿冒新投资的风险。

复苏:从周期最低点开始,经济逐渐开始上涨的过程。促使复苏的因素多种多样,如大批机器经过多年磨损需要更换,存货减少需要补充;企业订单增加;就业、收入和消费支出都增加;生产销售增加以后,利润随之增加;经济前景看好,投资增加等。

繁荣:是周期的波峰。在繁荣时期,现有生产设备业已充分利用。劳动力,特别是技术熟练的劳动力已感到缺乏。主要原材料也开始感到供应不足。生产的增加满足不了需求的增长,价格不断上涨、成本上升,生产仍有丰厚的利润,投资量可能超过现有销售水平。

【材料阅读】

1. 日本 1953~2002 年以来 GDP 增长率的波动曲线

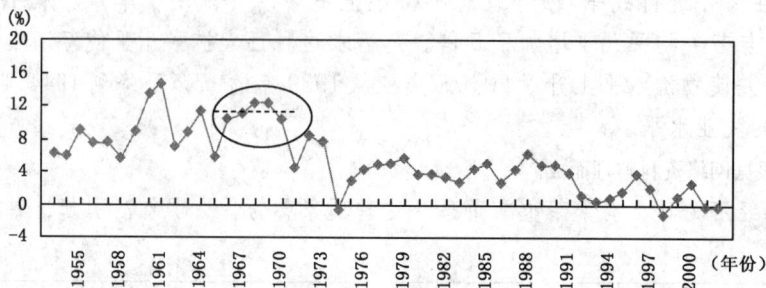

2. 中国台湾 1960~2002 年以来 GDP 增长率的波动曲线

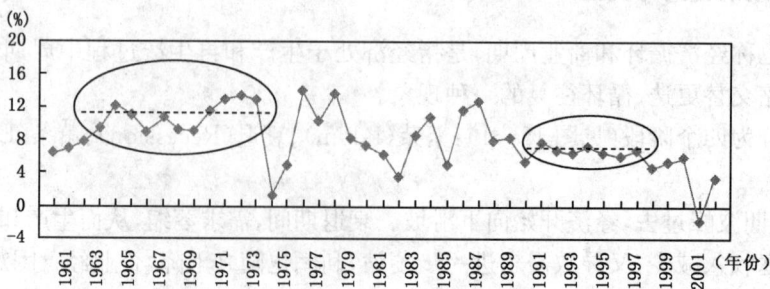

3. 美国 1949～2002 年以来 GDP 增长率的波动曲线

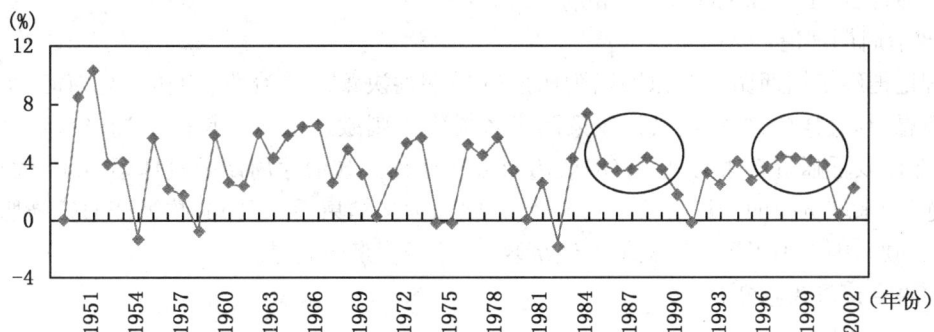

上述 3 个图表示,从一段时期来看,任何一个国家或地区的经济都存在周期性波动。

二、经济周期的类型

(一)基钦周期(短周期,40 个月)

英国统计学家基钦认为经济周期实际上包括大周期和小周期两种周期。小周期平均长度为 3.5 年(约 40 个月),而一个大周期则包括两个或三个小周期。熊彼特把这种约为 40 个月的周期称为短周期或基钦周期。基钦提到,这种小周期是心理原因所引起的有节奏的运动的结果,而这种心理原因又是受农业丰歉影响食物价格所造成的。

(二)朱格拉周期(中周期,9～10 年)

朱格拉根据其统计分析,认为经济中存在一个长度为 9～10 年的经济周期。熊彼特把这种周期称为中周期,或朱格拉周期。汉森则把这种周期称为主要经济周期。

(三)康德拉季耶夫周期(长周期,50 年)

俄国经济学家康德拉季耶夫提出著名的"长波理论",认为经济中存在一种平均长度约为 50 年的长期循环。这种长周期称为康德拉季耶夫周期。

(四)库兹涅茨周期(15～25 年)

美国经济学家库兹涅茨认为经济中存在长度为 15～25 年不等的长期波动。这种波动在美国的许多经济活动中尤其是建筑业中表现得特别明显,所以库兹涅茨周期也称为建筑业周期。

三、经济周期的成因

(一)外生经济周期理论

1. 太阳黑子理论

该理论由英国经济学家杰文斯于 1875 年提出,认为经济周期的波动性是由于太阳黑子的周期性变化造成的。太阳黑子的周期性变化会影响气候的周期变化,而这又会影响农业收成,农业的收成又会影响整个经济。太阳黑子的出现是有规律的,大约每 10 年出现一次,因而经济周期大约也是每 10 年一次。

2. 创新理论

所谓创新,是指引进一种新的生产函数,或者说是生产要素的一种"新组合"。按照熊彼特的观点,创新主要是指新技术、新工艺、新材料、新产品、新市场、新的要素组合形式。创新理论认为创新是经济周期波动的主要原因。技术的革新和发明不是均匀的连续过程,而是有其高潮和低潮,因而导致经济上升和下降,形成经济周期。

3. 政治周期理论

该理论把经济周期循环的原因归为政府的周期性决策。政治性周期的产生有三个基本条件:(1)凯恩斯国民收入决定理论为政策制定者提供了刺激经济的工具;(2)选民喜欢高经济增长、低失业以及低通货膨胀的时期;(3)政治家喜欢连任。政治性周期的具体运行是:大选前,总统为了连任,采取宽松的经济政策来刺激经济增长;大选结束后,宽松的政策使通货膨胀成为人们关注的问题,因而不得不采取紧缩的经济政策,使经济走向衰退。

(二)内生经济周期理论

1. 纯货币理论

该理论由英国经济学家霍特里提出,认为货币供应量和货币流通速度直接决定了名义国民收入的波动。经济波动完全是由于银行体系交替地扩张和紧缩信用所造成的,短期利率起着尤其重要的作用。

2. 投资过度理论

该理论把经济周期的循环归因于投资过度。由于投资过多,与消费品生产相对比,资本品生产发展过快。资本品生产的过度发展促使经济进入繁荣阶段,但资本品过度生产从而导致的过剩又促使经济进入萧条阶段。

3. 消费不足理论

该理论以西斯蒙第、马尔萨斯和霍布森为代表。经济中出现萧条是由于社会对消费品的需求赶不上社会对消费品生产的增长,这种不足又根源于国民收入分配不公所造成的过度储蓄。

4. 心理理论

该理论认为经济循环周期取决于投资,而投资的大小主要取决于业主对未来的预期,但预期是一种心理现象,心理现象又具有不确定性。因此,经济波动的最终原因取决于人们对未来的预期。当预期乐观时,增加投资,经济步入复苏、繁荣;当预期悲观时,减少投资,经济则陷入衰退与萧条。

实训项目

一、课内实训

(一)知识题训练

1. 单项选择题

(1)经济周期的中心是(   )。

A. 价格的波动　　　　B. 利率的波动　　　　C. 国民收入的波动　　D. 就业率的波动

(2)经济周期中的两个主要阶段是(   )。

A. 繁荣和衰退　　　　B. 衰退和复苏　　　　C. 繁荣和萧条　　　　D. 萧条和复苏

(3)经济周期中的顶峰是(   )。

A. 繁荣阶段过渡到衰退阶段的转折点　　　　B. 繁荣阶段过渡到萧条阶段的转折点

C. 萧条阶段过渡到复苏阶段的转折点　　　　D. 复苏阶段过渡到繁荣阶段的转折点

(4)中周期的每一个周期为(　　)。

A. 8~9 年　　　　　　　B. 9~10 年　　　　　　C. 10~11 年　　　　　　D. 3~5 年

2. 多项选择题

(1)经济周期繁荣阶段的特征是(　　)。

A. 生产迅速增加　　　B. 投资增加　　　　　　C. 价格水平上升　　　D. 失业严重

(2)按照一个经济周期时间的长短,经济周期分为(　　)。

A. 短周期　　　　　　B. 中周期　　　　　　　C. 长周期　　　　　　D. 建筑周期

3. 简答题

(1)如何理解经济周期?

(2)经济周期的成因有哪些? 你比较认同哪些成因?

(二)技能题训练

1. 请运用经济周期理论判断中国目前处于经济周期的哪个阶段?

2. 下图是中国 1953~2004 年以来 GDP 增长率的波动曲线,请结合经济周期理论分析中国近 50 年来是否有过经济周期? 如有,是什么类型的经济周期? 能否画出一个完整的经济周期(包括四阶段、谷底、顶峰)? 中国的经济周期具有什么特征?

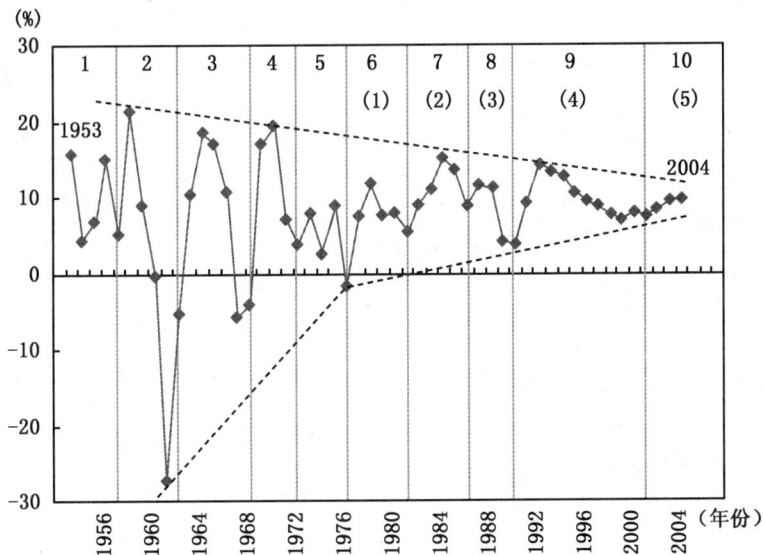

二、课外实训

运用本节所学,思考和讨论一国的经济增长能否一直持续下去?

本章小结

(1)经济增长是指某国在一定时期内,生产商品与提供劳务潜在能力的扩大,或者商品与劳务的增加,通常用国内生产总值增长率或人均国内生产总值增长率来衡量。经济增长具有数量特征、结构特征和国际扩散特征。

(2)经济增长的源泉来源于资本、劳动、技术进步和制度因素等。

(3)经济周期也称经济循环和商业周期,是指经济处于生产和再生产过程中周期性出现的经济扩张与经济紧缩交替更迭、循环往复的一种现象。

(4)经济周期分为四个阶段:繁荣(Boom)、衰退(Recession)、萧条(Depression)、复苏(Recovery)。

(5)经济周期的类型有:基钦周期(短周期,40 个月)、朱格拉周期(中周期,9~10 年)、康德拉季耶夫周期(长周期,50 年)、库兹涅茨周期(15~25 年)。

(6)解释经济周期成因的理论可以分为外生经济周期理论与内生经济周期理论。

第十三章　宏观经济政策

培养目标

通过本章的学习,使学生理解和掌握宏观经济政策的含义及其目标,财政政策的工具及其应用,货币政策的工具及其应用;了解货币政策和财政政策的配合使用。

重点难点

宏观经济政策的含义及其目标;财政政策的工具;货币政策的工具。

章节导读

自从 20 世纪 30 年代的凯恩斯革命以来,政府采用各种宏观经济政策管理经济已经成为非常重要的思想。宏观经济政策包括财政政策和货币政策两大类。本章将对这两大类政策进行具体讲解。

第一节　宏观经济政策的目标

【导入案例】

1929 年,对于美国经济来说是一个历史性的梦魇时刻。在 1929 年 8 月～1930 年年末,美国的工厂和矿场面对销量严重下滑的残酷事实,生产率陡降 31%,生产规模的消减导致了大量失业现象的发生;1929 年和 1930 年的失业人数几乎是以往年份的 3 倍,从占劳动力市场总数的 3%猛增至近 9%;金融市场同样动荡不安,1929 年 10 月的股市崩溃,让股票价值在短短三周之内跌了近 1/3。起初,政策制定者和很多公众(除了那些将一生的储蓄投资于股市的人)并没有对此产生恐慌,因为 8 年前,即 1921～1922 年,刚刚经历了一次相似的经济下滑,但很快就结束了。此后迎来了空前的繁荣,那一时期也被称为"兴旺的 20 年代"。然而,1929 年的这次下滑并没有那么幸运,生产下降和失业上升的现象一直持续下去,到 1933 年,每 4 个美国工人中就有 1 个失业。当时在其他一些国家,情况更加糟糕。还没有在第一次世界大战失败中恢复过来的德国,几乎有 1/3 的工人失去了工作。由于大银行纷纷倒闭,使许多家庭的储蓄付之东流。

资料来源:[美]弗兰克、伯南克著,郑捷等译:《宏观经济学原理》(第 2 版),清华大学出版社 2004 年版。

互动提问:从以上的叙述中,你能总结出一些宏观经济的目标吗?

一、宏观经济政策目标的内容

宏观经济政策指的是西方国家的政府有意识、有计划地运用一定的政策工具,调节控制宏观经济的运行,以达到一定的政策目标。只有明确了政策目标,才能够清楚各种宏观政策的具体指向,也才能够更加准确地理解宏观经济政策的含义。在西方经济学中,宏观政策的经济目标包括充分就业、物价稳定、经济增长和国际收支平衡。这四个目标是宏观经济政策的基本目标,也是最重要的政策出发点。

(一)充分就业

充分就业是宏观经济政策的首要目标。按照凯恩斯的观点,失业一般分为三类:摩擦性失业、自愿失业和非自愿失业。摩擦性失业是指因为劳动力市场不完善、信息不畅而产生的一种暂时的、短期的失业,是人们变换工作和寻找新的工作的过程而存在的失业。自愿失业是指工人不愿意接受现行工资水平和工作条件而导致的失业。非自愿失业是指即使愿意接受现行工资水平和工作条件,但仍然找不到工作的失业。

充分就业并非百分之百的就业,充分就业时仍有一定的失业。凯恩斯认为,消除了非自愿失业,但仍存在摩擦性失业和自愿失业的就业状态就是充分就业。也就是说,经济社会实现了充分就业时,仍然有摩擦性失业和自愿失业存在。

(二)物价稳定

物价稳定是宏观经济政策的第二个目标。物价稳定就是避免或减少通货膨胀,但并不是通货膨胀率为零。物价稳定是指整体物价总水平的稳定。在任何一个经济社会中,由于各种经济和非经济因素的影响,物价不可能保持在一个固定不变的水平上。一般来说,随着经济的发展会或多或少地有一些或高或低的通货膨胀,因此,物价稳定并不意味着每种商品和劳务的价格固定不变。

(三)经济增长

经济增长是指一个经济社会在一定时期内(通常为 1 年)所生产的商品和劳务即产量或收入的增加,通常用一定时期内实际年均 GDP 或年人均 GDP 来衡量。

(四)国际收支平衡

国际收支平衡是指既无国际收支赤字,又无国际收支盈余。从长期看,一国的国际收支状况无论是赤字还是盈余对一国经济的稳定发展都会产生不利的影响,会对其他宏观经济目标的实现造成障碍。具体来说,若国际收支长期处于盈余状态,会减少国内消费与投资,使社会总需求减少,不利于实现充分就业和经济持续稳定的增长;如果出现长期的国际收支赤字,赤字将由外汇储备或通过对外举债偿还,必将导致国内通货膨胀的发生。

二、宏观经济政策目标的关系

从长期来看,这四个宏观经济目标之间是相互促进的。经济增长是充分就业、物价稳定和国际收支平衡的物质基础;物价稳定又是经济持续稳定增长的前提;国际收支平衡有利于国内物价的稳定,有利于利用国际资源扩大本国的生产能力,加速本国经济的增长;充分就业本身就意味着资源的充分利用,这当然会促进本国经济的增长。但是,在短期中,从迄今为止的各国宏观经济政策实践来看,这几个目标之间并不总是一致的,而是相互之间存在着矛盾。

经济政策之间的矛盾给制定宏观经济政策带来了一定的困难,但宏观经济政策是为了全面实现这四个宏观经济目标,而不仅仅是要达到其中某一两个目标,这样,就需要考虑各种因素来对各种政策目标进行协调。

从政府干预经济的手段上来看,主要有财政手段和货币手段,相应地可以把政府的宏观经济政策划分为财政政策和货币政策。

实训项目

一、课内实训

1. 单项选择题

(1)充分就业就是(　　)。

A. 完全就业　　　　　　　　　　　B. 失业率保持在自然失业率时候的就业

C. 以上全不是

(2)一般来说,经济处于增长时,就业人数(　　)。

A. 增加　　　　　　　B. 减少　　　　　　　C. 以上全不是

(3)宏观经济政策的目标不包括(　　)。

A. 充分就业　　　　　B. 物价稳定　　　　　C. 经济增长　　　　　D. 政府预算收支平衡

2. 简答题

(1)简述宏观经济政策的目标。

(2)试说明经济增长、充分就业与物价稳定之间的关系。

二、课外实训

(一)思考讨论题

运用本节所学,思考和解释一个国家在一段时期内能否将所有的四个目标都列为宏观经济政策的基本目标?

(二)调查研究题

1. 调查题目:收集资料说明目前我国宏观经济的现状,并分析当前我国宏观经济政策目标的优先次序。

2. 调查要求:

(1)分组进行调查。

(2)要求采用多种手段进行资料收集。

(3)要求进行分析,有理有据。

第二节　财政政策

【导入案例】

几年前,日本官方决定在北海道北部岛屿上修建一条长160英里的收费公路,迄今为止这条公路的建设成本为每英里6 000万美元。但一直以来,很少有人使用这条公路,主要是因为在这条收费公路的旁边有一条免费使用的高速公路。日本官方曾试图通过提供奖品和进行激励比赛等方式吸引人们使用这条公路。但是即使后来平均每天行驶在这条公路上的汽车达到了862辆次，这条公路仍然是日本国内使用率最低的公路。

资料来源：［美］弗兰克、伯南克著，郑捷等译：《宏观经济学原理》（第2版），清华大学出版社2004年版。

互动提问：日本为什么要修建这样一条没人使用的公路？

财政政策是指一个国家的政府为达到既定目标，对财政收入、财政支出和公债作出的决策。

一、财政政策工具

财政政策的执行不能脱离政府的财政体系。一般而言，财政体系包括政府收入体系和政府支出体系，因而财政政策工具包括政府收入工具和政府支出工具。

（一）政府收入

1. 税收

税收构成一个国家财政收入的主要来源。根据不同的标准，税收可以划分为不同的类型。根据课税对象，税收可以分为财产税、所得税和流转税。根据收入中被扣除的比例，税收可以分为累进税、比例税和累退税。我国的个人所得税就属于累进税。税率的高低及其变化能够反映出国民税收负担，对经济活动会产生影响。某些税收措施可以是旨在刺激某些产业和地区经济的发展或者防止环境污染，所以财政政策常作为平均财富分配、调整产业结构、平衡地区经济发展和治理环境污染的政策工具。

2. 公债

公债是政府向公众举借的债务，或者说是公众对政府的债权，它是政府财政收入的另一个组成部分。公债是相对于私债而言的，其最大的区别就在于公债的债务人是拥有政治权力的政府。公债与税收不同，公债是以国家（或政府）信用为基础的，是政府以其信用向公众筹集财政资金的特殊形式。从公债发行的主体看，有中央（联邦）政府公债和地方各级政府公债，通常将中央政府发行的内债称为国债，它是指本国公民持有的政府债券。公债一般分为短期公债、中期公债、长期公债三种形式。短期公债一般指偿还期在1年或1年以内的公债，短期公债最常见的形式是国库券，主要是为了弥补当年财政赤字或解决临时资金周转不灵的问题，利息一般较低，主要进入短期资本市场（货币市场）。中期公债是指偿还期限在1～5年的公债，主要目的是为了弥补财政赤字或筹措经济建设资金。长期公债则是指偿还期限在5年以上的公债，但一般按预先确定的利率逐年支付利息，主要是为了筹措经济建设资金。中长期公债由于期限长、风险大因而利率较高，也是西方国家资本市场上最主要的交易手段之一。

（二）政府支出

政府支出是指整个国家各级政府部门支出的总和。它由许多具体的支出项目构成，主要可以分为政府购买支出和政府转移支付两大类。政府购买支出是指政府对商品和劳务的购买，用于维护国家安全、社会稳定和自身运营等，如政府购买军用物资、办公用品，支付公务员工资，开办学校，修建铁路、桥梁等。政府转移支付是指政府不以取得商品和劳务为目的的支出，主要包括社会保险和社会福利支出，如公共医疗保险、义务教育支出、社会福利支出等。

一个国家的财政收入与财政支出一般是不相等的。当财政收入大于财政支出时，称为财政盈余；当财政收入小于财政支出时，称为财政赤字；当财政收入等于财政支出时，称为财政预算平衡。由于扩张性财政政策比紧缩性财政政策更容易实施,同时政府支出有时很难控制,因此多数情况下政府预算会出现赤字。

二、财政政策的分类

政府财政政策主要包括调节政府的税收和支出两个方面。根据调节的方式不同,财政政策可以分为自动的财政政策和相机抉择的财政政策。

(一)自动的财政政策

自动的财政政策是指利用财政政策工具(政府税收和支出政策)与经济运行的内在联系,来自动调节国民经济运行的财政政策,即发挥财政政策工具"自动稳定器"的作用,来缓和社会总需求变化带来的经济波动,维持经济稳定增长。"自动稳定器"是指财政制度由于其自身特点具有自发的调节经济达到预定政策目标的机制,主要有以下两种:

1. 税收的自动变化

在经济扩张阶段,随着生产扩大,就业增加,收入增加,政府税收相应增加,特别是实行累进税情况下,税收的增长率超过国民收入增长率。税收增加意味着居民可支配收入减少,因而具有遏制总需求扩张和经济过热的作用。当经济处于萧条阶段时,国民生产总值下降,个人收入和公司利润普遍下降,税收相应减少。因此,由于税率给定不变条件下,税收随经济周期自动地同方向变化,因而税收在经济扩张阶段有遏制经济过热的作用,在萧条阶段则发挥缓解经济紧缩的作用。

2. 政府的转移支付

同税收的作用一样,政府转移支付有助于稳定可支配收入,从而有助于稳定在总支出中占很大比重的消费需求。在萧条阶段,随着失业增加,社会保障社会福利支出增加;反之,在经济扩张阶段,转移支付减少。

3. 农产品价格维持制度

在经济萧条时期,国民收入水平下降导致价格水平降低,农产品价格也将下降,政府为了抑制经济的衰退,依照农产品价格维持制度,按支持价格收购农产品,使农民收入和消费维持在一定水平上,不会因国民收入水平的降低而减少太多,也起到刺激消费和总需求的作用。当经济繁荣时,由于国民收入水平提高使整体价格水平上升,农产品价格也因此上升,这时政府减少对农产品的收购并售出库存的农产品,平抑农产品价格,无形中抑制了农民收入的增加,从而降低了消费和总需求水平,起到抑制通货膨胀的作用。

应该注意的是,由于政府税收、转移支付和农产品价格维持制度自动调整的幅度很小,因此财政政策工具的"自动稳定器"的作用十分有限,特别是对于剧烈的经济波动,"自动稳定器"很难从根本上改变波动的状态。它只能减轻经济萧条或通货膨胀的程度,并不能改变经济萧条或通货膨胀的总趋势。正是由于自动财政政策的局限性,几乎所有的国家都很重视相机抉择的财政政策。

(二)相机抉择的财政政策

相机抉择的财政政策是指政府根据对经济状况的判断而做出财政收支调整的财政政策。相机抉择的财政政策不再始终维持政府预算平衡,只要所实施的财政政策能为实现充分就业、稳定物价、经济增长和国际收支平衡等宏观经济目标服务,政府预算的暂时性失衡是允许发生的。相机抉择的财政政策可以分为扩张性财政政策和紧缩性财政政策。

1. 扩张性财政政策

扩张性财政政策是指政府通过减税或增加政府支出来刺激投资和消费,增加社会总需求、促进经济增长、扩大社会就业的政策。由于减税和增加政府支出往往会造成财政赤字,因此扩张性财政政策也称为赤字财政政策。积极的财政政策意指政府密切注视经济的变动趋势,预测未来的经济发展,在税收和政府开支方面采取有效的对策,以实现一定的宏观调控的政策目标。例如,为了阻止可能出现的经济衰退,政府在其年度预算中增加政府开支或(和)减税的措施;反之,为了防止经济过热和通货膨胀,采取紧缩政府开支或(和)增税的紧缩性财政政策。例如,1964年美国通过减税,实现了充分就业,并且物价稳定。1965年以后由于越南战争、经济过热,为了遏制通货膨胀,美国政府采取增加税收的措施。

2. 紧缩性财政政策

紧缩性财政政策是指政府通过增税或减少政府支出来抑制投资和消费、减少社会总需求、抑制经济过快增长、消除通货膨胀的政策。由于增税、减少政府支出往往会造成财政盈余,因此紧缩性财政政策也称为盈余财政政策。

【材料阅读】

1963年,美国的失业率达到5.5%,这是一个令人难以接受的高水平,而10年前,美国的失业率是2.8%。为了振兴美国经济,肯尼迪总统任命凯恩斯理论经济学家海勒为总统经济顾问委员会主任。海勒在其老师、著名凯恩斯理论经济学家托宾的帮助下,提出了一个充分体现凯恩斯理论精神的经济增长政策。该政策的一个重要内容是减税。肯尼迪总统经济顾问们相信,降低个人所得税可以促使居民更多地消费,这将会增加总需求。在经济具有过剩的生产能力,工人和机器处于闲置状态时,总需求的增加将导致产量的增加,而价格水平并不提高。为了实现充分就业和经济增长,肯尼迪政府进行了全面的减税。个人所得税减少20%,最高税率从91%降至65%,公司所得税税率从52%降到47%;此外还采取了加速折旧、投资减税优惠等变相的减税政策;在减税的同时又增加政府支出,包括用于"向贫穷开战"的社会福利支出和用于越南战争的军事支出。

这些扩张性财政政策的实施对经济起到了有力的刺激作用。1964~1966年,美国实际GDP以令人注目的5.5%的速度增长,失业率在1965年时下降到4.4%,在60年代的其余年份,美国的失业率一直保持在低于4%的水平,而物价上升每年仅2%左右。肯尼迪减税政策的实施带来了60年代美国经济的繁荣,该政策的成功被认为是凯恩斯主义经济学的主要成就之一。

资料来源:根据网络资料整理而成。

三、财政政策的效应

财政政策的效应是指财政政策变化对其余经济变量的冲击,主要指对利率和产出的冲击。财政政策主要包括政府购买支出、税率和转移支付等政策手段。其中转移支付的改变可以看作是自发税收的反方向调整。因此增加转移支付就意味着减少自发税收。

假定经济中存在着失业,这时政府可以采取扩张性财政政策。当政府增加购买支出时,IS曲线向右平移,产出水平会增加(见图13-1)。假定经济的初始状态处于E_1点,利率水平为i_1,产出水平为Y_1,政府为了解决就业问题决定建造铁路,因此增加了政府购买,因此IS曲线由

IS_1 平行移动到 IS_2，假定利率不变，在无"挤出"的状况下，产出将会增加到 Y_2。

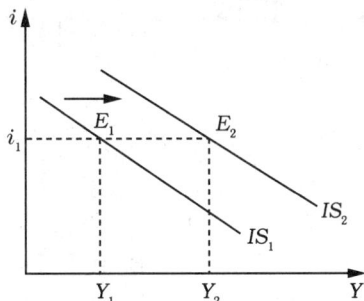

图 13-1 无"挤出"的财政政策的效应

但是，IS—LM 模型告诉我们，产出和利率水平是由产品市场均衡和货币市场均衡共同决定的，因此，我们不能简单认为 IS 曲线的移动就会决定产出的变化，应该把 IS 曲线与 LM 曲线纳入到一个框架内进行考虑。如果考虑到货币市场，我们知道总产出的增加会引起货币交易性需求和预防性需求的增加，而货币需求的增加会引起利率的上升，利率上升会对私人投资产生挤出效应，从而使总产出的增加有所减少。同时 IS 曲线向右移动时会使 AD 曲线也向右移动，在原来的价格水平上总需求增加，过度需求将使物价水平上涨。物价水平上涨又会使 LM 曲线向左移动，从而带动 IS 曲线向左移动，使产出增加进一步减少。因此从总的效果来看，扩张性财政政策使利率水平上升，总产出增加，均衡就业量上升。

从图 13-2 来看，经济初始状态处于 E_1 点，均衡利率水平为 i_1，均衡产出为 Y_1，扩张性财政政策使得 IS 曲线由 IS_1 移动到 IS_2，利率水平上升到 i_2，"挤出"效应最终使得总产出扩大到 Y_2，而不是扩大到 Y_3。减税也可以产生与增加政府购买同样的效果，但是如果政府只是暂时性的减税，消费者如果意识到自己的收入增加只是暂时性的，那么消费就可能不会增加，也就无法实现税收政策的预期目标，因此只有持久性的减税才可以使 IS 曲线右移，从而增加总产出。

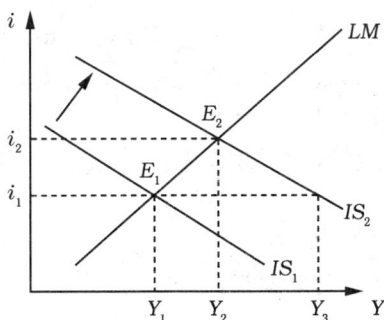

图 13-2 有"挤出"的财政政策的效应

以上是从扩张性财政政策的角度阐述了政策效果，当然如果经济过热，政府可能会采取紧缩性财政政策来给经济"降温"，如物价水平过高，或者需求过于旺盛，政府就会采取紧缩性财政政策，减少政府购买，提高税率，这样会使 IS 曲线左移，从而使价格水平回落，达到稳定经济的目的。

实训项目

一、课内实训

（一）知识题训练

1. 单项选择题

(1)扩张性财政政策对经济的影响是（　　）。

A. 缓和了经济萧条,但增加了政府债务　　　B. 缓和了经济萧条,也减轻了政府债务
C. 加剧了通货膨胀,但减轻了政府债务　　　D. 缓和了通货膨胀,但增加了政府债务

(2)属于紧缩性财政工具的是（　　）。

A. 减少政府支出和减少税收　　　B. 减少政府支出和增加税收
C. 增加政府支出和减少税收　　　D. 增加政府支出和增加税收

(3)财政政策（　　）。

A. 涉及政策支出和税收水平
B. 包括创造工作岗位计划
C. 包括最低工资安排,所有的工人至少可以得到一个公平的工资
D. 包括失业保险计划

(4)如果存在通货膨胀缺口,应采取的财政政策是（　　）。

A. 增加税收　　　B. 减少税收　　　C. 增加政府支付　　　D. 增加转移支付

2. 多项选择题

(1)属于"自动稳定器"的是（　　）。

A. 政府购买　　　B. 税收的自动变化　　　C. 政府转移支付　　　D. 政府公共工程支出

(2)在经济过热时,政府应该（　　）。

A. 减少政府财政支出　　B. 增加财政支出　　　C. 增加税收　　　D. 减少税收

3. 判断题

(1)扩张性财政政策的扩张性主要体现在使货币供给增加。　　　（　　）

(2)需求拉动型通货膨胀可以通过增加政府支出和减税来加以抑制。　　　（　　）

(3)"自动稳定器"有助于减缓经济的波动。　　　（　　）

(4)减少政府购买的办法属于扩张性财政政策。　　　（　　）

4. 简答题

(1)财政政策工具主要有哪些?

(2)在经济萧条时应该如何运用财政政策?

（二）技能题训练

1961 年,当一个记者问肯尼迪总统为什么主张减税时,肯尼迪回答:"为了刺激经济。"他的目的是实行减税,减税增加了消费支出,扩大了总需求,并增加了经济的生产和就业。请从本节内容出发,评价肯尼迪的减税政策。

二、课外实训

1. 调查研究:收集资料说明并分析我国当前财政政策的导向及财政政策工具的使用。

2. 调查要求：

(1)分组进行调查。

(2)要求采用多种手段进行资料收集。

(3)要求进行分析,有理有据。

第三节　货币政策

【导入案例】

圣诞节期间,西方国家的居民通常会选择更多地持有一些通货,用于购买过节的商品。假设银行最初准备金为 500 美元,公众持有的通货为 500 美元,银行系统所要求的存款准备金率为 0.2,为过圣诞节,公众从银行提取 100 美元的存款。

互动提问:如果中央银行不采取任何行动,那么人们所持有的通货数量的变化将会如何影响国家的货币供给?

一、基础货币与货币乘数

基础货币又称高能货币,是指现金(C)与商业银行以现金形式持有的准备金(R)之和。也就是说:$C+R$,其中 H 表示基础货币。

中央银行为了控制商业银行的经营风险,规定商业银行吸收的每笔存款中都要拿出一个百分比的资金存放在中央银行,这笔钱称为法定存款准备金,这个百分比称为法定存款准备金率。除此之外,商业银行为了控制经营风险,还会自发保留一部分准备金,这部分准备金称为超额准备金。我们把总的准备金(总准备金与超额准备金之和)与活期存款(D)的比率定义为 re,那么显然 $re=\dfrac{R}{D}$。我们再定义公众的现金—存款比率为 cu,则 $cu=\dfrac{C}{D}$。货币乘数,也称货币创造乘数,是指当基础货币变动一单位时,货币供给量(M_1)的变动倍数。货币乘数可以表示为 $\dfrac{M_1}{H}=\dfrac{C+D}{C+R}=\dfrac{cu\cdot D+D}{cu\cdot D+re\cdot D}=\dfrac{cu+1}{cu+re}$。由于 cu 和 re 都小于1,因此货币乘数大于1。从货币乘数可以看出,经济活动中的货币存量是由中央银行、商业银行和社会公众共同决定的。中央银行决定法定存款准备金率,商业银行决定超额准备金率,社会公众决定现金—存款比率。

基础货币所具有的货币创造的功能是通过商业银行的存款创造功能来实现的。

[例 13—1]　假定:

(1)中央银行基础货币投放 100 万元;

(2)公众持有的现金为 0,即 $cu=0$;

(3)商业银行的准备金—活期存款比率为 20%,即 $re=20\%$。

中央银行投放的 100 万元基础货币为 A 企业持有,A 企业将其全部存入甲银行。甲银行扣除 20% 准备金后,将余下的 80 万元带给 B 企业。B 企业将其全部存入乙银行,乙银行扣除 20% 准备金后,将余下的 64 万元带给 C 企业……依此规律进行下去,央行增发的 100 万元的基础货

币带来的以活期存款形式增加的货币供给量为:

$$M_1 = D = H + H(1-re) + H(1-re)^2 + H(1-re)^3 + \cdots$$

$$= H\left[\frac{1}{1-(1-re)}\right] = \frac{H}{re} = \frac{100}{0.2} = 500(万元)$$

商业银行准备金的增加额为:

$$R = re \cdot D = 20\% \cdot 500 = 100(万元)$$

商业银行贷款增加额为:

$$D - R = 500 - 100 = 400(万元)$$

货币乘数 $M_1/H = 500/100 = 5$,即增发 100 万元的基础货币创造出 500 万元的货币供给量。

二、货币政策及其目标

货币政策是指一个国家根据既定目标,通过中央银行运用其政策工具,调节货币供给量和利率,以影响宏观经济活动水平的经济政策。同财政政策一样,货币政策的目标也包括充分就业、经济增长、价格稳定,以及稳定汇率和保持国际收支平衡等。尽管货币政策与财政政策有着共同的一般的目标,但货币政策还有它自己的一些特殊的目标。例如,防止大规模的银行倒闭和金融恐慌,稳定利率以防止利率大幅度的波动,一直是货币政策的传统目标。一个原因是,当利率提高时,那些不得不折价出售债券的人就会受到利率波动的冲击,这种损失被认为是不公平的。此外,利率波动会引起汇率波动乃至造成对外贸易和投资的混乱。所以,防止利率的大起大落也是货币政策的目标之一。

三、货币政策工具

为了实现货币政策的目标,货币当局运用的工具一般包括改变法定存款准备率、公开市场操作和调整中央银行对商业银行的再贴现率三种手段,有时也把这三种手段称为中央银行的"三大法宝"。

(一)改变法定存款准备率

中央银行实施货币政策的第一个工具是改变法定存款准备率。当发生严重通货膨胀时,中央银行会提高法定存款准备率,这样不仅使原先持有超额准备金的银行在中央银行的超额准备金消失或减缩,还由于它缩小货币乘数,从而缩小银行在原来超额准备金基础的存款创造,因而能够在很短时期内导致较大幅度减缩货币存量和利率的提高,引起宏观经济活动的震动,所以在实践中较少使用这种强有力的"武器"。

(二)公开市场操作

公开市场操作是当代西方国家特别是美国实施货币政策的主要工具,是指中央银行在证券市场买进或卖出政府债券,通过扩大或缩减商业银行存款准备金,导致货币供应量的增减和利率的变化,最终决定生产、就业和物价水平。例如,通货紧缩时期,为了放松银根,刺激物价增长,美国联邦储备系统(简称美联储)下设的联邦公开市场委员会将在证券市场买进财政部门发行的政府债券,这一行动首先增加银行系统的基础货币(包括银行的存款准备金和公众手持现金),通过银行系统的存款创造,导致货币供应量的多倍扩大;与此同时,债券价格因需求增加而上升,利率下跌,由此促进投资和消费的扩张,带动生产就业和物价的增长。反之,为了遏制经济过热或抑制通货膨胀而需要采取紧缩性货币政策时,美联储在公开市场业务中卖出政府债券。由此导致基础货币的减少,进而使得货币供应量多倍减少,利率上升。

（三）调整再贴现率

中央银行实施货币政策的第三个工具,是提高或降低对商业银行发放贷款的利息率,以限制或鼓励银行借款,从而影响银行系统的存款准备金和利率,进而决定货币存量和利率,以达到宏观调控的目标。中央银行运用再贴现政策主要是通过变动贴现率与贴现条件来影响货币供应量。中央银行降低再贴现率或放松贴现条件,就会使商业银行得到更多的资金,商业银行就可以增加它对客户的放款,放款的增加又可以通过银行创造货币的机制增加流通中的货币供给量,降低利息率;反之则反是。

除了以上"三大法宝"之外,货币政策还有几项次要的工具:

（1）道义上的劝告,即中央银行对商业银行的贷款、投资业务进行指导,要求商业银行采取与其一致的做法。这种劝告没有法律上的约束力,但也能起一定的作用。

（2）垫头规定,即规定购买有价证券必须付出的现金比例。

（3）利息率上限,又称 Q 条例,即规定商业银行和其他储蓄机构对定期存款和储蓄存款的利息率上限。

（4）控制分期付款与抵押贷款条件。

四、货币政策的分类

（一）扩张性货币政策

扩张性货币政策是指在经济萧条时期,由于总需求小于总供给,在经济中存在着失业,经济增长速度减慢。对此采取以下具体措施:（1）降低法定准备金率;（2）降低再贴现率;（3）中央银行采取买入业务。以此来增加货币供应量,从而达到降低利率、刺激消费和投资、增加扩张总需求、扩大就业的目的。

（二）紧缩性货币政策

紧缩性货币政策是指在经济繁荣时期,由于总需求大于总供给,经济中存在通货膨胀,经济增长速度过快。对此采取以下具体措施:（1）提高法定准备金率;（2）提高再贴现率;（3）中央银行采取卖出业务。以此来减少货币供应量,从而达到提高利率、压制消费和投资、减少扩张总需求、降低通货膨胀的目的。

五、货币政策的效应

我们在 $IS—LM$ 框架内考虑这一问题。如果经济中存在失业,或者经济低迷,物价水平偏低,中央银行都可以采用扩张性货币政策,增加货币的供给。根据上一章的知识我们知道,货币供给的增加会使 LM 曲线右移,利率降低,产出增加。LM 曲线的右移也会使得 AD 曲线右移,在原有的价格水平上出现过度需求,物价水平上升。物价水平的上升又会使 LM 曲线左移,使 IS 曲线也向左移动,这使利率有所上升,从而产出有所减少。总的来看,扩张性货币政策会使得产出增加,物价水平上升,利率下降,名义工资上升,实际工资下降,就业增加。如果反过来考虑,经济发展过热,价格水平过高,甚至存在通货膨胀,那么中央银行可以减少货币供给,与上述过程相反,物价水平会下降,利率会上升,达到稳定经济的目的。从图 13－3 来看,经济初始状态处于 E_1 点,均衡的利率水平为 i_1,产出水平为 Y_1。扩张性货币政策使得 LM 曲线由 LM_1 移动到 LM_2,均衡的利率水平降到 i_2,产出水平上升到 Y_2。

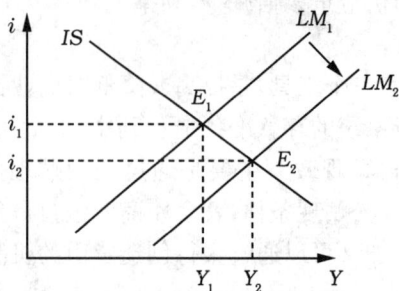

图13－3　货币政策的效应

【案例阅读】

　　美国经济的增长速度到了2000年秋季再次放慢,高新产业的设备投资大幅下降。根据国民经济研究局的调查,2001年3月美国进入了经济衰退期。更糟糕的是,2001年9月11日遭受的恐怖袭击震惊了全国,美国航空和金融业出现了严重的问题。美联储如何应对这种情况呢?

　　2000年年底,美联储开始关注经济低迷的走势,2001年1月联邦公开市场委员会例会期间,美联储突然宣布将联邦基金利率下调0.5%。这是个非常惊人的举动。此后,联邦基金利率继续下调,到了6月份已经低于4%。

　　"9·11"恐怖袭击使美国经济受到沉重的打击,曼哈顿下游地区的损失达到了几十亿美元,为了恢复纽约市金融纽带的作用,在袭击之后的那一个星期,美联储宣布将联邦基金利率暂时下调至1.25%,帮助缓解当时的金融形势。

　　恐怖袭击之后的几个月,美联储开始关注袭击对美国经济可能产生的间接影响。美联储担心消费者对未来悲观而大幅度减少消费,最终计划支出的减少将恶化本来已存在的经济衰退。为刺激经济,美联储继续调整联邦基金利率,到了2002年1月,联邦基金利率水平为1.75%,到了12月又下调了0.5%,达到1.25%的时候,美联储才开始停止下调联邦基金利率。

　　当我们回顾这段历史的时候,很多经济学家认为美联储的扩张政策对于减少经济衰退和"9·11"恐怖袭击起了至关重要的作用。

　　资料来源:[美]弗兰克、伯南克著,郑捷等译:《宏观经济学原理》(第2版),清华大学出版社2004年版。

实训项目

一、课内实训

(一)知识题训练

1. 单项选择题

(1)市场利率提高,银行的超额准备金会(　　)。

A. 增加　　　　　　　B. 减少　　　　　　　C. 不变　　　　　　　D. 以上都有可能

(2)中央银行在公开市场上卖出政府债券是企图(　　)。

A. 收集一笔资金以弥补财政赤字　　　　　B. 减少商业银行在中央银行的存款

C. 减少流通中基础货币以紧缩货币供给　　D. 通过买卖证券获得差价收益

(3)通常认为,紧缩货币的政策是(　　　)。

A. 提高贴现率　　　　　　　　　　　　　B. 增加货币供给

C. 降低法定准备金率　　　　　　　　　　D. 中央银行买入政府债券

(4)紧缩性货币政策的运用会导致(　　　)。

A. 减少货币供给量,降低利率　　　　　　B. 增加货币供给量,降低利率

C. 减少货币供给量,提高利率　　　　　　D. 增加货币供给量,提高利率

(5)货币政策比财政政策更为有利,这是因为(　　　)。

A. 货币政策的效果比财政政策更容易预期　B. 货币政策比财政政策有更直接的影响

C. 货币政策能够均衡地影响经济的各个方面　D. 货币政策比财政政策实行起来更快

2. 多项选择题

(1)在经济萧条时期,政府实施货币政策时,(　　　)。

A. 应增加商业银行的准备金　　　　　　　B. 中央银行在公开市场买进政府债券

C. 中央银行在公开市场卖出政府债券　　　D. 应降低再贴现率

E. 应提高再贴现率

(2)假如中央银行在公开市场上大量购买政府债券,则(　　　)。

A. 利率下降　　　　B. 利率上升　　　　C. 收入增加　　　　D. 投资减少

E. 投资增加

(3)中央银行(　　　)。

A. 下降再贴现率表示货币当局扩大货币供给

B. 下降再贴现率表示货币当局减少货币供给

C. 上升再贴现率表示货币当局扩大货币供给

D. 上升再贴现率表示货币当局减少货币供给

E. 调整再贴现率表示政府采取旨在使收入分配公平的政策

3. 判断题

(1)中央银行卖出国债的政策措施属于扩张性财政政策。　　　　　　　　　　(　　　)

(2)在经济萧条时期,中央银行降低再贴现率可以鼓励商业银行借款,从而增加商业银行的准备金。　　　　　　　　　　　　　　　　　　　　　　　　　　　　　(　　　)

4. 简答题

(1)简述货币政策的三大工具。

(2)在经济萧条时期应该如何运用货币政策?

(二)技能题训练

你拿出藏在房间地板下面的 1 000 元,决定把它存到你在银行的账户。同一天,政府决定从你所在的银行购买1 000元的政府债券。假设存款准备金率为 10%,哪一个行动在经济中能创造出更多货币?

二、课外实训

1. 调查题目:收集资料说明并分析我国当前货币政策的导向及货币政策工具的使用。

2. 调查要求：

(1)分组进行调查。

(2)要求采用多种手段进行资料收集。

(3)要求进行分析，有理有据。

本章小结

(1)宏观经济政策目标包括经济增长、物价稳定、充分就业和国际收支平衡。

(2)扩张性财政政策使总产出水平上升，利率水平也上升；紧缩性财政政策使总产出水平下降，利率水平也下降。

(3)扩张性货币政策使总产出水平上升，利率水平下降；紧缩性货币政策使总产出水平下降，利率水平上升。

第十四章　西方经济学的新发展

通过本章的学习,使学生掌握福利经济学和制度经济学的概念;掌握和理解帕累托最优、制度和博弈论的概念;了解社会福利函数和阿罗不可能性定理;了解产权理论、企业理论和制度变迁理论;了解完全信息静态博弈和动态博弈的概念。

重点难点

福利经济学和制度经济学的概念;帕累托最优、制度和博弈论的概念。

章节导读

在前面章节中,经济学描绘了市场经济的局部均衡和一般均衡,并且说明了一般均衡的存在性。本章介绍经济学的新发展,主要讨论考虑性质上有所不同的问题:(1)市场经济的均衡状态是否具有经济效率? 什么是经济效率? 判断经济效率的标准是什么? 实现经济效率必须具备哪些条件? (2)从人的实际出发研究人,研究制度演进背景下人们如何在现实世界中作出决定和这些决定又如何影响改变世界。(3)突破确定条件和信息完全这两个前提,讨论不确定条件和信息不对称条件下市场参与者的行为和市场运行。

第一节　福利经济学

一、福利经济学研究的范围

在前文我们提到过,西方经济学所讨论的内容分为实证经济学和规范经济学两类。实证经济学要回答的是"是什么"的问题,而规范经济学则试图回答"应当是什么"的问题,福利经济学就是一种规范经济学。具体来说,福利经济学是在一定的社会价值判断标准条件下,研究整个经济的资源配置和社会福利的关系,特别是市场经济体系的资源配置与福利的关系,以及与此有关的各种政策的问题。换言之,福利经济学是西方经济学家从福利观点或最大化原则出发,对经济体系的运行予以社会评价的经济学分支学科。

福利经济学作为一个经济学的分支体系,最早出现于 20 世纪初期的英国。1920 年,庇古的《福利经济学》一书的出版是福利经济学产生的标志。

二、判断经济效率的标准——帕累托最优状态标准

如何判断各种不同的资源配置的优劣,以及确定所有可能的资源配置中的最优资源配置呢?

为回答这一问题,考虑如下一种简单情况:假如整个社会由甲、乙两人构成,且只有两种可能的资源配置状态 A 和 B。甲和乙在 A 和 B 之间进行选择,使状态 A 优于状态 B,还是状态 B 优于状态 A? 或者状态 A 和 B 无差异?

由于甲有三种可能的选择,乙也有三种可能的选择,因此整个社会有九种可能的选择情况,去掉不可比较的情况,把可比的情况分类即形成社会对资源配置效率的观点:

(1)A 优于 B:甲、乙两人都认为 A 优于 B,或者甲和乙中有一个人认为 A 优于 B,而另一个人并不认为 A 劣于 B,从整个社会的角度来看,就有 A 优于 B。精炼一点说,如果甲和乙中至少有一个人认为 A 优于 B,而没有人认为 A 劣于 B,则从整个社会的观点看,A 优于 B。

(2)A 与 B 无差异:如果甲和乙都认为 A 和 B 无差异,则从整个社会的观点看,A 和 B 无差异。

(3)A 劣于 B:如果甲、乙两人都认为 A 劣于 B,或者,甲和乙中有一个人认为 A 劣于 B,而另一个人并不认为 A 优于 B,则从整个社会的观点看,A 劣于 B。即如果甲和乙中至少有一个人认为 A 劣于 B,而没有人认为 A 优于 B,则从整个社会的观点看,A 劣于 B。

综上所述,便得到了两人社会在两种可能的资源配置状态中的一种选择标准:

如果两人中至少有一人认为 A 优于(或劣于)B,而没有人认为 A 劣于(或优于)B,则从整个社会的观点看,A 优于(或劣于)B。如果两人都认为 A 和 B 无差异,则从整个社会的观点看,A 和 B 无差异。

上述结论不仅适用于简单情况,可以推广到多人社会在多种资源配置状态中进行选择的一般情况,这样社会的选择标准只需稍微变动一下:

如果至少有一个人认为 A 优于 B,而没有人认为 A 劣于 B,则认为从整个社会的观点看,A 优于 B。这就是所谓的帕累托最优状态标准,简称帕累托标准。

帕累托最优是指这样一种状态,任何使得某些人状况变好的变化都会使得另一些人的状况变坏,即当且仅当不存在任何能够使得某些人状况变好的同时而不使另一些人的状况变坏的变化时,便达到了帕累托最优。

利用帕累托最优状态标准,可以对资源配置状态的任意变化做出"好"和"坏"的判断:如果既定的资源配置状态的改变使得至少有一人的状况变好,而没有使其他任何人的状况变坏,则认为这种资源配置状态的变化是好的;反之则认为是坏的。这种以帕累托标准来衡量为"好"的状态称为帕累托改进。更进一步,利用帕累托标准和帕累托改进可以定义所谓的"最优"资源配置,即:如果对于某种既定的资源配置状态,所有的帕累托改进均不存在,即在该状态上,任何改变都不可能使至少一个人的状况变好而又不使任何人的状况变坏,则称这种资源配置状态为帕累托最优状态。换言之,如果对于某种既定的资源配置状态,还存在帕累托改进,即在该状态上,还存在某种改变可以使至少一个人的状况变好而不使其他任何人的状况变坏,则称这种状态不是帕累托最优状态。

帕累托最优状态又称为经济效率。满足帕累托最优状态就是具有经济效率的;反之,不满足帕累托最优状态就是缺乏经济效率的。

三、社会福利的最大化——社会福利函数

(一)社会福利函数

要研究社会福利的最大化问题,首先一个前提就是必须能够知道社会福利函数,即能够知道

如何由个人的福利推导社会的福利,由个人的偏好推导社会的偏好,遗憾的是目前经济学界尚无法就此达成共识。因此,这里只能作一些简单的讨论。

首先,社会福利 W 可以看成是个人福利的总和,以效用水平表示个人的福利,则社会福利就是个人福利的函数。假设社会中共有 n 人,社会福利函数可以记作:

$$W = f(U_1, U_2, \cdots, U_n)$$

为了使问题简单化,我们假定社会中共有两人 A 和 B,这时社会福利函数可以写成:

$$W = f(U_A, U_B)$$

虽然我们无从得知 $W = f(U_A, U_B)$ 的具体函数关系,但仍可以得出一些基本的结论:如果两个人的效用都提高了,社会福利必定提高;如果一个人的效用提高,另一个人的效用不变,社会福利也必定提高。在此基础上,我们首先假定社会福利水平是 W_1,那么当 U_A 不断升高的时候 U_B 必定是不断减少的,这样在图 14-1 中,我们便可以得到一条等福利线,也称作社会无差异曲线。同样,对于不同的社会福利水平 W_2、W_3、$\cdots$、W_n 等,我们都可以得出一系列等福利线。

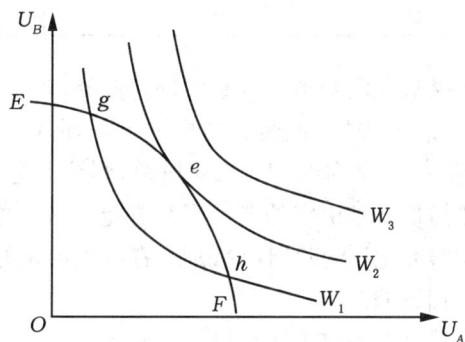

图 14-1 社会福利最大化

在图 14-1 中,EF 是效用可能性曲线,由于等福利线有无数条,所以必有一条等福利线与效用可能性曲线相切,在图中是等福利线 W_2 与 EF 相切于 e 点。可以看出,等福利线 W_1 与 EF 相交于 g 和 h,因而是经济上可以实现的,但 W_1 代表的社会福利水平较低;W_3 代表的社会福利水平很高,但在既定的资源和技术条件下是无法实现的,因而在等福利线与效用可能性曲线相切的 e 点,经济实现了社会福利的最大化。由于 e 点同时位于效用可能性曲线上,即它是满足帕累托最优的点,因此 e 点既是经济上有效率的,又实现了社会福利最大化,这一点又被叫作"限制条件下的最大满足点"。

看上去,找到了 e 点即找到了经济上有效率而又实现社会福利最大化的点,这正是经济学所苦苦寻求的资源有效配置的最佳点,资源配置的问题似乎已经得到圆满的解决。但是,问题要复杂得多。要解决资源分配问题,首先要知道社会福利函数,但关于社会福利函数,有两个重要的问题需要解决:一是社会福利函数的存在性问题,也就是说,能否从个人的偏好推导出社会的偏好;二是公平问题,经济学界对于公平的理解相差甚远。下面我们主要讨论这两个方面的问题。

(二)阿罗不可能性定理

形成社会福利函数,就是在已知社会所有成员的个人偏好次序的情况下,通过一定的程序,把各种各样的个人偏好次序归结为单一的社会偏好次序。那么,按照民主制度的多数票规则,能否做到这一点呢?

现在假设有 3 个人 a、b、c 对 3 个备选方案 x、y、z 进行投票。比如说现在投票的议题是税收问题，x 代表高税率方案，y 代表中等税率方案，z 代表低税率方案。a、b、c 三人的个人偏好如下：

a 的偏好：x＞y＞z；

b 的偏好：y＞z＞x；

c 的偏好：z＞x＞y。

这 3 个人投票的结果见表 14—1。

表 14—1　　　　　　　　　　　　　　　　投票悖论

对 y 与 z 投票	对 x 与 z 投票	对 x 与 y 投票
a 投 y	a 投 x	a 投 x
b 投 y	b 投 z	b 投 y
c 投 z	c 投 z	c 投 x
y＞z 通过	z＞x 通过	x＞y 通过

从表 14—1 可以看出，如果只在两个备选方案中进行选择，其中一个必定能赢得多数票而获胜。但是如果是在三种方案中进行选择，投票的结果则是循环的。如果对 x 和 y 投票，结果是 x＞y；如果对 y 和 z 投票，结果是 y＞z；如果对 x 和 z 投票，则结果是 z＞x。显然投票的结果是不相容的。在随后的投票中，任何最初被决定的选择都有可能被另一种选择所击败，任何均衡都不能达成。这一现象被称作"投票悖论"。投票悖论说明，在各人的偏好不同时，任意加总或者总和这些偏好时，其结果可能是不相容的。

需要指出的是，投票悖论只有在备选方案超过两个时才会发生，在只有一个或两个备选方案时，多数票规则可以获得一个均衡的结果。这就是现实中多数票规则是最常用的规则的原因。

既然多数票规则往往导致投票循环，那么是否存在一种政治机制或社会决策规则，能够消除这种投票悖论现象呢？美国经济学家阿罗对此进行了研究，结论是：如果我们排除效用人际比较的可能性，各种各样的个人偏好次序都有定义，那么把个人偏好总和成为表达社会偏好的最理想的方法，要么是强加的，要么是独裁的。

阿罗的意思是说，不可能存在一种能够把个人对 n 种备选方案的偏好次序转换成社会偏好次序，并且准确表达社会全体成员的各种各样的个人偏好的社会选择机制。阿罗的这个结论被称为"阿罗不可能性定理"。

阿罗的结论是对福利经济学的一个重大打击，因为福利经济学的任务是使社会福利最大化，但现在社会福利函数都不能得到，我们无法知晓社会需要什么，也就无法决定我们应该提供什么、怎么提供的问题。

（三）如何看待社会公平问题

社会福利函数所面临的另一个问题是社会公平问题。对公平的不同理解必然会导致不同的社会福利函数。而恰是在这一点上，经济学界的分歧是最大的。如果归纳一下，至少有四种主要的观点：

1. 平均主义的公平观

这种观点认为，应该将社会所有的产品在社会全体成员之间做绝对平均的分配，每个社会的成员得到相同的产品。但是由于消费者并不具有相同的偏好，所以这种平均的分配并不是帕累托有效率的。

2. 罗尔斯主义的公平观

罗尔斯认为,最公平的配置是使一个社会里境况最糟的人的效用最大化。罗尔斯主义并不意味着平均主义,因为对生产力较高的人比对生产力较低的人给予更高的奖励,就能使最有生产力的人更努力地工作,从而生产出更多的产品和劳务,其中一些可以通过再分配使社会中最穷的人的境况变好。

3. 功利主义的公平观

在经济学中经常用个人效用的加权求和来反映从社会来看什么是理想的。功利主义的社会福利函数给每个人的效用以相同的权数,随之将社会成员的效用最大化。所以功利主义的社会福利函数就是:社会成员的总效用最大化。

4. 市场主导的公平观

这种观点认为,市场竞争的结果总是公平的,因为它奖励那些最有能力的和工作最努力的人。按照这种观点,可能会导致产品分配的极大的不均。

以上四种观点是按照从平均主义到不平均主义的顺序排列的。多数经济学家是反对平均主义和市场主导这两种极端观点的。萨缪尔森认为,收入取决于继承权的随意方式、不幸、努力工作和要素价格。如果一个国家花费在宠物食品上的支出高于它花费在给穷人以高等教育上的支出,那么,这是收入分配的缺陷,而不是市场的过错。可以知道,市场竞争结果是有效率的,但有效率并不必然带来公平,因此,社会就必须在某种程度上依靠政府对收入进行再分配以实现公平的目标。政府可用的调节手段很多,如个人收入的累进税、遗产税、强制医疗保险、低收入子女的免费教育和培训、社会保障计划、失业救济等。遗憾的是,效率和公平经常是矛盾的,政府的收入再分配计划会给经济效率带来某种程度的损害,厂商为了避税所采取的一些措施可能导致产量的减少。因此,政府要做的常常是在公平与效率之间作出某种权衡。

四、福利经济学定理

完全竞争的市场经济的一般均衡都是帕累托最优的,这就是福利经济学第一定理。

福利经济学第一定理保证了竞争市场可以使贸易利益达到最大,即一组竞争市场所达到的均衡分配必定是帕累托有效配置。在完全竞争条件下,市场竞争能够通过价格有效率的协调经济活动,从而配置有限的稀缺资源。

另外一个相反的问题是,如果给定了一个帕累托最优配置,可不可以通过完全竞争的市场机制来达到这一配置？这就是我们所说的福利经济学第二定理。

福利经济学第二定理就是说任何一个帕累托最优配置都可以从适当的初始配置出发,通过完全竞争市场实现。其中,有一些消费者偏好的凸性假设和另外一些别的假设。第二定理表明市场经济可以实现反映社会意愿的任何一个帕累托最优配置。这在政策方面的启示实际上是要求政府不必用干预市场的方法来达到政策目的,而可以通过再分配的方法来达到同样的目的。因为市场受到政府的干预会导致价格的扭曲,从而改变实际决策行为,造成效率损失。

实训项目

课内实训

（一）知识题训练

1. 判断题

(1)经济学所说的最有经济效率的状态,一般就是指帕累托最优状态。 （　　）

(2)社会福利函数是唯一的。 （　　）

(3)社会公平观不是唯一的。 （　　）

2. 简答题

(1)简要说明社会福利函数和个人福利函数之间的联系。

(2)简要说明帕累托最优和帕累托改进的含义。

（二）技能题训练

1. 在竞选班干部的投票中,你认为投票结果能准确地表达全部班级成员的偏好吗? 在实践中,怎样解决不能满足全部班级成员偏好的竞选问题?

2. 你认为在实践中,市场经济真的能实现帕累托最优吗? 如果不能,你认为是什么原因?

第二节　制度经济学

【导入案例】

一般来说,如果某人或者企业在从事经济活动时给其他个体带来危害或利益,而该个体又没有为这一后果支付赔偿或得到报酬,则这种危害或利益就被称为外部经济,也称外部性。受到的危害叫作负的外部性,得到的利益叫作正的外部性。比如,空气污染就产生典型的负外部性,因为它使得很多其他的、与产生污染的经济主体没有经济关系的个体支付了额外的成本。这些个体希望减少这样的污染,但是污染制造者却不这样认为。例如,一家造纸厂排放废气,它可以建造设备以减少废气排放量,但是它从中却得不到收益。但是,在造纸厂附近居住的人们却可以从减少废气的排放中大大受益。

互动提问:如何解决上述问题?

一、制度经济学概述

制度经济学是把经济制度作为研究对象的一门经济学分支。它研究制度对于经济发展的影响,也研究经济的发展如何影响制度的演变。

20 世纪二三十年代之后,西方经济学在经济理论上陷入持久的危机,自 19 世纪 70 年代兴起后一直占统治地位的新古典经济学自发平衡的市场理论与经济现实严重脱节,正统经济学日益丧失解释力。造成这种脱节的主要原因来自于新古典经济学的两大缺陷:一是孤立的个人主义假设,二是完美的市场假设。在这样的假设之下,新古典经济学运用逻辑演绎的方法对有机的经济过程加以处理,随机和偶然因素被排除在分析体系之外,使得经济理论发展为一门类似于数学、物理学的学科。凯恩斯主义革命引入了一定的不确定性思想,然而其后的新古典综合派通过形式化处理凯恩斯的宏观分析方法,综合了凯恩斯主义和新古典主义思想,却丢弃了凯恩斯关于风险、不确定性与预期等革命性的思想。并且,新古典综合的这种理论范式在后来很长时间里都作为经济学的主流得以保持与巩固,使得整个经济理论的根基并未有根本性的触动。

制度经济学就是在批判传统经济学的基础上发展起来的。其创始人凡勃仑综合了达尔文进化论、德国历史学派、美国早期实用主义的分析方法,对资本主义的历史与现实进行了深入的分析,从经济学、人类学、文化学、生物学等多种视角漫谈经济和社会问题,将经济分析的核心转向制度,形成了研究经济问题的制度主义方法。20世纪初,凡勃仑的制度分析曾在美国学界引起了广泛的关注与争论。凡勃仑所开创的制度分析学派,在康芒斯那里得到进一步发展与光大。在20世纪二三十年代,制度经济学成为美国经济学界的一大学派,不仅成为经济学界的主要力量,也对政府政策产生了重要影响。经济思想史上这一时期发生的这一事件被称为“制度主义运动”。20世纪40年代,由于凯恩斯主义的兴起,制度学派及其他一些非主流学派被忽视,直到60年代,制度主义重新兴起。这一时期,出现了两个“新”制度经济学,分别是以加尔布雷斯、缪尔达尔等经济学家为代表的后制度经济学(Neo-institutional Economics),及以科斯、诺斯等为代表的新制度经济学(New-institutional Economics)。

本节主要介绍新制度经济学。

二、制度概述

(一)制度的定义

制度的概念与机构、组织的概念有时是相通的,组织就是制度的产物。制度是规范人们的行为,降低交易成本的一系列规则安排。

制度可以规范人们的行为,制度的规定可能没有谈判的余地,在降低交易成本的同时可能也有负面作用(僵化的制度带来的不方便)。

对制度要作一般化的理解。法律和官方规范等是一种正式的制度,没有商量的余地;道德规范、伦理框架有一定的弹性,也都是制度,虽然是非正式的。从正式的制度向非正式的制度的变化是一个动态的过程。例如,一些基本的做人准则(如不打人、不骂人)在小学时候是强制的正式的规范,到了大学却成了深入人心的行为规范(非正式),不再需要出现在强制性的校规校纪里了。

(二)制度的功能

(1)界定产权,即对产权尽可能作出有效率的安排。例如,禁止吸烟,是因为不吸烟者有享受清洁空气的权利。

(2)节约交易成本。

(3)维持经济社会正常运行。

制度固然有重要的功能,但它不是万能的。在现实社会中,由于人情的广泛存在,制度往往无法达到预期的效果。所谓“制度不是万能的,但没有制度是万万不能的”,就是指出了制度的作用和局限性。

(三)制度的分类

1. 正式制度

正式制度是指人们有意识建立起来的并以正式形式加以确定的各种制度安排,包括政治规则、经济规则和契约,以及由这一系列规则构成的一种等级结构,从宪法到成文法和不成文法,再到特殊的细则,最后到个别契约等,它们共同约束着人们的行为。由于正式制度是政府作为第三方对参与博弈的双方或多方进行强制实施,因此,正式制度也被称为硬性的强制制度。

2. 非正式制度

非正式制度是指人们在长期的社会生活中逐步形成的习惯习俗、伦理道德、文化传统、价值观念及意识形态等对人们行为产生非正式约束的规则,属于文化遗产的一部分。在非正式制度中,意识形态处于核心地位,它不仅可以蕴涵价值观念、伦理规范、道德观念和风俗习性,而且还可以在形式上构成某种正式制度安排的"先验"模式,甚至有可能取得优势地位或以"指导思想"的形式构成正式制度安排的"理论基础"和最高准则。

三、交易费用理论

交易费用是新制度经济学最基本的概念。交易费用思想是科斯在 1937 年的论文《企业的性质》一文中提出的,科斯认为,交易费用应包括度量、界定和保障产权的费用,发现交易对象和交易价格的费用,讨价还价、订立合同的费用,督促契约条款严格履行的费用等。

交易费用的提出,对于新制度经济学具有重要意义。由于经济学是研究稀缺资源配置的,交易费用理论表明交易活动是稀缺的,市场的不确定性导致交易也是冒风险的,因而交易也有代价,从而也就有如何配置的问题。资源配置问题就是经济效率问题。所以,一定的制度必须提高经济效率,否则旧的制度将会被新的制度所取代。这样,制度分析才被认为真正纳入经济学分析中。

四、产权理论

新制度经济学家一般都认为,产权是一种权利,是一种社会关系,是规定人们相互行为关系的一种规则,并且是社会的基础性规则。产权经济学大师阿尔钦认为:"产权是一个社会所强制实施的选择一种经济物品的使用的权利。"这揭示了产权的本质是社会关系。在一个人的世界里,产权是不起作用的。只有在相互交往的人类社会中,人们才必须相互尊重产权。

产权是一个权利束,是一个复数概念,包括所有权、使用权、收益权、处置权等。当一种交易在市场中发生时,就发生了两束权利的交换。交易中的产权束所包含的内容影响物品的交换价值,这是新制度经济学的一个基本观点之一。

产权实质上是一套激励与约束机制。影响和激励行为,是产权的一个基本功能。新制度经济学认为,产权安排直接影响资源配置效率,一个社会的经济绩效如何,最终取决于产权安排对个人行为所提供的激励。

五、企业理论

科斯运用其首创的交易费用分析工具,对企业的性质以及企业与市场并存于现实经济世界这一事实做出了先驱性的解释,将新古典经济学的单一生产制度体系——市场机制,拓展为彼此之间存在替代关系的、包括企业与市场的二重生产制度体系。

科斯认为,市场机制是一种配置资源的手段,企业也是一种配置资源的手段,两者是可以相互替代的。在科斯看来,市场机制的运行是有成本的,通过形成一个组织,并允许某个权威(企业家)来支配资源,就能节约某些市场运行成本。交易费用的节省是企业产生、存在以及替代市场机制的唯一动力。

而企业与市场的边界在哪里呢？科斯认为，由于企业管理也是有费用的，企业规模不可能无限扩大，其限度在于，利用企业方式组织交易的成本等于通过市场交易的成本。

六、制度变迁理论

制度变迁理论是新制度经济学的一个重要内容。其代表人物是诺斯，他强调，技术的革新固然为经济增长注入了活力，但人们如果没有制度创新和制度变迁的冲动，并通过一系列制度（包括产权制度、法律制度等）构建把技术创新的成果巩固下来，那么人类社会长期经济增长和社会发展是不可设想的。总之，诺斯认为，在决定一个国家经济增长和社会发展方面，制度具有决定性的作用。

制度变迁的原因之一就是相对节约交易费用，即降低制度成本，提高制度效益。所以，制度变迁可以理解为一种收益更高的制度对另一种收益较低的制度的替代过程。产权理论、国家理论和意识形态理论构成制度变迁理论的三块基石。制度变迁理论涉及制度变迁的原因或制度的起源问题、制度变迁的动力、制度变迁的过程、制度变迁的形式、制度移植、路径依赖等。

科斯的原创性贡献在于使经济学从零交易费用的新古典世界走向正交易费用的现实世界，从而获得了对现实世界较强的解释力。经过威廉姆逊等人的发挥和传播，交易费用理论已经成为新制度经济学中极富扩张力的理论框架。引入交易费用进行各种经济学的分析是新制度经济学对经济学理论的一个重要贡献，目前，正交易费用及其相关假定已经构成了可能替代新古典环境的新制度环境，正在影响许多经济学家的思维和信念。

📖 **【材料阅读】**

科斯的《企业的性质》这篇文章是新制度经济学的奠基之作，它的内容可以看成这样的两部分：

1. 问题的提出

既然市场机制是完善的、灵活的、无所不能的，为什么还存在企业？为什么还要将一些完全可以市场化的交易行为内化到企业内部？

例如，生产汽车的企业，既然各种零部件都能在市场上买到，并立刻组装成汽车出售，为什么还要自己生产轮胎、底盘、电路系统等？为什么这样的"全能企业"没被拆散？为什么市场上既存在长期契约关系，又存在纵向一体化？

沿用上面的例子，在汽车行业中，大量存在组装厂和轮胎制造厂的长期合作契约，同时，一个厂兼并部件生产厂商，变成自己生产所有部件的纵向一体化现象也非常普遍。市场如果是万能的，长期契约关系就能解决所有问题，怎么会有纵向一体化？

现实的现象是企业的规模大小各不相同，决定规模大小的因素是什么？

2. 科斯在书中的回答

(1)由于交易成本的存在，市场上的交易有时代价很大。如果将一些交易内部化，则交易成本会大大降低，于是企业作为一种契约组织出现，它的内部资源配置方式代替了利用其外部的市场进行资源配置，就节约了交易成本。企业是产权交易的必然结果。

其实，企业与市场的关系恰如冰山与大海的关系，水温越高，冰山体积越小。而市场的完善程度就恰如大海的水温,市场越完善,企业的规模就越小。交易成本越高,市场越不完善,就越需要企业,尤其是综合类的大企业的存在。

(2)在长期契约中,不信任程度越高,交易成本越大,企业就越有纵向一体化的倾向。但是通过纵向一体化,企业的规模扩大到一定程度时,进行企业内部交易的交易成本也会变得很高,再不能通过把交易非市场化来节约交易成本,于是就又通过订立长期契约来降低交易成本。可见,对纵向一体化和订立契约的选择取决于对内外交易成本大小的比较权衡,由于各类交易有着不同的交易成本,纵向一体化和订立长期契约就必然同时存在,有的交易可以通过纵向一体化节约交易成本,有的则必须通过订立长期契约。

(3)企业与市场的边界取决于在企业内部进行交易的交易成本和市场交易的交易成本的大小关系。市场充满欺诈和不确定性,相对而言企业内部交易成本较小时,企业将替代市场进行交易,企业规模就扩大;当企业内部交易成本等于市场交易成本时,企业就不能再替代市场,于是企业的规模就被确定下来。

现在网络经济正处在发展上升阶段,我们看到网络经济使交易成本(如人员的往来、书面文件的数量)大大降低,大部分商品部件都能在极小的成本下在网上实现交易和组合,只有最后一步的送货需要由真人来完成,于是规模较小的虚拟企业(如搞网上订购的电子商务企业)很可能大量出现。

资料来源:根据于鸿君主讲的"微观经济学",北京大学光华管理学院精品课程讲义整理而成。

实训项目

课内实训

(一)知识题训练

1. 单项选择题

(1)科斯最早"发现"并在(   )中提出交易存在费用。

A.《社会成本问题》   B.《企业的性质》

C.《社会成本问题的注释》   D.《联邦通讯委员会》

(2)以下定义中,是对产权的本质特征的最科学揭示的是(   )。

A. 产权不仅是指人们对有形物的所有权,同时还包括人们有权决定行使市场投票方式的权利、行使特许权、履行契约的权利以及专利和著作权

B. 产权是法律或国家(政府)强制性规定的人对物的权利,是一种形成人们对资产的权威的制度方式

C. 产权不是指人与物之间的关系,而是指由物的存在及关于它们的使用所引起的人们之间相互认可的行为关系

D. 产权是一种社会工具,其重要性在于事实上它能帮助一个人形成他与其他人进行交易的合理预期

2. 简答题

(1)放牧牛羊,牛羊却可能无意中吃了草地周围的小麦,则应该用栅栏圈住草地,还是对造成

损害的一方进行罚款?

(2)简述制度经济学的主要内容。

(二)技能题训练

1. 在《企业的性质》一文中,科斯是如何解决市场上既存在长期契约又存在纵向一体化的?你对交易成本的解释作用是如何看待的?

2. 为了使经济困难的学生能顺利完成学业,国务院制定了国家助学贷款政策。这是我国实施科教兴国战略、深化高等教育改革、加速人才培养、加快高等教育发展的一项重大举措。自1999年实施以来,取得了明显成效,受到广大经济困难学生和社会有关方面的普遍欢迎。但由于多种原因,实际操作中面临重重困难,国家助学贷款还远远没有达到预期目标(贷款进程缓慢、规模偏小),存在一些突出问题(贷款拖欠现象比较严重),甚至银行方面一度叫停,国家助学贷款陷入进退维谷的境地。

尽管2004年6月教育部、财政部、中国人民银行和银监会联合下达《关于进一步完善国家助学贷款工作的若干意见》,提出建立国家助学贷款风险补偿机制的新方案,但是,新方案只是在以前实行的国家助学贷款基础上的增补,诸多路径依赖没能超越,国家助学贷款制度本质上并没有改变。

请从制度经济学的角度出发,分析国家助学贷款制度不成功的原因。

第三节　博弈论

【导入案例】

在20世纪四五十年代,由冯·诺依曼、摩根斯坦恩把对策论、运筹学引入经济学,形成了最早的博弈论。几十年来,博弈论在经济学中发挥着越来越重要的作用,1994年的诺贝尔经济学奖就授予三位博弈论学家:纳什、泽尔腾和海萨尼。博弈论的英文是Game Theory,字面意思是游戏策略,即用类似游戏中解决问题的方法,揭示解决社会、经济及其他领域问题的策略、对策,因此有的还把博弈论译成对策论。准确地说,博弈论是在给定的条件下寻求最优策略,这里给定的条件包含其他人的策略以及本人的决策对其他决策主体的影响。策略性活动在社会、经济、政治生活中大量存在,也可以说,整个社会、经济、政治生活都是博弈行为。因此,博弈论作为一种方法,广泛地应用在经济、政治、军事、外交中,只是博弈论在经济学中应用得最广泛、最成功。

资料来源:根据网络资料整理而成。

一、博弈论的基本概念

博弈论是研究决策主体的行为发生直接相互作用时候的决策以及这种决策的均衡问题。换句话说,博弈论研究当某一经济主体的决策既受到其他经济主体决策的影响,而且该经济主体的相应决策又反过来影响其他经济主体时的决策问题和均衡问题。博弈论涉及以下几个基本概念:

(1)参与人,是指博弈中选择行动以最大化自身利益(效用、利润等)的决策主体(如个人、厂商、国家)。

(2)行动,是指参与人的决策变量。

(3)战略,是指参与人选择行动的规则,它告诉参与人在什么时候选择什么行动。例如,"人不犯我、我不犯人,人若犯我、我必犯人"就是一种战略。这里,"犯"与"不犯"是两种不同的行动。战略规定了什么时候选择"犯",什么时候选择"不犯"。

(4)信息,是指参与人在博弈中的知识,特别是有关其他参与人(对手)的特征和行动的知识。

(5)支付函数,是指参与人从博弈中获得的效用水平,它是所有参与人战略或行动的函数,是每个参与人真正关心的东西。结果是指博弈者感兴趣的要素的集合。

当博弈的所有参与者都不想改换策略时所达到的稳定状态叫作均衡,均衡的结果叫作博弈的解。

无论对方如何决策,自己总是会选择的策略叫作占优策略,由双方的占优策略所达成的均衡叫作占优均衡。

纳什均衡就是在给定别人最优的情况下,自己最优选择达成的均衡。通俗地讲,就是给定你的最优选择,我会选择能够使我最优的选择,或者说,我选择在给定你的选择的情况下我的最优选择,你选择在给定我的选择的情况下你的最优选择。这种均衡最后到底均衡在哪一点,由具体情况决定。

二、博弈的分类

根据当事人之间能否达成一个有约束力的协议,博弈可以分为合作博弈与非合作博弈。如果存在有约束力的协议就是合作博弈;反之,就是非合作博弈。

在非合作博弈中,根据参与人行动的先后顺序,可以将博弈分为静态博弈和动态博弈。静态博弈是指博弈中参与人同时选择行动;或者虽非同时选择行动,但行动在后者并不知道行动在先者采取了什么具体行动。动态博弈是指参与人的行动有先后顺序,而且行动在后者可以观察到行动在先者的选择,并据此作出相应的选择。

根据参与人对其他参与人的了解程度,可以将博弈分成完全信息博弈和不完全信息博弈。完全信息博弈是指在每个参与人对所有其他参与人(对手)的特征、战略和支付函数都有精确了解的情况下所进行的博弈。如果了解得不够精确或者不是对所有参与人都有精确的了解,在这种情况下进行的博弈就是不完全信息博弈。

三、几种重要的博弈

(一)完全信息静态博弈

一般来说,由于每个参与人的效用(支付)是博弈中所有参与人的战略的函数,因而每个参与人的最优战略选择依赖于所有其他参与人的战略选择。但在一些特殊的博弈中,一个参与人的最优战略可能并不依赖于其他参与人的战略选择。换句话说,不论其他参与人选择什么战略,他的最优战略是唯一的,这样的最优战略被称为"占优战略"。

其中著名的例子是囚徒困境,讲的是甲、乙两名嫌疑犯作案后被警察抓住,分别被关在不同的屋子里受审,双方不能互通消息,每名嫌疑犯都面临坦白和不坦白两种选择。警察告诉他们:在两人都坦白的情况下,各判刑 10 年;在两人都不坦白的情况下,各判刑 3 年;在一人坦白、另一人不坦白的情况下,坦白的一方会被从轻处罚,只被判刑 1 年,不坦白的一方则被重判 15 年。此时,双方的博弈矩阵如表 14—2 所示。

表 14—2　　　　　　　　　　　　　　　甲、乙囚徒困境矩阵

		乙	
		不坦白	坦白
甲	不坦白	−3，−3	−1，−15
	坦白	−1，−15	−10，−10

从表 14—2 中可以看出,在乙不坦白的情况下,如果甲坦白,甲会被从轻处罚,只被判刑 1 年,乙被重判 15 年;如果甲也不坦白,由于证据不足,甲、乙都只会被判刑 3 年。在乙坦白的情况下,如果甲也坦白,甲、乙会被判刑 10 年;如果甲不坦白,乙会被从轻处罚,只被判刑 1 年,甲则被重判 15 年。可见,在乙不坦白的情况下,甲最好是坦白,从而可以被从轻处罚;在乙坦白的情况下,因为被判刑 10 年总比 15 年要好,甲最好也是坦白,所以甲会选择坦白。同理,无论甲如何选择,乙的最好选择也是坦白。结果双方都选择坦白,都被判刑 10 年。可见,我国公安机关“坦白从宽,抗拒从严”的心理攻势在大多数情况下都是可以奏效的。囚犯两难困境说明个人的理性可能导致集体结果的不妙。在现实社会中,人人都追求完美反而可能会导致社会变得很糟糕。

(二)动态博弈

博弈的参与者相继行动,由于后行动者能够看到先行动者的决策行为,所以后面的决策要受到以前决策行为的影响,每一个参与者都要根据在决策时所掌握的全部信息来作出自己的最优策略,即每个人的策略是决策者在决策时所掌握全部信息的函数。换句话讲,参与者在某一个阶段作出的决策,要受到前面一系列决策信息的影响,是前面一系列决策信息的函数。典型的例子就是下棋,我走一个当头炮、你走一个屏风马,我走一步、你走一步,你走一步、我走一步。双方相继行动。每个人在每一时刻的决策都是前面一系列决策所掌握信息的函数。到了中间某一阶段,比如说一方“将军”了,这要受到前面一系列双方决策实施产生的影响,不是说想什么时候“将军”就能什么时候“将军”。

因而,动态博弈在一定范围内又是一个连续的过程。

📖 【案例阅读】

我们很难将卡特尔组织的所有企业协调在一起,如果你想让这些企业联合起来,你需要让它们在下面两个问题上达成共识:

(1)如何分享利润:很明显,每个企业都想得到最大的份额。

(2)产出限额:所有企业必须同意并且遵守每个企业应当生产的产出份额。然而,每个企业都想生产超出其限额的产量水平,因为那样做将会为它带来更多的收入。

OPEC 石油卡特尔组织控制了全世界大部分的石油供给。虽然它们能就石油生产问题达成协议,但是这些协议最终总是会破裂。因为石油的高价格实在是太具有吸引力了,每个国家都面对这个诱惑而扩大产量并向世界市场销售。所以,几乎所有的会员国都会超额生产石油,导致石油供给剧增,从而使石油价格远远低于他们本来能够收取的水平。

通过囚徒困境可以理解 OPEC 的现象,因为无论其他国家选择什么策略,本国的最优选择都是超额生产,因为如果其他国不超额生产,本国超额就会得到更多收入。如果其他国家超额生产,本国也应该选择超额生产,因为是由于其他国家的欺骗行为带来价格下降,本国也没有必要遵守协议。由于每个国家都面临相同的诱惑,所以超额生产是各成员国的占优策略。

资料来源:根据网络资料整理而成。

实训项目

课内实训

(一)知识题训练

1. 单项选择题

(1)在具有占优战略均衡的囚徒困境博弈中,( )。

A. 只有一个囚徒会坦白 B. 两个囚徒都没有坦白

C. 两个囚徒都会坦白 D. 任何坦白都被法庭否决了

(2)在囚徒困境的博弈中,合作策略会导致( )。

A. 博弈双方都获胜 B. 博弈双方都失败

C. 先采取行动者获胜 D. 后采取行动者获胜

2. 简答题

(1)什么是占优策略和占优均衡?

(2)什么是纳什均衡?

(二)技能题训练

(1)在面临潜在的市场进入者时,市场的垄断者可以采取什么措施来阻止进入者? 怎样做最有效?

(2)根据游击战的 16 字方针"敌进我退,敌驻我扰,敌疲我打,敌退我追",写出报酬矩阵,并判断是否存在均衡。

本章小结

(1)任何使得某些人状况变好的变化都会使得另一些人的状况变坏,即当且仅当不存在任何能够使得某些人状况变好的同时而不使另一些人的状况变坏的变化时,便达到了帕累托最优。

(2)阿罗不可能性定理指出,通过反映社会中所有个体的偏好而进行的民主投票是不能产生社会福利函数的。

(3)制度经济学是把经济制度作为研究对象的一门经济学分支。它研究制度对于经济发展的影响,也研究经济的发展如何影响制度的演变。制度经济学分为以凡勃仑、康芒斯为代表的"旧制度经济学",以加尔布雷斯、缪尔达尔等为代表的"后制度经济学",及以科斯、诺斯等为代表的"新制度经济学"。

(4)制度是规范人们的行为,降低交易成本的一系列规则安排。制度可以界定产权、解决交易成本和维持经济社会正常运行。制度分为正式制度和非正式制度。

(5)新制度经济学主要包括交易费用理论、产权理论、企业理论和制度变迁理论四大理论。

(6)博弈论是研究决策主体的行为在发生直接相互作用时的决策以及这种决策的均衡问题。换句话说,博弈论研究当某一经济主体的决策既受到其他经济主体决策的影响,而且该经济主体的相应决策又反过来影响其他经济主体时的决策问题和均衡问题。

(7)博弈分为合作博弈和非合作博弈;非合作博弈又分为静态博弈和动态博弈。

参 考 文 献

1.梁小民:《微观经济学纵横谈》,上海三联书店 2002 年版。

2.吴志清:《经济学基础》,机械工业出版社 2004 年版。

3.张淑云:《西方经济学教程》,化学工业出版社 2005 年版。

4.陆芳:《经济学原理》,北京大学出版社 2005 年版。

5.秦云秀、李慧芬:《西方经济学基础》,科学出版社 2005 年版。

6.高鸿业:《西方经济学》,中国人民大学出版社 2005 年版。

7.姜波克:《国际金融学》,高等教育出版社 1999 年版。

8.吕随启、苏英姿、姚志勇:《国际金融教程》,北京大学出版社 1999 年版。

9.厉以宁:《西方经济学》,高等教育出版社 2005 年版。

10.宋承先:《现代西方经济学——宏观经济学》,复旦大学出版社 1997 年版。

11.于鸿君:《微观经济学教程》,北京大学出版社 2003 年版。

12.朱善利:《微观经济学》,北京大学出版社 2001 年版。

13.方欣:《西方经济学》(第 2 版),科学出版社 2008 年版。

14.[美]平狄克、鲁宾费尔德著,张军等译:《微观经济学》,中国人民大学出版社 2000 年版。

15.[美]杰弗里·萨克斯、费利普·拉雷恩著,费方域等译:《全球视角的宏观经济学》,上海三联书店、上海人民出版社 2003 年版。

16.[美]多恩布什、费希尔、斯塔兹著,范家骧等译:《宏观经济学》,中国人民大学出版社 2000 版。

17.[美]弗兰克、伯南克著,郑捷等译:《宏观经济学原理》(第 2 版),清华大学出版社 2004 年版。

18.[美]塔克著,李明志等译:《今日宏观经济学》(第 3 版),北京大学出版社 2006 年版。